L'effacement des dettes

Droit privé et sciences criminelles

Collection dirigée par Yves Strickler

Créée fin 2011 par Yves Strickler et le *Centre d'études et de recherches en droit privé* (devenu le *Centre d'études et de recherches en droit des procédures* en 2013) de la Faculté de droit et science politique de Nice, la présente collection a pour vocation principale de publier des ouvrages en liaison avec le thème retenu pour dénomination de la collection. Cette dernière rassemble des recherches originales, tirées notamment de travaux de recherche, de manifestations scientifiques ainsi que d'ouvrages collectifs sur les interrogations actuelles que rencontre la science juridique, spécialement dans le domaine du droit privé et des sciences criminelles.

Dernières parutions

La nouvelle justice pénale des mineurs, sous la direction de Pascal Oudot et Laurent Sebag, octobre 2022, 134 pp.

La gestion du risque pénal et de la conformité à 360° : de l'audit à l'audience, David Marais, Préf. J.-P. Raffarin, mars 2022, 168 pp.

La notion de promoteur immobilier, Delphine Pelet, janv. 2022, 720 pp.

Le divorce du XXIe siècle (dir. L. Antonini-Cochin et M.-C. Lasserre), janv. 2022, 102 pp.

JUSTICE ET LITTÉRATURE - Nos gloires littéraires et leurs juges. De Chateaubriand à Zola, Marcel Foulon, déc. 2021, 546 pp.

La responsabilité pénale du chef d'entreprise, Victoria Ligny, oct. 2021, 408 pp.

Émotion et sciences. Interactions (dir. Y. Strickler, J.-S. Bergé et M. Ortolani), oct. 2021, 271 pp.

L'action civile en droit pénal des affaires (dir. C. Ambroise-Castérot), août 2021, 140 pp

Les juridictions au cœur des interactions sociales. Approche franco-russe (dir. X. Latour et A.-S. Siew-Guillemin), avril 2021, 184 pp

Le renouveau du droit des obligations. Perspectives franco-japonaises (dir. G. Chantepie, M. Latina, A. Ohsawa), septembre 2020, 208 pp

Le droit et la science politique à l'épreuve des crises du XXIe siècle (dir. N. Monnerie et C. Ponzo), juillet 2020, 192 pp

Nouvelles procédures civiles, nouvelles pratiques professionnelles ? Bilan et perspectives (dir. N. Fricero et M.-C. Lasserre), juin 2020, 176 pp

Équilibre(s) et déséquilibres(s) en droit : regards croisés Droit et Gestion (dir. Anne-Sophie Siew-Guillemin, Alexandra Baile, Cédric Chapelle, Caroline Fabre), mai 2020, 260 pp

Les difficultés des petites entreprises : regards croisés Droit et Gestion (dir. Gulsen Yildirim et Alain Rivet.), mai 2020, 184 pp

Sous la direction de Pierre CAGNOLI
et Pierre-Michel LE CORRE

L'effacement des dettes

L'Harmattan

5-7, rue de l'École-Polytechnique, 75005 Paris
http://www.editions-harmattan.fr
ISBN : 978-2-14-031494-0
EAN : 9782140314940

Responsables scientifiques

Pierre CAGNOLI et Pierre-Michel LE CORRE
Professeurs à l'Université Côte d'Azur

Auteurs (ordre alphabétique) :

Carlo AMATUCCI, Université Federico II de Naples, Avocat

Ángel María BALLESTEROS BARROS, Professeur de Droit international privé, Université de Cádiz

Jean-Baptiste BOTTIN, Doctorant au CERDP (UPR n° 1201), Université Côte d'Azur

Olivier BUISINE, Ancien président de l'I.F.P.P.C (institut français des praticiens des procédures collectives), Docteur en droit (Univ. Lyon III), Esc Bordeaux (Kedge BS)

Pierre CAGNOLI, Agrégé des facultés de droit, Professeur à l'Université Côte d'Azur

Reinhard DAMMANN, Avocat à la cour, Paris

Odélia FAUGÈRE, Doctorante au CERDP (UPR n° 1201), Université Côte d'Azur

Marie GARNIER-ZAFFAGNINI, Doctorante au CERDP (UPR n° 1201), Université Côte d'Azur

Maxence GUASTELLA, Doctorant au CERDP (UPR n° 1201), Université Côte d'Azur

Laurence Caroline HENRY, Avocat général en service extraordinaire à la Cour de cassation, Professeur agrégé

Caitline KAIGL, Doctorante au CERDP (UPR n° 1201), Université Côte d'Azur

Véronique MARTINEAU-BOURGNINAUD, Maître de conférences HDR à l'Université de Nantes

Patrick ROSSI, Magistrat honoraire, Ancien sous-Directeur du bureau Droit Économique, Ministère de la Justice, Direction des Affaires Civiles et du Sceau

Florence REILLE, Maître de conférences HDR à l'Université de Toulon

Sommaire

PARTIE I

Colloque du CERDP

L'effacement des dettes

I

La transposition de la directive insolvabilité dans l'Union européenne

Directive restructuration préventive : trois ans déjà !

Olivier BUISINE

1 – Fruit d'une proposition de la Commission européenne en date du 22 novembre 2016[1], la directive du 20 juin 2019 constitue une étape importante dans la convergence des droits de l'insolvabilité en Europe. Trois ans après son entrée en vigueur, l'occasion nous est donnée de faire un point d'étape sur les principaux enjeux liés à sa transposition au sein des États membres.

2 – **Objectifs de la directive** – L'un des objectifs de la directive du 20 juin 2019 est de contribuer au bon fonctionnement du marché intérieur et de lever les obstacles à l'exercice des libertés fondamentales, comme la libre circulation des capitaux et la liberté d'établissement, qui sont dus aux différences entre les législations et procédures nationales en matière de restructuration préventive, d'insolvabilité, de remise de dettes et de déchéances[2].

3 – **Équilibre entre droits des créanciers, du débiteur et des salariés** – Un autre objectif, plus ou moins affiché, du texte est de renforcer les droits des créanciers. Néanmoins le législateur européen, balancé entre une vision libérale visant à éliminer du marché les entreprises sous-performantes, d'une part, et une dimension plus sociale, d'autre part, a intégré des dispositions relatives au rebond du débiteur au travers de l'effacement des dettes. Le texte aboutit donc à un équilibre[3] subtil, paradoxal - diront les plus sceptiques -, entre droits des créanciers et perspectives de rebond du débiteur.

4 – **Délai de transposition** – La directive prévoyait un délai jusqu'au 17 juillet 2021 pour transposer la plupart des mesures figurant dans le texte (à l'exception de quelques articles relatifs aux outils digitaux

[1] COM(2016) 723 final, 22 nov. 2016.
[2] Cons. 1, PE et Cons. UE, dir. 2019/1023, 20 juin 2019 : JOUE n° L 172/18, 26 juin 2019.
[3] E. Lecea, *La directive « restructuration et insolvabilité » : une transposition entre harmonisation et particularismes nationaux*, Europe, fév. 2022, n° 2, étude 3.

pour lesquels le délai accordé de transposition est plus long). L'article 34 de la directive prévoit toutefois que les États membres qui rencontrent des difficultés particulières dans la mise en œuvre de la directive peuvent bénéficier d'une prolongation d'un an au maximum.

5 – L'Allemagne s'est ainsi dotée de procédures de prévention[4]. En France, l'article 196 de la loi n° 2019-486 du 22 mai 2019 prévoyait un délai de deux ans à compter de la promulgation de la loi pour transposer la directive européenne, soit jusqu'au 23 mai 2021. L'article 14 de la loi n° 2020-290 du 23 mars 2020 a prorogé d'une durée de quatre mois le délai d'habilitation conféré au gouvernement pour prendre des ordonnances.

6 – **Transposition en droit français** – Les champs ouverts par la directive européenne étaient larges concernant sa transposition. La France a toutefois fait très tôt le choix d'une transposition *a minima* de la directive[5]. L'article 196 de la loi n° 2019-486 du 22 mai 2019 prévoit en effet d'habiliter le gouvernement à prendre par voie d'ordonnance des mesures visant à :
1° remplacer les dispositions relatives à l'adoption des plans de sauvegarde en présence de comités de créanciers par des dispositions relatives à une procédure d'adoption de ces plans par des classes de créanciers,
2° introduire la possibilité pour le tribunal d'arrêter un plan malgré l'opposition d'une ou plusieurs classes de créanciers,
3° préciser les garanties et conditions nécessaires à la mise en œuvre des 1° et 2°, relatives notamment à la protection des intérêts du débiteur, des créanciers et des personnes concernées par les plans de sauvegarde,
4° imposer le respect des accords de subordination conclus avant l'ouverture de la procédure de sauvegarde,
5° aménager les règles relatives à la suspension des poursuites,

---

[4] E. Delzant, *Le nouveau régime de la restructuration en Allemagne*, BJE, mars-avr. 2021, n° 2, n° 118n1, p. 64 ; R. Dammann et M. Kioumji-Felbinger, *Transposition de la directive « restructuration » : vers une convergence franco-allemande ?*, D. 2020, p. 1962.
[5] M. Menjucq, *Ordonnance transposant la directive 2019/1023 : une harmonisation a minima*, Rev. proc. coll., sept.-oct. 2021, n° 5, repère 5.

6° développer les mesures destinées à favoriser le rebond de l'entrepreneur individuel faisant l'objet de procédures de liquidation judiciaire et de rétablissement professionnel.

7 – **Impact de l'assouplissement du régime des aides d'État** – La crise sanitaire a eu une incidence sur la façon d'appréhender la restructuration d'entreprise[6] et d'envisager la transposition de la directive européenne. Le régime des aides d'État a en effet fait l'objet d'un assouplissement temporaire[7], plusieurs fois amendé depuis 2020. Les États membres ont ainsi adapté leur propre législation, afin de permettre de soutenir l'économie fragilisée. En France, le prêt garanti par l'État a par exemple connu une évolution depuis sa mise en place[8]. Plusieurs ordonnances sont venues en parallèle modifier provisoirement le droit des entreprises en difficulté[9]. Elles ont influencé la rédaction de l'ordonnance n° 2021-1193 du 15 septembre 2021.

8 – La directive restructuration préventive définit certaines notions indispensables au bon déroulement d'une procédure d'insolvabilité notamment en ce qui concerne la portée de l'effacement des dettes (1). En France, l'ordonnance du 15 septembre 2021 a apporté quelques innovations marquantes, au premier rang desquelles l'instauration des classes de parties affectées. Certaines procédures prévues au sein du Code de commerce et du Code de la consommation ont été amendées récemment par le législateur. Elles permettent un effacement des dettes du débiteur (2).

---

[6] P. Rossi, *Les ambitions du droit français face aux exigences d'harmonisation européenne et au contexte de crise sanitaire*, JCP E 2021, n° 49, 1525.

[7] C. Galokho, *Entreprises non viables et aides d'État liées à la crise du coronavirus*, Rev. proc. coll., sept.-oct. 2021, n° 5, étude 15 ; O. Buisine, *Aides d'État et entreprise en difficulté*, Rev. proc. coll., nov-déc. 2020, n° 6, étude 27.

[8] M. Douaoui-Chamseddine, *PGE restructuré ou non et appel en garantie de l'État*, BJE, nov.-déc. 2021, n° 6, p.25 ; O. Buisine, *La restructuration amiable et judiciaire des prêts garantis par l'État*, Rev. Banque, oct. 2021, n° 860, p.48 ; F. Legrand, *Prêt garanti par l'État et procédure collective*, Rev. proc. coll., mai-juin 2021, n° 3, étude 10 ; Q. n° 41916 (Y. Hemedinger, député) : JO 9 nov. 2021.

[9] O. Buisine, *Présentation de l'ordonnance n° 2020-596 du 20 mai 2020 d'adaptation du droit des entreprises en difficulté,* Rev. proc. coll., mai-juin 2020, n° 3, étude 15 ; O. Buisine, *De quelques mesures exceptionnelles d'adaptation temporaire du droit des entreprises en difficulté*, Rev. proc. coll., mars-avr. 2020, n° 2, étude 8.

I. Les concepts fondamentaux de la directive

9 – La directive définit certains termes inhérents au déroulement d'une procédure collective (A). Le texte apporte plus particulièrement des précisions quant au champ de l'effacement des dettes (B).

A. DOMAINE DE LA RESTRUCTURATION D'ENTREPRISE

10 – **Qualification de restructuration** – Au sens du droit communautaire, la restructuration se définit par des mesures qui, aux fins de restructurer l'activité du débiteur, comprennent une modification de la composition, des conditions ou de la structure de l'actif et du passif d'un débiteur ou de toute autre partie de la structure financière d'un débiteur, telles que la vente d'actifs ou de parties de l'activité et, si le droit national le prévoit, la cession de l'entreprise en activité, ainsi que tout changement opérationnel nécessaire, ou une combinaison de ces éléments[10].

11 – **Cession d'actifs** – La cession des actifs n'est pas strictement exclue du domaine de la restructuration par la directive du 20 juin 2019. D'autres textes européens portant notamment sur le droit du travail[11] contribuent à faire ressortir une dimension sociale aux restructurations d'entreprises en situation d'insolvabilité[12] et concourent à une convergence des pratiques.

12 – **Procédures concernées** – La directive établit des règles concernant les cadres de restructuration préventive accessibles aux débiteurs en difficulté financière, en vue de prévenir leur insolvabilité et d'assurer leur viabilité. Elle instaure des mesures concernant les procédures permettant une remise des dettes contractées par des entrepreneurs insolvables[13].

---

[10] Art. 2, PE et Cons. UE, dir. 2019/1023, 20 juin 2019 : JOUE n° L 172/18, 26 juin 2019.

[11] Art. 5, Cons. CE, dir. 2001/23/CE, 12 mars 2001 : JOCE n° L 82/16, 22 mars 2001.

[12] O. Buisine, *Jurisprudence de la CJUE en matière de transfert d'entreprise : l'avenir incertain du prepack-cession et du plan de cession*, Rev. proc. coll., nov.-déc. 2019, n° 6, étude 23.

[13] Art. 1er, PE et Cons. UE, dir. 2019/1023, 20 juin 2019 : JOUE n° L 172/18, 26 juin 2019.

13 – **Suspension des poursuites** – La suspension des poursuites se définit par une suspension temporaire, soit ordonnée par une autorité judiciaire ou administrative, soit appliquée de plein droit, du droit d'un créancier de réaliser une créance à l'encontre d'un débiteur ou du droit de saisir ou de réaliser les actifs ou l'entreprise du débiteur par voie extrajudiciaire[14].

14 – **Qualification de débiteur** – La qualification de débiteur a également son importance. Elle peut en effet viser les seules sociétés ou bénéficier au contraire à un spectre plus large comme les entrepreneurs personnes physiques.

15 – L'entrepreneur[15] est ainsi une personne physique exerçant une activité commerciale, industrielle, artisanale ou libérale.

16 – **Rôle des tribunaux** – Un rôle important est laissé aux autorités judiciaires. Dans certains cas, les tribunaux sont tenus de prendre une décision sur la détermination de la valeur de l'entreprise[16]. Les autorités judiciaires doivent plus largement veiller à ce que les procédures de restructuration, d'insolvabilité et de remise de dettes soient traitées de manière efficace en vue d'un déroulement rapide des procédures[17].

B. REMISE ET EFFACEMENT DE DETTES

17 – **Remise de dettes** – La remise de dettes totale s'entend de l'annulation des dettes échues ou à échoir, dans le cadre d'une

[14] Art. 2, PE et Cons. UE, dir. 2019/1023, 20 juin 2019 : JOUE n° L 172/18, 26 juin 2019.
[15] Art. 2, PE et Cons. UE, dir. 2019/1023, 20 juin 2019 : JOUE n° L 172/18, 26 juin 2019.
[16] Art. 14, PE et Cons. UE, dir. 2019/1023, 20 juin 2019 : JOUE n° L 172/18, 26 juin 2019.
[17] Art. 25, PE et Cons. UE, dir. 2019/34/UE, 26 juin 2013 : JOUE n° L 172/18, 26 juin 2019 ; O. Buisine et V. Rousseau, *L'efficacité des procédures de restructuration, d'insolvabilité et de seconde chance : commentaire du titre IV de la directive Restructurations préventives*, Rev. proc. coll., mars-avr. 2020, n° 2, étude 10.

procédure pouvant comprendre une réalisation d'actifs ou un plan de remboursement, ou encore les deux[18].

18 – Les États membres doivent veiller à ce que les entrepreneurs insolvables aient accès à au moins une procédure pouvant conduire à une remise de dettes totale. Ils peuvent exiger que l'activité commerciale, industrielle, artisanale ou libérale pour laquelle les dettes d'un entrepreneur insolvable sont dues ait cessé[19]. Les États membres dans lesquels une remise de dettes totale est subordonnée à un remboursement partiel des dettes par l'entrepreneur veillent à ce que cette obligation de remboursement associée soit fixée en fonction de la situation individuelle de l'entrepreneur et, en particulier, soit proportionnée à ses revenus et actifs disponibles ou saisissables pendant le délai de remise et tienne compte de l'intérêt en équité des créanciers.

19 – Les entrepreneurs qui ont été libérés de leurs dettes doivent pouvoir bénéficier des cadres nationaux existants offrant un soutien professionnel aux entrepreneurs, y compris un accès à des informations utiles et actualisées au sujet de tels cadres.

20 – Le délai à l'issue duquel les entrepreneurs insolvables peuvent être totalement libérés de leurs dettes ne doit pas excéder une durée de trois ans à compter, au plus tard :

a) dans le cas d'une procédure comprenant un plan de remboursement, de la date de la décision d'une autorité judiciaire ou administrative validant le plan ou de la date de commencement de la mise en œuvre du plan ou
b) dans le cas de toute autre procédure, de la date de la décision de l'autorité judiciaire ou administrative d'ouvrir ladite procédure, ou l'établissement de l'actif et du passif de l'entrepreneur.

21 – Les États membres peuvent prévoir qu'une remise de dettes totale ne fait pas obstacle à la poursuite d'une procédure

---

[18] Art. 2, PE et Cons. UE, dir. 2019/1023, 20 juin 2019 : JOUE n° L 172/18, 26 juin 2019.

[19] Art. 20, PE et Cons. UE, dir. 2019/1023, 20 juin 2019 : JOUE n° L 172/18, 26 juin 2019.

d'insolvabilité qui comprend la réalisation et la distribution des actifs d'un entrepreneur qui font partie de l'actif et du passif dudit entrepreneur à la date d'expiration du délai de remise de dettes[20].

22 – **Rebond de l'entrepreneur** – Les entrepreneurs honnêtes insolvables ou surendettés doivent pouvoir bénéficier d'une remise de dettes totale au terme d'un délai raisonnable, ce qui leur permet de leur offrir une seconde chance[21].

23 – Les États membres veillent à ce que les entrepreneurs insolvables qui ont satisfait à leurs obligations, lorsque de telles obligations sont prévues par le droit national, soient libérés de leurs dettes à l'expiration du délai de remise de dettes sans qu'il soit nécessaire de saisir une autorité judiciaire ou administrative pour ouvrir une procédure s'ajoutant à celle déjà ouverte prévoyant l'effacement des dettes. Ils peuvent néanmoins conserver ou introduire des dispositions autorisant l'autorité judiciaire ou administrative à vérifier si les entrepreneurs ont satisfait aux obligations à remplir pour obtenir une remise de dettes.

II. L'effacement des dettes en droit français : évolutions récentes

24 – L'innovation majeure en droit français se matérialise par l'instauration de classes de parties affectées (A). En France, les procédures liquidatives permettent de longue date un effacement des dettes. Certaines procédures ont connu en parallèle ou dans le prolongement de la directive européenne des évolutions favorisant l'effacement des dettes (B).

A. CLASSES DE PARTIES AFFECTÉES

25 – **Sauvegarde** – Le choix a été fait par le législateur de choisir la sauvegarde accélérée et la sauvegarde comme cadres de référence de la transposition des classes de parties affectées en droit français. Comme le prescrit la directive, la durée de la suspension des

---

[20] Art. 21, PE et Cons. UE, dir. 2019/1023, 20 juin 2019 : JOUE n° L 172/18, 26 juin 2019.
[21] Cons. 1, PE et Cons. UE, dir. 2019/1023, 20 juin 2019 : JOUE n° L 172/18, 26 juin 2019.

poursuites individuelles est limitée à quatre mois[22] en sauvegarde accélérée. La durée de la période d'observation est limitée à douze mois dans le cadre d'une sauvegarde[23]. Les classes de créanciers doivent également être constituées en redressement judiciaire.

26 – **Seuils** – Par analogie avec la compétence des tribunaux de commerce spécialisés[24], les seuils d'application des classes de parties affectées sont de :
1° 250 salariés et 20 millions d'euros de chiffre d'affaires ou
2° 40 millions d'euros de chiffre d'affaires.
Ces seuils sont appréciés à la date de la demande d'ouverture de la procédure[25].
Les seuils de déclenchement des classes de parties affectées sont donc plus élevés que pour les comités de créanciers, ce qui démontre la frilosité du législateur à ouvrir la perspective de discussions entre les créanciers et le débiteur. Il est vrai que la technicité du système de classes de parties affectées limite dans la pratique l'accès à ce type de procédures et justifie indirectement des seuils élevés. Ces seuils créent néanmoins des disparités de traitement des débiteurs en fonction de la taille de l'entreprise. À la demande du débiteur, le juge-commissaire peut toutefois faire application du système des classes de parties affectées en dessous des seuils. Cette décision est une mesure d'administration judiciaire qui n'est pas susceptible de recours[26]. À la différence des comités de créanciers constitués obligatoirement en un comité des établissements de crédit et un comité des principaux fournisseurs (auxquels s'ajoutent le cas échéant l'assemblée des obligataires), les parties affectées par le plan de restructuration se caractérisent par leur souplesse lors de leur constitution en classes, laissant ainsi à la pratique une marge de manœuvre importante adaptée à la situation de l'entreprise.

27 – **Projet de plan** – En sauvegarde, le débiteur, avec le concours de l'administrateur, présente aux classes de parties affectées des

---

22 Art. L. 628-8, C. com. ; art. 6, PE et Cons. UE, dir. 2019/1023, 20 juin 2019 : JOUE n° L 172/18, 26 juin 2019.
23 Art. L. 621-3, C. com.
24 Art. L. 721-8, C. com.
25 Art. L. 626-29 et R. 626-52, C. com.
26 Art. R. 626-54, C. com.

propositions en vue d'élaborer le projet de plan[27]. En redressement judiciaire, il incombe à l'administrateur, avec le concours du débiteur, d'élaborer le projet de plan et, le cas échéant, de le présenter aux classes de parties affectées[28]. Toute partie affectée peut soumettre un projet de plan qui fera l'objet d'un rapport de l'administrateur en cas de redressement judiciaire. Le débiteur pourra donc faire face à un projet de plan concurrent en redressement judiciaire.

28 – **Remise de dettes** – Le projet de plan peut notamment prévoir des délais de paiement, des remises et, lorsque le débiteur est une société par actions dont tous les actionnaires ne supportent les pertes qu'à concurrence de leurs apports, des conversions de créances en titres donnant ou pouvant donner accès au capital[29].

29 – **Détenteurs de capital** – Propriétaires de l'entreprise, les actionnaires n'en demeurent pas moins créanciers au titre par exemple de comptes courants[30]. Les détenteurs de capital peuvent aussi être affectés par le plan[31]. La décision du tribunal vaut approbation des modifications de la participation au capital ou des droits des détenteurs de capital ou des statuts prévues par le plan. Une dilution peut donc leur être imposée.

30 – **Situation des créanciers** – La transposition en droit français des classes de parties affectées illustre bien tout le paradoxe lié au pouvoir renforcé des créanciers. Ils votent sur le sort de l'entreprise mais le tribunal peut leur imposer dans le cadre de l'application forcée interclasse une solution prévoyant un effacement de leur dette[32].

---

[27] Art. L. 626-30-2, C. com.

[28] Art. L. 631-19, C. com.

[29] Art. L. 626-30-2, C. com.

[30] J.-P. Legros, *Les détenteurs de capital au sens des procédures collectives*, Act. proc. coll. 2022, repère 57.

[31] M. Laroche, *L'implication des associés*, BJE, mars-avr. 2022, n° 2, n° 200n9, p. 66.

[32] L.-C. Henry, M.-H. Monsèrié-Bon, O. Buisine, *La participation renforcée des créanciers dans les procédures*, BJE, mars-avr. 2022, n°2, n° 200m7, p. 70 ; O. Buisine, *Les classes de parties affectées*, Rev. proc. coll., nov.-déc. 2021, n°6, fiche pratique 4 ; O. Buisine, *Des classes de créanciers*, BJE, nov.-déc. 2021, n°6, n° 200i3, p. 44.

B. PROCÉDURES LIQUIDATIVES

31 – **Evolution des textes** – Plusieurs textes adoptés en parallèle de la transposition de la directive viennent préciser les contours de l'effacement des dettes[33] dans le cadre d'une procédure liquidative au sens du Code de commerce et du Code de la consommation.

32 – Les procédures de liquidation constituent bien entendu les procédures de référence en matière d'effacement des dettes.

33 – **Effets du défaut de déclaration de créance** – À défaut de déclaration dans les délais prévus à l'article L. 622-24 du Code de commerce, les créanciers ne sont pas admis dans les répartitions[34].

34 – **Effet de la clôture de la liquidation judiciaire** – Sauf exception, le jugement de clôture de la liquidation judiciaire emporte, quant à lui, extinction des dettes non réglées[35].

35 – **Etendue de l'effacement et rétablissement professionnel** – L'article L. 645-11 du Code de commerce précise le périmètre d'effacement des dettes en cas de rétablissement professionnel. Un « angle mort » de l'article L. 645-1 du Code de commerce dans sa version issue de l'ordonnance du 15 septembre 2021 permettait selon une lecture extensive un effacement large des dettes de l'entrepreneur. Les biens que la loi déclare insaisissables de droit ne sont en effet pas pris en compte pour déterminer la valeur de l'actif[36] concernant les conditions d'éligibilité au rétablissement professionnel. Théoriquement, l'entrepreneur remplissant les seuils du rétablissement professionnel aurait donc pu voir effacer l'intégralité de ses dettes à l'issue de cette procédure, y compris celles correspondant à un emprunt bancaire relatif à une acquisition immobilière. L'article L. 645-11 nouveau du Code de commerce issu de la loi n° 2022-172 du 14 février 2022[37] a clarifié la situation en précisant que ne peuvent

---

[33] V. Martineau-Bourgninaud, *Le rebond de l'entrepreneur*, BJE, mars-avr. 2022, n°2, n° 200n2, p. 60.

[34] Art. L. 622-26, C. com.

[35] Art. L. 643-9, C. com.

[36] Art. L. 645-1, C. com.

[37] O. Buisine, *De l'entrepreneur en difficulté*, Rev. proc. coll., mars-avr. 2022, n°2, étude 2.

être effacées les dettes grevant un patrimoine dont la situation n'est pas irrémédiablement compromise. Aucune dette ne peut par ailleurs être effacée lorsqu'il apparaît que le montant du passif total est disproportionné au regard de la valeur de l'actif, biens insaisissables de droit non compris. Le risque d'abus au détriment des banques était toutefois limité au regard du faible nombre de rétablissements professionnels ouverts chaque année.

36 – **Articulation du Code de commerce et du Code de la consommation** – L'articulation entre le droit du surendettement et le droit des entreprises en difficulté a été précisée par la loi du 14 février 2022[38] au travers de procédures de renvois et d'information entre le tribunal de la procédure collective et la commission de surendettement[39]. Cette évolution révèle le caractère paradoxal du statut de l'entrepreneur individuel en droit français. Il dispose de deux patrimoines distincts sans formalité particulière (un patrimoine personnel et un patrimoine professionnel) ; les procédures collectives permettront d'appréhender dans certains cas l'intégralité de l'actif et du passif du débiteur. Ces passerelles permettront d'envisager un effacement des dettes personnelles et professionnels de l'entrepreneur, ce qui démontre la porosité[40] de la notion de patrimoine.

37 – **Rétablissement personnel** – La loi n° 2020-734 du 17 juin 2020[41] a apporté des précisions concernant le droit du surendettement. Les dettes professionnelles et non professionnelles du dirigeant travailleur non salarié peuvent faire partie du passif et être effacées[42] à l'issue de la procédure de rétablissement personnel avec ou sans

[38] O. Buisine, *De l'entrepreneur en difficulté*, Rev. proc. coll., mars-avr. 2022, n°2, étude 2.
[39] Art. L. 681-1 et sv., C. com.
[40] O. Buisine, *De l'entrepreneur en difficulté*, Rev. proc. coll., mars-avr. 2022, n°2, étude 2.
[41] O. Maraud, *Surendettement et droit des entreprises en difficulté : une articulation à parfaire*, Rev. proc. coll., sept.-oct. 2021, n°5, étude 16 ; O. Buisine, *Droit des entreprises en difficulté : réformons la réforme*, Act. proc. coll. 2021, repère 95 ; K. Lafaurie, *Les dettes professionnelles du particulier en rétablissement personnel : avancée à petits pas pour le rebond économique*, Rev. proc. coll., sept.-oct. 2020, n°5, étude 23 ; O. Buisine, *De quelques ajustements complémentaires relatifs au droit des entreprises en difficulté*, Rev. proc. coll., juil.-août 2020, n°4, étude 20.
[42] Amendement n° 96 rect. présenté par M. Soilihi, sénateur (adopté), 25 mai 2020.

liquidation[43]. Le législateur avait tiré les conséquences de cette qualification élargie. La référence à l'engagement de caution, qui, lui, pouvait déjà être intégré dans le passif de la procédure de surendettement n'avait plus lieu d'être, compte tenu de la rédaction nouvelle des articles L. 741-2 et L. 742-22 du Code de la consommation. Le deuxième alinéa de chacun des deux articles concernés avait été supprimé à cette occasion.

38 – La loi en faveur de l'activité professionnelle indépendante a parachevé cette évolution en modifiant la définition du surendettement laquelle intègre les dettes professionnelles. La situation de surendettement est caractérisée par l'impossibilité manifeste de faire face à l'ensemble de ses dettes professionnelles et non professionnelles exigibles et à échoir. Le seul fait d'être propriétaire de sa résidence principale dont la valeur estimée à la date du dépôt du dossier de surendettement est égale ou supérieure au montant de l'ensemble des dettes professionnelles et non professionnelles exigibles et à échoir ne fait pas obstacle à la caractérisation de la situation de surendettement[44]. Les dispositions du livre VII du Code de la consommation s'appliquent également aux débiteurs de nationalité française en situation de surendettement domiciliés hors de France et qui ont contracté des dettes professionnelles et non professionnelles auprès de créanciers établis en France[45].

39 – Cette évolution conduit plus largement à une réflexion sous-jacente concernant la porosité entre droit des entreprises en difficulté et droit du surendettement en France.

[43] Art. L. 741-2 ; L. 742-22, C. consom.
[44] Art. L. 711-1, C. consom.
[45] Art. L. 711-2, C. consom.

Conclusion

40 – **D'une directive à une autre** – La convergence des droits européens de l'insolvabilité constituerait un pas supplémentaire dans la construction de l'Union Européenne. Le couple franco-allemand a un rôle important à jouer dans l'évolution du droit de l'insolvabilité en Europe. Le Traité d'Aix-la-Chapelle prévoit notamment comme objectif une harmonisation du droit des faillites qui pourrait se concrétiser par un Code européen des affaires. Un nouveau texte portant sur l'insolvabilité des entreprises est annoncé pour 2022. La prochaine étape doit conduire à un rapprochement des différentes législations et à une convergence du fonctionnement des procédures collectives au niveau européen. Une définition harmonisée de la situation d'insolvabilité ou de probabilité d'insolvabilité laissée aujourd'hui à chaque État membre[46] nous semble être un sujet de réflexion important.

41 – **Vers un Code de l'insolvabilité ?** – En France, la compétence de principe du tribunal de l'insolvabilité concernant les situations de surendettement, issue de la loi du 14 février 2022, concernant les entrepreneurs individuels conduit à s'interroger sur l'opportunité de maintenir des dispositifs dans deux codes différents : le Code de commerce et le Code de la consommation (outre le Code rural et de la pêche maritime en matière agricole).

42 – **Technicité du droit français** – On peut également s'interroger sur l'extrême technicité du droit de l'insolvabilité. La boîte à outils n'est-elle pas devenue trop performante ? Rappelons que 90% des procédures collectives ouvertes chaque année concernent des entreprises de moins de 10 salariés.

43 – **Simplifier le droit des entreprises en difficulté** – Déjà réformé par l'ordonnance n° 2021-1193 du 15 septembre 2021 et le décret n° 2021-1218 du 23 septembre 2021, le livre VI du Code de commerce n'a pas échappé pas à de nouvelles évolutions récentes[47] notamment

---

[46] Art. 2, PE et Cons. UE, dir. 2019/1023, 20 juin 2019 : JOUE n° L 172/18, 26 juin 2019.

[47] V. également, art. 3, D. n°2021-1887 du 29 déc. 2021 ; art. 5, D. n°2021-1888 du 29 déc. 2021.

dans le cadre de la loi de finances pour 2022[48] et de la loi en faveur de l'activité professionnelle indépendante.

44 – Le droit des entreprises en difficulté, issu de la loi n° 85-98 du 25 janvier 1985 et de la loi n° 2005-845 du 26 juillet 2005, arrive certainement en fin de cycle. La prochaine étape consistera à simplifier la matière[49]

---

[48] V. également art. 130, L. n°2021-1900 du 30 décembre 2021 de finances pour 2022.

[49] O. Buisine, *De quelques propositions relatives à la transposition de la directive Restructurations préventives et à la réforme du droit des sûretés*, Rev. proc. coll., juil.-août 2019, n° 4, étude 12 ; O. Buisine, *Prévention des difficultés des entreprises : évolution et prospective*, Rev. proc. coll., juil.-août 2018, n° 4, étude 16.

La transposition de la directive insolvabilité en droit français.

Patrick ROSSI

La ligne directrice du colloque est « l'effacement des dettes ». La présentation des textes et travaux de transposition de la directive « restructurations préventives » nous oblige à un petit effort pour coller au sujet, même si l'ordonnance du 15 septembre 2021 et son décret d'application s'attachent aussi au sort du débiteur en liquidation judiciaire où la question du rebond se pose avec plus de pertinence. Pourtant, il n'est pas artificiel de faire le lien entre le sujet directeur et la thématique dominante de la directive et de sa transposition : en effet, en donnant plus de pouvoirs aux créanciers composant les « classes de parties affectées », ces textes ont conduit le législateur à rogner les prérogatives du juge, et à s'éloigner de la règle selon laquelle le tribunal ne peut imposer que des délais uniformes de paiement dans le cadre d'un plan de sauvegarde ou de redressement. En outre, l'application de la règle de la priorité absolue comme critère de fonctionnement de ces classes peut être la source d'un traitement brutal des créanciers « juniors ».

Ce rattachement nous évitera, je l'espère, la mauvaise note attribuée à une copie hors sujet.

Il me faut éviter aussi le plagiat, car la réforme française a déjà été commentée[1]. Elle le sera encore, et par des auteurs bien plus savants,

---

[1] R. Dammann et T. Bos : Le nouveau droit de la restructuration financière : les classes de parties affectées, Dalloz 2021, p. 1931 – F. Macorig-Venier : La prévention amiable des difficultés et l'ordonnance portant réforme du livre VI du code de commerce, RTD com 2021, p. 914 – N. Borga et J. Théron : Ordonnance du 15 septembre 2021 réformant le droit des entreprises en difficulté, un tournant ? Dalloz 2021, p. 1773 – O. Buisine : Les classes de parties affectées, RPC 2021 n° 6, fiche pratique n°4 et les références citées p. 8 - Ordonnances du 15 septembre 2021 : bilan et perspectives d'évolution du droit des entreprises en difficulté, colloque AJDE Toulouse 15 oct. 2021, BJE 2022 n°2 – P. Roussel Galle : L'ordonnance du 15 septembre 2021, une révolution ? RPC 2021 n°6 Repères n°6 – Regards croisés sur la réforme du droit des entreprises en difficulté, RPC 2022 n°1, dossier - Les procédures collectives après les ordonnances du 15 septembre 2021, RPC 2021 n°6, dossier – G. Teboul : Les étrennes du praticien des entreprises en difficulté. Au moment de la trêve des confiseurs, quoi de neuf ?, D. AJ 14 janv. 2022 – R.

car elle est à l'origine de nombreuses interrogations auxquelles la jurisprudence répondra pas à pas. Tout cela prendra du temps, puisque le nombre de procédures avec classes de parties affectées sera extrêmement minoritaire, si l'on se réfère aux seuils actuels. De surcroît, il est très probable que des retouches seront très prochainement apportées au texte, et les services de l'administration centrale, entre autres, sont déjà sur ce chantier.

C'est donc avec la conscience du caractère éphémère de l'intérêt de mes propos que j'aborderai le sujet en trois temps. Après avoir défini les grandes lignes des modifications apportées (ce qui a été fait), il me semble intéressant, dans ce contexte de droit comparé, de s'interroger sur ce qui aurait pu être modifié à l'occasion de cette transposition (et qui ne l'a pas été volontairement), et, pour terminer, sur ce qui aurait dû l'être. J'éviterai, autant que possible, d'évoquer ce qui n'aurait pas dû être écrit, étant encore lié par une obligation de solidarité.

I. Ce qui a été fait

A. Le titre III de la directive du 20 juin 2019 n'est pas celui qui a fait couler le plus d'encre. Pour la transposition de ses articles 20 et 21, le droit français comporte les procédures de rétablissement professionnel et de liquidation judiciaire simplifiée dont les conditions d'ouverture ou de mise en œuvre ont été élargies par l'ordonnance 2021-1193 et son décret d'application. Et plus récemment, encore par la loi 2022-172 du 14 février 2022 et son décret n°2022-890 du 14 juin 2022 relatif au traitement des difficultés de l'entrepreneur individuel, qui est venu limiter la possibilité d'effacement des dettes en matière de rétablissement professionnel, faciliter l'accès à la liquidation judiciaire simplifiée et aussi, prenant appui sur la séparation des patrimoines de l'entrepreneur individuel, autoriser une reprise

---

Dammann et M. Gerrer : La nouvelle procédure de sauvegarde accélérée : Le test du meilleur intérêt des créanciers et la règle de la priorité absolue, RDBF 2022 – « Le droit des entreprises en difficulté de 1985 à... 2025. Une recherche de meilleurs équilibres », 46ème colloque de l'Association Droit et commerce, 25 mars 2022 – « Le créancier muni de sûreté face à la procédure collective : quelles nouvelles règles du jeu ? », journée de formation du 17 juin 2022, Faculté de droit et de science politique, Université de Montpellier. Adde : J.-L. Vallens, Aspects internationaux de la réforme des procédures collectives par l'ordonnance du 15 septembre 2021, D. 2021, p. 2141.

d'activité indépendante sans attendre la clôture de la procédure de liquidation.

On peut discuter de la qualité de la transposition de la directive par l'ordonnance de septembre 2021, mais non que cette ordonnance va dans le sens voulu par le législateur européen ; toutefois, un élément qui peut être problématique a été ajouté dès la loi de février 2022 ; il brouille en tout cas quelque peu les objectifs. En effet, le nouveau titre VIII bis prévoit que l'entrepreneur individuel relève de la commission de surendettement dans un nombre limité de cas ; la commission de surendettement des particuliers appliquera le code de la consommation, et celui-ci n'a pas été modifié pour accueillir les dispositions du titre III de la directive. Or, il s'agit bien de la même personne physique titulaire de l'entreprise et cette décomposition du traitement des difficultés qu'elle rencontre pourrait être source de problèmes de conformité, notamment au regard de l'article 24 du texte européen, étant rappelé que le §4 de l'article 1er dispose : « Les États membres peuvent étendre l'application des procédures mentionnées au paragraphe 1, point b), aux personnes physiques insolvables qui ne sont pas des entrepreneurs. ». C'est une illustration révélatrice des ambiguïtés du traitement de la défaillance ou des défaillances de l'entrepreneur personne physique et déjà, lors des travaux préparatoires du Règlement n° 2015/848 du 20 mai 2015 les divergences de conception entre les Etats membres avaient mis en évidence la nécessité d'une approche plus cohérente du sort de celui-ci.

B. Le titre II de la directive a donné lieu à de nombreux commentaires. Mon intervention se limitera à reprendre les grandes lignes suivies par le législateur français et, tout d'abord, à expliquer le choix de la procédure d'accueil de la transposition.

On rappellera que la directive comporte de nombreuses options, qu'elle ne définit pas la notion d'insolvabilité, mais qu'elle comporte un certain nombre de dispositions contraignantes.

La première réside dans l'obligation faite aux Etats membres de disposer d'au moins un cadre de restructuration préventive. Le §5 de l'article 4 autorise des combinaisons (Le cadre de restructuration préventive prévu au titre de la présente directive peut consister en une ou plusieurs procédures, mesures ou dispositions, éventuellement dans un cadre extrajudiciaire, sans préjudice de tout autre cadre de restructuration prévu par le droit national).

La France a choisi la procédure de sauvegarde accélérée comme étant le cadre de restructuration préventive organisée par la directive. Cette procédure, qu'il s'agisse de la procédure de sauvegarde accélérée financière ou non, correspondait à un certain nombre d'exigences de la directive : elle est accessible à la demande du débiteur, et la réforme, reprenant l'une des ordonnances « Covid », a d'ailleurs supprimé les conditions de seuils. Le débiteur n'est pas « dessaisi », au sens de l'article 5 de la directive. On peut considérer que les conditions fixées par la directive pour la désignation d'un « praticien dans le domaine des restructurations » (§2 de cet art. 5) sont respectées[2]. De surcroît, encore, la procédure de sauvegarde accélérée entraîne, de droit, suspension des poursuites dans des conditions compatibles avec les dispositions de l'article 6 de la directive, dont le §3 permet de mettre en place une suspension des poursuites limitées, ce qui correspond, en droit français, au caractère « semi-collectif » de cette procédure[3]. La durée de cette suspension, limitée par le §6 de l'article 6 de la directive à quatre mois est tout à fait acceptable pour cette procédure, qui était d'ailleurs plus brève encore. Il a semblé, peut-on préciser, trop difficile de prévoir une possibilité de modulation de cette suspension, qui aurait été déterminée par l'évolution des négociations… et plus simple d'utiliser la possibilité offerte par le dernier alinéa de cet article d'imposer une durée minimale, de quatre mois donc. A ces éléments s'ajoute celui, particulièrement important, de la capacité d'adaptation du champ d'effectivité de la sauvegarde accélérée à la nature des difficultés de l'entreprise, ce qui en fait une procédure tout à fait réceptive à l'idée de réserver aux « parties affectées » le droit de voter sur l'adoption du plan de restructuration, comme l'exige l'article 9 de la directive.

---

[2] La directive prévoit que ce praticien ait pour mission d'« assister le débiteur et les créanciers dans la négociation ». Le fait que l'administrateur judiciaire dispose d'un mandat de justice devrait être une garantie de respect équilibré des droits en présence.

[3] Il y a une certaine cohérence à définir le champ de la suspension des poursuites individuelles sur le critère de définition des « parties affectées ».

Outre cet inventaire, une autre raison a poussé au choix de la procédure de sauvegarde comme nid de la transposition. La constitution des classes de parties affectées exigera a priori une anticipation de la demande d'ouverture de la procédure ; or, la sauvegarde accélérée est nécessairement précédée d'une phase préalable, la conciliation.

Il y a, toutefois, une ambiguïté dans le choix de cette procédure de sauvegarde accélérée. On le sait, les rédacteurs de l'ordonnance et du décret ont souhaité réserver à un petit nombre d'entreprises l'obligation de constituer des classes de parties affectées. Les seuils fixés par le décret correspondent aux critères (légaux) de compétence des tribunaux de commerce spécialisés. L'idée est bien de s'assurer que les juridictions qui auront à connaître de ces « classes » seront peu nombreuses et pourront acquérir une expérience suffisante, d'autant que le nombre de procédures avec classes obligatoires s'annonce faible tant que les seuils ne seront pas réduits par voie réglementaire. Mais, en sauvegarde accélérée, il n'y a pas de seuils et la constitution de classes est pourtant obligatoire. Le fait qu'une procédure de conciliation doive précéder la demande d'ouverture de la procédure n'apporte pas la même certitude quant à la taille des entreprises concernées.

Ce n'est pas le seul paradoxe généré par la suppression, tant en sauvegarde qu'en redressement judiciaire, des comités de créanciers et leur remplacement dans toutes les procédures par le système des classes de parties affectées. En effet, cette organisation semble tout à fait adaptée à une procédure comme la sauvegarde accélérée, mais, on le voit déjà, pose des difficultés pour les procédures de sauvegarde et de redressement judiciaire. Et on ne peut vraiment soutenir que celles-ci sont des procédures de prévention de l'insolvabilité.... De toutes façons, elles n'accueillent pas la totalité du corpus de la directive. Sommairement, la question peut se poser de la pertinence d'avoir implanté dans des procédures aussi différentes, notamment s'agissant du redressement judiciaire, quelques gênes de la directive, mais quelques gênes seulement.

C. Je pense bien sûr aux classes de parties affectées[4].

En sauvegarde accélérée, l'ordonnance prévoit un double niveau de restrictions à l'effet collectif de la procédure. En premier lieu, le troisième alinéa de l'article L. 628-1 dispose : « lorsque les comptes du débiteur font apparaître que la nature de l'endettement rend vraisemblable l'adoption d'un plan par les seuls créanciers ayant la qualité de sociétés de financement, d'établissements de crédit et assimilés, tel que définis par décret en Conseil d'Etat, ainsi que par tous les titulaires d'une créance acquise auprès de ceux-ci ou d'un fournisseur de biens ou de services et s'il y a lieu des obligataires, le débiteur peut demander l'ouverture d'une procédure de sauvegarde dont les effets sont limités à ces créanciers » et l'article L. 628-6 énonce : « L'ouverture d'une procédure de sauvegarde accélérée ne produit d'effet qu'à l'égard des parties mentionnées à l'article L. 626-30 directement affectées par le projet de plan mentionné au deuxième alinéa de l'article L. 628-1». Cet ensemble semble un peu redondant…sauf à envisager que des créanciers financiers puissent avoir à subir les effets de la procédure… sans être parties affectées ?
En second lieu, seules les parties « affectées » par le plan (le projet de plan) disposent du droit de voter sur sa présentation. Ce qui implique, il semble, qu'un plan ne puisse altérer les droits de parties qui n'auraient pas voté ; or la qualité de partie affectée n'est qu'en partie définie par la loi… et négativement au demeurant.

Dans les procédures de sauvegarde ou de redressement judiciaire avec classes (obligatoires ou facultatives), les effets de la procédure ne sont pas pareillement limités. Mais le principe, imposé par la directive, qui réserve aux parties affectées le droit de voter sur le projet de plan, s'applique. Il n'est pas certain que toutes les conséquences de ce mariage un peu forcé aient été anticipées.

Quoi qu'il en soit, le législateur français a privilégié une approche processualiste de la constitution des classes, renonçant à des prédéfinitions cloisonnantes. Ce qui met sur le devant de la scène l'administrateur judiciaire et, dans une moindre mesure, l'autorité

---

[4] Pour une liste de difficultés relatives à ces classes, voir aussi : F. Pérochon, P. Roussel Galle, Classes de créanciers et sûretés réelles : RD bancaire et fin. 2022, dossier 20.

judiciaire. On voit là l'inspiration apportée par la sauvegarde financière accélérée qui couplait origine ou nature des difficultés et champ des effets de la procédure ; ici, il s'agit d'abord de lier l'architecture des classes à la spécificité du passif de l'entreprise. Mais la loi ne le dit pas et cette architecture pourra dépendre d'autres considérations, comme les études citées le soulignent.

L'ordonnance s'appuie sur la possibilité ouverte par la directive de prédéfinir un nombre limité de classes : le considérant 44 comme le §4 de l'article 9 imposent, sauf cas des PME, au moins une distinction entre créanciers garantis et créanciers non garantis, mais le considérant se réfère aussi aux créanciers titulaires de créances subordonnées. Et le nouvel article L. 626-30 du code de commerce donne une définition des détenteurs de capital affectés afin qu'ils puissent être regroupés en une ou plusieurs classes, comme le permet la directive, particulièrement insistante sur la nécessité de neutraliser ce qu'elle considère comme une possible capacité de nuisance de ces parties affectées. On peut souligner ici que la constitution d'une ou plusieurs classes de détenteurs de capital, parties affectées, est facilitée par la mise en œuvre des dérogations à la directive (UE) 2017/1132 du Parlement européen et du Conseil[5] prévues par le considérant 96 et l'article 32 de la directive. Toutefois, la question peut se poser des limites à ces dérogations : sont-elles conformes au droit européen si elles débordent du champ strict des procédures de restructuration préventive, c'est-à-dire, en droit français, de la procédure de sauvegarde accélérée ?

L'énumération n'est pas limitative et sera évidemment insuffisante dans bon nombre de dossiers, eu égard à la taille des entreprises concernées. Le sort des créanciers publics n'a pas été précisé. On aurait pu concevoir, comme le permet l'un des considérants (considérant 44) de la directive, de rassembler ces créanciers en une classe ; ou encore de discriminer les créances publiques selon le niveau des garanties attachées. Mais il appartiendra, finalement, à l'administrateur judiciaire en charge de l'organisation des classes de se positionner.

---

[5] Directive (UE) 2017/1132 du Parlement européen et du Conseil du 14 juin 2017 relative à certains aspects du droit des sociétés.

La loi lui confie en effet une lourde responsabilité, la limitant par des critères généraux de constitution des classes (L'administrateur répartit, sur la base de critères objectifs vérifiables, les parties affectées en classes représentatives d'une communauté d'intérêt économique) et des exclusions[6] ciblées de droit (créances résultant du contrat de travail, les droits à pension acquis au titre d'un régime de retraite professionnelle et les créances alimentaires : IV de L. 626-30 – pour les parties affectées bénéficiaires d'une fiducie constituée à titre de garantie par le débiteur, sont seuls pris en compte les montants de leurs créances non assorties[7] d'une telle sûreté ; V du même article – créances qui ne sont pas nées antérieurement à l'ouverture de la procédure : III du même article – mais la possibilité d'exclure les créances délictuelles (§5 art. 1er de la directive) n'a pas été reprise à ce niveau). A ces critères exprimés par l'ordonnance, il est possible d'en ajouter d'autres, qui relèvent de principes fondamentaux ; le choix des parties affectées ne semble pas pouvoir être discrétionnaire ; il doit s'inscrire dans une conception d'ensemble du plan, lui-même dépendant de la nature des difficultés de l'entreprise[8].

Le critère comparatif du « test du meilleur intérêt » (considérant 52, articles 2 et 10) est un autre critère pour cette identification des parties affectées, en ce sens que s'il n'est aucunement possible de limiter les droits d'un créancier en cas de liquidation ou de plan de cession, il semble difficile d'envisager qu'il soit affecté par le plan. On s'est également interrogé sur la conséquence du choix fait par le législateur de l'application de la règle de priorité absolue quant à la possibilité de

[6] Qui ont comme conséquence que ces parties ne peuvent pas être affectées par le plan (elles sont hors plan, mais non hors procédure).
[7] Formule à interpréter : faut-il comprendre qu'elle vise la totalité de la créance ou la partie efficacement protégée de la créance ?
[8] Il n'est guère concevable que la qualité de partie affectée ne dépende pas de critères objectifs et vérifiables. Cette notion est en effet charnière et joue comme critère de répartition des pouvoirs, mais aussi comme critère de soumission au plan finalement adopté. Ce double aspect peut conduire à souligner que le pouvoir appartient ici aux créanciers des classes de parties affectées… ou tout au moins à certains d'entre eux (François-Xavier Lucas : « Les créanciers titulaires de sûretés réelles et les classes de parties affectées », Dalloz 2022 p. 304), tout en constatant, sans se contredire, qu'il est préférable de ne pas être une partie affectée (même auteur, intervention à la journée de formation de l'Université de Montpellier, précitée).

laisser hors classes des parties qui, de ce fait, s'avèrent mieux traitées que certains créanciers appelés à voter au sein d'une classe.

Les pouvoirs confiés à l'administrateur judiciaire ont pour contrepartie un contrôle judiciaire et des contraintes chronologiques fortes. En sauvegarde accélérée, le risque est grand de ne pouvoir aboutir à un plan voté dans le délai de quatre mois imposé. Les voies de recours se situent en amont du vote du plan (v. considérant 46) ou en aval. Il apparaît que les premières n'ont pas pu être conçues pour purger tout litige concernant la constitution des classes, puisque l'article R.626-58 dispose : « *Dès qu'il a été statué par décision devenue définitive sur la contestation, et au moins trois jours avant la date du vote, l'administrateur actualise, s'il y a lieu, les modalités de constitution des classes et de répartition des droits de vote* ». Il semble en effet difficile, en l'absence de dispositions en ce sens, d'affirmer qu'une partie affectée lésée par cette actualisation soit privée de tout moyen de contestation ultérieure.

Le décret prévoit un deuxième seuil d'exercice de recours : après le vote du plan, pour invoquer une atteinte au principe du respect du « meilleur intérêt ». Enfin, le jugement arrêtant le plan peut lui-même faire l'objet des recours prévus par le livre VI du code de commerce.

Ainsi, la possibilité d'adapter et de moduler le nombre et la composition des classes de parties affectées a pour corollaire un agenda serré et une redistribution des prérogatives entre les organes de la procédure. Le rôle des organes juridictionnels est loin d'être secondaire ; ceux-ci devront manier des outils et des paramètres nouveaux, ce qui justifie leur introduction progressive par la fixation de seuils élevés, correspondant à la compétence des tribunaux de commerce spécialisés. Mais la nécessaire vérification de la « faisabilité » du plan, ou de sa capacité à offrir « une perspective raisonnable d'éviter la cessation des paiements du débiteur ou de garantir la viabilité de l'entreprise » s'inscrit bien dans les compétences déjà acquises du juge des procédures collectives.

Parmi ces paramètres, la règle dite de priorité absolue n'est pas la plus complexe, et celle dite de priorité relative l'aurait sans doute été davantage. Même si l'ordonnance introduit des inflexions importantes au profit des « créances des fournisseurs de biens ou de services du débiteur, des détenteurs de capital et des créances nées de la responsabilité délictuelle du débiteur » lesquels, notamment, « peuvent bénéficier d'un traitement particulier » à certaines conditions. Elle génère toutefois d'importantes difficultés d'évaluation.

Enfin, l'ordonnance traite avec nuances le sort des détenteurs de capital ; un premier choix sémantique a été fait, sur l'invitation du considérant 53 (S'il s'agit d'une personne morale, les États membres devraient pouvoir décider si, aux fins de l'adoption ou de la validation d'un plan de restructuration, le débiteur doit être considéré comme étant le conseil d'administration de la personne morale ou une majorité donnée d'actionnaires ou de détenteurs de capital.) pour dissocier les prérogatives des dirigeants et celles des associés, en permettant aux premiers de soutenir un projet de plan qui n'aurait pas obtenu l'adhésion des seconds, avec cette conséquence de la possibilité de recourir à une application forcée interclasses qui leur serait défavorable. Un autre choix a été de soumettre cette application forcée à un contrôle strict précisé par le 5° du I de l'article L. 626-32, qui exclut la cession de tout ou partie des droits de la ou des classes de détenteurs capital qui n'ont pas approuvé le projet de plan, article qui s'applique aussi en redressement judiciaire en présence de classes de parties affectées. En l'absence de telles classes, c'est toujours l'article L.631-19-2, introduit en 2015, qui est applicable. Ces nuances sont les conséquences du risque d'anticonstitutionnalité qui a été identifié, car même si, notamment dans la sauvegarde accélérée, la directive européenne de 2017 peut être en partie écartée, ce risque demeure… et il ne faut pas négliger les incidences de la crise sanitaire pour comprendre la démarche qui a finalement été retenue.

II. Ce qui aurait pu être modifié (ce qui ne l'a pas été).

Le traitement de la situation des détenteurs de capital aurait donc pu être différent pour la mise en œuvre de la transposition d'une directive qui laisse à cet égard un choix assez ouvert d'orientations aux États membres.

La même observation vaut pour les créances salariales. La directive parle des créances des travailleurs et son considérant 62 estime que les travailleurs dont les créances sont concernées par un plan de restructuration devraient avoir le droit de voter sur ce plan et qu'ils pourraient constituer une classe distincte ; mais l'article 1er permet d'exclure des cadres de restructuration préventive « les créances existantes ou à venir d'actuels ou anciens travailleurs ». Le choix qui a été fait, en droit français, est de ne pas autoriser que les créances « résultant du contrat de travail » entrent dans la composition d'une classe. Ce qui induit qu'il ne peut pas s'agir de créances « affectées » par le plan. Cette orientation marque le caractère financier de la procédure ; mais on peut s'interroger sur la pertinence de ce choix en sauvegarde de droit commun, avec classes, et davantage encore en redressement judiciaire. Par ailleurs, le sort de l'AGS n'est pas aussi tranché ; on peut penser qu'il suivra celui des titulaires de créances « résultant du contrat de travail » lorsque cette institution invoquera le bénéfice d'une subrogation ; mais en dehors de ce cadre, et lorsqu'il ne s'agira pas de créances antérieures, des discussions naîtront sans doute sur ce point.

La directive permet, par ailleurs, de traiter les PME par la constitution d'une seule classe. Ce n'est pas le choix qui a été fait par les rédacteurs de l'ordonnance du 15 septembre 2021, qui ont douté de la simplification apportée par cette solution, alors que le critère du « meilleur intérêt » s'imposerait de toutes façons.

Dans cet inventaire, il peut être intéressant de s'attarder aussi au sort de la conciliation. Celle-ci a été placée hors transposition. Cette position n'était pas tout à fait évidente ; en premier lieu, parce qu'elle constitue un préalable à la sauvegarde accélérée. Mais également parce que cette procédure préventive accueille aussi, sous des formes qui lui sont propres, la possibilité de suspendre les poursuites de certains créanciers. Or la directive n'exige pas que cette suspension soit générale[9]. Comme la conciliation n'est pas assimilée à une procédure de restructuration préventive, les durées des suspensions ordonnées pendant la négociation ne se décomptent pas de la durée maximale de la suspension limitée par l'article 6 de la directive.

---

[9] §3 de l'article 6 de la directive : « Les États membres peuvent prévoir que la suspension des poursuites individuelles est générale, de façon à concerner tous les créanciers, ou peut être limitée, auquel cas elle ne concerne qu'un ou plusieurs créanciers individuels ou catégories de créanciers ».

III. Ce qui aurait dû être prévu

Comme cela a déjà été évoqué, il aurait été préférable de clarifier la situation de l'AGS à partir du moment où la transposition de la directive débordait du strict cadre de la sauvegarde accélérée.

Pour cette même raison, il aurait été utile, voire nécessaire, de s'interroger sur le sort des créanciers postérieurs, qui ne peuvent être qualifiés de « parties affectées », et ceci sans distinction selon leur éligibilité ou non au privilège des articles L. 622-17 et L. 641-13 c. com.

Ces deux points sont la conséquence de la volonté exprimée par l'article 196 de la loi PACTE de rapprocher les procédures collectives, et, faut-il le comprendre, de ne pas faire coexister dans notre droit les classes de parties affectées et les comités de créanciers.

Ils sont aussi la conséquence d'une volonté de ne pas laisser coexister le pouvoir des classes de parties affectées et l'imperium du tribunal quant au contenu du plan. L'ordonnance n'envisage un plan arrêté par le tribunal, en présence de classes, que lorsque le plan soumis aux classes n'a pas été adopté, même par le recours à l'application forcée interclasses. On aurait peut-être pu prévoir une combinaison plus souple à cet égard, compte tenu des prérogatives reconnues aux classes. Le retour à la « case départ » en cas d'échec de la procédure des classes ne manquera pas, quoi qu'il en soit, de générer un certain nombre de difficultés.

Convergences et divergences de la transposition de la directive « *restructuration et insolvabilité* » entre la France et l'Allemagne

Reinhard DAMMANN

Si la France et l'Allemagne convergent vers un but commun de réalisation de la construction européenne, leurs approches peuvent être divergentes.

Cette différence de sensibilité est reflétée sémantiquement. La France parle de « couple franco-allemand » tandis qu'outre-Rhin, on utilise l'expression du « moteur franco-allemand ».

En transposant la directive (UE) 2019/1023/UE « *Restructuration et insolvabilité* » du 20 juin 2019 (la « Directive »), les deux pays ont exercé les mêmes options structurantes mais en nuançant leurs approches.

En effet, jusqu'à l'entrée en vigueur de la loi sur la stabilisation et la restructuration des entreprises le 1er janvier 2021, dite *StaRUG*, l'Allemagne ne connaissait dans son droit national aucune procédure de restructuration préventive. Les dettes étaient restructurées de deux manières : par un accord consensuel extrajudiciaire conclu avec les créanciers, ou dans le cadre d'une procédure d'insolvabilité de droit commun (*Insolvenzverfahren*) qui pouvait permettre la restructuration de la dette à travers un *Insolvenzplan*[1], sans dessaisissement du débiteur.

Depuis 2011, la procédure d'insolvabilité de droit commun pouvait être précédée par une procédure d'insolvabilité dite « *de parapluie* » (*Insolvenzschutzschirmverfahren*)[2]. Toutefois, cette procédure a été conçue uniquement comme une sorte de procédure préparatoire de l'*Insolvenzplan*. Il ne s'agissait pas d'une procédure autonome pouvant être clôturée par un plan homologué par le tribunal.

---

[1] E. Delzant, Le nouveau régime de la restructuration préventive en Allemagne, BJE, Mars-Avril 2021, p.64.
[2] V. §270, *Insolvenordnung* (*InsO*), Loi sur l'insolvabilité allemande.

En transposant la Directive, l'Allemagne s'est ainsi inspirée du modèle français à deux étages et a introduit deux nouvelles procédures autonomes : une médiation confidentielle (*Sanierungsmoderation*), conçue sur le modèle de notre conciliation, suivie d'une procédure de restructuration cadre à tiroirs (*Stabilisieurungs- und Restrukturierungsrahmen*).

Cela étant, contrairement à la France, le législateur allemand a surtransposé la Directive avec un luxe de détails impressionnant, à l'image d'un moteur complexe.

Ainsi la *StaRUG* comporte une centaine d'articles. Tandis que l'ordonnance n° 2021-1193 du 15 septembre 2021 et son décret d'application n° 2021-1218 du 23 septembre 2021 ne font que reprendre la Directive en laissant une grande marge d'appréciation à la jurisprudence afin d'apporter des précisions et combler d'éventuelles lacunes.

La France partait avec un avantage concurrentiel évident car elle disposait du meilleur modèle procédural de prévention d'Europe. Ainsi, la conciliation pouvait être suivie d'une sauvegarde financière accélérée (SFA) pour imposer un plan de sauvegarde à des créanciers minoritaires. Ce faisant, la France avait inventé la procédure semi-collective.

Cela étant, la SFA comme la procédure de sauvegarde accélérée manquaient d'efficacité. Les classements des créanciers s'effectuaient en comités, et non en application de la qualité des créances. Un *cross-class cram-down* contre les obligataires n'était pas possible. Aussi, l'actionnaire était totalement protégé alors que, d'un point de vue économique, il était un créancier de dernier rang.

En transposant la Directive, la France a pu s'inspirer du modèle allemand, conçu sur le concept du *Chapter 11* du droit américain, qui fournissait déjà des applications concrètes pour les principes directeurs de *best interest of creditors' test* et d'*absolut priority rule*.

Cette sensibilité un peu différente de transposition de la Directive permet de mieux comprendre les convergences et divergences entre la *StaRUG* et l'ordonnance du 15 septembre 2021, concernant l'introduction d'une médiation allemande, conçue sur le modèle français, et d'une procédure de restructuration à tiroirs de la *StaRUG*.

I. La nouvelle procédure de médiation allemande

La nouvelle procédure de la *Sanierungsmoderation* s'est grandement inspirée de la procédure de conciliation française, mais quelques divergences procédurales mineures subsistent.

A. UN MODÈLE FRANÇAIS

À l'instar de la procédure de conciliation[3], le tribunal de la restructuration allemand localement compétent peut nommer, à la requête du débiteur, un médiateur (*Sanierungsmoderator*) pour assister le débiteur dans ses discussions avec ses principaux créanciers afin de négocier un accord consensuel et mettre un terme à ses problèmes économiques ou financiers[4].

L'ouverture d'une procédure de prévention (*Sanierungsmoderation*) doit ainsi intervenir dans un cadre confidentiel uniquement connu des participants, conformément aux procédures préventives françaises[5].

Cet accord consensuel pourra alors être arrêté par le tribunal[6]. À l'instar de l'accord homologué en conciliation française[7], il sera insusceptible de faire l'objet d'une action en nullité en cas d'ouverture d'une procédure d'insolvabilité ultérieure, à moins que l'homologation ne soit basée sur des informations fausses ou lacunaires[8].

De même que le modèle français[9], en cas de conversion en procédure de restructuration (*Stabilisieurungs- und Restrukturierungsrahmen*) le

---

[3] C. com., art. L.611-6.
[4] *StaRUG* §94.
[5] *StaRUG* §95(2).
[6] *StaRUG* §97(1).
[7] C. com. art., L-611-8, I.
[8] *StaRUG* §97(2) qui fait un renvoi aux conditions du §90.
[9] C. com., art. L-611-8, III.

médiateur devient le praticien de la restructuration (*Restrukturierungsbeauftragter*)[10].

Toutefois, malgré cette forte inspiration du modèle français, certaines divergences subsistent entre la *Sanierungsmoderation* et la procédure de conciliation française.

B. LES DIVERGENCES EXISTANTES

Dans la conception du législateur allemand, la nouvelle *Sanierungsmoderation* a été conçue pour les toutes petites entreprises (TPE) ou les petites et moyennes entreprises[11] (PME).

Cela étant, en l'absence de seuil légal, il est possible que la nouvelle *Sanierungsmoderation* soit également utilisée, comme en France, dans un plan de restructuration *pré-packé*, qui sera arrêté dans le cadre d'une procédure de *Stabilisieurungs- und Restrukturierungsrahmen.*

Certaines différences procédurales existent également.

Premièrement, la médiation allemande n'est pas accessible à un débiteur en cessation des paiements[12], alors que la procédure de conciliation est plus souple et permet à un débiteur en état de cessation des paiements depuis moins de 45 jours d'en solliciter l'ouverture[13].

Deuxièmement, contrairement au droit français, le législateur allemand est resté silencieux sur la possibilité pour le débiteur de suggérer le nom du médiateur et la possibilité pour le tribunal d'aller à l'encontre de cette suggestion[14]. Cela étant, la doctrine allemande considère que le débiteur est le maître de la procédure et pourrait, en pratique, suggérer au tribunal le nom d'un conciliateur[15].

---

[10] *StaRUG* §100.
[11] R. Dammann, *The transposition of the EU Directive : a great Franco-German convergence*, Eurofenix n°86, Winter 2021/2022, p. 20.
[12] *StaRUG* §94.
[13] C. com., art. L. 611-4.
[14] E. Delzant, *op.cit.*, BJE, Mars-Avril 2021, p. 65.
[15] V. Flöther (Swierczok/Schubert), StaRUG, §94, n° 25.

Troisièmement, contrairement au délai de grâce du droit français, le législateur allemand n'a pas prévu un mécanisme de suspension des poursuites individuelles, qui n'existe que dans le cadre de la procédure de restructuration.

De plus, à la différence de la procédure de conciliation, où le conciliateur peut être nommé pour une durée de quatre mois, renouvelable un mois[16], le §95 de la *StaRUG* prévoit que la mission du *Sanierungsmoderator* pourra durer trois mois, renouvelable une fois, sur requête du médiateur et uniquement avec le consentement du débiteur et des créanciers participant à la procédure.

Le législateur allemand a également fait le choix de ne pas conférer à l'accord homologué par le tribunal une force exécutoire[17], contrairement à l'accord constaté ou homologué en droit français[18].

Enfin, la *StaRUG* ne prévoit pas de privilège de *new money* pour les nouveaux apports en trésorerie dans le cadre d'une procédure collective ultérieure, à la différence de l'article L. 611-11 du code de commerce.

S'il existe des créanciers dissidents, une procédure de restructuration peut être ouverte et aboutir à l'arrêté d'un plan par le mécanisme de *cram-down*.

II. La procédure de restructuration et d'arrêté du plan

La procédure de *Stabilisierungs- und Restrukturierungsrahmen* suppose l'existence d'un risque d'insolvabilité imminente du débiteur, ce qui justifie d'enfreindre les droits du créancier à travers les mesures de suspension des poursuites individuelles et collectives.

Le législateur allemand a créé une toute nouvelle procédure autonome, qui vise à éviter l'ouverture d'une procédure d'insolvabilité de droit commun. Contrairement au droit français, le droit allemand

---

[16] C. com., art. L. 611-6, al. 2.
[17] E. Delzant, *op.cit.*, BJE, Mars-Avril 2021, p. 65.
[18] C. com., art. L. 611-8.

ne prévoit pas une déclaration de créances et ne renvoie pas au droit commun de l'*InsO*, en matière de constitution des classes de parties affectées et d'arrêté du plan.

Le législateur français a, quant à lui, transposé les dispositions de la Directive au niveau de la nouvelle procédure de sauvegarde accélérée (PSA), qui est ouverte dans la continuité d'une procédure de conciliation[19]. Par souci de cohérence, ces nouvelles dispositions sont également applicables aux procédures de sauvegarde de droit commun et de redressement judiciaire, en cas de dépassement de certains seuils[20].

Quelles sont donc ces nouveaux principes qui permettent d'harmoniser, avec quelques différences, les législations allemande et française en matière de plan de restructuration ?

A. LA NOTION DE PARTIES AFFECTÉES

1) La sélection des parties affectées

L'article L. 626-30, I du code de commerce et le §8 de la *StaRUG* introduisent la notion de « parties dont les créances ou intérêts seront affectés par le plan » ou *Planbetroffenen.*

Avec ce nouveau concept, les deux législateurs ont ainsi opté pour une approche souple et « *à la carte* » [21] pour définir le périmètre de la procédure de restructuration et la mise en œuvre du plan[22].

Le droit français connaissait la SFA qui subsiste comme sous-catégorie de la nouvelle PSA, lorsqu'elle ne concerne que les

---

[19] R. Dammann, M. Gerrer, *op.cit.,* Spanish Journal of Insolvency & Restructuring, n° 5, Mars 2022, p. 392.

[20] C. com., art. L. 626-29 et R. 626-52. Les seuils alternatifs sont 250 employés et 20 millions d'euros de chiffres d'affaires ou 40 millions d'euros de chiffres d'affaires net.

[21] R. Dammann et K. Malavielle, *Nouvelle sauvegarde accélérée fusionnée : une procédure à la carte ?* D. 2021, 293. Cette approche a été consacrée dans le premier jugement rendu par le TC Lyon, 13 avril 2022, 2022RJ0052, arrêtant un plan de sauvegarde dans le cadre d'une PSA en faveur de la société BCM ENERGY.

[22] R. Dammann, *op.cit*, Eurofenix n°86, Winter 2021/2022, p. 21.

créanciers financiers[23]. Le droit allemand prévoit la même possibilité dans le cadre du §8 de la *StaRUG*.

En réalité, le périmètre de la nouvelle PSA, comme d'ailleurs celui de la procédure de restructuration allemande, est beaucoup plus souple puisqu'il est possible qu'elle concerne uniquement des créanciers qui ont participé à la procédure de conciliation ou de médiation préalable[24].

Bien qu'elle soit flexible, la sélection de ces parties affectées est toutefois encadrée. Le §8 de la *StaRUG* a expressément choisi un critère objectif, *Sachgerechitgkeit*. Ainsi, le choix des parties affectées doit être conforme aux circonstances de l'espèce et notamment à la nature de la difficulté économique à surmonter[25].

Le droit français n'a pas prévu un tel critère objectif comparable au §8 de la *StaRUG* pour déterminer le périmètre de la procédure à travers la notion de parties affectées.

Toutefois, l'article D. 626-65, 5° du code de commerce prévoit que le projet de plan doit indiquer une description des raisons pour lesquelles il est proposé de ne pas inclure certaines parties comme parties affectées[26].

Dans la mesure où il faut interpréter l'ordonnance du 15 septembre 2021 à la lumière de la Directive, il faut se référer à son considérant 46 qui prévoit que la sélection des parties affectées doit se faire, de manière non discriminatoire et sur la base de critères objectifs et vérifiables[27].

On voit dès lors qu'il convient de raisonner par analogie. Conformément à l'article L. 626-30, III du code de commerce, il faut constituer des classes de parties affectées selon des critères objectifs et

---

[23] E. Delzant, *op.cit.*, BJE, Mars-Avril 2021, p. 66.
[24] R. Dammann, M. Gerrer, *La nouvelle procédure de sauvegarde accélérée : le test du meilleur intérêt des créanciers (Partie 1)*, Rev. dr. banc. fin., n°4, à paraître.
[25] E. Delzant, *op.cit.*, BJE, Mars-Avril 2021, p. 65.
[26] V. Paulus/Dammann (Dammann), *op. cit.*, Art. 9, n° 5 s.
[27] V. R. Dammann, M. Gerrer, *op. cit.*, Rev. dr. banc. fin., n°4, à paraître.

vérifiables[28]. Ce même critère doit dès lors être utilisé pour définir le périmètre des parties affectées[29].

Se pose ensuite le problème du contrôle du périmètre des parties affectées par le juge-commissaire, voire par le tribunal. Le système allemand prévoit la possibilité que le tribunal (ré)examine cette question au moment où il statue sur le plan. Le système français est différent et prévoit un contrôle *a priori* de la décision du tribunal arrêtant le plan, dans un souci de purger de manière définitive le contentieux relatif au périmètre des parties affectées, leur constitution en classes et les droits de vote[30].

Il pourrait être éventuellement intéressant de réfléchir à une modification du système français. En matière de PSA, le système est satisfaisant dans la mesure où le projet de plan qui a reçu le consentement d'une grande partie des parties affectées, est connu au jour où le juge-commissaire statue.

Néanmoins, en matière de sauvegarde de droit commun et redressement judiciaire, le plan de sauvegarde ou de continuation est beaucoup plus évolutif. Aussi, il pourrait paraître judicieux de permettre à une partie affectée de contester l'exclusion de certains détenteurs de capital ou créanciers du cercle des parties affectées au moment de l'arrêté du plan. Le demandeur doit prouver un intérêt à agir qui lui est propre afin d'éviter des recours abusifs et assurer une sécurité juridique.

En d'autres termes, on voit ici une différence entre la PSA, qui est *pré-packée*, et une sauvegarde de droit commun ou de redressement judiciaire qui peut être beaucoup plus évolutive parce qu'elle s'inscrit dans la durée.

Dans la restructuration de l'endettement de groupes de sociétés, il peut être nécessaire de restructurer des garanties intragroupes. À cet égard, le législateur allemand a prévu une disposition intéressante qui n'existe pas dans la Directive. Ainsi, si une garantie intra-groupe est

---

[28] C. Com., art. L. 626-30, III.
[29] R. Dammann, T. Bos, *Le nouveau droit de la restructuration financière : les classes des parties affectées*, D. 2021, 1931.
[30] R. Dammann, T. Bos, *op. cit.*, D. 2021, 1931.

affectée par le plan, ce dernier doit prévoir une indemnité en faveur du bénéficiaire de la garantie[31].

Le droit français ne prévoit pas de disposition similaire. En termes d'attractivité, il pourrait être intéressant d'aligner le droit français sur le droit outre-Rhin, au moment de la loi de ratification de l'ordonnance du 15 septembre 2021.

Il faudrait alors prévoir que les bénéficiaires d'une garantie affectée constituent une classe de parties affectées à part, comme c'est le cas en droit allemand.

Conformément à la Directive, l'Allemagne[32] et la France[33] ont exclu les créances salariales du champ d'application de la notion de partie affectée. En Allemagne, cette exclusion n'est cependant applicable qu'à la procédure de restructuration de la *StaRUG*, les créances salariales restant « restructurables » dans le cadre d'une procédure d'insolvabilité de droit commun.

Cette solution allemande mérite approbation. Dans le cadre de la loi de ratification de l'ordonnance du 15 septembre 2021, il pourrait s'avérer intéressant de mettre en place des dispositions spécifiques pour le traitement des créances salariales en sauvegarde de droit commun et surtout en matière de redressement judiciaire.

2) La constitution des classes de parties affectées

Une fois les parties affectées choisies, elles doivent être réparties dans différentes classes.

Dans cette perspective, le droit français[34] et le droit allemand[35] adoptent les mêmes principes : (i) les créanciers garantis par une sûreté réelle et les créanciers chirographaires doivent être répartis en classes distinctes tandis que (ii) les détenteurs de capital doivent constituer une classe à part.

---

[31] *StaRUG* §2 (4).
[32] *StaRUG* §4.
[33] C. com., art. L. 626-30, IV.
[34] C. com., art. L. 626-30, III.
[35] *StaRUG* §9.

L'article L. 626-30, II du code de commerce prévoit un classement des créances antérieures[36] en fonction d'une communauté d'intérêt économique. En réalité, cette règle vise la création de sous-classes de parties affectées additionnelles, pour des classes de parties affectées de même rang[37]. Sur ce point, le droit français suit le modèle allemand qui prévoit que le choix de constitution doit être adapté aux circonstances du cas d'espèce (*Sachgerechtigkeit*)[38]. On retrouve donc le même critère objectif pour déterminer à la fois le périmètre des parties affectées et leur sous-division, en classe additionnelle de même rang.

B. LA SUSPENSION DES POURSUITES

En droit français, conformément à l'article L. 622-21 du code de commerce, le jugement d'ouverture interdit ou interrompt toute action en justice de la part des créanciers.

Ce principe directeur des procédures collectives ne concerne, en matière de PSA qui est une procédure semi-collective, que les créanciers qui sont des parties affectées.

Dans le cadre de la transposition de la Directive, le législateur allemand a créé une procédure de restructuration autonome à tiroirs. Ainsi, conformément à la Directive, la suspension des mesures d'exécution peut prendre la forme d'une suspension individuelle ou plus générale à travers des ordonnances de stabilisation (*Stabilisierungsanordnung*).

Ainsi, à la requête du débiteur, le tribunal peut interdire à certains créanciers de réaliser leurs sûretés ou de mettre en œuvre des mesures d'exécution forcée[39]. Le tribunal ne peut cependant faire droit à la requête du débiteur que si un projet de restructuration mis à jour et complet est présenté par le débiteur avec sa demande[40].

---

36 Font également partie de la catégorie des créances antérieures en droit français les créances postérieures non utiles. V. M.-H. Monsèrié-Bon, L.-C. Henry, O. Buisine, *La participation renforcée des créanciers dans les procédures*, BJE, 2/2022, 70.
37 R. Dammann, T. Bos, *op. cit.*, D. 2021, 1936.
38 *StaRUG* §9 (2).
39 *StaRUG* §49.
40 *StaRUG* §51.

Cette mesure de stabilisation ne peut être ordonnée que pour une durée de trois mois, prolongée jusqu'à huit mois si le plan de restructuration a déjà été adopté par les classes de parties affectées et est en attente d'homologation par le tribunal[41].

C. LES PRINCIPES DIRECTEURS DE L'ARRÊTÉ DU PLAN

Une fois le projet de plan élaboré, il devra être soumis au vote des classes de parties affectées avant d'être soumis pour approbation au tribunal.

Le projet de plan doit veiller à respecter certains principes directeurs.

1) Les règles de majorité

Contrairement à l'*Insolvenzplan* où une double majorité est prévue[42], le §25 de la *StaRUG* prévoit que l'adoption d'un plan nécessite le vote favorable d'une majorité de 75% des droits de vote, dans chaque classe de parties affectées. Contrairement au droit français, les créanciers absents sont donc réputés avoir voté contre le plan.

En dépit d'une opposition d'une ou plusieurs classes de parties affectées, dont celle des détenteurs de capital, il est tout de même possible d'adopter un plan de restructuration par le mécanisme du *cross-class cram-down*[43].

Pour ce faire, il faut tout d'abord que le plan respecte le principe du test du meilleur intérêt des créanciers, consacré aux articles 2§1, 6° et 10§2, d) de la Directive, c'est-à-dire que les membres de cette classe doivent être mieux traités dans le cadre du plan qu'ils ne l'auraient été en son absence. L'*Insolvenzplan* doit permettre à chaque créancier de recevoir au moins la valeur de sa créance qu'il aurait perçue dans le cadre liquidatif.

---

[41] *StaRUG* §53.

[42] §244 InsO: Le plan est accepté si (i) la majorité des créanciers votant approuve le plan et (ii) si la somme des droits des créanciers qui approuvent le plan est supérieure à la moitié de la somme des droits des créanciers qui votent.

[43] E. Delzant, *op.cit.*, BJE, Mars-Avril 2021, p.66.

Ensuite, les membres de la classe dissidente doivent également participer de manière adéquate à la création de valeur dans le cadre du plan.

Enfin, une majorité de classes participant au vote doit avoir approuvé le plan[44].

Les règles de majorité sont différentes en droit français, qui prévoit une majorité de deux tiers des voix détenues par les membres d'une classe[45].

Tout comme en droit allemand, un mécanisme de *cross-class cram-down* a également été introduit en droit français. Peut ainsi être imposé aux classes de parties dissidentes, le plan qui (i) respecte le test du meilleur intérêt des créanciers, (ii) ne permet à aucune classe de parties affectées de recevoir plus que le montant total de sa créance et (iii) a été accepté par au moins une classe de parties affectées *in-the-money*[46].

Sont considérés comme une classe de parties affectées *in-the-money,* les créanciers titulaires de sûretés et à défaut toute classe, autre que les détenteurs de capital, dont on peut raisonnablement supposer qu'elle aura droit à un paiement après détermination de la valeur du débiteur sur une base *going-concern.*

En droit allemand, en présence de deux classes de parties affectées, le vote d'une seule classe de parties affectées *in-the-money* suffit pour imposer le plan aux créanciers dissidents[47].

2) Les mécanismes d'indemnisation des créanciers minoritaires dissidents

En cas de non-respect du test du meilleur intérêt des créanciers, le législateur allemand a prévu un mécanisme d'indemnisation des créanciers dissidents minoritaires, qui peut prendre la forme d'un

---

[44] *StaRUG* §26.
[45] C. com., art. L. 626-30-2.
[46] C. com., art. L. 626-32, I.
[47] *StaRUG* §26, (1), n°3.

fonds de garantie dans le cadre du plan[48] ou d'une garantie bancaire[49]. Le tribunal ne doit refuser le plan que s'il estime le fonds de garantie insuffisant pour couvrir les demandes d'indemnité.

Un tel dispositif permet d'adopter rapidement le plan et d'éviter, en cas d'appel, une remise en cause dudit plan[50].

Le plan peut également contenir une clause de correction (*salvatorische Klausel*) qui permet de recalculer le montant des dividendes devant être alloués au créancier minoritaire dissident lésé[51].

De tels dispositifs n'existent pas en droit français. Le législateur français pourrait toutefois, à son tour, s'inspirer de son homologue allemand dans le cadre de la loi de ratification de l'ordonnance du 15 septembre 2021.

3) La règle de la priorité absolue et sa dérogation

Les législateurs allemand[52] et français[53] ont transposé *verbatim* en droit positif la règle de la priorité absolue, prévue à l'article 11 paragraphe 2 de la Directive.

Ainsi, en vertu de cette règle, les créanciers seniors doivent être intégralement désintéressés par des moyens identiques ou équivalents avant qu'une classe de rang inférieur ne puisse avoir le droit à un paiement ou conserver un intéressement dans le cadre du plan de restructuration.

Le débiteur ne peut ainsi répartir, comme il le souhaite, la plus-value d'un plan de restructuration entre les différentes classes, à moins qu'il n'ait obtenu l'accord des classes de rang supérieur[54].

---

[48] *StaRUG,* §64, (3).
[49] V. R. Dammann, *op. cit.*, Mél. Witz, 234.
[50] R. Dammann, M. Gerrer, *op.cit.* (Partie 1), Rev. dr. banc. fin., n°4, à paraître.
[51] R. Dammann, M. Gerrer, *op.cit.* (Partie 1), Rev. dr. banc. fin., n°4, à paraître.
[52] *StaRUG* §27.
[53] C.com. L. 626-32, I, 3°.
[54] R. Dammann, T. Bos, *op.cit.*, D. 2021, 1938.

Pour éviter de tomber dans un système trop rigide, les législateurs allemand et français ont choisi d'utiliser l'option prévue par la Directive et de prévoir des dérogations à la règle de la priorité absolue.

Le §28 de la *StaRUG* prévoit ainsi une dérogation à la règle de la priorité absolue si cela est nécessaire au regard des circonstances de l'espèce et notamment des difficultés économiques à surmonter (*Sachgerechtigkeit*).

Le législateur français utilise, quant à lui, les critères cumulatifs de la nécessité afin d'atteindre les objectifs du plan et l'atteinte non excessive aux droits et intérêts des parties affectées pour justifier la mise en œuvre de la dérogation à la règle de la priorité absolue[55].

4) Le traitement égalitaire des classes de parties affectées de même rang

Transposant la Directive, le droit allemand[56] comme le droit français[57] prévoient le traitement égalitaire des membres d'une même classe de parties affectées.

Des divergences apparaissent entre les deux juridictions concernant le traitement égalitaire des classes de parties affectées de même rang.

Il convient tout d'abord de préciser que le concepteur du plan peut librement répartir la plus-value du plan lorsque toutes les classes de parties affectées ont voté en faveur du plan[58].

Qu'en est-il cependant lorsque certaines classes de parties affectées ont voté contre le plan ?

Le droit allemand a prolongé le principe d'égalité de traitement des classes de parties affectées de même rang en cas de *cross-class cram-down* et a prévu certaines dérogations. Le §28 de la *StaRUG* prévoit

---

[55] C. com., art. L. 626-32, II.

[56] *StaRUG* §10.

[57] C. com., art. L. 626-31, 2°.

[58] R. Dammann, M. Gerrer, *op.cit.*, Spanish Journal of Insolvency & Restructuring, n° 5, Mars 2022, p. 399.

ainsi la possibilité d'un traitement inégalitaire des classes de parties affectées de même rang si la différenciation est appropriée aux circonstances de l'espèce (*Sachgerechtigkeit*).

Toutefois, cette dérogation est exclue si les créances de la classe dissidente représentent plus de la moitié des droits de vote de l'ensemble des classes de même rang.

La doctrine allemande déduit également du §8 de la *StaRUG*, qui gouverne la sélection des parties affectées, une exception indirecte au principe de traitement égalitaire des classes de parties affectées de même rang[59]. En effet, les créanciers minoritaires hors plan ne pourront faire valoir que des créanciers affectés de même rang sont mieux lotis.

L'ordonnance du 15 septembre 2021 est, quant à elle, restée silencieuse sur le sujet. La doctrine française a donc développé une approche *a fortiori* découlant du caractère semi-collectif de la PSA[60]. En effet, selon certains auteurs, s'il est possible de traiter différemment les créanciers de classes de rang inférieur, il doit être possible de traiter différemment les créanciers de classes de rang similaire[61].

Cette interprétation souligne la finalité de la Directive et de la PSA : dépasser l'opposition des créanciers dissidents grâce au mécanisme de *cross-class cram-down* pour favoriser le sauvetage de l'entreprise voulu par une large majorité de parties affectées.

* *
*

En conclusion, on voit dès lors que le couple franco-allemand a adopté une approche sensiblement identique.

Cela étant, le législateur allemand a surtransposé la Directive avec une plus grande précision, dans une optique de mécanique fine. Tandis

---

[59] Flöther (Knapp), *StaRUG.*, §28, n° 4.

[60] R. Dammann, M. Gerrer, *La nouvelle procédure de sauvegarde accélérée : la règle de la priorité absolue* (Partie 2), Rev. dr. banc. fin., n°6, à paraître.

[61] R. Dammann, T. Bos, *op. cit.*, D. 2021, 1938.

que le système français a préféré une transposition *a minima* afin de laisser une place plus importante à la pratique et à la jurisprudence.

Brèves observations sur la transposition italienne de la Directive *Insolvabilité* et sur la prétermission du concept d' « entreprise saine »[1]

Carlo AMATUCCI

1. Avec la Directive Insolvabilité l'Union Européenne a demandé aux États membres d'atteindre, en substance, deux résultats : 1) des instruments de restructuration efficaces ; 2) des procédures de liquidation garantissant des durées brèves et des taux élevés de recouvrement pour les créanciers.

Le 17 mars dernier le Conseil des Ministres du Gouvernement italien a approuvé le *Schema di Decreto Legislativo* pour adapter le *Codice della Crisi d'Impresa e dell'Insolvenza* (Code de Crise de l'Entreprise et d'Insolvabilité) (Décret-Loi 12 janvier 2019, n° 14) à la Directive.

Il convient de rappeler qu'en 2019 le législateur italien avait procédé à la plus vaste réforme de la crise d'entreprise (élaborée par la Commission *Rordorf*, laquelle avait débuté ses travaux le 18 février 2015) depuis le Décret royal de 1942. Cependant, entre la loi d'habilitation promulguée le 19 octobre 2017, la rédaction des deux décrets d'application en 2018, le décret correctif du 18 octobre 2020 – après que l'entrée en vigueur du Code a été renvoyée en raison de la pandémie au 1er septembre 2021 – nous nous trouvons seulement maintenant à la veille de l'atterrissage tant attendu.

De nombreuses modifications intervenues dans le dernier décret correctif ont été moins inspirées par la nécessité d'adapter le Code de la crise à la Directive que par l'évolution des conditions socio-économiques du Pays, déterminées par la pandémie.

La Commission Rordorf a travaillé environ quatre ans, en même temps que la Commission Européenne (DG Justice) qui, en 2016, lançait une proposition de Directive sur « les cadres de restructuration préventive et la seconde chance ».

Comme s'il existait d'infranchissables murailles chinoises, la Commission Rordorf – pouvait-elle ignorer que la plus significative intervention en vue d'une harmonisation du droit européen de la crise

---

[1] Avec l'aimable traduction de Giulio Cesare GIORGINI. La version orginale de l'intervention fait suite à la version traduite (p. 75).

d'entreprise était en cours dans le cadre du chantier européen ? – procédait de manière autonome et menait à son terme sa propre réforme laquelle, peu de temps après, devrait être rendue conforme aux principes européens de rang supérieur entrés en vigueur en 2019. Voilà un *modus procedendi* qui suscite une certaine perplexité.

La Commission Rordorf a estimé, dès sa constitution, que le droit en vigueur – nonobstant les successives interventions sur le plan normatif depuis 2006 – organisé principalement autour du concordat préventif et de la faillite (liquidation judiciaire), ne fournissait pas les instruments de nature à stimuler un traitement anticipé de la crise et, bien au contraire, décourageait le chef d'entreprise s'agissant de recourir aux procédures offertes, ces dernières revêtant la plupart du temps un caractère judiciaire.

Je ne crois pas que la seule contractualisation plus forte dans de nouveaux instruments et procédures suffise à en favoriser l'utilisation. Je suis plutôt d'avis que des conditions extérieures efficaces sont indispensables pour atteindre un tel but. Il me semble que cela soit démontré par le système juridique du Pays qui nous accueille, ce système ayant, du moins par rapport à l'Italie, une tradition plus forte en matière d'instruments de prévention de la crise. Ainsi, dans la procédure à tout point de vue la plus *soft* du système français (*mandat ad hoc*) le mandataire *ad hoc* est nommé par le Président du Tribunal afin d'apprécier les solutions possibles aux difficultés financières du débiteur.

A l'inverse, la réforme Rordorf, même dans la version résultant du décret du 17 mars 2022, a confié, dans le cadre de la principale et unique procédure visant à la prévention précoce de la crise, un rôle crucial à un expert nommé par une commission composée d'un magistrat, d'un professionnel désigné par la Chambre de commerce et d'un professionnel désigné par le Préfet.

2. Quelques données statistiques sur les procédures de gestion des crises de l'entreprise et de l'insolvabilité en Italie, relatives aux trois années antérieures à la pandémie mettent en évidence que la majeure partie des procédures collectives demeure constituée de *fallimenti* c'est-à-dire de procédures de liquidation judiciaire (11.305), alors que les concordats préventifs représentent à peine 2.378 procédures et les accords de restructuration seulement 379.

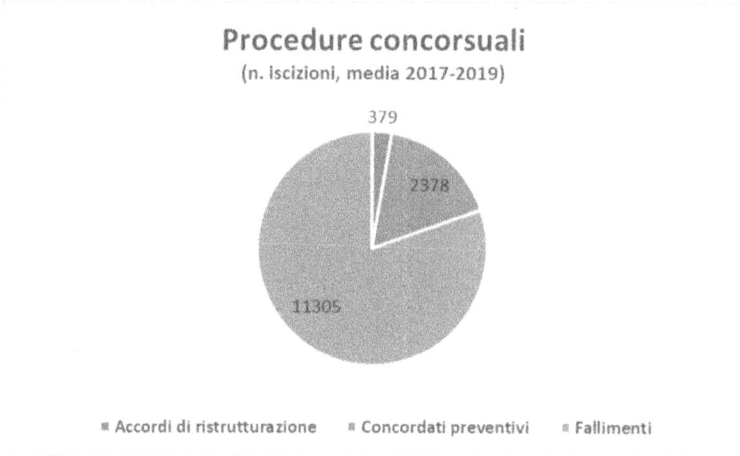

Dans le tableau synoptique « Procedure concorsuali » (Procédures collectives), les procédures collectives de 2014 à 2020 sont répertoriées.

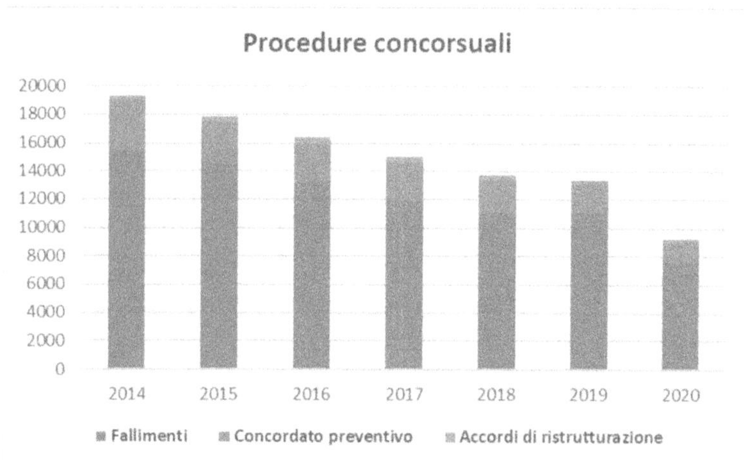

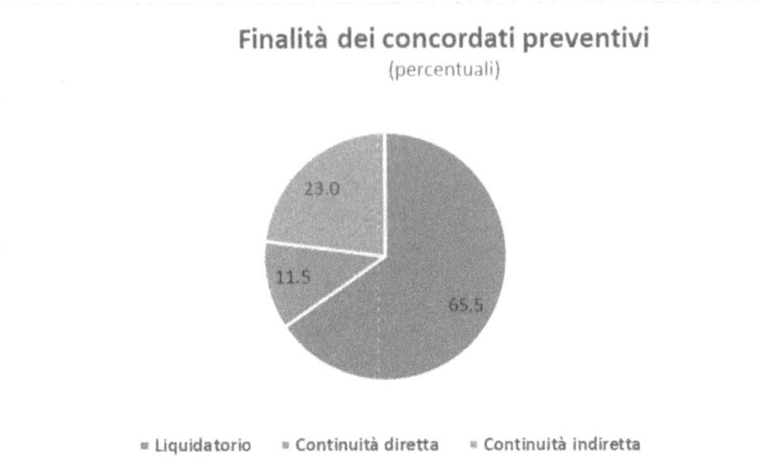

(Ces tableaux sont extraits de Alessandro Danovi, Iacopo Donati, Ilaria Forestieri, Tommaso Orlando et Andrea Zorzi, Question di Economia e Finanza, Banca d'Italia, n° 574 – Procedure concorsuali in continuità aziendale: accordi di ristrutturazione e concordati preventivi in Italia, 2020)

En ce qui concerne les durées des procédures collectives, leur durée moyenne en 2019 se révélait encore alarmante, puisqu'elle s'établissait autour de sept années et demie. A titre de comparaison, les liquidations judiciaires donnant lieu à répartition entre les créanciers ont une durée moyenne encore supérieure, d'environ neuf années.

3. Dans leurs grandes lignes, les nouveautés introduites par la transposition italienne de la Directive sont les suivantes :

- les cadres de restructuration préventive ;
- la composition négociée de la crise et les instruments ayant pour finalité la détection anticipée de celle-ci (accès aux informations et à une liste de contrôle, définition de la structure adéquate conformément à l'article 2086 du Code civil italien, alertes des créanciers publics qualifiés ainsi que des établissements de crédit) ;
- les procédures d'effacement de la dette et les interdictions ;
- le plan de restructuration soumis à homologation (PRO) ;
- le renforcement du concordat de continuation de l'entreprise ;

- les meilleures protections et garanties de participation en faveur des salariés.

L'économie de la présente contribution nous autorise à considérer uniquement les nouveautés les plus remarquables.

Le Code de la Crise définissait « procédures de règlement de la crise ou de l'insolvabilité » les procédures qui aujourd'hui sont désignées, par analogie avec le lexique de la Directive Insolvabilité, « cadres de restructuration préventive », afin d'englober tous les instruments de composition de la crise constituant une alternative aux procédures d'insolvabilité, ces derniers étant définis comme « les mesures et les procédures visant l'assainissement de l'entreprise à travers la modification de la composition de l'état ou de la structure de ses actifs et passifs ou du capital » (art. 1, m bis). Le terme « cadre » (traduction littérale de « framework ») est tout à fait inhabituel dans l'ordre juridique italien. « Procédures » aurait parfaitement traduit ce concept.

La notion de « crise », introduite par le Code de la Crise, déjà modifié par le D. Lgs. 147/2020, est une nouvelle fois modifiée : la référence au « déséquilibre économique et financier » est supprimée en faveur d'un critère d'appréciation dans le temps. La crise est ainsi définie comme « l'état du débiteur qui rend probable l'insolvabilité et qui se manifeste par l'incapacité des futurs flux de trésorerie à faire face aux obligations au cours des douze mois suivants ».

L'article 2 du décret-loi fixe les règles à suivre en matière de procédures de restructuration et de gestion de l'insolvabilité et prévoit dans cette perspective des obligations spécifiques de bonne foi et d'équité à la charge des débiteurs, des créanciers et des parties intéressées et ce même à l'égard des salariés. Afin de rendre plus aisée une restructuration à bas coût des PME, la réforme règle l'accès aux informations et à la « liste de contrôle détaillée »[2] (cette traduction du terme *check-list* mériterait aussi d'être discutée).

---

[2] Au sein d'une section dédiée à la crise d'entreprise, les sites Internet du Ministère de la Justice ainsi que du Ministère du développement économique publieront les informations pertinentes et mises à jour au sujet des instruments de prévention de la crise, au sujet des cadres de restructuration préventive ainsi que des procédures d'effacement des dettes. En outre, une liste de contrôle détaillée, adaptée aux exigences et aux dimensions des entreprises contenant des indications

L'article 3 du Code de la Crise imposait au chef d'entreprise de mettre en œuvre une structure organisationnelle adéquate, permettant la révélation en temps utile de la crise de l'entreprise et l'adoption sans délai des mesures idoines afin de surmonter ladite crise et assurer la continuité de l'entreprise. Entrée en vigueur dans le Code civil italien, au deuxième alinéa de l'article 2086, cette règle ne définissait pas toutefois les paramètres nécessaires pour caractériser les structures adéquates. Le nouveau schéma résultant du Décret définit, opportunément, les critères permettant d'apprécier si les structures en place sont en adéquation avec l'impératif de détection en temps utile de la crise et prévoit les signaux d'alarme pertinents[3].

4. Parmi les nouveautés les plus significatives de la récente réforme il convient assurément de mentionner la suppression des procédures d'alerte et de composition assistée de la crise, lesquelles avaient pourtant été amplement détaillées par la réforme Rordorf.

Si l'impact de la conjoncture économique causée par la pandémie est compréhensible, il faut admettre que, ce faisant, le seul instrument susceptible de modifier les comportements des chefs d'entreprise a été abandonné. Or, comme l'expérience l'a déjà montré, les chefs d'entreprise refusent obstinément le plus souvent d'admettre leurs difficultés. Une telle attitude psychologique de la part de la propriété et de la direction des entreprises – qui mériterait d'être analysé par la behavioural economics – constitue le point de résistance majeur au traitement précoce de la crise. Les alertes de la part des créanciers, publics et privés, à l'OCRI (organismes de composition de la crise de l'entreprise, instaurés par la réforme Rordorf mais jamais

---

opérationnelles en vue de la rédaction de plans d'assainissement est mise à disposition (art. 5-bis, CCII).

[3] L'existence de dettes salariales échues depuis au moins trente jours et représentant plus de la moitié du montant mensuel total des salaires ;
- l'existence de dettes envers les fournisseurs échues depuis au moins 90 jours pour un montant supérieur au montant des dettes non encore échues ;
- l'existence de dettes à l'égard de banques et d'autres intermédiaires financiers échues depuis plus de soixante jours ou qui ont dépassé la limite des facilités de crédit obtenues sous quelque forme que ce soit depuis au moins soixante jours, pour autant qu'elles représentent au total au moins cinq pour cent du total de l'endettement ;
- l'existence d'une ou plusieurs dettes envers le Fisc et l'INPS au-delà des seuils prévus par le nouvel article 25, 9°, alinéa 1, du Code de la crise.

entrés en vigueur) auraient sans doute constitué un moyen efficace de moral suasion[4].

Cette abrogation – une réaction excessive, faut-il le souligner, devant la crainte que l'alerte et l'OCRI auraient mis en difficulté des entreprises déjà lourdement impactées par la crise économique engendrée par la pandémie – s'est accompagnée de l'élaboration d'un instrument de redressement en faveur des entreprises dont la crise n'est pas profonde et qui assurément représentera la nouveauté majeure du nouveau droit italien de la crise : **la composition négociée** (composizione negoziata), volontaire, contractualisée et extrajudiciaire, dont le pivot est la conservation de la gestion de l'entreprise par la même direction ainsi que l'intervention d'un expert indépendant, appelé à assister l'entreprise dans l'identification des solutions possibles, outre que dans les négociations avec les créanciers.

Cette composition négociée est entrée en vigueur le 15 novembre 2021. Après sept mois, le bilan de cette nouvelle institution est bien décevant. Si l'on s'en tient aux données de Unioncamere du 22 avril 2022, seulement 175 entreprises ont décidé d'avoir recours à

---

[4] OCRI, organismes de composition de la crise des entreprises, qui auraient eu pour mission de recevoir les alertes et de gérer la phase d'alerte et, pour les entreprises autres que les sociétés les plus modestes, la phase de composition assistée de la crise. Les organes de surveillance de la société, le commissaire aux comptes et le cabinet d'audit, chacun dans le cadre de ses fonctions, sont tenus de signaler immédiatement au même organe administratif l'existence d'indices fondés de la crise. En cas d'absence de réponse ou de réponse inadéquate, ou d'absence d'adoption dans les soixante jours suivants des mesures jugées nécessaires pour surmonter l'état de crise, les personnes visées au paragraphe 1 en aurait informé sans délai l'OCRI, en fournissant tout élément utile aux déterminations pertinentes (article 14 de l'ancien Code).
Le Service d'impôt, l'Institut national de sécurité sociale et l'agent de recouvrement [....] en informent l'OCRI.
Article 18 : Dans un délai de quinze jours ouvrables à compter de la réception du rapport ou de la requête du débiteur, l'OCRI convoque devant la commission constituée en application de l'article 17 le débiteur lui-même ainsi que, dans le cas d'une société dotée d'organes de contrôle, les membres de ces derniers, pour une audition confidentielle et à huis clos. Lorsque la commission constate l'existence de la crise, elle identifie avec le débiteur les mesures possibles pour y remédier et fixe un délai dans lequel le débiteur devra rendre compte de leur mise en œuvre. Si le débiteur ne prend aucune mesure à l'expiration du délai fixé en vertu du paragraphe 4, la commission en informe par un bref rapport écrit la personne de contact, qui en informe immédiatement le débiteur déclarant.

cet instrument pensé pour éviter la liquidation judiciaire. La comparaison avec les six premiers mois du concordat est impitoyable. A l'époque des milliers d'entreprises franchirent la porte du tribunal, surtout pour obtenir les mesures de protection du patrimoine et pour débuter un parcours vers le redressement (même si presque 60% de ces demandes de concordat ne prospérèrent pas).

Les motifs d'un accueil aussi froid seront nombreux et mériteront d'être approfondis, mais il semblerait que pour partie ils procèdent des longueurs administratives et des incertitudes quant à l'issue de la procédure de composition négociée. Il suffit de rappeler que lors de la demande de composition négociée il faut joindre un certificat unique des dettes fiscales ainsi qu'un certificat des dettes sociales. Il s'agit de documents qui devraient être délivrés dans un délai de 45 jours mais qui sont obtenus, normalement, dans un délai double. De surcroît, comme en témoignent certaines décisions déjà publiées, une certaine réticence des juges du fond à accorder les mesures de protection demandées semble se dessiner, ces derniers ayant à l'évidence moins confiance en l'expert nommé par la commission diversifiée précitée qu'en le mandataire de justice qu'il désigne lui-même.

En outre, l'accès à ces instruments comporte pour les entreprises des risques en termes de crédit qui ne sauraient être sous-estimés, surtout à l'égard des banques. Il s'agit là d'un autre motif qui incite les petites entreprises à occulter ses difficultés le plus longtemps possible (souvent jusqu'au précipice, là où il est désormais trop tard pour éviter la liquidation judiciaire), alors que la grande entreprise tend à préférer le concordat préventif.

Pour synthétiser à l'extrême, la nouvelle version du Code dessine les modalités de fonctionnement de la composition négociée, laquelle doit être activée par le chef d'entreprise commerciale (ou agricole) qui se trouve dans une situation de déséquilibre patrimonial ou économique et financier de nature à rendre « probable » l'état de crise ou d'insolvabilité. Le choix d'une voie non collective, essentiellement négociée, a été opéré afin d'autoriser une meilleure agilité dans la gestion de l'entreprise par le dirigeant non soumis à la discipline collective, ni à une quelconque forme de dessaisissement. Cette option est confirmée par l'orientation du législateur italien en faveur d'une conception essentiellement contractuelle de la crise, c'est-à-dire en faveur du maintien, même lorsque la crise se manifeste, du chef d'entreprise / de la direction en contrôle et en possession totale de son entreprise.

L'intervention de l'autorité judiciaire est requise uniquement dans l'hypothèse où des mesures de protection du patrimoine du chef d'entreprise seraient nécessaires, c'est-à-dire lorsque ce dernier entend obtenir des nouveaux financements bénéficiant d'un privilège, ou si l'on procède à la cession de l'entreprise ou encore si l'on modifie le contenu des contrats à exécution échelonnée ou différée devenus excessivement onéreux.

La composition négociée est mise en œuvre dans le cadre de la Chambre de commerce à travers :

- une plateforme électronique nationale permettant d'accéder à la procédure elle-même (art. 13), dite plateforme étant connectée aux autres bases de données publiques (art. 14) avec lesquelles elle peut échanger des informations (art. 15). Un logiciel permettant d'évaluer si l'endettement est soutenable ou non ainsi que d'établir automatiquement un plan de remboursement échelonné sera disponible sur cette même plateforme (art. 25, 11°) ;
- un régime détaillé applicable à l'expert (ces experts sont essentiellement des experts-comptables, avocats et conseillers en droit du travail pourvus d'une expérience antérieure dans le domaine du règlement des difficultés des entreprises) assistant le chef d'entreprise, nommé par la commission évoquée supra (art. 16) ;
- des modalités et un contenu de la demande d'ouverture de la procédure spécifiques, utiles pour appréhender la situation économique de l'entreprise et dessiner les contours du profil d'expert le plus approprié (art. 17). Le dépôt de la demande peut être effectué même par l'organe de contrôle de la société, qui est investi de la mission d'informer l'organe d'administration de la réunion des conditions de saisine ;
- l'expert devra convoquer le chef d'entreprise, afin d'évaluer les hypothèses de redressement et identifier, dans un délai de 180 jours, une solution adéquate. A la fin de sa mission, l'expert devra rédiger un compte-rendu final qui sera déposé sur la plateforme et communiqué au chef d'entreprise (art. 17) ;
- le chef d'entreprise qui bénéficie de cette procédure bénéficie de mesures de protection afin de limiter les possibilités d'actions à son encontre de la part des créancier et empêcher l'ouverture de la liquidation judiciaire (cette nouvelle terminologie est substituée à

l'ancienne faillite) jusqu'à la conclusion des négociations ou à la clôture de l'instance de composition négociée. L'activation des mesures de protection et conservatoire revêt un caractère judiciaire et relève de la compétence du tribunal ;

- une série d'autorisations spéciales que le tribunal peut octroyer au chef d'entreprise au cours de la procédure (par exemple en vue de contracter un concours privilégié), en outre de la possibilité de renégocier des contrats.

Le Code règlement, de surcroît, les différentes issues de la procédure (art. 23), à savoir notamment, un **contrat avec un ou plusieurs créanciers**, un **moratoire**, un **accord de restructuration des dettes**, un **plan de réorganisation** mais aussi une demande de **concordat simplifié** en vue de la liquidation du patrimoine. Il est légitime de se demander si ce florilège n'est pas objectivement excessif.

Enfin, afin d'inciter les entreprises à utiliser la composition négociée, le Code a prévu (art. 25 bis) diverses mesures s'analysant en autant de primes de nature patrimoniale et fiscale[5] (art. 14), de toute évidence insusceptibles de représenter une incitation adéquate.

5. Le chapitre III édicte le régime des alertes de l'organe de contrôle de la société (incorporé, sans modification, à l'article 25, 8°). Les mécanismes d'**alerte externe** sont ainsi confirmés : d'un côté, les alertes que les créanciers publics qualifiés (Inps et Administration fiscale, auxquels a été ajouté l'Inail[6]) adressent au chef d'entreprise, en présence des niveaux connus d'endettement de l'entreprise à leur égard (art. 25, 9°) ; de l'autre il est prévu que les banques et les intermédiaires financiers informent l'organe de surveillance existant en cas de variations, révisions ou encore de dénonciations des facilités de crédit accordées à l'entreprise (art. 25, 10°).

Ainsi, la composition négociée est assortie d'un mécanisme d'alerte à la fois interne (organe de surveillance) et externe (créanciers

---

[5] Relatives à la responsabilité pénale du chef d'entreprise concernant les paiements et les actes effectués au cours de la période postérieure l'acceptation de la mission par l'expert, conformes au déroulement des négociations et en vue de la réorganisation de l'entreprise, ainsi que les paiements et les transactions autorisés par le tribunal en vertu de l'article 10 (article 12, paragraphe 5).

[6] *Instituto Nazionale Assicurazione contro gli Infortuni sul Lavoro* (Institut National Assurance contre les Accidents du Travail).

publics qualifiés et banques). Le rôle des créanciers publics qualifiés demeure confiné, essentiellement, au signalement d'un défaut de paiement. A l'inverse, les organes internes doivent apprécier la pertinence d'une telle information.

L'organe de gestion, et c'est l'un des points critiques de la réforme, demeure libre et souverain s'agissant du choix d'avoir recours ou non à un quelconque cadre de restructuration. Bien différent et plus efficace aurait été le système conçu par la commission Rordorf[7] qui, par l'intermédiaire du référent de l'OCRI, aurait permis que l'absence d'initiatives de la part du débiteur, alors même que les éléments connus rendaient évidente la caractérisation d'un état d'insolvabilité, soit portée à la connaissance du Ministère Public.

6. Le « **plan de restructuration sujet à homologation** » (PRO) (art. 64 bis et 64 ter du Code de la Crise) constitue une nouveauté non négligeable, ledit plan pouvant être substantiellement assimilé au concordat préventif. Il s'agit d'un cadre de restructuration susceptible de s'affranchir des règles de distribution des procédures collectives et qui peut être homologué seulement s'il est approuvé par tous les créanciers de chaque classe. Le débiteur en difficulté ou insolvable pourra y avoir recours dès lors qu'il envisage de désintéresser ses créanciers en les répartissant en classes en fonction d'une situation juridique et d'intérêts économiques homogènes.

Les droits des salariés sont préservés, puisque ces derniers doivent être désintéressés intégralement en numéraire dans un délai de trente jours à compter de l'homologation. Un jugement de recevabilité du tribunal est prévu, ce dernier étant appelé à apprécier l'opportunité de la proposition et à vérifier la conformité des critères de constitution des classes.

---

[7] En effet, en vertu des article 21 et 22, si, à l'expiration du délai, aucun accord n'a été conclu avec les créanciers concernés et que l'état de crise persiste, le collège [désigné par l'OCRI ou Organisme de Résolution des Crises des Entreprises] invite le débiteur à saisir le tribunal en vue de l'ouverture d'une des procédures prévues à l'article 37 dans un délai de trente jours. En cas d'inaction du débiteur, si le collège estime que les informations connues rendent évidente l'existence d'un état d'insolvabilité du débiteur, il le signale dans un rapport motivé au contact de l'OCRI, qui en informe le représentant du Ministère Public près le tribunal.

7. Il est tout à fait impossible d'anticiper les applications concrètes du **concordat simplifié pour la liquidation du patrimoine**, procédure qui, tout en visant une certaine **simplification de certaines phases de la procédure**, se caractérise par une intensité plus forte du **contrôle judiciaire** pendant la phase d'homologation.

La raison d'être de cette procédure est le constat de l'échec de la composition négociée, lorsque les négociations ont été engagées « parce que l'expert estimait qu'il existait des perspectives de réorganisation concrètes et que, à l'issue desdites négociations, une solution idoine n'a pas été identifiée en vue de surmonter la situation de déséquilibre patrimonial ou économique et financier qui rendait probable la crise ou l'insolvabilité »[8].

La saisine ne vise pas ici l'ouverture de la procédure, mais directement l'homologation du concordat, dans la mesure où il n'existe aucune phase de vote des créanciers. Ni juge commissaire, ni mandataire, ni professionnel chargé de certifier la véracité des données d'exploitation et le pourcentage de désintéressement assuré aux créanciers ne sont prévus, de même qu'aucun désintéressement des créanciers chirographaires à hauteur d'au moins vingt pour cent[9]. Aucune réunion ou a fortiori vote des créanciers ne sont prévus, de même qu'il n'est pas prévu que les créanciers puissent formuler des propositions concurrentes, conformément aux dispositions de l'article 163 de la loi de faillite. Dans le même ordre d'idées, les **attestations de véracité** des données et **faisabilité** du plan ne sont pas prévues.

Le tribunal, sur application des moyens d'instructions sollicités par les parties ou décidés d'office, homologue le concordat lorsque, après avoir vérifié le respect de la contradiction et la régularité de la procédure, ainsi que le respect de l'ordre des privilèges et la faisabilité

---

[8] G. BOZZA, *Il concordato semplificato introdotto dal d.l. n. 118 del 2021, convertito, con modifiche, dalla l. n. 147 del 2021*, in *Diritto della crisi*, 2021, https://www.dirittodellacrisi.it/articolo/il-concordato-semplificato-introdotto-dal-d-l-n-118-del-2021-convertito-con-modifiche-dalla-l-n-147-del-2021.

[9] « L'élimination des seuils est parfaitement conforme à la considération que l'institution, comme déjà mentionné, a été conçue surtout en considérant le cas où les actifs soumis à la liquidation comprennent une fonds de commerce ou une branche d'activité encore susceptible de rester sur le marché, assurant ainsi la préservation de l'entreprise, des niveaux d'emploi et des niveaux de perception des impôts liés à la continuation de l'activité économique », cf. M. VITIELLO, *Il concordato semplificato: tra liquidazione del patrimonio e continuità indiretta*, in *Il Fallimentarista*, 2022, https://ilfallimentarista.it/articoli/blog/il-concordato-semplificato-tra-liquidazione-del-patrimonio-e-continuit-indiretta.

du plan de liquidation, constate que la proposition ne cause aucun préjudice aux créanciers par rapport à l'alternative d'une liquidation judiciaire et, en toute hypothèse, assura une utilité à chaque créancier[10]. Partant, le tribunal avec la décision d'homologation nomme un liquidateur.

Des règles simplifiées sont prévues en matière de réalisation des actifs[11].

8. Il convient de mentionner, ne serait-ce que fugacement, une disposition qui, selon l'auteur de ces lignes, aurait pu constituer une impulsion en faveur de l'accélération des délais des procédures. Il est constant que parmi les principales raisons du phénomène atavique de l'excessive durées des procédures collectives figure la longueur excessive des contentieux auxquels sont parties les organes de la procédure. Pourtant, l'actuel article 43, dernier alinéa de la loi de faillite a été modifié il y a trois décennies pour édicter que « les litiges auquel est partie la procédure collective sont traités prioritairement ». L'impact de cette règle est demeuré presque inexistant, puisque ses dispositions sont systématiquement ignorées par les juges judiciaires. L'article 5 du décret législatif du 12 janvier 2019, n° 14, s'est limité à réaffirmer la même obligation inutile[12], sans rien ajouter pour en garantir une effectivité minimale dans son application.

---

[10] Par conséquent, il n'est pas nécessaire de préciser dans la proposition l'utilité spécifique pour chaque créancier, mais il suffit que la « proposition assure néanmoins une utilité [générique] à chaque créancier ».

[11] En effet, si le plan de liquidation prévoit une offre de cession à un tiers, de l'entreprise, d'une ou plusieurs branches de l'entreprise ou d'actifs spécifiques, le liquidateur ne devra pas respecter la procédure de mise en concurrence, mais, après avoir vérifié l'absence de meilleures solutions sur le marché, il devra exécuter directement l'offre ; de même, si la vente doit être finalisée avant l'homologation, ce sera le mandataire du tribunal, après avoir vérifié l'absence de meilleures solutions sur le marché, qui exécutera l'offre, sous réserve de l'autorisation du tribunal.

[12] Art. 5 alinéa 3 : « Les litiges auxquels un organe nommé par l'autorité judiciaire ou administrative est partie dans un cadre de restructuration préventive ou dans les procédures d'insolvabilité ou, en tout état de cause, une personne à l'encontre de laquelle une procédure prévue par le présent code est ouverte, sont traités en priorité. Le chef de service transmet annuellement au président de la Cour d'appel les données relatives au nombre et à la durée des procédures susmentionnées, en indiquant les mesures prises pour assurer leur traitement rapide. Le président de la cour d'appel en prend acte dans le rapport sur l'administration de la justice ».

Un droit, le droit italien en l'espèce – comme il faut malheureusement le constater – continue de souffrir de son plus grand mal, constitué par un défaut alarmant d'effectivité de ses normes.

9. Quinze années de déplacement significatif du pendule du droit de la crise vers une autonomie contractuelle n'ont pas produit (du moins en Italie) les résultats attendus. Ce sont les chiffres à le confirmer, contredisant ainsi les prévisions du législateur. Le concordat préventif, dans ses différentes variations, n'est pas devenu la principale procédure, à l'inverse de ce qu'imaginait la majorité des commentateurs, voguant sur une vague d'optimisme illusoire. Le retrait progressif du juge du moment de la crise n'a contribué ni au redressement des entreprise ni à l'accélération des procédures. La liquidation arrive nettement en tête devant les autres procédures en termes de chiffres et les nombreux correctifs apportés au droit des entreprises en difficulté au cours des trois dernières décennies n'ont nullement impacté la durée des procédures.

Devant un scénario aussi décevant, il demeure malaisé de comprendre pourquoi, tout en respectant les principes de la Directive quant à la valeur des cadres de restructuration préventive et, par conséquent, quant à la nécessité de les renforcer, l'actuel législateur italien ait persévéré dans un renforcement de la privatisation du traitement des difficultés, au lieu de repenser le rôle directionnel du juge, en suivant, par exemple, le modèle français qui traduit une parfaite et cohérente coexistence des instruments de restructuration préventive et d'une fonction centrale accordée à l'autorité judiciaire[13].

Au-delà de cette remarque, laquelle mériterait d'être extrêmement approfondie, il faut rappeler que la Directive contient une notion essentielle, celle d'« impresa sana », de « viable entreprise »[14], laquelle est clairement posée comme « porte » d'accès aux cadres de restructuration préventive. Il est surprenant de constater son absence dans le schéma du Décret législatif de mars 2022, lequel

---

[13] V. not. G. Teboul, Présentation : le rôle du tribunal et des organes de la procédure confirmé et renforcé ?, *GPL* 28 juin 2022, n° GPL437b0. *Adde*, dans la perspective de la transposition de la directive Insolvabilité, P. Coupeaud, Le rôle du tribunal et des organes de la procédure confirmé et renforcé ?, *GPL* 28 juin 2022, n° GPL437b1.

[14] Dans la terminologie d'une des langues officielles de la Directive Insolvabilité, l'adjectif utilisé est "viable", défini comme signifiant "capable of growing or developing", "having a reasonable chance of succeeding", "financially sustainable".

ne mentionne nullement une formulation dont la valeur prégnante est indiscutable au travers de l'entier réseau des « considérant » de la Directive, pour revêtir une importance pas si différente de la notion, du moins du point de vue de l'utilité en matière de sélectivité, du concept de « mérite » que la loi de faillite de 1942 posait comme condition à l'éligibilité au concordat préventif.

Écartée inopportunément par le législateur contemporain, le mérite visait à ce que le redressement ne soit pas un avantage à la portée de tout chef d'entreprise, mais « un traitement de faveur du chef d'entreprise commercial honnête et diligent »[15], afin de « garantir une application correcte de l'institution dans l'intérêt des créanciers », pour que « l'offre du chef d'entreprise soit sérieuse et honnête, c'est-à-dire qu'elle corresponde à des conditions réelles [...] En somme, afin d'éviter les abus de cette institution, malheureusement fréquents »[16]. Aussi, la notion d'entreprise viable se distingue-t-elle de celle de mérite d'autrefois. Ce dernier était orienté prioritairement sur la dimension éthique et subjective du chef d'entreprise, alors que la notion d'entreprise saine demeure orientée prioritairement sur la dimension économique et objective de l'organisation de l'entreprise en tant que telle à laquelle se réfère la Directive :

- lorsqu'au premier considérant, elle déclare en ouverture « (...) la présente directive vise à lever de tels obstacles en garantissant que les entreprises viables et les entrepreneurs en difficulté financière ont accès.... » ;
- lorsqu'au deuxième considérant on peut lire qu'il faut éviter « la liquidation inutile d'entreprises viables » ;
- lorsqu'au troisième considérant il est rappelé que « Lorsqu'un débiteur en difficulté financière n'est pas économiquement viable ou lorsque sa viabilité économique ne peut être aisément rétablie, les efforts de restructuration sont susceptibles d'entraîner une accélération et une accumulation des pertes préjudiciables pour les créanciers, les travailleurs et d'autres parties prenantes ainsi que pour l'économie dans son ensemble » (ce qui, malheureusement, correspond au constat des Tribunaux italiens au cours des quinze dernières années) ;
- lorsqu'au douzième considérant, il est fait référence au « sauvetage de **débiteurs** économiquement **viables** » ;

---

[15] F. FERRARA, *Il fallimento*, Milano, Giuffrè, 1989, 163.
[16] F. FERRARA, *op. cit.,* p. 164.

- lorsqu'au quinzième considérant il est affirmé que « les divergences entre les États membres qui font obstacle à la restructuration précoce de **débiteurs viables** en difficulté financière et à la possibilité, pour les entrepreneurs honnêtes, de bénéficier d'une remise de dettes devraient être réduites » ;

- lorsque le seizième considérant évoque la « levée des obstacles à une restructuration préventive efficace des **débiteurs viables** en difficulté financière ».

Il me semble en définitive que la possibilité pour les entreprises et les débiteurs viables de bénéficier de cadres nationaux efficaces en matière de restructuration préventive soit érigée au rang de véritable mot d'ordre de la Directive et fasse partie de ses principes substantiels ce qui rend sa prétermission, dans la cadre de la transposition italienne, parfaitement injustifiée et inexplicable.

Quel sont les motivations d'une telle omission choisie ? Et surtout, le législateur d'un État de l'Union peut-il totalement oblitérer un concept clef d'une Directive, dont la récurrence au sein des *considérants* de l'instrument doit bien traduire la volonté d'expliciter une certaine vision du législateur européen s'agissant du rapport entre restructuration préventive et aspirants sujets / légitimes ? Le législateur européen n'a-t-il pas entendu, en posant la condition préalable de la « viable enterprise » - véritable « filtering funtion of insolvency law » [17] - dessiner les contours d'une certaine conception du marché, conception qui exclut le sauvetage de l'entreprise "quoi qu'il en coûte" ? Car, comme cela est le cas dans les ordres juridiques qui, les premiers, ont envisagé les « rescue procedures » de l'histoire (le *Chapter 11* américain, introduit en 1938 avec le *Chandler Act*, modifié en 1978 par le *Bankruptcy Reform Act* et la *Administration* introduite au Royaume Uni en 1986), leur efficience dépend bien au contraire de la capacité « to decline to save hopeless companies » et de permettre par conséquent au marché de réallouer rapidement les ressources vers des utilisations plus productives[18].

---

[17] H. EIDENMUELLER, K. VAN ZWIETEN, *Restructuring the european business enterprise: the EU Commission Recommendation on a new approach to business failure and insolvency*, in SSRN, 2018, https://papers.ssrn.com/sol3/papers.cfm?abstract_id=2662213, p. 27.

[18] G. LIGHTMAN, *Voluntary administration: the new wave or the new waif in insolvency law?*, in *Ins. Law Journ.*, 1994, 59; V. FINCH, *Corporate insolvency law. Perspectives and principles*, Cambridge, 2009, 383.

La récurrence du concept d'"entreprise viable" dans la Directive aurait exigé une interprétation étymologique minutieuse de ce concept - qui est bénéfique, avantageux, droit, honnête, non corrompu - et une reconstruction tout aussi approfondie de ses contours économiques précis.

D'ailleurs, la Commission UE elle-même, lors de l'analyse de l'impact d'une nouvelle approche de l'insolvabilité, écrivait en 2014 : « Un droit de l'insolvabilité efficace devrait être en mesure de liquider rapidement et efficacement les entreprises non viables et de restructurer les entreprises viables afin de permettre à ces dernières de maximiser la valeur perçue par les créanciers, les actionnaires, les employés, l'administration fiscale et les autres parties prenantes »[19]. S'agissant toujours des positions adoptées par la Commission UE, plus particulièrement concernant la rédaction de la « Restructuring Recommandation » de 2014, prodrome de la Directive – si l'on s'intéresse à la doctrine qualifiée[20] qui a mieux étudié le point de convergence entre restructuration et entreprises viables, il est possible d'élucider le concepts sousjacents de la « viable enterprise », pour laquelle il est affirmé que : « *restructuring makes sense only in cases of financial but not economic failure of a business* ». En d'autres termes, la restructuration d'une entreprise et la préservation de son *going concern* peuvent être invoquées seulement si la valeur de ce dernier dépasse la valeur de liquidation de l'entreprise. Par conséquent, « *the great majority of businesses that find themselves in financial distress in practice are also economically distressed and should be liquidated, not restructured* »[21]. Aussi, les conclusions tirées du concept de « viable enterprise » sont nettes et précises, s'agissant d'un « filtre » à l'accès aux cadres de restructuration préventive posé par le Parlement européen au centre même de la Directive.

Il existe alors un véritable espace de contenus et de réflexions de la littérature économique et gestionnaire sur l'efficience et la

---

[19] "*Strengthening the rescue culture in the EU and giving viable businesses an opportunity to recover early*", così, COMMISSION STAFF WORKING DOCUMENT IMPACT ASSESSMENT, Bruxelles, 12.03.2014, https://ec.europa.eu/smart-regulation/impact/ia_carried_out/docs/ia_2014/swd_2014_0061_en.pdf

[20] Ci si riferisce ai giuristi di Oxford, H. EIDENMUELLER, K. VAN ZWIETEN, op. cit., p. 27.

[21] H. EIDENMUELLER, K. VAN ZWIETEN, op. loc. ult. cit.

productivité des entreprises, sur le rapport entre valeur du *going concern* et valeur de liquidation de l'entreprise, entre crise et insolvabilité, d'un côté, et efficience et capacité de rebond de l'autre, qui aurait dû imposer au législateur italien un examen attentif du concept évoqué à plusieurs reprises par la Directive. Un tel examen aurait dû donner lieu à une déclinaison normative de la notion d'« entreprise viable », assortie de l'identification de méthodes, d'indices et de paramètres permettant de mesurer son état de santé, auxquels l'accès aux cadres de restructuration préventives aurait dû demeurer subordonné. Tout cela de manière analogue à ce qui a été fait en matière d'indicateurs économiques de caractérisation de la crise.

Une récente étude du Chef de la Division *Économie et Droit* de la Banque d'Italie nous a rappelé que « La sortie des entreprises les moins efficientes et productives est un événement absolument physiologique d'un point de vue économique (ainsi, chaque année, de nombreuses entreprises quittent le marché). Ce processus permet de réaffecter les ressources au sein du système de production au profit des « meilleures » entreprises, ce qui, à moyen et long terme, constitue un facteur important pour déterminer la croissance de la productivité du système » [22].

La question de fond est qu'il ne semble pas cohérent avec les objectifs de la Directive *Insolvabilité* – laquelle me semble-t-il a adopté en la matière une position bien différente de celle du législateur italien au cours des quinze dernières années – d'autoriser l'accès indiscriminé de chaque entreprise aux cadres de restructuration préventive. Je ne pense pas que permettre à des entreprises qui ne seraient pas viables d'accéder à la restructuration soit conforme à son esprit, ces entreprises, quoiqu'en difficulté ou insolvables, n'étant pas comprises dans un périmètre qu'il incombait aux Etats membres de déterminer. Par conséquent, le législateur italien a commis assurément un faux pas en négligeant ce *discrimen*, si précis et répété dans la Directive, entre les entreprises en faveur desquelles un effort de réorganisation est nécessaire et les entreprises pour lesquelles un tel

---

[22] S. GIACOMELLI, Previsioni economiche e consuntivi nel quadro della riforma delle procedure concorsuali, in Atti del XXVIII Convegno dell'Associazione Albese Studi di Diritto Commerciale, 21.11.2021, C:/Users/Carlo/Downloads/2022_01_31_Raccolta%20atti%20Alba_%20(2).pdf

effort peut s'avérer inopportun dans l'intérêt général, car contraire à la logique et à la rationalité économique.

De manière incompréhensible, il ne reste aucune trace de telles considérations dans le texte de la réforme Rordorf, ni d'ailleurs dans le cadre fixé par le décret législatif élaboré par la Commission Pagni, qui est en voie d'approbation par le Parlement. Ainsi, au moins en raison de cette prétermission, j'estime que la réception italienne de la Directive *Insolvabilité* présente une sérieuse illégitimité.

Brevi notazioni sul recepimento italiano della Direttiva *Insolvency* e sulla pretermissione del concetto di "impresa sana"

Carlo AMATUCCI

1. Con la Direttiva Insolvency l'Unione Europea ha chiesto ai Paesi membri di conseguire, sostanzialmente, due risultati: 1) strumenti di ristrutturazione efficaci; 2) procedure di liquidazione che garantiscano tempi brevi e tassi elevati di recupero per i creditori.
Il 17 Marzo scorso il Consiglio dei Ministri del Governo italiano ha approvato lo Schema di Decreto Legislativo per adeguare il Codice della Crisi d'impresa e dell'insolvenza (d. lgs. 12 gennaio 2019, n. 14) alla Direttiva.
Va premesso che nel 2019 il legislatore italiano aveva approvato la più vasta riforma della crisi d'impresa (elaborata dalla Commissione Rordorf che iniziò i lavori il 18.02.2015) dal Regio decreto del 1942. Tuttavia, tra la legge delega approvata il 19.10.2017, la stesura dei due decreti di attuazione nel 2018, il decreto correttivo del 18.10.2020 - dopo che l'entrata in vigore del Codice era stata rinviata per la pandemia al 1.09.2021 – si è finalmente alla vigilia dell'atteso approdo.
Molte modifiche dell'ultimo decreto correttivo non sono state ispirate dall'esigenza di adeguare il Codice della crisi alla Direttiva, bensì dalle mutate condizioni socio-economiche del Paese, determinate dalla pandemia.
La Commissione Rordorf ha lavorato circa quattro anni, durante i quali ha contemporaneamente lavorato la Commissione Europea (DG Justice), la quale, nel 2016, lanciava la proposta di una Direttiva sulla *"preventive restructuring frameworks and second chance"*.
Come se esistessero delle invalicabili muraglie cinesi, la Commissione Rordorf – poteva ignorare che nel cantiere europeo andava forgiandosi il più significativo intervento di armonizzazione del diritto europeo della crisi di impresa? – procedeva in modo autonomo e portava a compimento la sua riforma che, di lì a poco, si sarebbe dovuta conformare ai principi europei di rango superiore entrati in vigore nel 2019. *Modus procedendi* che solleva non poche perplessità.
La Commissione Rordorf ha ritenuto, sin dal suo insediamento, che la disciplina in vigore – nonostante i plurimi interventi normativi succedutisi dal 2006 in poi - ruotando principalmente intorno al

concordato preventivo e al fallimento, non fornisca strumenti che incentivino l'emersione anticipata della crisi e, anzi, scoraggi l'imprenditore dal fare ricorso alle procedure previste, aventi natura prevalentemente giudiziale.
Non credo che la più spinta natura negoziale di altri strumenti e procedure ne favorisca il ricorso. Sono piuttosto dell'avviso che soltanto efficaci condizionamenti esterni possano assolvere allo scopo. Mi pare che ciò sia dimostrato dall'ordinamento del Paese che ci ospita avente, almeno rispetto all'Italia, una maggiore tradizione in materia di strumenti di emersione anticipata della crisi. Nella procedura in assoluto più soft dell'ordinamento francese *(mandat ad hoc)* lo stesso rappresentante ad hoc è nominato dal Presidente della Corte di Commercio, al fine di valutare possibili soluzioni ai problemi finanziari del debitore.
La riforma Rordorf, anche alla luce del decreto del 17.03.22, ha invece affidato, nell'ambito della principale ed unica procedura volta alla emersione precoce della crisi, un ruolo cruciale all'esperto, nominato da una commissione composta da un magistrato, da un professionista indicato dalla Camera di commercio e da un professionista indicato dal Prefetto.

2. Alcuni dati statistici sulle procedure di gestione delle crisi di impresa e dell'insolvenza in Italia nei tre anni anteriori alla pandemia segnalano che la gran parte delle procedure concorsuali resta costituita dai fallimenti (ben 11.305), mentre i concordati preventivi sono pari ad appena 2378 e gli accordi di ristrutturazione a soli 379.

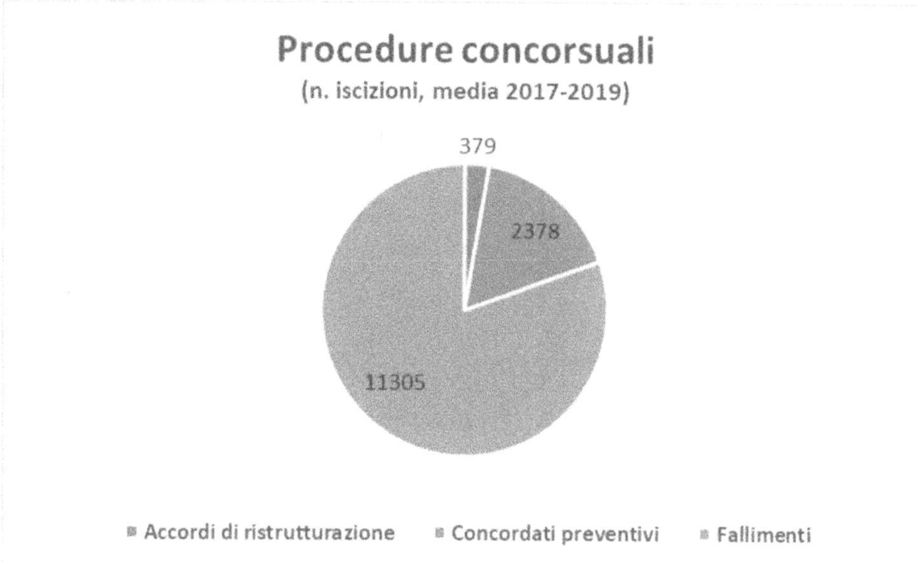

Nella tabella "*Procedure concorsuali*" è sintetizzato l'utilizzo delle procedure concorsuali negli anni dal 2014 al 2020.

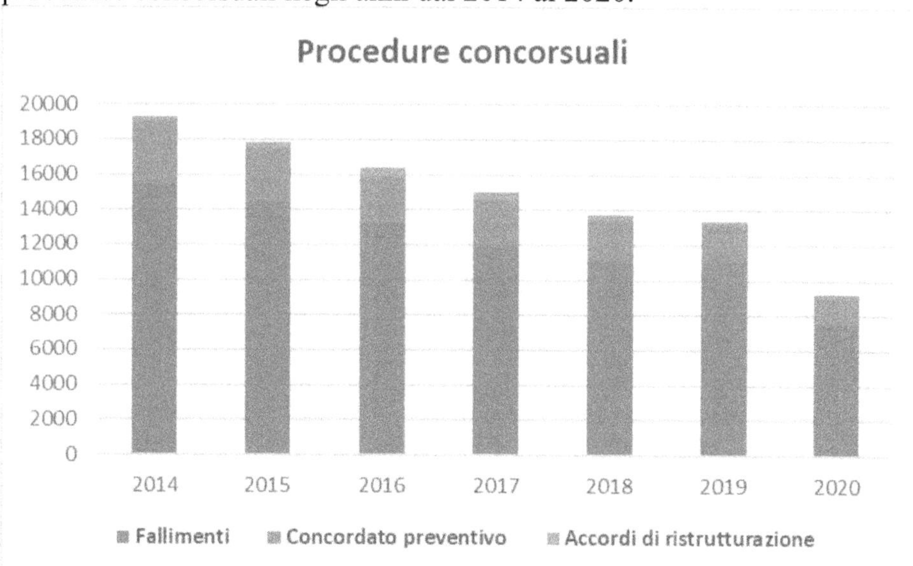

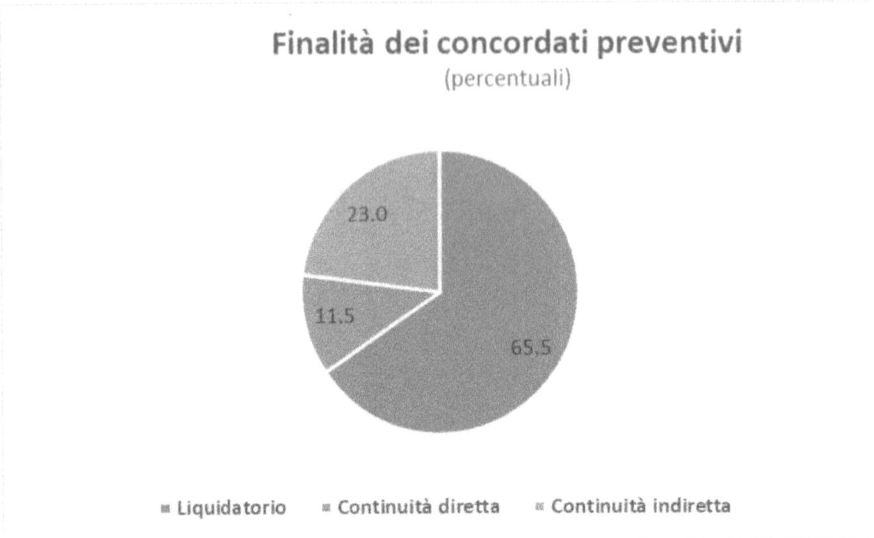

(Le tabelle sono tratte da Alessandro Danovi, Iacopo Donati, Ilaria Forestieri, Tommaso Orlando e Andrea Zorzi Questioni di Economia e Finanza, Banca d'Italia, N. 574 - Procedure concorsuali in continuità aziendale: accordi di ristrutturazione e concordati preventivi in Italia, 2020)

Quanto ai tempi di definizione delle procedure fallimentari la loro durata media nel 2019 si confermava allarmante, con sette anni e mezzo. Mentre nei fallimenti che si chiudono con un qualche ristoro per i creditori, la durata media è addirittura di nove anni.

3. Per grandi linee, le novità rappresentate dal recepimento italiano della Direttiva sono le seguenti:

- i quadri di ristrutturazione preventiva;
- la composizione negoziata della crisi e gli strumenti finalizzati all'emersione anticipata della stessa (accesso alle informazioni e lista di controllo, definizione degli assetti adeguati di cui all'art. 2086 c.c., segnalazioni dei creditori pubblici qualificati e degli istituti di credito);
- le procedure di esdebitazione e le interdizioni;
- il piano di ristrutturazione soggetto ad omologazione;
- il potenziamento del concordato in continuità aziendale;
- le maggiori tutele e garanzie di partecipazione per i lavoratori.

L'economia del presente contributo permette di considerare solo le novità più rilevanti.
Il Codice della Crisi definiva "*procedure di regolazione della crisi o dell'insolvenza*" quelle che ora sono battezzate, in analogia con il lessico della Direttiva Insolvency, "*quadri di ristrutturazione preventiva*", per comprendere tutti gli strumenti di composizione della crisi alternativi alle procedure di insolvenza e definiti come "*le misure e le procedure volte al risanamento dell'impresa attraverso la modifica della composizione dello stato o della struttura delle sue attività e passività o del capitale*" (art. 1, lett. m-bis). Il termine "quadri" (traduzione letterale di "*framework*") è del tutto inconsueto nell'ordinamento italiano. Non c'era alcuna necessità di alterare il lessico giuridico italiano. "Procedure" rendeva perfettamente il concetto.
La nozione di "crisi", introdotta dal Codice della Crisi, già modificato dal D. Lgs. 147/2020, muta ancora una volta: viene eliminato il riferimento allo "*squilibrio economico-finanziario*" e si introduce un riferimento temporale. La crisi è definita dunque come "*lo stato del debitore che rende probabile l'insolvenza e che si manifesta con l'inadeguatezza dei flussi di cassa prospettici a far fronte alle obbligazioni nei successivi dodici mesi*".
L'art. 2 dello schema di decreto legislativo fissa le regole di condotta in materia di procedure di ristrutturazione e di gestione dell'insolvenza, prevedendo specifici obblighi di buona fede e correttezza gravanti sui debitori, creditori e parti interessate anche nei confronti dei dipendenti. Nell'ottica di agevolare le PMI a ristrutturarsi a basso costo, viene regolato l'accesso alle informazioni e alla "lista di controllo particolareggiata"[1] (anche su tale traduzione del termine check-list ci sarebbe molto da dire).
L'articolo 3 del Codice della Crisi prescriveva all'imprenditore collettivo di adottare un assetto organizzativo adeguato ai fini della rilevazione tempestiva della crisi dell'impresa e dell'assunzione senza indugio delle iniziative idonee al superamento della stessa e al

[1] In una sezione dedicata alla crisi d'impresa, nei siti internet del Ministero della giustizia e del Ministero dello sviluppo economico saranno pubblicate informazioni pertinenti e aggiornate sugli strumenti per la anticipata emersione della crisi, sui quadri di ristrutturazione preventiva e sulle procedure di esdebitazione. E' inoltre resa disponibile una lista di controllo particolareggiata, adeguata anche alle esigenze e dimensioni delle imprese, contenente indicazioni operative per la redazione dei piani di risanamento (art. 5-bis CCII).

recupero della continuità aziendale. Norma entrata in vigore nel codice civile, con il secondo comma dell'art. 2086, che però non individuava i parametri necessari per definire gli adeguati assetti. Lo Schema odierno del Decreto stabilisce, opportunamente, i contenuti che gli assetti devono possedere per potersi ritenere adeguati alla rilevazione tempestiva della crisi e definisce i segnali di allarme rilevanti[2].

4. Tra le novità più significative del recente schema c'è sicuramente l'eliminazione delle procedure di allerta e di composizione assistita della crisi, ampiamente regolate dalla riforma Rordorf.
Benché comprensibile l'impatto della congiuntura economica causata dalla pandemia, appare evidente, tuttavia, che in tal modo si è eliminato l'unico strumento di forte condizionamento dell'imprenditore il quale, come l'esperienza ha dimostrato, molto spesso si rifiuta caparbiamente di ammettere la propria crisi. Tale atteggiamento psicologico della proprietà e della dirigenza delle imprese – che andrebbe approfondito dalla *behavioural economics* - costituisce la resistenza maggiore all'emersione precoce della crisi. La segnalazione dei creditori, pubblici e privati, all'OCRI (organismi di composizione della crisi di impresa, previsti dalla riforma Rordorf ma mai entrati in vigore) avrebbe rappresentato un incisivo mezzo di *moral suasion*[3].

---

[2] L'esistenza di debiti per retribuzioni scaduti da almeno trenta giorni pari a oltre la metà dell'ammontare complessivo mensile delle retribuzioni;
- l'esistenza di debiti verso fornitori scaduti da almeno novanta giorni di ammontare superiore a quello dei debiti non scaduti;
- l'esistenza di esposizioni nei confronti delle banche e degli altri intermediari finanziari che siano scadute da più di sessanta giorni o che abbiano superato da almeno sessanta giorni il limite degli affidamenti ottenuti in qualunque forma purché rappresentino complessivamente almeno il cinque per cento del totale delle esposizioni;
- l'esistenza di una o più delle esposizioni debitorie nei confronti del Fisco e dell'Inps nelle soglie previste dal nuovo articolo 25-novies, comma 1, del Codice della Crisi

[3] *OCRI, organismi di composizione della crisi d'impresa, che avrebbero avuto il compito di ricevere le segnalazioni di allerta e gestire la fase dell'allerta e, per le imprese diverse dalle imprese minori, la fase della composizione assistita della crisi. Gli organi di controllo societari, il revisore contabile e la società di revisione, ciascuno nell'ambito delle proprie funzioni, hanno l'obbligo di segnalare immediatamente allo stesso organo amministrativo l'esistenza di fondati indizi della crisi. In caso di omessa o inadeguata risposta, ovvero di mancata adozione nei*

A questa abrogazione – reazione eccessiva, va ribadito, al timore che allerta e OCRI avrebbero messo in difficoltà le imprese già colpite dalla crisi economica generata dalla pandemia - ha corrisposto l'elaborazione di uno strumento di risanamento di quelle imprese la cui crisi non sia profonda e che certamente rappresenterà la più grande novità del nuovo diritto italiano della crisi: **la composizione negoziata**, volontaria, negoziale e stragiudiziale, imperniata sulla conservazione della gestione dell'impresa da parte dello stesso management e sulla figura dell'esperto indipendente, chiamato a supportare l'impresa nell'identificazione delle possibili soluzioni, nonché nelle trattative con i creditori.

Tale composizione negoziata è entrata in vigore il 15.11.2021. A distanza di sette mesi, il bilancio del nuovo istituto è assai deludente. Stando ai dati di Unioncamere del 22.04.21, sono appena 175 le aziende che hanno deciso di utilizzare questo strumento pensato per evitare il fallimento. Il confronto con i primi sei mesi del concordato preventivo è impietoso. Allora furono migliaia le imprese che si rivolsero al tribunale, soprattutto per ottenere le misure di protezione del patrimonio e poter così avviare un percorso di risanamento (benché quasi il 60% di quelle domande di concordato non andarono avanti).

I motivi di tale assai fredda reazione saranno numerosi e andranno approfonditi, ma pare che alcuni attengano alle lungaggini burocratiche e alle incertezze sull'esito della procedura di composizione negoziata. Basti pensare che alla richiesta di composizione negoziata è necessario allegare il certificato unico dei debiti tributari e quello per i debiti contributivi. Documenti che

---

successivi sessanta giorni delle misure ritenute necessarie per superare lo stato di crisi, i soggetti di cui al comma 1 informano senza indugio l'OCRI, fornendo ogni elemento utile per le relative determinazioni (art. 14 del vecchio Codice).

L'Agenzia delle entrate, l'Istituto nazionale della previdenza sociale e l'agente della riscossione [....]essi ne faranno segnalazione all'OCRI. Art. 18: Entro quindici giorni lavorativi dalla ricezione della segnalazione o dell'istanza del debitore, l'OCRI convoca dinanzi al collegio nominato ai sensi dell'articolo 17 il debitore medesimo nonché, quando si tratta di società dotata di organi di controllo, i componenti di questi ultimi, per l'audizione in via riservata e confidenziale. Quando il collegio rileva l'esistenza della crisi, individua con il debitore le possibili misure per porvi rimedio e fissa il termine entro il quale il debitore deve riferire sulla loro attuazione. Se il debitore non assume alcuna iniziativa allo scadere del termine fissato ai sensi del comma 4, il collegio informa con breve relazione scritta il referente, che ne dà immediata comunicazione agli autori delle segnalazioni.

dovrebbero essere rilasciati in 45 giorni, ma che si ottengono, normalmente nel doppio del tempo. E poi, come dimostrano alcune pronunce già pubblicate, sembra profilarsi una certa ritrosia del giudice nel concedere le misure di protezione richieste, non riponendo nei confronti dell'esperto nominato dalla variegata commissione una fiducia analoga a quella riposta nel commissario da lui stesso ha nominato.
Inoltre, l'accesso a questi strumenti comporta per le imprese rischi reputazionali di non poco conto, soprattutto nei confronti delle banche. E questo è un altro motivo per cui la piccola impresa tende a nascondere il suo stato di crisi il più possibile (spesso sino al precipizio quando è troppo tardi evitare il fallimento), mentre la grande impresa tende a preferire il concordato preventivo.
In estrema sintesi, la nuova versione del Codice delinea le modalità di funzionamento della composizione negoziata, che va attivata dall'imprenditore commerciale (o agricolo) che si trovi in condizioni di squilibrio patrimoniale o economico-finanziario tali da rendere "probabile" lo stato di crisi o l'insolvenza. E' stata prescelta la strada del percorso non concorsuale, di tipo sostanzialmente negoziale, per consentire una maggiore agilità nella gestione dell'impresa da parte dell'imprenditore non sottoposto alle regole del concorso, né a forme di spossessamento del patrimonio. Impostazione che conferma l'insistenza del legislatore italiano verso una concezione spiccatamente negoziale della crisi, quindi verso la conservazione, anche nei momenti di emersione della stessa, dell'imprenditore/management in totale controllo e possesso della sua azienda.
L'intervento dell'autorità giudiziaria è richiesto nel solo caso in cui si rendano necessarie misure protettive del patrimonio dell'imprenditore, ovvero se quest'ultimo intenda ottenere finanziamenti prededucibili, o se si ceda l'azienda o si ridetermini il contenuto dei contratti ad esecuzione continuata o periodica o ad esecuzione differita, divenuti eccessivamente onerosi.
La composizione negoziata andrà instaurata presso le Camera di commercio e prevede:
- una piattaforma telematica nazionale ai fini dell'accesso alla composizione negoziata (art. 13), collegata ad altre banche dati pubbliche (art. 14) con le quali può scambiare informazioni (art. 15). Sulla piattaforma dovrà essere disponibile un programma informatico per consentire la valutazione della sostenibilità del debito e la

predisposizione automatica di piani di rateizzazione (articolo 25-undecies);

- una disciplina dettagliata della figura dell'esperto (prevalentemente commercialisti, avvocati e consulenti del lavoro dotati di precedenti esperienze nel campo della soluzione di crisi d'impresa), chiamato ad affiancare l'imprenditore alla cui nomina provvederà la commissione che prima si accennava (art. 16);
- specifiche modalità e contenuti della domanda di accesso all'istituto, utili a comprendere la situazione economica dell'impresa e anche a delineare il profilo più appropriato dell'esperto (art. 17). La presentazione della domanda può essere sollecitata dall'organo di controllo societario, cui viene attribuito il compito di segnalare all'organo amministrativo la sussistenza dei presupposti per la presentazione dell'istanza;
- l'esperto dovrà convocare l'imprenditore, al fine di valutare le ipotesi di risanamento e individuare, entro 180 giorni, una soluzione adeguata. Al termine dell'incarico l'esperto dovrà redigere una relazione finale che verrà inserita nella piattaforma e comunicata all'imprenditore (art. 17);
- l'applicazione all'imprenditore che accede all'istituto di misure protettive per limitare le possibilità di azione nei suoi confronti da parte dei creditori e precludere l'apertura della liquidazione giudiziale (questo il nuovo nome del vecchio fallimento) fino alla conclusione delle trattative o all'archiviazione dell'istanza di composizione negoziata. L'attivazione delle misure protettive e cautelari ha carattere giudiziale ed è attribuita alla competenza del tribunale;
- una serie di autorizzazioni speciali che il tribunale può concedere all'imprenditore nel corso della procedura (ad esempio per poter contrarre finanziamenti prededucibili), nonché la possibilità di una rinegoziazione dei contratti.

Il Codice disciplina, inoltre, le diverse possibilità di definizione della procedura (art. 23) individuate, tra le altre, in un **contratto con uno o più creditori,** in una **convenzione di moratoria**, in un **accordo di ristrutturazione dei debiti**, in un **piano di risanamento** ma anche nella domanda di **concordato semplificato** per la liquidazione del patrimonio. Più che legittima la domanda se questo florilegio di procedure non sia obiettivamente eccessivo.

Infine, per indurre le imprese a ricorrere alla composizione negoziata, il Codice ha previsto (art. 25-bis) alcune misure premiali di natura patrimoniale-fiscale[4] (art. 14), visibilmente non sufficienti a rappresentare un adeguato incentivo.

5. Nel capo III è contenuta la disciplina delle segnalazioni da parte dell'organo di controllo societario (riversata, senza modifiche, nell'art. 25-octies). Sono confermati i presìdi di **allerta esterna**: da un lato, le segnalazioni che i creditori pubblici qualificati (Inps e Fisco, ai quali è stato aggiunto l'Inail) inviano all'imprenditore, in presenza dei noti livelli di esposizione debitoria dallo stesso maturato nei loro confronti (art. 25-novies); dall'altro si prevedono gli obblighi di comunicazione all'organo di controllo posti in capo a banche e intermediari finanziari in caso di variazioni, revisioni e revoche degli affidamenti all'impresa (art. 25-decies).
La composizione negoziata viene, con ciò, dotata di un meccanismo di segnalazioni provenienti sia dall'interno (organo di controllo) che dall'esterno (creditori pubblici qualificati e banche). Il ruolo dei creditori pubblici qualificati si può dire confinato alla segnalazione del mancato pagamento. Spetta, invece, agli organi interni apprezzare la rilevanza di tale avviso.
L'organo gestorio, ed è questo il punto critico della riforma, resta libero e sovrano nella scelta di ricorrere o meno a qualsiasi quadro di ristrutturazione. Ben diverso e più efficace sarebbe stata la disciplina concepita dalla commissione Rordorf[5] che, attraverso il referente dell'OCRI, avrebbe fatto sì che la mancata assunzione, da parte del debitore, di qualsiasi iniziativa, in presenza di elementi che rendessero evidente la sussistenza di uno stato di insolvenza, giungesse all'attenzione del Pubblico Ministero.

---

[4] Relative alla responsabilità penale dell'imprenditore in relazione ai pagamenti e alle operazioni compiuti nel periodo successivo all'accettazione dell'incarico da parte dell'esperto, in coerenza con l'andamento delle trattative e nella prospettiva di risanamento dell'impresa, nonché ai pagamenti e alle operazioni autorizzati dal tribunale a norma dell'articolo 10 (articolo 12, comma 5).

[5] Infatti, ai sensi degli artt. 21 e 22, se allo scadere del termine non e' stato concluso un accordo con i creditori coinvolti e permane uno stato di crisi, il collegio [nominato dall'Organismo di composizione della crisi di impresa] invita il debitore a presentare domanda di accesso ad una delle procedure previste dall'articolo 37 nel termine di trenta giorni e qualora non risulti che il debitore abbia provveduto e se ritiene che gli elementi acquisti rendano evidente la sussistenza di uno stato di insolvenza del debitore, lo segnala con relazione motivata al referente dell'OCRI che ne da' notizia al pubblico ministero presso il tribunale.

6. Una novità non trascurabile è costituita dal **"piano di ristrutturazione soggetto ad omologazione"** (PRO) (artt. 64-bis e 64-ter del Codice della Crisi), sostanzialmente assimilabile al concordato preventivo. Si tratta di un quadro di ristrutturazione che può prescindere dalle regole distributive delle procedure concorsuali e che può essere omologato solo se approvato da tutti i creditori in ciascuna classe di voto. Ad esso potrà ricorrere il debitore in crisi o insolvente che preveda di soddisfare i propri creditori suddividendoli in classi secondo posizione giuridica e interessi economici omogenei. Sono fatti salvi i diritti dei lavoratori, che devono essere soddisfatti in denaro integralmente entro trenta giorni dall'omologazione. E' previsto un giudizio di ammissibilità del tribunale, chiamato a valutare la ritualità della proposta e a verificare la correttezza dei criteri di formazione delle classi.

7. Del tutto imprevedibile il riscontro applicativo che potrà venire dal c.d. **concordato semplificato per la liquidazione del patrimonio**, procedura che, in luogo di una certa **semplificazione di alcuni passaggi della procedura,** si caratterizza per una maggior intensità del **controllo giurisdizionale** nella fase dell'omologazione.
Il presupposto della procedura è l'insuccesso della composizione negoziata, allorquando le trattative siano state avviate "*per aver ritenuto l'esperto ricorrere concrete prospettive di risanamento e che, all'esito delle stesse, non sia stata individuata una soluzione idonea al superamento della situazione di squilibrio patrimoniale o economico-finanziario che ne rendevano probabile la crisi o l'insolvenza*"[6].
Nei sessanta giorni successivi alla comunicazione della relazione finale dell'esperto, l'imprenditore può presentare una proposta di concordato per la cessione dei beni, unitamente al piano di liquidazione e alla medesima documentazione prevista per l'ammissione al concordato preventivo e chiedere l'omologazione del concordato medesimo al tribunale.
La domanda non è volta all'ammissione della procedura, ma direttamente all'omologazione del concordato, essendo assente la fase di votazione dei creditori. Non c'è il giudice delegato, né il commissario giudiziale, né il professionista che attesti la veridicità dei

---

[6] G. BOZZA, *Il concordato semplificato introdotto dal d.l. n. 118 del 2021, convertito, con modifiche, dalla l. n. 147 del 2021*, in *Diritto della crisi*, 2021, https://www.dirittodellacrisi.it/articolo/il-concordato-semplificato-introdotto-dal-d-l-n-118-del-2021-convertito-con-modifiche-dalla-l-n-147-del-2021.

dati aziendali e la percentuale di soddisfacimento assicurata di creditori, né è previsto il soddisfacimento dei creditori chirografari nella percentuale minima del venti per cento[7]. Non c'è adunanza né voto dei creditori, né è contemplata la possibilità di presentare proposte concorrenti da parte dei creditori, ai sensi dell'art. 163 l fall. Non sono previste l'**attestazione di veridicità** dei dati e della **fattibilità** del piano,

Il tribunale, assunti i mezzi istruttori richiesti dalle parti o disposti d'ufficio, omologa il concordato quando, verificata la regolarità del contraddittorio e del procedimento, nonché il rispetto dell'ordine delle cause di prelazione e la fattibilità del piano di liquidazione, rileva che la proposta non arreca pregiudizio ai creditori rispetto all'alternativa della liquidazione fallimentare e, comunque, assicura un'utilità a ciascun creditore[8] e nomina, quindi, col decreto di omologazione un liquidatore.

Semplificazioni sono previste per l'esecuzione dei trasferimenti[9].

8. Un fugace cenno merita una disposizione che, ad avviso di chi scrive, avrebbe potuto dare impulso all'accelerazione dei tempi delle procedure. E' noto che tra le principali ragioni di tale atavico fenomeno v'è l'eccessiva lungaggine dei contenziosi in cui sono coinvolti gli organi del fallimento. Ebbene, l'attuale art. 43, ult. c., l fall. fu modificato tre lustri or sono prevedendosi che "*le controversie*

---

[7] "L'**eliminazione delle soglie** è perfettamente in linea con la considerazione che l'istituto, come già s'è detto, è stato pensato soprattutto considerando la fattispecie in cui del patrimonio oggetto di liquidazione faccia parte un'azienda o un ramo d'azienda ancora suscettibili di restare sul mercato, con ciò assicurando la conservazione dell'impresa, dei livelli occupazionali e dei livelli della riscossione tributaria connessi alla prosecuzione dell'attività economica", così M. VITIELLO, *Il concordato semplificato: tra liquidazione del patrimonio e continuità indiretta*, in *Il Fallimentarista*, 2022, https://ilfallimentarista.it/articoli/blog/il-concordato-semplificato-tra-liquidazione-del-patrimonio-e-continuit-indiretta

[8] Non vi è dunque necessità di precisare nella proposta l'utilità specifica per ciascun creditore, ma è sufficiente che la "*proposta assicuri comunque una [generica] utilità a ciascun creditore*".

[9] Difatti se il piano di liquidazione prevede un'offerta di trasferimento ad un terzo dell'azienda, di uno o più rami d'azienda o di specifici beni, il liquidatore non dovrà rispettare la procedura competitiva, ma, verificata l'assenza di soluzioni migliori sul mercato, dovrà dare direttamente esecuzione all'offerta analogamente, se la vendita dovrà essere perfezionata prima dell'omologazione, sarà l'ausiliario, verificata l'assenza di soluzioni migliori sul mercato, a dare esecuzione all'offerta, previa autorizzazione del tribunale.

in cui è parte un fallimento sono trattate con priorità". L'impatto di tale norma è stato pressoché inesistente, posto che la sua previsione viene puntualmente ignorata dagli uffici giudiziari. L'art. 5 del decreto legislativo 12 gennaio 2019, n. 14, si è limitato a ribadire la stessa inutile prescrizione[10], senza nulla aggiungere al fine di garantire un minimo di effettività alla sua applicazione.
Un diritto, quello italiano – viene sconsolatamente da osservare - che continua a soffrire del suo più grande male, rappresentato da una mancanza allarmante di effettività delle norme.

9. Quindici anni di forte spostamento del pendolo del diritto della crisi verso l'autonomia negoziale non hanno prodotto (almeno in Italia) i risultati auspicati. Lo confermano i numeri, contraddicendo le previsioni del legislatore. Il concordato preventivo, nelle sue diverse varianti, non è diventata la procedura principale, come prevedeva la maggioranza dei commentatori, sulla cresta di un illusorio ottimismo. Il progressivo ritirarsi del giudice dal momento della crisi non ha contribuito né al risanamento delle imprese, né alla velocizzazione delle procedure. Il fallimento continua nettamente a prevalere numericamente sulle altre procedure e i tanti aggiustamenti alla legge fallimentare degli ultimi tre lustri non hanno affatto inciso sulla durata delle procedure.
A cospetto di tale deludente scenario, si fatica a comprendere perché, fermi restando i principi della Direttiva sul valore dei quadri di ristrutturazione preventiva e, dunque, sulla necessità di potenziarli, l'attuale legislatore italiano abbia perseverato nell'accentuazione della privatizzazione della crisi, anziché rimeditato il ruolo direttivo del giudice, seguendo, ad esempio, il modello francese che testimonia di una perfetta ed efficace coesistenza tra strumenti di ristrutturazione preventiva e centralità dell'autorità giudiziaria (nota)[11].

---

[10] Art. 5, c. 3: "*Le controversie in cui è parte un organo nominato dall'autorità giudiziaria o amministrativa nei quadri di ristrutturazione preventiva o nelle procedure di insolvenza o comunque un soggetto nei cui confronti è aperta una procedura prevista dal presente codice sono trattate con priorità. Il capo dell'ufficio trasmette annualmente al presidente della corte d'appello i dati relativi al numero e alla durata dei suddetti procedimenti, indicando le disposizioni adottate per assicurarne la celere trattazione. Il presidente della corte d'appello ne dà atto nella relazione sull'amministrazione della giustizia*".

[11] V. G. Teboul, Présentation : le rôle du tribunal et des organes de la procédure confirmé et renforcé ?, GPL 28 juin 2022, n° GPL437b0. Adde, nella prospettiva della trasposizione della Direttiva Insolvency, P. Coupeaud, Le rôle du tribunal et

Al di là di questa notazione che meriterebbe estremo approfondimento, c'è un concetto ricorrente nella Direttiva ed è quello di "impresa sana", di "*viable enterprise*"[12], che si pone chiaramente come "porta" di accesso ai quadri di ristrutturazione preventiva. Sorprende constatare la sua assenza nello schema di Decreto Legislativo del Marzo 2022, che non dedica alcun cenno ad una formula che esprime un valore pregnante lungo l'intero reticolo dei "considerando" della Direttiva, assumendo una portata non così diversa, se non altro sotto il profilo della valenza selettiva, dal concetto di "meritevolezza" che la legge fallimentare del 1942 fissava come requisito di accesso al concordato preventivo.
Inopportunamente eliminata dal legislatore contemporaneo, la meritevolezza guardava alla possibilità di sistemare il dissesto non come un beneficio fruibile da ogni imprenditore, bensì "*come trattamento di favore all'imprenditore commerciale onesto e diligente*"[13], come "*garanzia per una corretta applicazione dell'istituto nell'interesse dei creditori*", affinché "*l'offerta dell'imprenditore sia seria ed onesta, risponda cioè a condizioni reali [....] Insomma, ad evitare abusi dell'istituto, purtroppo frequenti*"[14].
Dunque, dalla meritevolezza di allora, proiettata prevalentemente sul versante etico-soggettivo dell'imprenditore, si distingue l'impresa sana, proiettata più sul versante economico-oggettivo dell'organizzazione aziendale in quanto tale, cui fa riferimento la Direttiva:
- quando, nel primo considerando, esordisce dichiarando "*la presente direttiva mira a rimuovere tali ostacoli garantendo* ***alle imprese e agli imprenditori sani*** *che sono in difficoltà finanziarie la possibilità di accedere….*";
- quando, nel secondo considerando si legge che occorre "*evitare la liquidazione di* ***imprese sane***";
- quando nel terzo considerando si ribadisce che "*Se un debitore che versa in difficoltà finanziarie* ***non è sano*** *o non può tornare a esserlo in tempi rapidi, gli sforzi di ristrutturazione potrebbero comportare*

des organes de la procédure confirmé et renforcé ?, GPL 28 juin 2022, n° GPL437b1.

[12] Nel lessico di una delle lingue ufficiali della Direttiva *Insolvency*, l'aggettivo utilizzato è "*viable*" che sta per "*capable of growing or developing*", "*having a reasonable chance of succeeding*", "*financially sustainable*".

[13] F. FERRARA, *Il fallimento*, Milano, Giuffrè, 1989, 163.

[14] F. FERRARA, *op. cit.*, p. 164.

un'accelerazione e un accumulo delle perdite a danno dei creditori, dei lavoratori e di altri portatori di interessi, come anche dell'economia nel suo complesso" (che, purtroppo, è proprio ciò cui si è assistito nei Tribunali italiani negli ultimi quindici anni);
- quando il dodicesimo considerando fa riferimento al "*salvataggio degli* ***imprenditori sani****";*
- quando il quindicesimo considerando afferma che "*si dovrebbero attenuare le differenze tra Stati membri che ostacolano la ristrutturazione precoce dei* ***debitori sani*** *in difficoltà finanziarie e la possibilità per gli imprenditori onesti di ottenere l'esdebitazione*";
- quando il sedicesimo considerando parla di "*rimozione degli ostacoli alla ristrutturazione preventiva efficace dei* ***debitori sani*** *in difficoltà finanziarie*";
Mi sembra, in definitiva, che la possibilità per le imprese e gli imprenditori sani di accedere a quadri nazionali efficaci in materia di ristrutturazione preventiva assurga a vera e propria parola d'ordine della Direttiva, faccia parte dei suoi principi di fondo, rendendo la sua pretermissione, nel recepimento italiano, del tutto ingiustificata ed inspiegabile.
Quali sono i motivi di tale scelta omissiva? E, soprattutto, può il legislatore di uno Stato dell'Unione obliterare del tutto un concetto chiave di una Direttiva, la cui ricorrente invocazione tra i *considerando* avrà pur voluto esplicitare una certa visione del legislatore europeo circa il rapporto tra ristrutturazione preventiva e soggetti aspiranti/legittimati? Avrà pur inteso il legislatore europeo, col presupposto condizionante della "*viable enterprise*" - vera e propria "*filtering function of insolvency law*"[15] - delineare una determinata concezione del mercato, in cui non possa esistere il risanamento "a tutti costi" dell'impresa? Che, piuttosto, come accade negli ordinamenti che hanno concepito le prime "*rescue procedures*" della storia (lo statunitense Chapter 11, introdotto nel 1938 con il *Chandler Act*, modificato nel 1978 dal *Bankruptcy Reform Act e la Administration* nel Regno Unito introdotta nel *1986),* la loro efficienza dipenda addirittura dalla capacità "*to decline to save*

---

[15] H. EIDENMUELLER, K. VAN ZWIETEN, *Restructuring the european business enterprise: the EU Commission Recommendation on a new approach to business failure and insolvency*, in SSRN, 2018, https://papers.ssrn.com/sol3/papers.cfm?abstract_id=2662213, p. 27.

hopeless companies" e di consentire quindi al mercato di riallocare rapidamente le risorse verso utilizzi più produttivi[16].
La ricorrenza del concetto di "impresa sana" nella Direttiva avrebbe reclamato una sua attenta interpretazione etimologica – l'essere giovevole, vantaggioso, retto, onesto, non corrotto – ed un'altrettanta approfondita ricostruzione dei suoi precisi contorni economici.
D'altra parte, la stessa Commissione UE, in sede di analisi dell'impatto di un nuovo approccio all'insolvenza, scriveva nel 2014: "*Un diritto dell'insolvenza efficace dovrebbe essere capace di liquidare rapidamente ed efficientemente le imprese non sane e di ristrutturare quelle sane al fine di consentire a queste ultime di massimizzare il valore ricevuto dai creditori, dagli azionisti, dai dipendenti, dal Fisco e dalle altre parti coinvolte*"[17].
Sempre con riferimento alle posizioni assunte dalla Commissione UE – segnatamente alla formulazione della "*Restructuring Recommendation*" del 2014, prodromica alla Direttiva - se si guarda all'accreditata dottrina[18] che si è meglio occupata del punto di convergenza tra ristrutturazione ed imprese sane, si sono elucidati i sottostanti concettuali della "*viable enterprise*", affermandosi che: "*restructuring makes sense only in cases of financial but not economic failure of a business*". In altri termini, la ristrutturazione di un'impresa e la conservazione del suo *going concern* possono essere invocati solo se il valore di quest'ultimo supera il valore di liquidazione dell'impresa. Di conseguenza, "*the great majority of businesses that find themselves in financial distress in practice are also economically distressed and should be liquidated, not restructured*"[19]. Conclusioni nette e precise quelle che si traggono dal concetto di "*viable enterprise*, "filtro" di accesso ai quadri di ristrutturazione preventiva, posto dal Parlamento Europeo al centro della Direttiva.

---

[16] G. LIGHTMAN, *Voluntary administration: the new wave or the new waif in insolvency law?*, in *Ins. Law Journ.*, 1994, 59; V. FINCH, *Corporate insolvency law. Perspectives and principles*, Cambridge, 2009, 383.
[17] "*Strengthening the rescue culture in the EU and giving viable businesses an opportunity to recover early*", così, COMMISSION STAFF WORKING DOCUMENT IMPACT ASSESSMENT, Bruxelles, 12.03.2014,https://ec.europa.eu/smartregulation/impact/ia_carried_out/docs/ia_2014/swd_2014_0061_en.pdf
[18] Ci si riferisce ai giuristi di Oxford, H. EIDENMUELLER, K. VAN ZWIETEN, op. cit., p. 27.
[19] H. EIDENMUELLER, K. VAN ZWIETEN, op. loc. ult. cit.

C'è allora un intero spazio di contenuti e riflessioni della letteratura economica-aziendalistica sull'efficienza e produttività delle imprese, sul rapporto tra valore del *going concern* e valore di liquidazione dell'impresa, tra crisi e insolvenza, da un lato, ed efficienza e capacità di ripresa dall'altro, che avrebbe imposto al legislatore italiano un attento vaglio del concetto ripetutamente evocato dalla Direttiva. Dal quale sarebbe dovuta scaturire una declinazione normativa della nozione di "impresa sana", affiancata all'individuazione di metodi, indici e parametri sulla misurazione del suo stato di salute, cui subordinare l'accesso ai quadri di ristrutturazione preventiva. Non diversamente da quanto fatto con riferimento agli indicatori economici di sussistenza della crisi.
Anche un recente studio del Capo della Divisione Economia e Diritto della Banca d'Italia ci ha ricordato che "*L'uscita delle imprese meno efficienti e produttive è un evento assolutamente fisiologico da un punto di vista economico (infatti ogni anno tantissime imprese escono dal mercato). Questo processo consente la riallocazione delle risorse nel sistema produttivo a vantaggio delle imprese "migliori" e questo nel medio-lungo periodo è un fattore importante nel determinare la crescita della produttività del sistema*" [20].
La questione di fondo è che non appare coerente con gli obiettivi della Direttiva *Insolvency* – che ritengo abbia assunto sul punto una posizione ben diversa da quella del legislatore italiano degli ultimi quindici anni - l'indiscriminata apertura dei quadri di ristrutturazione ad ogni impresa. Non credo sia conforme al suo spirito l'accesso alla ristrutturazione da parte di imprese che non risultino "sane", le quali, seppur in crisi o insolventi, non rientrino in un perimetro che ai singoli Stati membri sarebbe spettato di delineare. Costituisce, pertanto, un sicuro passo falso del legislatore italiano aver trascurato di fissare quel *discrimen,* così preciso e ripetuto nella Direttiva, tra imprese per le quali debba valere l'impegno al risanamento e imprese per le quali tale sforzo possa rivelarsi sconveniente nell'interesse generale, contrario alla logica e alla razionalità economica.
Di tutto ciò non c'è, incomprensibilmente, alcuna traccia nel testo della riforma Rordorf, né nello schema di decreto legislativo elaborato

---

[20] S. GIACOMELLI, Previsioni economiche e consuntivi nel quadro della riforma delle procedure concorsuali, in Atti del XXVIII Convegno dell'Associazione Albese Studi di Diritto Commerciale, 21.11.2021, C:/Users/Carlo/Downloads/2022_01_31_Raccolta%20atti%20Alba_%20(2).pdf

dalla Commissione Pagni, che si avvia ad essere approvato dal Parlamento e, dunque, almeno per tale pretermissione ritengo che il recepimento italiano della Direttiva *Insolvency* presenti un grave profilo di illegittimità.

Le droit de l'insolvabilité en Espagne : la transposition de la Directive 2019/1023

Ángel María BALLESTEROS BARROS

I. Le régime de l'insolvabilité en Espagne

La *Ley 22/2003*, du 9 juillet (dénommée « *Concursal* », *LC*), entrée en vigueur le 1er septembre 2004, avait réglé d'une manière intégrale dans un seul procès (« *concurso* ») les aspects substantiels et procéduraux régissant l'insolvabilité. Il se dépasse, donc, la carence d'un système harmonique qui traditionnellement distinguait entre faillite et cessation de paiements, dans le cadre mercantile, et entre convention de remise de dette et concours de créanciers, dans le cadre civil. La faillite est la seule procédure applicable tant au débiteur civil qu'au commerçant, qu'il s'agisse d'une personne physique ou morale.

Cette *LC* a été modifiée à plusieurs reprises dans les dernières années, ce qui a été considéré comme un vrai exemple de droit en mutation rapide[1]. La LC est restée applicable jusqu'au 1er septembre 2020, étant substitué par le Real Decreto Legislativo 1/2020, du 5 mai (dénommé « *Texto refundido de la Ley Concursal* », TRLC), lequel suppose la première réforme du système antérieur au but de la transposition en Espagne de la Directive 2019/1023. Néanmoins, cette norme ne suppose pas la totale adaptation du droit espagnol au contenu de la Directive. Le gouvernement espagnol a soumis le 21 décembre 2021 au Parlement le projet de réforme (« *Anteproyecto* ») de la loi sur les faillites pour la totale transposition de la Directive 2019/1023 sur la restructuration[2].

---

[1] Real Decreto-Ley 3/2009, du 27 mars ; Ley 38/2011, du 10 octobre ; Ley 14/2013, du 27 septembre ; Real Decreto-ley 4/2014, du 7 mars ; Ley 17/2014, du 30 septembre ; Real Decreto-Ley 11/2014, du 5 septembre ; Real Decreto-Ley 1/2015, du 27 février ; Ley 9/2015, du 25 mai ; Ley 25/2015, du 28 juillet ; et Real Decreto-ley 19/2018.

[2] Ce projet avait été publié au *Journal officiel des Cortes Generales* le 14 janvier 2022, entamant son processus parlementaire par la procédure d'urgence. L'assemblée parlementaire espagnole (« Congreso ») a approuvé le texte de la réforme au premier tour le 30 juin 2022, ayant été publié au J*ournal officiel des Cortes Generales* le 4 juillet 2022. Le Sénat a approuvé le 20 juillet 2022 quatre amendements à la réforme du texte consolidé du projet, donc il doit revenir au

Nous allons analyser dans les paragraphes qui suivent les principaux aspects du TRLC, en distinguant d'abord les règles procédurales (infra A) et ensuite les aspects substantiels (infra B), avant de l'analyse des principales modifications posées par le texte de la réforme en cours (infra II).

A. LES RÈGLES PROCÉDURALES

1) L'ouverture d'une procédure d'insolvabilité

a) Conditions subjectives

La LC exige que le débiteur, qu'il s'agisse d'une personne physique ou morale, ait la personnalité juridique (article 1.1 TRLC). Seuls sont exclus de la faillite les entités ou organismes qui font partie de l'administration publique de l'État (article 1.2 TRLC). La faillite peut être demandée : (i) par le débiteur ; (ii) par ses créanciers ; ou (iii) par les associés qui répondent personnellement des dettes de la société débitrice (article 3 TRLC). Lorsqu'elle est demandée par le débiteur, on parle d'une faillite volontaire (« *concurso voluntario* ») et lorsqu'elle est demandée par les autres personnes légitimées, on la nommera faillite nécessaire (« *concurso necesario* »).

b) Condition objective

Pour déclarer l'insolvabilité, le débiteur doit se trouver dans une situation de déséquilibre patrimonial avec l'impossibilité de faire face régulièrement à son passif exigible (article 2.2 TRLC). Le débiteur peut demander à être déclaré en faillite, non seulement lorsqu'il se trouve en état d'insolvabilité mais aussi préalablement à cette situation, lorsque celle-ci est imminente (article 2.3 TRLC).

c) Compétence judiciaire

La LC, suivant le Règlement d'insolvabilité, attribue la compétence pour connaître de la faillite au juge du commerce (« *Juzgado de lo Mercantil* ») sur le territoire duquel se trouve le centre des intérêts principaux du débiteur, dont on présume qu'il coïncide avec le siège social dans le cas des personnes morales (art. 45 TRLC).

Congrès pour un deuxième tour avant de son entrée en vigueur 20 jours après sa publication dans le *Journal Officiel de l'État* (« BOE »).

d) Organes d'administration du concurso
Le juge (« *Juez de lo Mercantil* »), le syndic (« *Administrador concursal* ») et, dans la phase de convention, l'assemblée de créanciers (« *Junta de Acreedores* »).

e) Procédure
Après l'ouverture, la procédure passe par une phase (« *común* ») où il s'agit de déterminer l'actif composant le patrimoine du débiteur et la liste des créanciers. Dans une deuxième phase, la LC donne la possibilité de choisir entre deux solutions légales : (i) une proposition de concordat (« *convenio* ») entre le débiteur et ses créanciers ordinaires, ou (ii) à défaut, la *liquidation* de la société, en donnant la préférence à la vente de l'entreprise ou des unités de production, afin de payer les créances dans l'ordre approuvé avec le montant ainsi obtenu.

2) Les conditions d'un concordat

a) Contenu et vote de la convention
Après détermination de l'actif et du passif, le débiteur peut proposer un concordat à ses créanciers dont la teneur spéciale consistera en une remise et/ou un atermoiement (article 317.1 TRLC) :

- la remise ne pourra pas excéder le 50 % au cas d'un vote favorable des créanciers qui représentent la moitié du passif ordinaire [article 376.2 TRLC], pouvant excéder ce 50% au cas d'un vote favorable des créanciers représentant 65% du passif ordinaire [article 376.3 TRLC];

- l'atermoiement ne pourra pas excéder 5 ans au cas d'un vote favorable des créanciers qui représentent la moitié du passif ordinaire [article 376.2 TRLC], pouvant arriver jusqu'au 10 ans au cas d'un vote favorable des créanciers représentant 65 % du passif ordinaire [article 376.3 TRLC].

b) Approbation de la convention

La proposition d'accord acceptée par les créanciers sera ensuite approuvée par le juge qui examinera, le cas échéant, les contestations et, surtout, si la teneur du concordat et la forme d'acceptation n'ont pas enfreint une norme légale. La faillite ne prendra pas fin tant que le concordat n'aura pas été exécuté et, jusqu'alors, son inexécution permettra de recourir à la phase de liquidation.

B. LES RÈGLES SUBSTANTIELLES

1) La restructuration de la dette : les accords de refinancement

La *Ley 22/2003* a été réformée par le *Real Decreto-Ley n° 3/2009*, du 27 mars, pour permettre aux débiteurs de présenter au tribunal une proposition de plan anticipé, contenant un accord préalable, soumis à l'approbation du juge du « *concurso* ». Mais c'est la *Ley 38/2011*, du 10 octobre, laquelle a produit une importante modification des procédures de prévention non judiciaires, concernant les « *accords de refinancement et restructuration de la dette* », et les accords de paiement extrajudiciaire avec ses créanciers (« *acuerdo extrajudicial de pagos* »).

Les mesures les plus significatives introduites par cette réforme sont les suivantes :

a) L'introduction des *mesures de protection des accords extrajudiciaires de refinancement* (« *port sûr* »). En cas d'insolvabilité de l'entreprise en difficulté, les accords ponctuels de refinancement tenant à améliorer la situation patrimoniale du débiteur et sa solvabilité, et qui auraient été conclus bilatéralement ou multilatéralement entre la société et un ou plusieurs créanciers, sont protégés de certaines clauses « *claw back* ».

b) L'introduction d'une procédure d'*homologation judiciaire des accords de refinancement*. Une nouvelle régulation sur les accords de ce type pouvant être homologués devant le juge a été mise en place. Cette *homologation judiciaire* permet d'étendre les effets de l'accord à d'autres créanciers, bien qu'ils se soient montrés contre ou ne soient pas intervenus dans l'accord. Pour cela il faut qu'il s'agisse d'accords visant à assurer la continuité de l'activité de l'entreprise, selon l'attestation d'un expert indépendant.

c) D'autre part, l'article 631 TRLC prévoit la possibilité pour le débiteur, personne physique ou morale, en situation d'insolvabilité actuelle ou imminente, qui n'a pas été déclaré en faillite, de demander la nomination d'un médiateur de la faillite pour tenter de parvenir à un accord de paiement extrajudiciaire avec ses créanciers (« *acuerdo extrajudicial de pagos* »).

2) Les conditions d'une remise de dettes

Suite à la Communication de la Commission Européenne du 12 mars 2014 sur une nouvelle approche afin de sauver des entreprises et de donner une seconde chance aux entreprises honnêtes, le gouvernement espagnol a décidé d'opérer une nouvelle réforme de la loi de l'insolvabilité par le *Real Decreto-Ley 1/2015*. Ce texte a introduit en droit espagnol la remise de dettes du débiteur de bonne foi au cas où les conditions suivantes seraient remplies (article 488 TRLC) :

a) Que le « *concurso* » n'ait pas été déclaré « *coupable* ».

b) Que le débiteur n'ait pas été condamné par un jugement définitif pour les crimes contre les biens, contre l'ordre socio-économique, la contrefaçon, contre le Trésor et la sécurité sociale ou les droits des travailleurs dans les dix années avant l'insolvabilité.

c) Que les dettes de la masse, les crédits privilégiés (y compris les crédit publiques) et 25 % des crédits ordinaires aient été satisfaits.

II. La transposition de la Directive 2019/1023 en Espagne.

Le gouvernement espagnol a soumis le 21 décembre 2021 au Parlement le projet de réforme de la loi sur les faillites («*Anteproyecto* » de réforme du *TRLC*) au but d'adapter le droit espagnol à la transposition de la Directive 2019/1023 sur la restructuration[3]. Dans cet article nous passons en revue les principales nouveautés (règles procédurales et substantielles) qui ont été incorporées dans ce projet de loi.

---

[3] Pour une étude de droit comparé, v. Mª I. Candelario Macías et S. Pacchi (Dir.), *La Directiva de la (UE) 2019/1023 sobre insolvencia. Estudios desde diferentes ordenamientos*, Tirant lo Blanch, 2021.

A. LES MODIFICATIONS PROCÉDURALES

1) La simplification des procédures d'insolvabilité

La durée maximale de la procédure d'insolvabilité est limitée à douze mois à compter de la déclaration d'insolvabilité jusqu'à la finalisation du procès (soit concordat ou liquidation), sans préjudice du fait que le juge peut accorder une prolongation de même durée si nécessaire au vu de la complexité du concours ou des circonstances justifiées pouvant survenir.

D'autre part, une nouvelle procédure abrégée spéciale est introduite pour les « *microentreprises* » (entreprises de moins de 10 salariés et avec un chiffre d'affaires annuel inférieur à sept cent mille euros ou un passif inférieur trois cent cinquante mille euros selon les derniers comptes clos de l'année précédant la présentation de la déclaration d'insolvabilité). Le projet établit une procédure simple, rapide et flexible d'une façon télématique, avec des formulaires gratuits, disponibles en ligne, avec une intervention judiciaire minimale[4].

2) Nouvelles conditions d'un concordat

La proposition d'accord avec modifications structurelles (fusion, scission ou transfert global des actifs ou des passifs de la personne morale insolvable) est réglementée plus en détail. Dans ces cas, la proposition doit également être signée par les représentants respectifs, disposant d'un pouvoir suffisant, de l'entité ou des entités faisant partie de la modification structurelle. Il est précisé qu'en aucun cas la société absorbante, la nouvelle société, les sociétés bénéficiaires de la scission ou la société cessionnaire ne pourront avoir des fonds propres négatifs du fait de l'opération de modification de structure.

D'autre part, il a été établi la suppression du droit d'opposition à l'accord des créanciers si l'accord prévoit la fusion, la scission ou l'apport global de biens et de passifs. La totalité de l'attente depuis le

---

[4] Pour une étude plus detaillée sur la procédure des microentreprises, v. I. Tirado Martín, « El procedimiento especial para microempresas. Una consideración inicial», *Revista General de Insolvencias &* Reestructuraciones, 2021 (3), pp. 211-253.

début de l'exécution de l'accord ne peut être supérieure à 10 ans pour l'ensemble des créanciers.

B. LES MODIFICATIONS SUBSTANTIELLES

1) Le nouveau plan de restructuration de la dette.

Conformément aux exigences établies par la Directive 2019/1023[5], le projet introduit la figure des plans de restructuration, un instrument préalable visant à éviter l'insolvabilité, ou pour la surmonter, ce qui encourage une action précoce, lorsque des indices de probabilité d'insolvabilité sont détectés, face à la demande actuelle d'insolvabilité imminente.

Ce plan de restructuration substitue les accords de refinancement et les accords de paiement extrajudiciaires en vigueur à ce jour. Concrètement, et suivant le régime actuel, le nouveau livre II maintient les deux procédures de pré-faillite prévues jusqu'à présent en droit espagnol : la communication de l'ouverture des négociations avec les créanciers (articles 585-613) et les plans de restructuration (articles 614-671).

a) L'ouverture des négociations avec les créanciers
Il est prévu que lorsque l'ouverture des négociations avec les créanciers a été communiquée, la demande d'ouverture de la faillite du débiteur peut être suspendue s'il existe une probabilité de parvenir à un plan de restructuration dans un court délai (article 615).

b) Conditions subjectives
Les plans de restructuration s'appliquent à toute personne, physique ou morale, qui exerce une activité commerciale ou professionnelle (article 583).

c) Condition objective
Lorsque le débiteur est en probabilité d'insolvabilité, d'insolvabilité imminente ou insolvabilité actuelle (article 584.1). On considère qu'il

[5] Sur ces exigences dans la doctrine espagnole, v. C. Gómez Asensio, *Los acuerdos de reestructuración en la Directiva (UE) sobre marcos de reestructuración preventiva*, Thomson Reuters Aranzadi, 2019.

existe une probabilité d'insolvabilité lorsqu'elle est objectivement prévisible que, si un plan de restructuration n'est pas atteint, le débiteur ne sera pas en mesure d'honorer régulièrement ses obligations arrivant à échéance dans les deux prochaines années (article 584.2). Il est considéré qu'un débiteur cesse d'être dans une situation de probabilité d'insolvabilité et devient en insolvabilité imminente lorsqu'elle prévoit qu'elle ne pourra pas remplir régulièrement les obligations dues dans les trois mois suivants (article 2.3)

d) Classement des créanciers
Le projet établit que les créanciers concernés par le plan de restructuration voteront regroupés par différentes classes (articles 622-626).

e) Approbation du plan
Le plan doit être considéré comme approuvé par chaque classe de crédits en cas de vote favorable de plus des deux tiers des passifs inclus dans cette classe (article 629.1). Une majorité du 75 % est requise par l'approbation dans la classe de crédits bénéficiant d'une garantie réelle sur les biens du débiteur (article 629.2).

f) Homologation judiciaire
Une fois le plan approuvé par les créanciers, il sera approuvé par le tribunal. Dans le cas où le plan a été approuvé par toutes les catégories de créanciers affectés et le débiteur ou, lorsqu'il prévoit des mesures qui nécessitent l'approbation des associés (« *plan consensuel* »), il sera approuvé par le juge et ses effets affecteront tous les créanciers concernés. De même, il est possible d'homologuer un plan de restructuration qui n'a pas été approuvé par toutes les catégories de créanciers ou par les associés du débiteur (« *plan non consensuel* »), lorsque leurs droits sont affectés (« *cross-class cramdown* »). À ce propos, l'article 639 exige expressément la vérification du respect de la règle de priorité absolue[6].

---

[6] C. Gómez Asensio, *La nouvelle régulation de la restructuration préventive en Espagne*, Bulletin Joly Entreprises en difficulté, mai-juin 2022, pp. 47-51, p. 50.

2) La remise de dettes

Le projet prévoit une réforme des conditions de remise de dettes (« *exoneración del pasivo insatisfecho* ») destinée aux personnes physiques et aux professionnels indépendants insolvables, dans le but d'inciter les bénéficiaires à poursuivre avec leur activité professionnelle. Cette procédure permettra l'exonération sans liquidation préalable du patrimoine du débiteur avec un plan de paiement aux créanciers, permettant au débiteur, sous certaines conditions, de conserver sa résidence habituelle et, s'ils sont professionnels, poursuivre leur activité[7].

Le plan de paiement aura une durée maximale de trois ans, qui sera portée à cinq ans lorsque la résidence habituelle du débiteur n'est pas vendue.

Il élargit la liste des dettes exonérées et élimine certaines restrictions pour pouvoir accéder aux exonérations. La possibilité d'exonérer le crédit public du Trésor public et de la Sécurité sociale est introduite jusqu'à un maximum de dix mille (10.000) euros, mais uniquement dans la première demande d'exonération, pas dans les deuxièmes ou successives.

---

[7] Pour une étude plus detaillée sur la remise de dettes dans le projet de loi, v. F. Azofra Vegas, « La exoneración del pasivo insatisfecho », *Revista General de Insolvencias &* Reestructuraciones, 2021 (3), pp. 255-274.

II

L'effacement des dettes en droit interne de l'insolvabilité des entreprises

L'effacement des dettes en rétablissement professionnel

Véronique MARTINEAU-BOURGNINAUD

L'effacement des dettes en rétablissement professionnel est un sujet dont l'intérêt pouvait sembler mineur en considération des 130 procédures de rétablissement professionnel ouvertes en 2019, nombre infime comparé aux 30.540 liquidations judiciaires immédiates[1]. Mais, la loi n°2022-172 du 14 février 2022 en faveur de l'activité indépendante, vient bouleverser le mécanisme d'effacement des dettes et conférer au sujet un indéniable regain d'intérêt.

L'incapacité à rembourser la dette, question ancestrale et insoluble, a conduit de tout temps le législateur à faire des arbitrages pour favoriser tantôt le créancier, tantôt le débiteur. Dans la Grèce antique, Solon, lorsqu'il devient archonte de la Cité en 594 av. J.-C., décide de prendre des mesures drastiques visant à l'effacement des dettes afin d'apaiser la crise sociale à laquelle il doit faire face. Chez les Hébreux, le Deutéronome, rédigé vers le VIIe siècle avant Jésus-Christ, prônait sagement l'annulation des dettes tous les sept ans. Le législateur contemporain s'est éloigné des Saintes écritures préférant opter pour un effacement des dettes tous les cinq ans[2] plutôt que pour une extinction dotée de sens juridique, peut-être par pudeur[3]. Il est permis de douter de l'opportunité de ce choix terminologique car ce terme d'« effacement » des dettes, bien peu juridique pour figurer dans un texte de loi[4], pose un problème sémantique.

Le terme n'est cependant pas inconnu du législateur et il est possible de relever environ 250 occurrences dans 22 des 75 codes répertoriés sur Légifrance. Le terme renvoie le plus souvent à la suppression d'informations, de condamnations, de données à caractère personnel ou encore de sanctions professionnelles ou disciplinaires inscrites

---

[1] Statistiques du ministère de la justice.

[2] C. com., art. L. 645-2.

[3] F. Macorig-Venier, « L'effacement des dettes dans le droit du surendettement », Droit et Patrimoine 2009, n°184, p. 54.

[4] P.-M. Le Corre, « Le rétablissement professionnel, dix questions-réponses », Gaz. Pal. 28 juin 2016, n°269n9, p. 73 ; Marie-Hélène Monsèrié-Bon « L'effacement des dettes dans le droit des entreprises en difficulté », Droit et Patrimoine 2009, n°184, p. 64.

dans un fichier ou au casier judiciaire[5]. L'objectif est alors de rétablir dans ses droits la personne bénéficiaire de l'effacement. Ainsi par exemple, lorsque la présence de mentions sur le bulletin n°2 du casier judiciaire constitue un obstacle à l'obtention d'un emploi, la personne condamnée peut demander l'effacement de sa condamnation afin d'être relevée de toutes les interdictions, déchéances ou incapacités de quelque nature qu'elles soient résultant de cette condamnation[6]. De même, toute personne concernée peut obtenir l'effacement de ses données personnelles notamment lorsqu'elles ne sont plus nécessaires au regard des finalités pour lesquelles elles ont été collectées ou lorsqu'elles ont fait l'objet d'un traitement illicite[7]. Dans ces hypothèses, l'effacement résulte de la demande de l'intéressé et trouve son fondement dans le droit à l'oubli.

En revanche, l'effacement des dettes, inscrit exclusivement au sein des codes de la consommation et de commerce, se justifie par le droit au rebond du débiteur surendetté[8]. Introduit dans le Code de la consommation par la loi n°98-967 du 29 juillet 1998 relative à la lutte contre les exclusions dans le cadre des mesures recommandées par la commission de surendettement[9], l'effacement des dettes s'est trouvé consacré par la loi Borloo du 1er août 2003[10]. Afin de lutter contre la marginalisation durable des ménages surendettés, le législateur entendait leur offrir une seconde chance par l'effacement de leurs dettes en créant la procédure de rétablissement personnel au sein du Livre VII du Code de la consommation. L'effacement des dettes a ensuite été étendu au rétablissement professionnel du Livre VI du Code de commerce créé par l'ordonnance n° 2014-326 du 12 mars

---

[5] Code de la justice pénale des mineurs, art. L. 632-4, L. 633-3 : effacement des informations contenues dans le fichier ; CP, art. 133-16-1 : l'effacement des condamnations en cas de réhabilitation ; CP, art. 225-23 : l'effacement des données à caractère personnel ; Code de la défense, art. R.4137-120-1, R.4137-23-1 : effacement des sanctions professionnelles ou disciplinaires.

[6] CPP, art. 775-1.

[7] Art. 17, Règlement général sur la protection des données – RGPD, CNIL, modifié par le Règlement (UE) 2016/679 du Parlement européen et du Conseil du 27 avril 2016, relatif à la protection des personnes physiques à l'égard du traitement des données à caractère personnel et à la libre circulation de ces données, et abrogeant la directive 95/46/CE (règlement général sur la protection des données).

[8] J.-L. Borloo, "Une seconde chance pour les ménages surendettés », *AJ Famille* 2003, n°10, p.328.

[9] Ancien C. consom., art. L. 331-7-1.

[10] Loi n° 2003-710 du 1er août 2003 d'orientation et de programmation pour la ville et la rénovation urbaine, dite loi *Borloo*

2014 portant réforme de la prévention des difficultés des entreprises et des procédures collectives[11]. Le rétablissement professionnel incarne aussi ce droit au rebond[12] voulu par le législateur de 2003 et l'effacement des dettes est l'outil essentiel à sa mise en œuvre. Il apparait en effet pertinent d'euthanasier le passif résiduel des petits débiteurs personnes physiques dont « la situation financière est à la fois exsangue et irrémédiablement compromise »[13] afin d'éviter leur exclusion socio-économique. Ainsi appréhendé, l'effacement des dettes répond à un objectif d'intérêt général de lutte contre la précarité et l'exclusion sociale et n'est donc pas contraire à la Constitution[14]. Il procède cependant d'une confusion des genres et participe au phénomène de mutation du droit des procédures collectives en droit du surendettement récemment accentué par la loi n° 2022-172 du 14 février 2022 en faveur de l'activité indépendante.

Dans le cadre des procédures d'insolvabilité, l'effacement ne résulte pas de la demande du débiteur mais s'opère de plein droit, soit par l'effet de la procédure de rétablissement personnel sans liquidation judiciaire[15], soit par l'effet du jugement de clôture de la procédure de rétablissement personnel avec liquidation judiciaire[16] ou de la procédure de rétablissement professionnel[17]. Il désigne en quelque sorte la faculté offerte au débiteur d'empêcher le processus normal de règlement d'une dette mais ne saurait se substituer au paiement qui est l'acte d'exécution de l'obligation[18]. Il est en effet difficile, voire impossible, de concevoir l'un sans l'autre, « de sorte que si la dette est éteinte autrement que par son exécution, il n'y a pas de paiement »[19]. La jurisprudence semble en effet lui assigner la fonction d'éteindre les

[11] C. com., art. L. 645-1 à L. 645-12.

[12] Ph. Roussel Galle P., « Le rétablissement professionnel : de l'effacement des dettes au rebond », Gaz. Pal. 8 avril 2014, n°174c5, p. 32 et s.

[13] M. Sénéchal, « Le rétablissement professionnel par effacement relatif de certaines dettes », in *Prévention et procédures collectives : nouvelle réforme*, (Dir) F. Pérochon, BJE mai 2014, n° 111d8, p. 196.

[14] Cass. civ. 2ème, 19 décembre 2013, n°12-40.065, inédit.

[15] C. consom., art. L. 741-2.

[16] C. consom., art. L. 742-22.

[17] C. com., art. L. 645-11.

[18] M. Billiau, JCP éd. G, n° 40, 29 Septembre 2014, Chron. Régime de l'obligation, doctr. 998, spéc. n°8.

[19] J. Ghestin, M. Billiau et G. Loiseau, Le régime des créances et des dettes, *Traité de droit civil*, LGDJ, 2005, n° 529.

dettes du débiteur sans pour autant valoir paiement de ces dettes[20], ce qui contribue à obscurcir le paysage dans un domaine, celui de l'insolvabilité, où la sécurité juridique est pourtant essentielle.
Conçu à l'origine pour le débiteur personne physique mentionné à l'article L. 640-2 du Code de commerce[21], n'employant pas de salarié, propriétaire de rien et impécunieux, puisque l'actif n'excédant pas 5000 euros ne permettait même pas de couvrir les frais de justice nécessaires au déroulement de la procédure, le rétablissement professionnel relevait plus du pardon que du rebond[22]. Mais dans sa version la plus récente, il est bien éloigné de la procédure imaginée par ses promoteurs[23] dont le champ d'application était très restreint. En effet, la valeur de la réalisation de l'actif temporairement fixée à 15.000 euros par les ordonnances COVID[24] a été pérennisée[25] et la loi du 14 février 2022 en faveur de l'activité indépendante a admis l'entrepreneur individuel au bénéfice de la procédure[26] tandis que l'entrepreneur individuel à responsabilité limitée ne pouvait y prétendre[27]. Mais surtout, l'ordonnance n°2021-1193 du 15 septembre 2021 portant modification du livre VI du Code de commerce est venue préciser que les biens que la loi déclare insaisissables de droit ne sont pas pris en compte pour déterminer la valeur de l'actif[28]. Cette mesure permet au débiteur de bénéficier d'un cumul de protection,

---

[20] Cass. 2e civ., 27 févr. 2014, n° 13-10891, Bull. civ. II, n° 59 ; Gaz. Pal. 20 mars 2014, p. 22, note M.-P. Dumont-Lefranc ; LPA 19 mai 2014, p. 7, note T. Stefania ; BJE 2014, p. 217, obs. F. Pérochon et p. 245, note F. Macorig-Venier ; D. 2014, 1081, note D. R. Martin ; RTD civ. 2014, 370, obs. H. Barbier ; D. 2014, Chron. C. cass., 1731, obs. T. Vasseur.
[21] C. com., art. L. 645-1.
[22] V. Martineau-Bourgninaud, « Le rebond du débiteur », in Pour un droit des PME, Connaissances et Savoirs 2018, p. 317.
[23] F.-X. Lucas et M. Sénéchal, « La procédure d'enquête pour le rétablissement professionnel », D. 2013, p. 1852.
[24] E. Mouial-Bassilana, « Covid-19 : le rebond de l'entrepreneur facilité », LEDEN juin 2020, n° 113k8, p. 6 ; C. Vincent, "Les articles 6 et 7 de l'ordonnance du 20 mai 2020 : le choix du rebond au détriment des créanciers" *BJE juill. 2020*, n°117z5, p. 81.
[25] C. com., art. R. 645-1 modifié par le décret n° 2021-1218 du 23 septembre 2021 portant modification du livre VI du code de commerce.
[26] C. com., art. L. 645-1 modifié par la loi n° 2022- 172 du 14 février 2022 en faveur de l'activité professionnelle indépendante.
[27] C. com., art. L. 645-1 créé par l'ordonnance n° 2014-326 du 12 mars 2014 portant réforme de la prévention des difficultés des entreprises et des procédures collectives.
[28] C. com., art. L. 645-1 modifié par l'ordonnance n°2021-1193 du 15 septembre 2021.

l'insaisissabilité de sa résidence principale et l'effacement de ses dettes professionnelles mais aussi personnelles[29]. Cette situation, inacceptable pour certains[30], était sans doute inévitable[31] dès lors que le législateur entend s'inscrire dans une logique de rebond. Les biens visés ne sont pas les meubles insaisissables par la loi car nécessaires à la vie courante et au travail du débiteur et de sa famille et dont la liste, fixée à l'article R.112-2 du code des procédures civiles d'exécution, n'aiguise guère l'appétit des créanciers même si l'on y trouve les « denrées alimentaires », mais la résidence principale, tant convoitée par les créanciers, devenue insaisissable de droit depuis la loi Macron du 6 août 2015[32].
Les récentes modifications législatives ont indéniablement renouvelé les enjeux du sujet de l'effacement des dettes en rétablissement professionnel. Tandis qu'hier, le champ de la question se limitait au sort réservé au garant révélant une libération relative du débiteur (II), il s'étend aujourd'hui au sort réservé au débiteur lui-même dont la libération n'est que partielle (I).

I. La libération partielle du débiteur par l'effacement des dettes

L'effacement des dettes en rétablissement professionnel a immédiatement posé de délicates questions[33] à ce jour non encore totalement résolues. La procédure, strictement contrôlée par la loi, n'entraîne pas une exemption totale de paiement pas plus qu'elle ne libère le débiteur dont l'exercice de certains droits se trouve restreint.

A. L'EXEMPTION DE PAIEMENT LIMITÉE

Aux termes de l'article L. 645-11 du Code de commerce, « la clôture de la procédure de rétablissement professionnel entraine effacement des dettes à l'égard des créanciers dont la créance est née

---

[29] V. Martineau-Bourgninaud, « Le rebond du débiteur », in *Ordonnances du 15 septembre 2021 : bilan et perspectives d'évolution du droit des entreprises en difficulté*, Dossier BJE mars 2022, n° BJE200n2.
[30] F. Pérochon, *Entreprises en difficulté*, 10e éd., 2014, LGDJ, p. 643, n° 1396.
[31] V. Martineau-Bourgninaud, « La notion d'actif dans le rétablissement professionnel », Eclairage, BJE 2020, n°5, p. 9.
[32] C. com., art. L. 526-1.
[33] F. Pérochon, « De quelques questions sur le rétablissement professionnel ...», BJE nov. 2014, n°111u3, p. 345.

antérieurement au jugement d'ouverture de la procédure, a été portée à la connaissance du juge commis par le débiteur et a fait l'objet de l'information prévue à l'article L. 645-8 », c'est-à-dire celle par laquelle le mandataire judiciaire avise les créanciers connus de l'ouverture de la procédure et les invite à lui communiquer le montant de leur créance. On regrettera que le législateur n'ait pas saisi l'occasion de modifier cette disposition inopportune qui conditionne la libération du débiteur à la parfaite diligence du mandataire. Les dettes effacées sont mentionnées dans le jugement de clôture et les créanciers concernés peuvent obtenir du greffier, à leur demande, un extrait certifié conforme du jugement[34] afin de pouvoir passer les créances effacées comptablement en pertes, leur irrécouvrabilité étant ainsi attestée.

Mais cet effacement n'est pas total et il convient de distinguer les dettes exclues expressément de tout effacement, des dettes exclues implicitement.

1) L'exclusion expresse

Aux termes de l'article L. 645-11 du Code de commerce, sont expressément exclues de tout effacement les dettes correspondant aux créances des salariés, aux créances alimentaires, à des actions portant sur des biens acquis au titre d'une succession ouverte pendant la procédure de liquidation judiciaire, à la créance trouvant son origine dans une infraction pour laquelle la culpabilité du débiteur a été établie ou lorsqu'elle porte sur des droits attachés à la personne du créancier ou dans des manœuvres frauduleuses commises au préjudice des organismes de protection sociale mentionnés à l'article L. 114-12 du code de la sécurité sociale, et enfin la dette envers le coobligé ou la caution qui a payé à la place du débiteur. Le jugement de clôture n'entraine donc pas l'effacement des dettes dont le montant a été payé par la caution qui recouvre l'exercice individuel de ses actions à l'encontre du débiteur principal sans distinguer « selon que ce paiement est antérieur ou postérieur à l'ouverture de la procédure collective, ni suivant la nature, subrogatoire ou personnelle, du recours exercé par la caution »[35].

---

[34] C. com., art. R. 645-18.
[35] Cass. com., 28 juin 2016, 14-21.810, Publié

La loi du 14 février 2022 en faveur de l'activité indépendante est venue restreindre le champ d'exemption de paiement par l'ajout de deux nouvelles conditions à l'effacement de la dette au sein de l'article L. 645-11 du Code de commerce. D'une part, « ne peuvent être effacées les dettes grevant un patrimoine dont la situation n'est pas irrémédiablement compromise ». Dans la mesure où l'article L. 645-1 du Code de commerce modifié évoque désormais une procédure unique de rétablissement professionnel[36] ayant pour objet le traitement simplifié du passif grevant le ou les patrimoines du débiteur personne physique[37] et emportant l'effacement des dettes de toute nature grevant lesdits patrimoines, il faut croire que c'est le patrimoine personnel qui se trouve visé par la nouvelle disposition. En effet, seule la procédure de rétablissement personnel exige expressément que le débiteur surendetté soit en situation irrémédiablement compromise[38], la procédure de rétablissement professionnel requérant que le débiteur soit en cessation des paiements et que son redressement soit manifestement impossible[39]. Aux termes de l'article L. 724-1 du Code de la consommation, la situation irrémédiablement compromise se caractérise par l'impossibilité manifeste de mettre en œuvre les mesures de traitement de la situation de surendettement amiables ou imposées[40], et constitue la condition d'ouverture du rétablissement personnel avec ou sans liquidation judiciaire[41]. Tant que le débiteur dispose encore d'une capacité de remboursement, même faible, il ne se trouve pas dans une situation irrémédiablement compromise[42] et n'est donc pas éligible au rétablissement personnel dont la conséquence est l'effacement des dettes. La nouvelle disposition empêche opportunément d'octroyer au débiteur le bénéfice de l'effacement des dettes sur ses deux patrimoines, professionnel et personnel, dans le cadre de la procédure unique de rétablissement

---

[36] F. Pérochon, « Professionnels indépendants en difficulté : premiers regards sur la loi du 14 février 2022 », Eclairage, BJE mars 2022, n°200n8, spéc. n°19.
[37] C. com., art. L. 645-1 al.2.
[38] C. consom., art. L. 741-1 (rétablissement personnel sans liquidation judiciaire) et art. L. 742-1 (rétablissement professionnel avec liquidation judiciaire).
[39] C. com., art. L. 645-1.
[40] C. consom., art. L. 724-1 al. 2 et L. 742-22.
[41] V. Martineau-Bourgninaud, *Procédures de surendettement des particuliers et rétablissement personnel*, LGDJ 2018, n°209.
[42] Cass. 2e civ., 19 nov. 2009, n° 08-70117, NP ; *RTD com.* 2010, 213, obs. G. Paisant ; CA Douai, 8ème ch., 2ème sect., 17 mars 2022, 20/02356, JurisData n°2022-004171.

professionnel quand cet effacement lui serait refusé dans le cadre de la procédure de rétablissement personnel.
D'autre part, l'article L. 645-11 du Code de commerce prévoit qu'« aucune dette ne peut être effacée lorsqu'il apparaît que le montant du passif total est disproportionné au regard de la valeur de l'actif, biens insaisissables de droit non compris ». Cette disposition a sans doute pour objet de mettre le droit des procédures collectives en conformité avec le principe de proportionnalité[43] en atténuant l'automaticité de l'effacement des dettes qui pourrait paraître excessif et disproportionné au regard des intérêts des créanciers dont les droits seraient sacrifiés sur l'autel du rebond du débiteur. Il serait en effet profondément injuste d'octroyer au débiteur le bénéfice d'un effacement total de ses dettes dans la mesure où le montant considérable du passif ne constitue pas un obstacle dirimant à l'ouverture d'une procédure de rétablissement professionnel, sauf à établir sa mauvaise foi[44]. L'introduction du critère de proportionnalité au sein de l'article L. 645-11 permet ainsi d'éviter tout risque d'atteinte disproportionnée aux droits des créanciers. Mais cette disposition vise également sans aucun doute à éviter l'effacement de la dette d'emprunt ayant financé l'acquisition de la résidence principale[45]. Si l'introduction de ce principe de proportionnalité est moralement louable et conforme aux exigences communautaires, sa mise en œuvre restera délicate. En effet, le risque est que la porte de l'effacement soit définitivement fermée au débiteur de bonne foi dès lors que le caractère disproportionné de son passif aura été établi en contemplation de son actif, même porté à 15.000 euros.

2) L'exclusion implicite

Deux catégories de dettes qui se trouvaient hier effacées par l'effet de la clôture de la procédure de rétablissement professionnel se trouveront demain exclues implicitement de tout effacement. Il s'agit

---

[43] J-L. Vallens, « Le droit des procédures collectives est-il conforme au principe de proportionnalité ? », Rev. proc. coll. n° 3, Mai 2020, étude 18.
[44] CA Paris, 5-9, 28 mai 2020, n°19/22336, LEDEN juill. 2020, n°113n1, p.5, obs. C. Favre-Rochex ; T. com. Créteil, 4ème ch. 20 nov. 2019, n°2019L01631, LEDEN janv. 2020, n°112z6, p.1, obs. F.-X. Lucas.
[45] En ce sens : F. Pérochon, « Professionnels indépendants en difficulté : premiers regards sur la loi du 14 février 2022 », Eclairage, BJE 200n8, spéc. n°19.

d'une part, de certaines dettes fiscales, et, d'autre part, des dettes inhérentes à la résidence principale.

a) Les dettes fiscales

A l'instar des autres dettes, les dettes fiscales peuvent être effacées par l'effet du jugement de clôture de la procédure de rétablissement professionnel, les textes n'opérant aucune distinction. Mais la loi du 14 février 2022 en faveur de l'activité professionnelle indépendante vient réduire la portée de ce principe. En effet, depuis le 15 mai 2022, hors cas de manœuvres frauduleuses ou d'inobservation grave et répétée de ses obligations fiscales, « le droit de gage de l'administration fiscale porte également sur l'ensemble des patrimoines professionnel et personnel de l'entrepreneur individuel pour les impositions mentionnées au III de l'article L. 273 B du livre des procédures fiscales »[46]. L'article L. 273-B- III nouveau dispose que « le recouvrement de l'impôt sur le revenu et des prélèvements sociaux ainsi que de la taxe foncière afférente aux biens immeubles utiles à l'activité professionnelle dont est redevable la personne physique exerçant une activité professionnelle en tant qu'entrepreneur individuel (ou son foyer fiscal) peut être recherché sur l'ensemble des patrimoines professionnel et personnel ». L'administration fiscale dispose donc d'un gage étendu aux deux patrimoines de l'entrepreneur individuel pour recouvrer tant l'impôt sur le revenu qui est une dette personnelle quelle que soit la source de ce revenu[47], que certaines dettes de nature professionnelle.
L'effacement ne valant pas paiement, il sera loisible à l'administration fiscale de poursuivre en paiement le débiteur sur son patrimoine personnel pour défaut de paiement de ces créances nées à l'occasion de son activité professionnelle indépendamment de leur nature, personnelle ou professionnelle. A supposer que le débiteur par ces poursuites soit précipité en situation de surendettement sur son patrimoine personnel, la question est alors de savoir s'il pourra aussi bénéficier d'un effacement partiel ou total de ces dettes fiscales dans le cadre des procédures du Livre VII du Code de la consommation en dépit de la nature professionnelle de ces dettes. La loi du 17 juin 2020

[46] C. com., art. L. 526-24 créé par la loi n° 2022-172 du 14 février 2022 en faveur de l'activité professionnelle indépendante.
[47] Cass 2e civ., 4 nov. 2021, n°20-15.008, PB.

est venue étendre le bénéfice de l'effacement en rétablissement personnel aux dettes professionnelles et depuis la loi du 14 février 2022 la situation de surendettement est caractérisée par « l'impossibilité manifeste de faire face à l'ensemble de ses dettes, professionnelles et non professionnelles, exigibles et à échoir »[48]. Donc rien ne semble s'opposer à la libération du débiteur de son passif fiscal dans le cadre de la procédure de rétablissement personnel. Mais, l'article L. 711-4-4° du code de la consommation exclut expressément de tout effacement, sauf accord du créancier, certaines dettes fiscales[49], telles que les majorations, frais de poursuites et pénalités fiscales encourus en matière d'impôts directs. En conséquence, l'effacement des dettes fiscales sera limité aux seules dettes qui ne sont pas visées par l'exclusion de la disposition consumériste.

b) Les dettes personnelles inhérentes à la résidence principale

Le législateur a décidé d'exclure expressément la résidence principale insaisissable de droit[50] de la valeur de l'actif dont le montant fixé à 15.000 euros est une condition d'éligibilité au rétablissement professionnel. Pendant quelques mois, les rares débiteurs avertis et opportunistes auront ainsi pu bénéficier d'un cumul de protection, l'insaisissabilité de la résidence principale et l'effacement des dettes. L'unicité du patrimoine faisait que toutes les dettes étaient traitées dans une seule et même procédure. L'effacement des dettes s'opérait sans distinction entre dettes personnelles et dettes professionnelles, l'article L. 645-11 du Code de commerce ne distinguant pas, et pouvait donc porter sur la dette d'emprunt ayant financé l'acquisition de la résidence principale.
Cette situation inacceptable aura rapidement connu son épilogue avec la loi du 14 février 2022 en faveur de l'activité professionnelle indépendante. En effet, le texte instaure une dualité de patrimoines de droit en dissociant d'un côté les biens utilisés à l'activité

---

[48] C. consom., art. L. 711-1.
[49] C. consom., art. L. 711-4-4° : « Sauf accord du créancier, sont exclues de toute remise, de tout rééchelonnement ou effacement : 4° Les dettes fiscales dont les droits dus ont été sanctionnés par les majorations non rémissibles mentionnées au II de l'article 1756 du code général des impôts et les dettes dues en application de l'article 1745 du même code et de l'article L. 267 du livre des procédures fiscales ».
[50] C. com., art. L. 526-1.

professionnelle indépendante constitutifs du patrimoine professionnel seul gage des créanciers professionnels, et, de l'autre, les éléments du patrimoine de l'entrepreneur individuel non compris dans le patrimoine professionnel constituant son patrimoine personnel[51], seul gage de ses créanciers personnels qui ne sont plus attraits dans la procédure collective.

En conséquence, depuis le 15 mai 2022, les dettes personnelles, telles que le prêt ayant financé l'acquisition de la résidence principale ou encore les charges de copropriété ou la taxe foncière, ne peuvent plus faire l'objet d'un effacement salutaire dans le cadre du rétablissement professionnel du Livre VI du Code de commerce et sont traitées dans celui d'une procédure de surendettement ou de rétablissement personnel du Livre VII du Code de la consommation. Dans ce cadre, le bien ne fait pas l'objet d'une insaisissabilité de droit et peut donc être saisi par les créanciers personnels du débiteur. En effet, l'insaisissabilité de la résidence principale est inopposable aux créanciers personnels du débiteur. En conséquence, la situation irrémédiablement compromise, critère d'ouverture de la procédure de rétablissement personnel, ne sera pas caractérisée puisqu'il est possible en procédant à la vente amiable ou imposée de la résidence principale de dégager une capacité de remboursement[52].

B. LA RESTRICTION DES DROITS DU DÉBITEUR

En droit du surendettement, lorsque le débiteur en raison de ses difficultés financières s'est vu refuser de la part d'une banque un paiement, qu'il soit effectué par chèque, par prélèvement ou par tout autre moyen de paiement, l'effacement de la créance impayée vaut régularisation de l'incident de paiement au sens de l'article L. 131-73 du code monétaire et financier[53]. Le débiteur retrouve ses instruments de paiement et l'établissement teneur de compte avise la

---

[51] C. com., art. L. 526-22 créé par l'article 1er de la loi n° 2022- 172 du 14 février 2022 en faveur de l'activité professionnelle indépendante.

[52] V. Martineau-Bourgninaud, *Procédures de surendettement des particuliers et rétablissement personnel*, LGDJ 2018, n°745 et s.

[53] C. consom., art. L. 733-17 ; L. 743-1. CMF, art. R.131-21-1 : « [...] En application des articles L. 733-18 et L. 743-1 du code de la consommation, l'effacement d'une créance correspondant au montant d'un chèque impayé vaut régularisation de l'incident. [...] Le tireur justifie auprès du tiré de cet effacement par la remise de l'attestation mentionnée aux articles R. 733-18 et R. 743-1 du même code [...].

Banque de France de cette régularisation au plus tard le deuxième jour ouvré suivant la remise par le débiteur d'une attestation précisant que l'incident de paiement est régularisé par suite de l'effacement total de la créance correspondante afin qu'il soit procédé à la radiation de la mention inscrite au Fichier Central des Chèques[54].

En revanche, en droit des procédures collectives, si l'on retrouve des dispositions analogues en cas d'accord de conciliation homologuée et de plan arrêté[55], rien n'est prévu en matière de rétablissement professionnel. En effet, les textes se limitent à énoncer que la clôture de la procédure de rétablissement professionnel suspend les effets de la mesure d'interdiction d'émettre des chèques[56]. Cette suspension engendre probablement la restitution des instruments de paiement au débiteur mais l'effacement de la dette ne valant pas paiement, il ne saurait y avoir régularisation de l'incident de paiement faute de le prévoir expressément dans les textes. Il en résulte que l'inscription au Fichier Central des Chèques demeure, seule l'interdiction bancaire est suspendue.

La question se pose alors de savoir si, comme en matière pénale qui connait cette notion d'effacement, l'effacement de la dette ne pourrait pas entrainer corrélativement la radiation de la mention au Fichier Central des Chèques. Il y aurait même alors quelque cohérence à avoir préféré le terme d'effacement plutôt que celui d'annulation ou d'extinction de la dette. Hélas, ce raisonnement ne peut prospérer dès lors que certains textes prévoient expressément que l'effacement vaut régularisation de l'incident de paiement et, par voie de conséquence, la radiation du Fichier Central des Chèques. Or, le texte relatif au rétablissement professionnel se limite à « suspendre les effets de la mesure d'interdiction d'émettre des chèques » et ne vise à aucun moment la radiation du fichier. Le débiteur se trouve en quelque sorte en sursis mais l'incident de paiement reste mémorisé dans le fichier Banque de France pendant une durée de 5 ans puisqu'il n'y a pas eu régularisation. Cette mémorisation de l'incident de paiement aura pour conséquence de rendre plus difficile l'accès du débiteur aux services bancaires et risque d'entraver l'obtention de nouveaux financements nécessaires à la poursuite de son activité professionnelle à l'issue de la clôture de la procédure de rétablissement professionnel.

---

[54] C. consom., art. R.733-18.

[55] C. com., art. L. 611-10-2 et L. 626-13.

[56] C. com., art. L. 643-12.

II. La libération relative du débiteur par l'effacement des dettes

L'effacement des dettes ne libère pas totalement le débiteur dès lors que la caution ou les créanciers peuvent exercer leurs actions à son encontre.

A. LES EFFETS DE L'EFFACEMENT DES DETTES SUR LA CAUTION

Si l'ordonnance n° 2021-1192 du 15 septembre 2021 portant réforme du droit des sûretés vient bousculer les solutions qui semblaient pouvoir être retenues quant au sort réservé au garant du débiteur, la loi du 14 février 2022 en faveur de l'activité indépendante vient, quant à elle, perturber le sort réservé au débiteur caution de la dette d'un tiers.

1) L'effacement de la dette garantie par le cautionnement d'un tiers

La question du sort du droit de poursuite à l'égard de la caution après libération du débiteur à l'issue du rétablissement professionnel emportant effacement des dettes est fondamentale. C'est en effet ici que se mesure l'efficacité de la sûreté au moment où le créancier l'attend le plus c'est-à-dire lorsque l'insolvabilité du débiteur est certaine et irrémédiable[57].
L'ordonnance du 15 septembre 2021 portant réforme du droit des sûretés définit le cautionnement comme le contrat par lequel une caution s'oblige envers le créancier à payer la dette du débiteur en cas de défaillance de celui-ci[58]. L'article 2296 du Code civil, illustrant le caractère accessoire du cautionnement, dispose que « le cautionnement ne peut excéder ce qui est dû par le débiteur ni être contracté sous des conditions plus onéreuses, sous peine d'être réduit à la mesure de l'obligation garantie ». Dès lors, en raison du caractère accessoire du cautionnement, l'effacement bénéficie- t-il à la caution ? Répondre par l'affirmative conduit à faire prévaloir le caractère accessoire du cautionnement mais emporte la négation de la finalité

[57] K. Lafaurie, « Y a-t-il du nouveau au sujet du sort de la caution d'un débiteur libéré de ses dettes ? », APC N° 1, 7 janvier 2022.
[58] C. civ., art. 2288

même du cautionnement qui est justement de pallier la défaillance du débiteur en payant au créancier la dette de ce dernier.
Aux termes de l'ancien article 2313 du Code civil, la caution pouvait opposer au créancier toutes les exceptions appartenant au débiteur principal, et qui étaient inhérentes à la dette mais elle ne pouvait opposer les exceptions purement personnelles au débiteur. Le débat se posait alors en ces termes : soit l'extinction de la créance par son effacement constituait une exception personnelle au débiteur et dans ce cas le créancier conservait ses recours contre les garants[59] ; soit l'extinction était une exception inhérente à la dette qui entrainait corrélativement l'extinction du cautionnement[60]. La Cour de cassation a jugé que l'extinction de la créance du fait de l'effacement des dettes consécutif à la clôture pour insuffisance d'actif de la procédure de rétablissement personnel dont bénéficie le débiteur, n'équivaut pas à son paiement[61], mais ne s'est pas prononcée sur la nature de cette exception et la possibilité pour la caution de s'en prévaloir, faute d'avoir été saisie de la question.
L'occasion ne se présentera plus puisque l'ordonnance du 15 septembre 2021 portant réforme du droit des sûretés donne d'une main et reprend de l'autre. En effet, après avoir consacré à l'alinéa 1er de l'article 2298 du Code civil le droit pour les cautions de se prévaloir des exceptions personnelles au débiteur et inhérentes à la dette, elle le restreint de façon drastique en précisant à l'alinéa 2 du même article que la caution ne peut pas se prévaloir des mesures légales ou judiciaires dont bénéficie le débiteur en conséquence de sa défaillance. Le débat qui a animé la doctrine sur la question de savoir si l'effacement entraine l'extinction de la créance et corrélativement la libération de la caution[62] se trouve désormais vidé de sa substance.
C'est donc une réponse certaine qui peut être apportée à cette question depuis l'entrée en vigueur de l'article 2298 alinéa 2 du Code civil modifié par l'ordonnance n° 2021-1192 du 15 septembre

[59] M. Sénéchal, « Le rétablissement professionnel par l'effacement relatif de certaines dettes », BJE mai 2014, n°111d8, p. 196.
[60] P. Pétel, « Entreprises en difficulté : encore une réforme ! », JCP E 2014, 1223.
[61] Cass. 2e civ., 27 févr. 2014, n° 13-10891, op. cit.
[62] V° notamment : F. Macorig-Venier, « La procédure de rétablissement professionnel », Dr. et Patr. Juillet 2014, n°238, p. 52 ; « L'effacement des dettes dans le droit du surendettement », in Dossier *L'effacement des dettes*, Dr. et Patr. Sept 2009, n°184, p. 54.

2021 portant réforme du droit des sûretés[63]. Il importe peu que l'effacement soit qualifié de mesure légale ou judiciaire car il est évident qu'il s'agit d'une mesure prise en conséquence de la défaillance du débiteur. A « l'heure de vérité »[64], il apparaît donc impossible pour la caution d'opposer cet effacement pour faire obstacle au jeu de la garantie, « sauf disposition spéciale contraire » nous précise l'article 2298 du Code civil *in fine*. Or, à ce jour, le livre VI du Code de commerce ne prévoit pas de disposition spéciale permettant à la caution de se prévaloir de l'effacement. Au contraire les textes prévoient d'informer la caution de l'ouverture de la procédure de rétablissement professionnel[65] et préservent ses recours en cas de paiement[66]. Si le législateur accorde un recours à la caution c'est en toute logique parce que celle-ci peut être poursuivie par le créancier alors même que le débiteur se trouve libéré par l'effet de l'effacement. La caution qui a été actionnée en paiement peut ainsi exercer après paiement ses recours personnel et subrogatoire contre le débiteur. En conséquence, sauf dispositions légales contraires, l'effacement ne bénéficie pas à la caution ce qui témoigne de la vanité de la mesure prétendument favorable au débiteur lequel, poursuivi par la caution se verra précipité en liquidation judiciaire.

---

[63] En revanche, tel n'est pas le cas à l'issue des modifications apportée par l'ordonnance n° 2021-1193 du 15 septembre 2021 portant modification du Livre VI du Code de commerce qui laisse planer le doute sur la libération de la caution en cas de libération du débiteur dans le cadre d'un plan de cession : V° : F. Pérochon et P. Roussel Galle, « Plan de cession et caution : faut-il la libérer ? Controverse amicale ! », in *L'effervescence du droit des affaires au XXIe siècle*, Mélanges en l'honneur du Professeur Arlette Martin-Serf, Larcier 2022, *à paraître*.

[64] M. Grimaldi, Présentation générale de la réforme des sûretés, RDC 2021, p. 75.

[65] C. com., art. R. 645-11 : « Le mandataire judiciaire ou la personne choisie sur le fondement du premier alinéa du II ou du III de l'article L. 812-2 informe, par lettre recommandée avec demande d'avis de réception, de l'ouverture de la procédure de rétablissement professionnel, les cautions et les personnes coobligées ou ayant consenti une sûreté personnelle ou ayant affecté un bien en garantie, dont l'existence a été portée à sa connaissance par le débiteur ou par un créancier ».

[66] C. com., art. L. 645-11 par renvoi à l'article L. 643-11-II : « Ne peuvent être effacées les dettes correspondant II L. 643-11-II « Les coobligés et les personnes ayant consenti une sûreté personnelle ou ayant affecté ou cédé un bien en garantie peuvent poursuivre le débiteur s'ils ont payé à la place de celui-ci ».

2) L'absence d'effacement de la dette garantie par le débiteur caution

Il s'agit là de l'hypothèse où le débiteur lui-même s'est engagé pour cautionner la dette d'un tiers, particulier, entrepreneur ou société. Si le nouvel article L. 526-22 du Code de commerce, issu de la loi 2022-172 du 14 février 2022 en faveur de l'activité indépendante, n'autorise pas l'entrepreneur individuel à se porter caution en garantie d'une dette dont il est le débiteur principal[67], rien ne lui interdit de se porter caution pour garantir la dette d'un tiers. Mais cette dette de cautionnement n'est à l'évidence pas née à l'occasion de l'exercice professionnel de l'entrepreneur indépendant éligible à la procédure rétablissement professionnel. Dans ce cas, seul le patrimoine personnel sera appelé à garantir la dette pour laquelle il s'est porté caution.

En conséquence, dans cette hypothèse la dette ne pourra plus faire l'objet de l'effacement visé à l'article L. 645-11 comme c'était le cas avant la loi du 14 février 2022 en raison de l'unicité patrimoniale qui opérait une fusion de l'ensemble des dettes personnelles et professionnelles du débiteur sans distinction dans une même masse passive. Rejeté des procédures du Livre VI du Code de commerce, le débiteur caution pourra trouver asile au sein des procédures du Livre VII du Code de la consommation puisque l'article L. 711-1 dernier alinéa prévoit que « l'impossibilité de faire face à un engagement de cautionner ou d'acquitter solidairement la dette d'un entrepreneur individuel ou d'une société caractérise également une situation de surendettement. » En outre, l'éventuelle nature professionnelle de ces dettes n'est plus un obstacle ni pour caractériser la situation de surendettement[68] et bénéficier des mesures de traitement de cette situation, ni pour procéder à leur effacement partiel dans le cadre des mesures imposées par la commission[69], ou total par l'effet de la clôture de la procédure de rétablissement personnel[70].

---

[67] C. com., art. L. 526-20 : « « La distinction des patrimoines personnel et professionnel de l'entrepreneur individuel ne l'autorise pas à se porter caution en garantie d'une dette dont il est débiteur principal ».

[68] C. consom., art. L. 711-1, modifié par la loi n°2022-172 du 14 février 2022.

[69] C. consom., art. L. 733-4-2°.

[70] C. consom., art. L. 741-2 (rétablissement personnel sans liquidation judiciaire) et art. L. 742-22 (rétablissement personnel avec liquidation judiciaire), modifiés par la loi n°2020-734 du 17 juin 2020.

B. LES EFFETS DE L'EFFACEMENT DES DETTES SUR LE DÉBITEUR

Si le débiteur se trouve libéré par l'effacement des dettes du poids de son passif, il n'est pas pour autant délivré de ses obligations car l'effacement de la dette ne vaut pas paiement[71]. Les effets inhérents au paiement ne pourront donc pas se produire puisque justement il n'y a pas paiement.

Ainsi, le transfert de propriété ne peut se produire dès lors que la clause de réserve de propriété ne peut s'éteindre qu'en cas de paiement[72]. Elle « continue ainsi à déployer ses effets, aveuglément et sans but, alors que la créance qu'elle garantissait est éteinte »[73]. De même, « l'effacement de la dette locative qui n'équivaut pas à son paiement ne fait pas disparaître le manquement contractuel du locataire qui n'a pas réglé le loyer, de sorte qu'il ne prive pas le juge, saisi d'une demande de résiliation judiciaire du contrat de bail, de la faculté d'apprécier, dans l'exercice de son pouvoir souverain, si le défaut de paiement justifie de prononcer la résiliation du bail »[74]. Cette solution, contraire à la finalité de l'effacement, le rebond, a conduit la doctrine à déplorer dans la procédure de rétablissement professionnel l'absence de mesures paralysant la résiliation du contrat[75]. Certes, la loi n°2018-1021 du 23 novembre 2018 portant évolution du logement, de l'aménagement et du numérique, dite loi ELAN, est venue atténuer la rigueur de cette solution jurisprudentielle en droit du surendettement. En effet, depuis le 1er mars 2019, les effets de la clause de résiliation sont suspendus à l'égard du débiteur de

---

[71] Cass. 2e civ., 27 févr. 2014, n° 13-10891, Bull. civ. II, n° 59 ; Gaz. Pal. 20 mars 2014, p. 22, note M.-P. Dumont-Lefranc ; LPA 19 mai 2014, p. 7, note T. Stefania ; BJE 2014, p. 217, obs. F. Pérochon et p. 245, note F. Macorig-Venier ; D. 2014, 1081, note D. R. Martin ; RTD civ. 2014, 370, obs. H. Barbier ; D. 2014, Chron. C. cass., 1731, obs. T. Vasseur.

[72] F. Macorig-Venier, « La résistance de la réserve de propriété à l'effacement des dettes », BJE juill. 2014, n° 111j9, p. 245.

[73] F. Pérochon, « Comment en finir avec un canard sans tête ? BJE juill. 2014, n°111m0, p. 217.

[74] Cass. Civ.2ème, 10 janvier 2019, 17-21.774, Publié ; Gaz. Pal. 9 avril 2019, n°346r5, p. 25, obs. D. Houtcieff ; J. François, « Qu'est-ce que l'effacement de la dette d'un débiteur insolvable ? », D. 2019, p. 411

[75] K. Lafaurie, « La résiliation du bail prononcé en dépit d'un effacement de dettes », note sous Cass. 2ème civ. 10 janv. 2019, n°17-21774, PB, BJE mars 2019, n°116t4, p. 42.

bonne foi qui s'acquitte du remboursement de sa dette locative dans le cadre des mesures de désendettement[76] mais la disposition n'est pas applicable en droit des procédures collectives puisqu'elle ne concerne que les baux d'habitation à l'origine de dettes personnelles.
En conséquence, l'effacement de la dette qui ne saurait purger l'inexécution de l'obligation fait que le créancier ne peut simplement plus agir en paiement à l'encontre du débiteur[77]. Rendues en matière de rétablissement personnel, les solutions jurisprudentielles doivent pouvoir être transposées au rétablissement professionnel en raison de la gémellité qui existe entre les deux procédures à l'exception des dispositions de l'article L. 714-1 du Code de la consommation relatives à la suspension de plein droit de la clause de résiliation du bail d'habitation introduites par la loi ELAN.
Enfin, on ne peut qu'être frappé par la similitude des effets qui existe entre l'effacement des dettes par le jugement de clôture du rétablissement professionnel et la non reprise des poursuites par le jugement de clôture de liquidation judiciaire pour insuffisance d'actif[78]. Dans un cas comme dans l'autre le débiteur est libéré du poids de son passif, dans le rétablissement professionnel car il ne peut plus lui être réclamé en raison de son effacement, et dans la liquidation judiciaire en raison de la non reprise des poursuites suite au prononcé du jugement de clôture pour insuffisance d'actif. La différence est ténue et la doctrine utilise parfois indifféremment le terme d'effacement en liquidation judiciaire comme en rétablissement professionnel, voire propose « d'harmoniser les solutions »[79].
Face à tant d'incertitude et de confusion, la question, après s'être demandé s'il fallait encore payer ses dettes dans le droit des entreprises en difficulté[80], est aujourd'hui celle de savoir s'il fallait effacer les dettes en droit des entreprises en difficulté.

---

[76] C. consom., art. L714-1, créé par la loi n°2018-1021 du 23 novembre 2018 portant évolution du logement, de l'aménagement et du numérique.
[77] Cass. civ. 2ème, 4 novembre 2021, n°16-21.392, inédit.
[78] C. com., art. L. 643-11 : « Le jugement de clôture de liquidation judiciaire pour insuffisance d'actif ne fait pas recouvrer aux créanciers l'exercice individuel de leurs actions contre le débiteur. »
[79] M. Billiau, in « le régime des créances et des dettes », J. Ghestin, M. Billiau, et G. Loiseau, LGDJ 2005, n°1295, p. 1314.
[80] P.-M. Le Corre, « Faut-il encore payer ses dettes dans le droit des entreprises en difficulté », in *Faut-il encore payer ses dettes* ?, Actes de colloque, Université du Sud Toulon-Var, le 18 mai 2005, Les petites affiches, n°63, 29 mars 2006, 62 p.

L'effacement dans les plans

Laurence Caroline HENRY

1. Depuis la parution du texte du grand philosophe méditerranéen Albert Camus sur une philosophie de l'expression en 1944[1], on sait combien il est important pour le monde de bien nommer les objets.

Alors que signifie l'effacement des dettes ? Derrière le sens des mots, le poids de la réalité économique.

Le sens des mots évoque l'évanescence. L'effacement signifie « faire disparaître sans laisser de trace »[2].

Le poids de la réalité économique est plus inquiétant. L'effacement des dettes évoque le « sacrifice du créancier au rebond du débiteur ». Qu'écrirait aujourd'hui Georges Ripert qui s'offusquait du droit de ne pas payer ses dettes et des dangers qui s'en suivaient ? En toute logique, contrepoids au sacrifice imposé, l'effacement est conditionné par l'élaboration et l'adoption d'un plan assurant le redressement du débiteur.

2. Dans le livre VI du code de commerce, l'expression « effacement des dettes » ne se retrouve que dans le cadre du rétablissement professionnel[3] comme il l'a été brillement montré[4] et dans celui de la clôture pour insuffisance d'actif...

L'effacement des dettes dans les plans pourrait être une nouvelle formulation pour décrire la réalité des remises de dettes. Par une sorte d'assouplissement du vocabulaire, on élargit le périmètre[5] et les

---

[1] Revue Poésie 43, n° 17, déc. 1943, janv-févr. 1944 « Sur une philosophie de l'expression ». La citation exacte : « mal nommer un objet c'est ajouter au malheur du monde ».

[2] Petit Robert, cité par C. Saint-Alary-Houin, Dr. & patr. sept. 2009, n°184, p. 53.

[3] M.-H. Monsèrié-Bon, L'effacement des dettes en droit des procédures collectives, Dr. & patr. sept. 2009, n°184, p. 64.

[4] Voir V. Martineau-Bourgninaud, L'effacement dans le rétablissement professionnel, supra.

[5] Par exemple, l'effacement de la dette pour le débiteur est encore renforcé avec l'ordonnance n° 2021-1193 du 15 septembre 2021 qui modifie l'article L. 642-12 al.

modalités du sacrifice des créanciers en l'ouvrant au mécanisme des classes de parties affectées.

3. L'effacement des dettes paraît conditionné à la réussite du plan du redressement du débiteur puisque l'article L. 626-19 dernier alinéa du code de commerce dispose que « la réduction de créance n'est définitivement acquise qu'après versement, au terme fixé, de la dernière échéance prévue par le plan pour son paiement »[6]. Il est remis en cause si un créancier admis n'a pas été désintéressé complétement par le paiement des dividendes alors que le plan de continuation est arrivé à son terme. L'arrêt de la chambre commerciale du 5 mai 2021[7] juge que « lorsque le plan de continuation est arrivé à son terme sans avoir fait l'objet d'une décision de résolution, le créancier, dont la créance admise n'a pas été totalement réglée, recouvre son droit de poursuite individuelle contre le débiteur, mais seules les sommes dues en vertu de ce plan ou des accords auxquels il se réfère peuvent être réclamées ».

4. En réalité, l'effacement des dettes, le plus souvent, organisé dans les plans n'est pas total mais partiel, il est réalisé à travers des remises de dettes acceptées par les créanciers dans des conditions différentes en présence ou non de classes de parties affectées introduites dans le corpus juridique français par l'ordonnance du 15 septembre 2021[8] transposant la directive « cadres de restructuration préventive »[9]. Dans le premier cas, l'effacement est volontaire de la part du créancier mais fortement encouragé par les modalités procédurales de sa consultation (I) dans le second cas il est négocié puis imposé par le mécanisme novateur des classes de parties affectées (II).

---

4 du code de commerce en précisant qu'en cas de remboursement de crédit garanti par des sûretés réelles spéciales, le débiteur est libéré des échéances.

[6] M.-H. Monsèrié-Bon, art. préc. p. 67.

[7] Com. 5 mai 2021, pourvoi n° 19-23.986, K. Lafaurie, RPC mars 2022, n° 2, comm. 30.

[8] Ord. n° 2021-1193 du 15 sept. 2021 portant réforme du livre VI du code de commerce, JORF 16 sept. 2021 et décr. n° 2021-1218 du 23 sept. 2021 JORF 24 sept. 2021 portant modification du livre VI du code de commerce.

[9] Directive (UE) 2019/1023 du Parlement européen et du conseil du 20 juin 2019 dite « Cadres de restructuration préventive », JOUE 26.6.2019 L172/18.

I. Un effacement volontaire encouragé

5. L'effacement est volontaire dans la mesure où la remise de dettes est proposée au créancier qui l'accepte ou non. En cas de refus, en principe, seuls des délais de paiement peuvent être prévus par le plan puisque le tribunal ne peut « imposer une remise de dette à un créancier réfractaire »[10] (A). Pour autant, les remises de dettes pour être volontaires sont fortement encouragées, on pourrait dire forcées par une procédure de consultation qui est conçue par la loi comme un piège pour le débiteur (B). L'effacement s'inscrit dans le plan pour faire partie des modalités de règlement du passif distinctes d'une remise de dette conventionnelle. Le plan présente une dimension judiciaire[11](C).

A. LA CONSULTATION, CONDITION D'UN EFFACEMENT VOLONTAIRE

6. Qui dit volontariat dit consultation. Cette partie de l'élaboration du plan est bien connue. Il suffit d'en rappeler les termes pour montrer qu'il n'y a de remises de dettes que si elles sont acceptées par les créanciers.

L'effacement des dettes du débiteur se prépare avec la négociation du plan à travers une procédure de consultation des créanciers qui acceptent ou non les remises de dettes, généralement partielles, et un paiement dans le cadre du plan (C . com., art. L. 626-5). L'objet de l'effacement est large puisqu'il peut porter sur tout ou partie de la dette, le principal, les intérêts, sur les sûretés consenties, ou sur des cessions de rang au titre de ces sûretés[12].

7. Les créanciers consultés susceptibles d'accepter l'effacement partiel de leurs créances sont les créanciers antérieurs au jugement d'ouverture, les postérieurs non élus, mais leur situation particulière fait qu'ils ne sont pas connus, le plus souvent lors de l'élaboration du

---

[10] C. Saint-Alary-Houin, M.-H. Monsèrié-Bon, C. Houin-Bressan, Droit des entreprises en difficulté, précis Domas, 12e éd., 2020, p. 688, n°1030.

[11] C. Saint-Alary-Houin, M.-H. Monsèrié-Bon, C. Houin-Bressan, ouv. préc., p. 688, n°1030.

[12] F. Vinckel, J. Cl., Procédures collectives, fasc. 2600, Sauvegarde et redressement, formation plan de sauvegarde, spéc., n°67.

plan, ils sont donc traités comme s'ils n'avaient pas accepté les remises[13].

En ce qui concerne les créanciers antérieurs qui bénéficient du privilège de conciliation, les avis étaient partagés sur la nécessité de leur consultation. Certains défendaient une position d'une grande logique et estimaient que leur consultation n'était pas pertinente car ils ne peuvent pas supporter les remises du plan et sont payés hors plan[14]. Depuis l'entrée en vigueur de l'ordonnance du 12 mars 2014, l'article L. 626-20, I, 3e du code de commerce les mentionne pour préciser que les créances de « new money » ne peuvent faire l'objet de remises ou de délais que si elles sont acceptées de manière expresse (R. 626-33-1). La différence de traitement avec les autres créanciers antérieurs qui, eux, supportent une présomption d'acceptation en cas de silence de leur part est importante.

L'ordonnance du 15 septembre 2021 ajoute un nouveau privilège que l'on a dénommé le privilège « post-money ». Il s'agit des créances garanties par le privilège établi au 2° du III de l'article L. 622-17 c'est-à-dire ce « les créances résultant d'un nouvel apport de trésorerie consenti en vue d'assurer la poursuite de l'activité pour la durée de la procédure ». L'article L. 626-10 du code de commerce quant à lui prévoit que le plan mentionne de manière distincte ces apports en trésorerie « des personnes qui se sont engagées à les effectuer pour l'exécution du plan de sauvegarde arrêté par le tribunal ». Les titulaires de ce nouveau privilège échappent à l'effacement implicite de leurs créances car l'article R. 626-33-1 du code de commerce précise que leur acceptation des délais et des remises ne peut être qu'expresse. Ces créanciers bénéficiaires des privilèges de « new money » ou de « post money » dès lors qu'ils n'ont pas accepté expressément des remises sont alors payés hors plan, ils n'ont donc pas à être consultés en vertu du dernier alinéa de l'article L. 626-5 du code de commerce[15].

---

[13] F. Pérochon, Entreprises en difficulté, Manuel LGDJ, 2014, 10e éd., p. 382, n°873 et Pierre-Michel Le Corre, Droit et pratique des procédures collectives, Dalloz-Action 2021-2022, n°512.121.

[14] F. Pérochon, ouv. préc., p. 384, n°876.

[15] F. Pérochon, ouv. préc., p. 384, n°876.

D'autres créanciers échappent à l'effacement des dettes et donc à la procédure de consultation en application de l'article L. 626-5 dernier alinéa du code de commerce : « Le mandataire judiciaire n'est pas tenu de consulter les créanciers pour lesquels le projet de plan ne modifie pas les modalités de paiement ou prévoit un paiement intégral en numéraire dès l'arrêté du plan ou dès l'admission de leurs créances. ». On pense ici aux très petits créanciers[16] mais comme le précise le professeur F. Pérochon, il faut leur garantir un paiement intégral[17].

8. Si l'acceptation des remises de dettes est prévue ce qui fait de l'effacement des dettes un acte volontaire ; c'est en réalité du volontariat forcé orchestré par une consultation qui pourrait être qualifiée de piégée.

B. UNE CONSULTATION PIÉGÉE, RISQUE D'UN EFFACEMENT FORCÉ

9. Il ne faut pas oublier le piège tendu aux créanciers par le législateur pour favoriser la sauvegarde ou le redressement du débiteur. Piège que la jurisprudence de la Cour de cassation tente de désamorcer.

10. Pour rappel, le créancier doit répondre à la lettre de consultation qui lui est envoyée dans les trente jours, à défaut, il est réputé avoir accepté la proposition qui lui est faite. Dans ce colloque qui est l'héritier[18] de ceux organisés par le CRAJEFE (bien connu des anciens...), il faut citer les fondateurs de l'école de Nice des procédures collectives à propos des conséquences du défaut de réponse des créanciers, ils écrivaient : « acceptation forcée des propositions... à seule fin d'alléger de manière indirecte le passif de l'entreprise et permettre à celle-ci de poursuivre son activité plus facilement »[19]. Évidemment, les remises de dettes et leur effacement, sont compris dans ce silence qui vaut acceptation.

---

[16] F. Vinckel, J.Cl. Fasc. 2600, Sauvegarde et redressement, formation plan de sauvegarde, n°63.

[17] F. Pérochon, ouv. préc., p. 383, n°876.

[18] Il faut rendre grâce aux organisateurs de cette belle rencontre printanière de 2022 qui renoue avec les habitudes antérieures à la crise de la covid-19.

[19] F. Pérochon, ouv. préc., p. 384, n° 878, P.-M. Le Corre, ouv. préc., n° 512.421.

11. Pour autant, la chambre commerciale tente de déjouer le piège. Par un arrêt du 14 novembre 2019[20], la chambre commerciale a jugé que la notification au créancier d'une lettre de consultation à laquelle n'est pas joint l'un des documents exigés par l'article R. 626-7 II du code de commerce ne fait pas courir le délai de réponse prévue par l'article L. 626-5, al. 2 du code de commerce. Pour éclairer l'arrêt, il suffit de citer Monsieur Richard de la Tour, premier avocat général, dans son avis conforme, à propos des créanciers consultés, il précise : « la décision qu'ils ont à prendre sur les propositions du mandataire judiciaire est importante car elle peut contenir des remises de dettes ou des abandons de créances. Il est donc indispensable que le créancier ait une connaissance complète de l'état de l'actif et du passif ventilé en passif privilégié et passif chirographaire. Cette information doit être donnée en même temps que la lettre d'option. En effet, le créancier n'a que 30 jours pour répondre à la proposition du mandataire. A défaut, il est présumé l'avoir acceptée. La gravité de la sanction encourue par le créancier négligent qui peut se traduire par l'abandon d'une part significative de sa créance suppose donc qu'une information complète lui ait été donnée ».

12. Toujours dans le même but, la Cour de cassation distingue entre la procédure de consultation en cas d'élaboration du plan et la consultation en cas de modification substantielle du plan (C. com., art. L. 626-26 et R.626-45). Dans sa décision du 29 septembre 2021[21], la chambre commerciale précise : « C'est par l'exacte application des articles L. 626-5, L. 626-26 et R. 626-45, alinéa 3, du code de commerce que, distinguant la consultation des créanciers par le mandataire judiciaire lors de l'élaboration du plan, prévue par le premier des textes précités, et leur information par le greffier sur une

[20] Com. 14 novembre 2019, pourvoi n° 18-20.408, D. 2020. Pan. 1866, obs. P. Cagnoli ; RTD com. 2020. 179, obs. H. Poujade ; JCP E 2020. 1047, note Zinty ; JCP E 2020 1204, n° 6, obs. Tehrani ; LEDEN 1/2020. 4, obs. K. Lafaurie ; APC 2020, n° 17, obs. G. Jazottes ; Dr. sociétés 2020, n° 42, note J.-P. Legros ; BJE 3-4/2020. 30, note M.-L. Coquelet ; RDBF 2020, n° 39, obs. C. Houin-Bressand.

[21] Com. 29 septembre 2021, pourvoi n°20-10.436, D. actu. 14 oct. 2021, obs. B. Ferrari ; D. 2021, Chron. C. cass. 2262, obs. S. Barbot ; Rev. sociétés 2021. 732, obs. F. Reille ; RTD com. 2022. 156, obs. C. Saint-Alary-Houin ; JCP E 2021. 1460, note Jonzo ; JCP E 2022. 1010, n° 7, obs. P. Pétel ; DP diff. entr., Bull. n°s 439/440, obs. J.-P. Remery ; LEDEN 11/2021. 5, obs. J.-B. Barbièri ; RJDA 2021, n° 787; APC 2021, n° 258, obs. N. Borga ; BJE 1-2/2022. 21, note H. Poujade ; Dr. sociétés 2022, n° 35, note J.-P. Legros ; RPC 2022, n° 31, obs. K. Lafaurie.

proposition de modification du plan portant sur les modalités d'apurement du passif, prévue par le dernier texte, la cour d'appel a retenu que, si, dans le premier cas, le défaut de réponse d'un créancier au mandataire judiciaire valait acceptation des délais ou remises qui lui étaient proposés, il n'en était pas de même dans le second, aucune disposition légale ou réglementaire ne déduisant de l'absence d'observations adressées au commissaire à l'exécution du plan par un créancier l'acceptation par celui-ci de la modification proposée ».

L'acceptation forcée est donc cantonnée à l'élaboration du plan et elle est éclairée par le respect d'une information complète donnée au créancier. On peut espérer être passé d'une acceptation forcée à une acceptation encouragée.

13. Pour être volontaire, même fortement encouragé, par la loi, l'effacement des dettes du débiteur est indissolublement lié au plan et au paiement partiel du créancier par les dividendes du plan. Il faut rappeler l'objectif de l'effacement des dettes : favoriser l'adoption d'un plan sérieux assurant la sauvegarde, le redressement du débiteur notamment par le sacrifice de ses créanciers. Effacement de la dette rime avec plan... plan arrêté par le tribunal ce qui donne à l'effacement une dimension judiciaire.

C. UN EFFACEMENT JUDICIAIRE, PORTÉ PAR LE TRIBUNAL

14. L'article L. 626-10 du code de commerce (version 15 sept. 2021) dispose dans son premier alinéa que « le plan désigne les personnes tenues de l'exécuter et mentionne l'ensemble des engagements qui ont été souscrits par elles et qui sont nécessaires à la sauvegarde de l'entreprise. Il mentionne de manière distincte les apports de trésorerie des personnes qui se sont engagées à les effectuer pour l'exécution du plan de sauvegarde arrêté par le tribunal. Ces engagements portent sur l'avenir de l'activité, les modalités du maintien et du financement de l'entreprise, le règlement du passif soumis à déclaration ainsi que, s'il y a lieu, les garanties fournies pour en assurer l'exécution ».

Le plan arrêté par le tribunal est donc issu de la consultation des créanciers et de l'effacement des dettes rendu possible par leurs engagements. Il doit tenir compte de toutes les créances déclarées, même si elles sont contestées, ce point n'est pas modifié par l'ordonnance du 15 septembre 2021. L'obligation affirmée de très longue date par une jurisprudence constante[22] est imposée par les textes. Elle est parfois critiquée pour rendre plus difficile l'élaboration du plan. Elle doit être relativisée car, comme le souligne justement le professeur Pétel, « elle n'interdit pas au tribunal de tenir compte des probabilités de succès de certaines contestations : non pas dans le chiffrage du passif, mais dans l'appréciation de la viabilité du plan »[23]. Il y a une dissociation entre la procédure de vérification des créances et l'élaboration du plan qui se déroulent en parallèle sans pouvoir totalement s'ignorer.

15. La déclaration de la créance par le créancier lui permet d'être consulté dans le cadre de la préparation du plan afin d'accepter ou refuser les remises proposées. Elle est donc inévitablement le vecteur d'un paiement réduit, partiellement effacé, dans le cadre de l'exécution du plan. L'inscription de l'effacement des dettes dans le plan s'impose puisque « le tribunal donne acte des délais et remises acceptés par les créanciers, délais et remises qui peuvent être réduits par le tribunal (C. com., art. L. 626-18, al. 1er ; C. com., art. L. 631-19, I). Le plan permet aux créanciers de choisir un paiement dans des délais uniformes plus brefs mais assorti d'une réduction proportionnelle du montant de leurs créances. La réduction des créances n'est alors définitivement acquise qu'après versement, au terme fixé, de la dernière échéance prévue par le plan pour son paiement (C. com., art. L. 626-19 et C. com., art. L. 631-19, I) »[24].

16. La dimension judiciaire de l'effacement des dettes du débiteur prend tout son sens une fois le plan arrêté car il s'impose alors à tous jusqu'à valider une erreur antérieure. Une décision du 25 octobre 2011[25] montre que dans de telles circonstances, l'adoption du plan conduit plus qu'à un effacement forcé de la créance, mais à un

---

22 En dernier lieu, Com. 20 mars 2019, n°17-27.527, ACP n° 7, avril 2019, alerte 90, P. Cagnoli.

23 P. Pétel, JCP E 2019, I, 1375, Chr. Sauvegarde, redressement et liquidation judiciaires, n°9.

24 P. Roussel Galle, J. Cl. Procédures collectives, Synthèse, sauvegarde et redressement judiciaire – plans de sauvegarde et de redressement, n° 18, C. Saint-Alary-Houin, M.-H. Monsèrié-Bon, C. Houin-Bressan, ouv. préc., p. 687, n° 1030.

25 Com. 25 octobre 2011, pourvoi n° 10-21789, LEDEN n° 1, janv. 2012, p. 3, obs. G. Couturier, BJE mars 2012, n° 2, p. 80, note H. Bourbouloux.

abandon contre la volonté du créancier. « En l'espèce, le projet de plan était peu attractif pour les créanciers. Outre un remboursement de l'intégralité de leurs créances sur 10 ans, celui-ci leur proposait une remise de 50 % de leur montant, le solde étant payable également sur 10 ans. Cette dernière modalité était réputée avoir été tacitement acceptée en cas de défaut de réponse à la consultation du représentant des créanciers. À la suite d'une erreur dans la liste des réponses, le plan fut arrêté en tenant compte de la remise acceptée tacitement par l'un des créanciers, alors que celui-ci n'y avait expressément consenti qu'à la condition de bénéficier de sûretés pour garantir le paiement du solde de sa créance. Cette condition n'ayant pas été réalisée au moment de l'arrêté du plan, il aurait dû être considéré que le créancier avait expressément refusé toute remise »[26]. En l'état des textes applicables et de la fermeture des voies de recours la Cour de cassation avait jugé que « le plan arrêté tenait compte des réponses des créanciers. L'autorité de la chose jugée attachée au jugement devenu définitif le rendait en conséquence opposable au créancier ». L'ouverture de la tierce opposition au créancier par l'article L. 661-3 du code de commerce introduite par la loi de sauvegarde des entreprises permet désormais d'éviter cette situation. A l'époque, c'est une tierce opposition nullité qui aurait pu sauver le consentement du créancier à l'effacement de sa créance.

17. L'introduction par l'ordonnance du 15 septembre 2021 des classes de parties affectées en remplacement des comités de créanciers, sans violer le consentement des créanciers à l'effacement de leurs créances, consacre potentiellement un effacement imposé par le système de vote du plan. On passe d'un monde connu à un monde inconnu, même si les premiers jugements mettant en œuvre les classes de parties affectées sont intervenus récemment[27].

II. Un effacement négocié possiblement imposé

18. En présence de classes de parties affectées, le paradigme de l'effacement des dettes change. D'abord, le débiteur peut choisir les créanciers qui seront concernés par son plan et deviendront des parties affectées à répartir dans des classes. Il peut donc épargner les

[26] G. Couturier, obs. préc.
[27] T.C. Lyon, 13 avril 2022, BCM Energy et 24 février 2022 OUI ENERGIE.

créanciers qui détiennent de fortes garanties qui surclasseraient toutes les parties affectées, les créanciers qui sont indispensables à son redressement, ceux qui détiennent de petites créances. En d'autres termes, il choisit les parties qui seront affectées par son plan ce qui fait des procédures avec classes des procédures partiellement collectives. Un exemple de cette stratégie se trouve dans le jugement du tribunal de commerce de Lyon du 13 avril 2022[28], pour la société fournisseur d'énergie, trois parties ne sont pas affectées par le plan proposé : les producteurs d'énergie verte qui bénéficient d'une garantie à la première demande, les fournisseurs d'accès aux réseaux garantis qui profitent de dépôts de garantie, enfin les créanciers titulaires de petites créances. Indispensables à la poursuite de l'activité, ces créanciers bénéficiaires de fortes garanties ne sont pas des parties affectées par le plan par choix de la société débitrice et de ses conseils.

Ensuite, le paradigme change aussi pour les créanciers, l'effacement des dettes devient leur fait dans la mesure où ils négocient en fonction du rang que leur donne leurs sûretés et garanties dans l'ordonnancement des classes de parties affectées constituées par l'administrateur. Les créanciers concernés en tant que parties affectées par le plan sont les créanciers antérieurs au jugement d'ouverture, créanciers publics compris. Le sort des créanciers titulaires du privilège de conciliation (new money) ou du nouveau privilège de procédure (post money) semble se déduire de l'avantage qui leur est offert. Sans être expressément exclus, ils devraient être tenus à l'écart puisqu'ils ne peuvent pas subir des remises ou délais, un effacement de leurs créances, qu'ils n'auraient pas expressément acceptés[29].

19. En cas d'application forcée interclasse, les mieux classées des parties affectées seront en mesure d'imposer leurs solutions par la mise en œuvre de concepts nouveaux en droit français (règle de la priorité absolue, critère du meilleur intérêt). L'effacement dans le plan en présence de classes de parties affectées doit nécessairement être habilement préparé dès la constitution des classes par l'administrateur judiciaire (A). En fonction de la composition des classes, le plan sera

[28] Tribunal de commerce Lyon, 13 avril 2022, Rôle n° 2021F3177, BCM Energy.
[29] Pour prendre toute la mesure de la réalité de leur situation, il convient de tenir compte de leur classement en cas de répartition en liquidation judiciaire.

adopté à l'unanimité ou sera imposé par l'application forcée interclasse qui veut être l'expression du rapport de force existant entre les créanciers ou par le choix de certains pour préserver leur situation[30] (B). L'effacement est toujours consacré dans le plan et fait nécessairement l'objet d'un contrôle de la part du tribunal (C).

A. UN EFFACEMENT PRÉPARÉ LORS DE LA CONSTITUTION DES CLASSES DE PARTIES AFFECTÉES

20. Si l'administrateur judiciaire est la cheville ouvrière de la constitution des classes de parties affectées ; le débiteur bénéficiant d'une sauvegarde détient avec la proposition du plan, le pouvoir de décider qu'elles seront les parties affectées par ce dernier et donc soumises à la formation des classes. Cette étape est cruciale car elle détermine les modalités d'effacement des dettes dans le plan proposé par le débiteur (avec l'aide de l'administrateur judiciaire), sans possibilité de contreproposition de la part des créanciers en sauvegarde. En redressement judiciaire, avec classes[31], les créanciers conservent le droit de contreproposition prévu en présence de comités de créanciers[32]. Ainsi, ils échappent à l'exclusivité des propositions d'effacement du plan par le débiteur. Force est de constater que le champ des possibles tant en ce qui concerne les propositions de plan qu'en ce qui concerne les modalités de l'effacement des dettes est plus large en présence de classes de parties affectées.

L'enjeu est de taille car les concepteurs du plan sont libres de définir les sacrifices demandés aux créanciers, remises (effacement), conversions de créances en titre de capital, délais sans subir les contraintes de la consultation des créanciers, de la durée du plan, du rôle du tribunal qui donne acte des remises acceptées par les créanciers (C. com., art. L. 626-5, L. 626-12, L. 626-18)[33].

---

[30] Le premier plan adopté par jugement du tribunal de commerce de Lyon, BCM Energy, montre que les banques titulaires de PGE ont préféré subir le plan par application forcée interclasse plutôt que prendre le risque de perdre leur garantie.

[31] Les conditions de l'existence des classes étant celles des seuils fixés par la loi pour les rendre obligatoires, mais aussi le choix de les constituer par le débiteur.

[32] F.-X. Lucas, Les plans de sauvegarde et de redressement adoptés par les classes de parties affectées, BJE janvier-février 2022, p. 45, n° 9.

[33] F.-X. Lucas, préc., n° 7.

21. La formation des classes de parties affectées sert de prélude aux conditions de vote du plan dans la mesure où leur hiérarchisation dicte ses chances de succès. Dès lors on comprend l'utilité de dédier la sauvegarde accélérée à la nouvelle procédure cadre de restructuration préventive car c'est bien en amont grâce à une concertation générale et à la connaissance des positions de chacun que les classes pourront être constituées pour favoriser le vote du plan tout en respectant la principale condition légale qui préside à leur formation : l'existence d'une communauté d'intérêt entre les parties d'une même classe. Cette exigence est essentielle car elle permet de respecter le principe de l'égalité de traitement au sein d'une même classe ; principe rendant indispensable la mise en œuvre de critères objectifs véritables pour leur constitution.

22. Si l'on peut espérer une adoption unanime du plan par les différentes classes entraînant l'effacement partiel des dettes du débiteur, l'hypothèse la plus courante sera sans doute celle d'une application forcée interclasse en raison de la présence de classes dissidentes.

Vraisemblablement, un vrai savoir faire va se développer. Dès lors, la question se pose de savoir si les pratiques connues aux Etats-Unis vont pouvoir être transposées dans l'Union européenne, plus particulièrement en France. Elles sont évoquées par le professeur Lucas : « La littérature américaine est abondante pour décrire ces expédients trouvés par certains praticiens roués pour créer – artificiellement ? – une majorité de classes soutenant le plan. Il y a même une expression pour décrire ces pratiques, les praticiens américains de l'insolvabilité évoquant, non sans malice, à ce propos le *gerrymandering* (qui, historiquement, renvoie à la notion de « charcutage électoral ») pour désigner le découpage habile du passif en classes multiples dans le but de favoriser l'émergence d'une majorité de classes de parties affectées soutenant le plan »[34]. Sans aller jusqu'à ces extrémités, la constitution des classes est le préalable à l'adoption du plan, y compris par application forcée interclasse. La formation des classes est nécessairement dictée par la structure du passif du débiteur et par les caractéristiques de son actif car il faut anticiper la mise en œuvre du critère du meilleur intérêt et de la règle de la priorité

---

[34] F.-X. Lucas préc. n°12.

absolue. La prise en compte des liens de subordination sous toute leur forme s'impose inévitablement car elle révèle la structure du passif à apurer et la hiérarchisation bien pensée des classes.

On l'a compris la constitution des classes et leur ordonnancement découle de la structure du passif et de l'actif du débiteur. La présence ou non de biens immobiliers, de salariés, modifie la hiérarchie entre les classes de parties affectées en application du principe de subsidiarité posé par l'article 2376 du code civil. Ainsi, par exemple, si un créancier est titulaire d'une hypothèque de premier rang sur un immeuble appartenant au débiteur, peut espérer être bien classé, pour connaître la réalité de sa situation, il convient de prendre en compte l'insuffisance des biens mobiliers pour désintéresser les créanciers imposant de se servir sur l'actif immobilier. Selon les cas, il pourra ou non être considéré comme un créancier de premier rang, « senior ». Tout dépendra du scénario liquidatif, si les biens mobiliers sont suffisants, il sera désintéressé, s'il n'est pas concurrencé par mieux placé que lui. Dans le cas contraire, il faudra tenir compte du classement imposé par les textes, le créancier, fut-il hypothécaire, sera primé par le super privilège, les frais de justice, le privilège des salaires[35]. Dans la hiérarchie des classes, même un créancier hypothécaire n'est pas assuré d'être « senior ». Or appartenir à une classe « senior » est la seule condition pour espérer détenir un vote déterminant et éviter de se voir imposer le plan avec un risque d'effacement plus ou moins important de la dette. Seule la ou les classes « senior » peuvent espérer un meilleur traitement en raison de leur capacité à être désintéressé dans un scénario liquidatif en application du critère du meilleur intérêt.

On l'aura compris comme l'explique mieux que quiconque le professeur Lucas : « les créanciers seront réunis en tenant compte du rang de leur créance et des perspectives de paiement qu'elle leur offre dans un cadre liquidatif. Ainsi, un poids plus ou moins grand est reconnu aux créanciers en fonction de la place qu'ils occupent dans ce classement. Leur vote sera apprécié différemment selon qu'ils auraient ou non de vraies chances d'être payés dans un scénario liquidatif. C'est le cœur de la réforme : faire dépendre le poids politique de

[35] Remerciements à Maître V. Leloup-Thomas pour ses précieuses explications.

chaque créancier de la plus ou moins grande séniorité de sa créance »[36].

23. En prévision du vote, y compris en présence de classes dissidentes, il convient donc de constituer les classes de parties affectées en fonction des caractéristiques du passif et de l'actif, plus précisément de leur chance de paiement dans le cadre d'un scénario liquidatif. En quelque sorte à chaque procédure ses classes... On comprend mieux la discrétion du législateur sur leur nombre et leur composition.

B. UN EFFACEMENT IMPOSÉ EN CAS D'APPLICATION FORCÉE INTERCLASSE

24. Pour les créances subordonnées, c'est-à-dire pour les parties affectées « juniors » celles qui ne sont pas dans la monnaie, l'application forcée interclasse risque d'être synonyme d'un effacement obligé parfois consenti par stratégie, de leurs créances si telles sont les propositions du plan.

25. La rupture avec la situation des créanciers épargnés par la constitution des classes est patente. En cas d'application forcée interclasse, l'effacement risque d'être imposé par des créanciers aux autres créanciers. Ce risque peut se situer à deux niveaux.

Le premier se situe au sein de la classe elle-même. Habilement, l'administrateur judiciaire peut, tout en respectant le principe de la communauté d'intérêt et celui de l'égalité de traitement dans la classe, regrouper dans une classe des dissidents et des partisans du plan. Il s'assure alors que les premiers soient mis en minorité sachant que chaque classe peut approuver le plan par un accord ou par un vote, sans quorum, à la majorité des 2/3 des voix détenues par les membres (et non de la valeur des créances, mais il est précisé que les parties affectées, les créanciers doivent être traités de manière proportionnelle à leur créance ou à leur droit - C. com. art. L.626-30-2, al. 5). Dans ce cas, la classe vote le plan du débiteur l'imposant à ses dissidents internes avec le cortège d'effacement des dettes qu'il contient.

---

[36] F.-X. Lucas, préc. n° 2.

Le second est celui de la dissidence d'une ou de plusieurs classes de parties affectées. C'est le domaine de l'application forcée interclasse : une ou plusieurs classes senior peuvent voter le plan en dépit de la présence de classes inférieures dissidentes, composés de parties affectées juniors, souvent chirographaires n'ayant pas l'espoir d'être désintéressés en liquidation judiciaire. Dans tous les cas de figure que le plan soit ou non approuvé, des points de contrôle sont introduits, le critère du meilleur intérêt, la règle de la priorité absolue...

26. Le test du meilleur intérêt (C. com., art. L. 626-31, 4°) limite l'ampleur de l'effacement des dettes introduisant une sorte de plancher calculé en fonction du risque encouru par les parties affectées en cas de scénario liquidatif. Son application est générale. Le 4ᵉ de l'article L. 626-31 du code de commerce dispose que lorsque des parties affectées ont voté contre le projet de plan, elles ne doivent pas se trouver « dans une situation moins favorable, du fait du plan, que celle qu'elles connaîtraient s'il était fait application soit de l'ordre de priorité pour la répartition des actifs en liquidation judiciaire ou du prix de cession de l'entreprise en application de l'article L. 642-1, soit d'une meilleure solution alternative si le plan n'était pas validé ». En d'autres termes, les classes dissidentes ne doivent pas perdre plus avec le plan qui leur est imposé qu'en cas de solutions alternatives, cession, de liquidation judiciaire. La vérification de ce critère est opérée expressément dans le jugement du tribunal de commerce de Lyon du 13 avril 2022 dans l'affaire BCM Energy : « aucune des parties affectées, ayant voté contre le plan, ne se trouve dans une situation moins favorable, du fait du plan, que celle qu'elle connaîtrait s'il était fait application soit de l'ordre de priorité pour la répartition des actifs en liquidation judiciaire ou du prix de cession de l'entreprise »[37]. En plus, l'article L. 626-31, 5°, du code de commerce impose de vérifier que « tout nouveau financement nécessaire à la mise en œuvre du plan ne porte pas une atteinte excessive aux intérêts des parties affectées ».

27. Ces points de contrôle généraux sont renforcés par d'autres qui sont introduits en cascade en cas d'application forcée interclasse. Plusieurs hypothèses méritent l'attention.

---

[37] Tribunal de commerce Lyon, 13 avril 2022, Rôle n° 2021F3177, BCM Energy.

La première est celle de l'approbation du plan par plusieurs classes. Dans ce cas l'article L. 626-32, I, 2°, dispose que le plan doit avoir été approuvé par une « majorité de classes de parties affectées autorisées à voter, à condition qu'au moins une de ces classes soit une classe de créanciers titulaires de sûretés réelles ou ait un rang supérieur à celui de la classe des créanciers chirographaires ». C'est l'hypothèse du dossier BCM Energy. Le plan proposé est voté par l'ensemble des classes constituées à l'exception des établissements de crédit titulaires d'un PGE (prêt garanti par l'État). Dans ce cas précis, leur écrasement est un choix stratégique dicté par la crainte de perdre, en cas d'approbation du plan, le bénéfice de la garantie du prêt par l'État. Le tribunal dans le cadre de ses opérations de contrôle précise qu'il n'y a pas d'autres classes de rang inférieur, consacrant leur qualité de classe junior. Il constate encore le vote favorable des créanciers « senior », les créanciers publics privilégiés et les créanciers privilégiés qui ont renoncé à la règle de la priorité absolue à leur profit.

La seconde hypothèse est celle de l'approbation du plan par une seule classe. A défaut de bénéficier d'une majorité de classes approbatrices, une autre condition est introduite par le législateur. Il faut une approbation « par au moins une des classes de parties affectées autorisée à voter, autre qu'une classe de détenteurs de capital ou toute autre classe dont on peut raisonnablement supposer, après détermination de la valeur du débiteur en tant qu'entreprise en activité, qu'elle n'aurait droit à aucun paiement, si l'ordre de priorité des créanciers pour la répartition des actifs en liquidation judiciaire ou du prix de cession de l'entreprise en application de l'article L. 642-1, était appliqué ». En d'autres termes, le plan peut être voté par au moins une classe de partie affectée autorisée à voter et pouvant espérer recevoir un paiement partiel au regard de la valeur en activité de l'entreprise.

28. L'ordre des paiements des « seniors » aux « juniors » s'impose alors, mais il faut tenir compte de la mise en œuvre intelligente de la règle de la priorité absolue. Cette dernière prévoit qu'un créancier chirographaire ne peut pas recevoir de dividendes au titre de l'exécution du plan si les classes de rang supérieur dissidentes ne sont pas totalement désintéressées. Cette règle paraît sévère mais elle peut être aménagée par deux moyens, le premier consiste en une appréciation du désintéressement, le second est une exception.

D'abord, une appréciation du règlement des parties prioritaires est possible en jouant avec les notions de désintéressement total et de paiement par des moyens identiques équivalents (C. com., art. L. 626-32, 3°). Ensuite, une exception est prévue, elle permet d'écarter la règle de la priorité absolue, pour atteindre les objectifs du plan (C. com., art. L. 626- 32, II). Il devient possible de prévoir le paiement de créanciers « juniors », par exemple les fournisseurs indispensables à la poursuite de l'activité, à la condition que le plan ne porte pas une atteinte excessive aux droits et intérêts des parties affectées. L'article L. 626-32, II du code de commerce vise d'ailleurs expressément les créances des fournisseurs ou de services au débiteur.

29. Même si les conditions encadrant l'application forcée interclasse sont nombreuses, cette dernière conduit à imposer à certains créanciers l'effacement prévu par un plan de leur créance. Certes la négociation vient atténuer l'inconfort de leur situation mais elle reste difficile car le débiteur et l'administrateur peuvent profiter de leur rang de subordination. Le paradigme change car l'effacement est proposé par le débiteur dans le plan ; il est mis en œuvre par les créanciers qui jouent la concurrence entre eux dans leur intérêt personnel. Dans tous les cas, mieux vaut être un créancier protégé par des garanties particulièrement efficaces en cas de scénario liquidatif, soit il évitera la qualité de partie affecté, soit il sera qualifié de créancier « senior ». La place laissée à une négociation, n'obère pas la sévérité du classement des parties affectées car en cas d'application forcée interclasse, c'est la hiérarchie des classes de créanciers qui s'impose. Cet ordonnancement est établi sur la base de critères économiques reposant sur l'évaluation de la valeur de l'entreprise en activité et/ou en liquidation. Cette évaluation impose nécessairement l'intervention d'experts pour calculer l'efficacité des garanties en fonction de la spécificité du passif et faire des projections sur la valeur de l'entreprise. L'augmentation des coûts et des contentieux se profile inévitablement.

Comme le souligne le professeur Lucas, le bilan est nuancé. C'est un autre équilibre dans les relations débiteur/créanciers qui est établi et c'est une autre relation entre parties affectées qui est consacré. Il faut le citer : « Ces nouvelles règles bouleversent les rapports de force entre le débiteur soumis à une sauvegarde avec classes de parties affectées et ses créanciers, lesquels ne sont plus exposés au risque de se voir imposer « un plan sur dix ans », celui de l'article L. 626-18, mais seulement celui soumis aux classes, ce qui limite le risque d'atteinte à leurs créances compte tenu des garanties qui entourent l'adoption de ces plans, au moins lorsque ces créanciers sont « dans la monnaie » et à ce titre fondés à refuser qu'on leur impose un plan qui ne leur offre pas les mêmes perspectives de paiement que celles auxquelles un scénario liquidatif leur permettrait de prétendre »[38].

Le garant du respect de cet imbroglio d'impératifs différents est le tribunal qui voit sa tâche profondément modifiée et alourdie.

C. UN EFFACEMENT CONTRÔLÉ PAR LE TRIBUNAL

30. On comprend que la solution à laquelle aboutit la mise en œuvre des classes ait pu être qualifiée d'expéditive[39] parce qu'elle permet au tribunal d'arrêter le plan en dépit de l'opposition d'une ou plusieurs classes. En sauvegarde, contrairement au redressement judiciaire, l'accord du débiteur est indispensable à l'application forcée interclasse. En ce sens, l'application forcée interclasse est une sorte de remède contre l'oppression minoritaire. Les parties affectées qui ne sont pas dans la monnaie, les créanciers chirographaires, les détenteurs de capital (sous des conditions très strictes) peuvent se voir imposer le plan et les remises (effacement) de leurs créances ou de leurs droits. Les rapports de force au regard de l'effacement dans les plans changent profondément.

31. Il n'en reste pas moins que l'effacement forcé subi par les classes subordonnées suppose la vérification de plusieurs conditions par le tribunal. Outre les points de contrôle propres au vote du plan par les classes de parties affectées, déjà invoqués, le tribunal peut refuser d'arrêter le plan si, entre autres conditions, ce dernier n'offre pas une perspective raisonnable d'éviter la cessation des paiements du débiteur ou de garantir la viabilité de l'entreprise (C. com., art. L. 626-31, 5°), si tout nouveau financement nécessaire à la mise en œuvre du plan porte une atteinte excessive aux intérêts des parties affectées. De manière classique, pour arrêter le plan, le tribunal s'assure toujours

[38] F.-X. Lucas, art. préc. n°6.
[39] F.-X. Lucas préc. n°12.

que les intérêts de toutes les parties affectées sont suffisamment protégés. Arrêté, le plan est opposable à tous.

Dans le cadre du plan arrêté en faveur de la société BCM Energy, le jugement témoigne de la mise en œuvre des points de contrôles législatifs. De manière très pédagogique, il est rappelé que la société bénéficie d'une sauvegarde accélérée à la suite d'une conciliation ayant permis la consultation des créanciers et l'obtention d'un large soutien au plan.

Après avoir constaté que trois classes sur quatre votent le plan, le tribunal met en œuvre l'article L. 626-32 du code de commerce s'inscrivant dans une application forcée interclasse. Il procède en deux temps. Dans un premier mouvement, il vérifie les conditions générales de l'article L. 626-31 du code de commerce s'assurant de la constitution correcte des classes de parties affectées (répartition en fonction de critères objectifs respectant la communauté d'intérêt des membres de la classe), contrôlant le respect du principe d'égalité de traitement à l'intérieur de chaque classe, relevant que la notification du plan a été faite régulièrement à toutes les parties affectées par les administrateurs, constatant la mise en œuvre du critère du meilleur intérêt et de la règle de la priorité absolue, visant les prévisionnels d'exploitation et de trésorerie qui confirment que le plan est réalisable et que l'entreprise est viable. Puis, dans un second mouvement, au visa de l'article L. 626-32-2° du code de commerce, il s'assure de la mise en œuvre de l'application forcée interclasse. Il prend acte que le plan n'est voté que par trois classes sur quatre, il contrôle que les créanciers publics privilégiés l'ont voté, que les établissements de crédit dissidents constituent bien la dernière classe des parties affectées et que tous les créanciers privilégiés ont voté le plan dans le respect de la règle de la priorité absolue enfin qu'aucun créancier ne perçoive plus que son dû.

32. En redressement judiciaire, pour le débiteur, la mise en œuvre des classes de parties affectées, en dépit du contrôle par le tribunal, est plus risquée. En effet, les parties affectées sont en mesure de proposer un contre plan, apportant une autre alternative à la restructuration de l'entreprise. Le devenir de cette dernière peut se trouver entre les mains des parties affectées. En outre, l'application forcée interclasse peut être imposée au débiteur.

33. L'effacement dans les plans montre désormais deux visages différents selon la présence ou non de classes de parties affectées. Il reste que par essence le plan en sauvegarde comme en redressement doit s'assurer de la viabilité de l'entreprise débitrice et de ses chances de redressement ... au prix du sacrifice mesuré et plus ou moins consenti de ses créanciers/parties affectées.

Nice 29 avril 2022

L'effacement dans la vérification du passif

Pierre CAGNOLI

La technique de l'effacement des dettes est expressément utilisée dans les procédures traitant l'insolvabilité d'un débiteur. L'effacement est ainsi au cœur de la procédure de rétablissement professionnel, lui-même inspiré du droit du surendettement des particuliers, dans lequel l'effacement des dettes apparaît dès 1998[1]. On retrouve également l'effacement des dettes en matière de copropriété en difficulté, à partir de 2014 ; la procédure d'administration provisoire permet en effet d'élaborer un plan d'apurement du passif, facilité par un effacement partiel des dettes du syndicat de copropriétaires, cet effacement étant équivalent au montant des charges de copropriété considérées comme irrécouvrables[2].

En dehors de ces hypothèses, plusieurs autres mécanismes des procédures de traitement de l'insolvabilité des débiteurs correspondent à l'idée d'un effacement des dettes. Mais c'est au sens que peut avoir ce terme dans le langage courant. Dans le langage courant en effet, l'effacement, c'est l'action d'effacer, qui conduit à la disparition ou à l'affaiblissement de quelque chose[3]. Au sein du livre VI du Code de commerce, certains mécanismes viennent naturellement immédiatement à l'esprit, correspondant à un effacement, au sens de disparition de la dette. Dès la loi du 25 janvier 1985 est posé un principe de non-reprise des poursuites individuelles, lié à la clôture de la liquidation judiciaire pour insuffisance d'actif[4]. Une fois l'ensemble

---

[1] Dans le surendettement des particuliers, le terme d'effacement apparaît avec la loi n° 98-657 du 29 juillet 1998 d'orientation relative à la lutte contre les exclusions ; l'effacement est ensuite utilisé dans la procédure de rétablissement personnel, créée par la loi n° 2003-710 du 1er août 2003 d'orientation et de programmation pour la ville et la rénovation urbaine. L'effacement apparaît enfin dans le livre VI du Code de commerce avec l'ordonnance n° 2014-326, 12 mars 2014, portant réforme de la prévention des difficultés des entreprises et des procédures collectives.

[2] L'innovation date de la loi n° 2014-366 du 24 mars 2014, pour l'accès au logement et un urbanisme rénové, v. L. n° 1965-557 du 10 juil. 1965, art. 29-7 et D. 67-223 du 17 mars 67, art. 62-29.

[3] Dictionnaire Le Robert en ligne, https://dictionnaire.lerobert.com/definition/effacement

[4] L. 85-98 du 25 janv. 1985, art. 169 ; actuellement, C. com., art. L. 643-11.

de ses actifs vendus, le débiteur est libéré de ses dettes demeurant impayées. Le droit au rebond du débiteur naît dès cette date, certains évoquant expressément l'effacement des dettes du débiteur en cette occasion[5].

L'effacement, au sens de disparition des dettes, peut aussi venir des pièges tendus au créancier dans le cadre de la vérification du passif. C'est sur ce point que l'on voudrait insister dans la présente contribution. La procédure de vérification du passif intéresse tant le créancier, tenu de déclarer sa créance au passif, que le mandataire judiciaire, ayant pour mission de vérifier, au sens strict, la réalité de cette créance. Elle intéresse enfin le juge-commissaire, qui doit statuer sur la créance déclarée. A tous ces niveaux, le livre VI regorge de pièges, susceptibles d'entraîner une disparition des droits du créancier.

Le premier niveau auquel on songe est naturellement celui de la déclaration de créance. Le défaut de déclaration de créance dans les délais était naguère sanctionné par l'extinction de celle-ci[6]. La loi, s'inspirant de la proposition d'un auteur[7] consacrée en jurisprudence[8], retient maintenant la sanction d'inopposabilité de la créance au débiteur[9]. La sanction semble moins drastique que par le passé, notamment pour ce qui est de son incidence à l'égard des cautions[10]. Toutefois, selon les contextes, cette inopposabilité pourra rester synonyme de disparition de la dette. Ainsi, si les engagements du plan sont tenus, le débiteur sera libéré de sa dette, de façon définitive. Et si c'est une liquidation judiciaire qui est retenue, clôturée pour insuffisance d'actif, le créancier négligent, qui n'aura pas pu faire valoir ses droits dans le cadre de la procédure collective, ne le pourra

---

[5] J.-L. Vallens, L'effacement des dettes du débiteur en liquidation judiciaire, LPA 19 sept. 1997, p. 4.

[6] C. com., ancien art. L. 621-46.

[7] P.-M. Le Corre, Les créanciers antérieurs dans le projet de sauvegarde des entreprises, LPA 10 juin 2004, n° 116, p. 25 s., sp. p. 30.

[8] Sur l'inopposabilité à la procédure collective de la créance non déclarée, dans la version initiale de la loi de sauvegarde des entreprises, v. Cass. com., 3 nov. 2010, n° 09-70.312 ; D. 2010, p. 2645, obs. A. Lienhard ; Rev. sociétés 2011, p. 194, obs. P. Roussel Galle ; Gaz. Pal. 8 janv. 2011, p. 18, obs. E. Le Corre-Broly.

[9] C. com., art. L. 622-26, al. 2.

[10] Cass. com., 12 juill. 2011, n° 09-71.113 ; D. 2011, p. 1894, obs. A. Lienhard ; RTD civ. 2011, p. 782, obs. P. Crocq ; Gaz. Pal. 8 oct. 2011, p. 15, note P.- M. Le Corre ; APC 2011, comm. 219, obs. P. Cagnoli ; BJS oct. 2011, p. 816, note J.-J. Barbièri.

pas davantage postérieurement à la clôture, compte tenu du principe de non-reprise des poursuites individuelles.

Certes, comme que cela a été relevé[11], plusieurs pièges tendus au créancier au stade de la déclaration au passif ont été retirés par l'ordonnance du 12 mars 2014. Le créancier peut ainsi désormais ratifier les déclarations de créances faites par un tiers pour son compte[12]. Il ne s'agit plus seulement de fournir tardivement la preuve d'un pouvoir censé exister dès la déclaration de créance ; il s'agit de valider *a posteriori* une déclaration de créance faite par quelqu'un qui n'avait pas de pouvoir pour procéder à la déclaration et ce, jusqu'à ce que le juge statue, conformément au droit commun de la procédure civile[13]. La Cour de cassation facilite du reste cette ratification, en acceptant qu'elle puisse être implicite[14].

Dans le même ordre d'idées, l'ordonnance du 12 mars 2014 a instauré un mécanisme de déclaration des créances, faite par le débiteur pour le compte du créancier. Le créancier négligent peut donc être sauvé par le signalement que le débiteur fait de sa créance, en début de procédure. La Cour de cassation donne au mécanisme toute son utilité possible : pour peu qu'une créance soit signalée par le débiteur avec précision d'un montant, cela vaudra déclaration pour le compte du créancier, même si toutes les caractéristiques de la créance ne sont pas fournies[15].

Enfin, participe de ce mouvement la dispense de déclaration pour le créancier qui a déjà été admis au passif d'une première procédure collective, lorsque le plan qui en est issu est résolu et qu'une seconde procédure collective a été ouverte[16].

Si les pièges concernant la déclaration de créance ont ainsi été largement déminés, il n'en est pas de même de ceux qui concernent les autres phases de la vérification du passif, à savoir la vérification des créances déclarées par le mandataire judiciaire et la décision à

---

[11] J. Vallansan, L'allègement de l'obligation de déclaration des créances, BJE mars 2022, p. 75.

[12] C. com., art. L. 622-24, al. 2.

[13] CPC, art. 121.

[14] Cass. com., 10 mars 2021, n° 19-22.385, JCP E. 2021, 1424, n° 11, obs. P. Pétel ; Rev. sociétés 2021, p. 400, obs. L. C. Henry ; RTD com. 2021, p. 430, obs. A. Martin-Serf ; D. 2021, p. 1739, obs. P. Cagnoli.

[15] Cass. com. 5 sept. 2018, n° 17-18.516 ; Gaz. Pal. 15 janv. 2019, p. 44, note P.-M. Le Corre ; BJE nov. 2018, p. 432, obs. G. Jazottes ; D. actu. 2018, 7 sept. 2018, obs. A. Lienhard ; Rev. sociétés 2018, p. 747, obs. L.-C. Henry.

[16] C. com., art. L. 626-27, III.

prendre par l'organe compétent sur ces mêmes créances. Par ailleurs, il existe un certain nombre de cas dans lesquels le législateur autorise une dispense de vérification du passif, ou bien l'allège à un point tel qu'on peut se demander si le passif est véritablement vérifié. Dans un cas comme dans l'autre, les pièges qui demeurent peuvent conduire à l'effacement des dettes du débiteur sous procédure.

Seront donc successivement abordés l'effacement des dettes, en ce qu'il est permis dans le cadre classique de la vérification du passif (I) et l'effacement des dettes, en ce qu'il est favorisé dans le cadre de certaines procédures qui suppriment ou allègent la vérification du passif (II).

I. L'effacement permis dans le cadre de la vérification du passif

Indépendamment des pièges qui peuvent exister, liés à la négligence du créancier dans la déclaration de sa créance, certaines circonstances sont propices à un effacement de la créance lors de la vérification du passif. Les unes sont liées à la formulation d'une contestation (A). Les autres tiennent aux décisions pouvant être prises sur la créance déclarée (B).

A. L'EFFACEMENT LIÉ A LA CONTESTATION

Trois dangers menacent le créancier, ayant déclaré sa créance au passif : la formulation d'une contestation à laquelle il ne réagirait pas (1) ; le caractère sérieux de la contestation formulée (2) ; l'ignorance de la procédure collective, lors d'une instance en cours (3).

1) L'effacement lié à l'absence de réaction à la contestation

L'article L. 622-27 du Code de commerce tend un piège au créancier qui ne réagirait pas aux contestations formulées sur la créance qu'il a déclarée. Ces contestations peuvent émaner du débiteur, du mandataire judiciaire ou du liquidateur, voire d'un créancier contrôleur. Elles sont transmises par le mandataire judiciaire au créancier déclarant qui a trente jours pour réagir à la contestation soulevée. Le défaut de réaction du créancier dans ce délai l'exclut du débat judiciaire. Il n'est pas convoqué devant le juge-commissaire, en préalable à la décision de celui-ci[17] et il n'a aucun recours possible contre l'ordonnance du juge-commissaire, dès lors qu'elle entérine la proposition du mandataire judiciaire[18].

Très souvent, l'ordonnance ainsi rendue sera une ordonnance de rejet, total ou partiel, de la créance déclarée, ce qui vaudra extinction de la créance pour la partie de créance qui se trouve rejetée[19]. Même si ce mécanisme est connu, et même si la jurisprudence puis le législateur ont restreint son domaine d'application[20], on ne peut s'empêcher de rappeler ce qu'il a de violent pour le créancier qui a été pour partie diligent (il a déclaré sa créance) et pour partie négligent (il n'a pas répondu à l'avis de contestation). En cas de rejet total, ce créancier est moins bien traité que s'il avait été totalement négligent. S'il n'avait pas déclaré sa créance, celle-ci serait seulement inopposable à la procédure collective.

Une comparaison peut d'ailleurs être faite avec le droit commun de la procédure civile. Si l'on garde à l'esprit l'analyse de la Cour de cassation, selon laquelle la déclaration de créance équivaut à une demande en justice[21], l'absence de réaction du créancier à la contestation qu'on lui adresse évoque le défaut du demandeur. Or, que l'on parle du défaut faute de comparaître[22] ou du défaut faute d'accomplissement des actes de procédure[23], si un jugement est rendu, il y a toujours, pour le demandeur défaillant la possibilité de le critiquer par le biais des voies de recours. Tel n'est pas le cas pour le créancier déclarant, lorsqu'il néglige de répondre à la contestation qu'on lui transmet.

2) L'effacement lié à la formulation d'une contestation sérieuse

Un autre piège potentiellement tendu au créancier été créé par la jurisprudence, avant d'être partiellement consacré par le législateur

---

[17] C. com., art. R. 624-4, al. 2.
[18] C. com., art. L. 624-3, al. 2.
[19] V. *infra.*
[20] Le piège posé par l'article L. 622-27 ne fonctionne pas si la contestation porte seulement sur la régularité de la déclaration de créance.
[21] La jurisprudence est constante depuis 1993, v. Cass. com., 14 déc. 1993, n° 93-11.690.
[22] CPC, art. 468.
[23] CPC, art. 469.

en 2014. On sait en effet que le juge-commissaire n'est pas compétent pour trancher les contestations sérieuses qui sont formulées devant lui. La Cour de cassation considérait même, avant le décret du 30 juin 2014, qu'il n'avait pas le pouvoir juridictionnel pour les trancher[24]. Un risque d'effacement existe pour le créancier déclarant, qui ne saisirait pas le juge compétent dans les trente jours pour trancher ladite contestation sérieuse, alors que la charge lui en incomberait. Dans une telle hypothèse en effet, sa créance sera finalement rejetée[25] et, là encore, c'est par l'extinction de sa créance que ce créancier sera sanctionné, et non par une simple inopposabilité à la procédure collective. Quel mécanisme étonnant que celui qui conduit à donner gain de cause à l'une des parties, alors que la contestation soulevée n'est finalement tranchée au fond par aucun juge !

Certes, les choses ont été améliorées depuis que le décret du 30 juin 2014 a imposé au juge-commissaire de préciser qui, du débiteur, du créancier ou du mandataire judiciaire avait la charge de procéder à la saisine du juge compétent, pour trancher la contestation[26]. Mais on rencontre encore des cas - y compris sous l'actuelle législation - dans lesquels le juge-commissaire ne respecte pas cette exigence et renvoie les parties, sans autre précision, à saisir le juge compétent, ce qui revient à ne désigner personne en particulier. Dans cette situation, la Cour de cassation considère qu'il y a une violation de la loi, ce qui interdit le recours en interprétation, mais elle renvoie aux solutions jurisprudentielles antérieures. Doit ainsi procéder à la saisine du juge compétent la partie qui a un intérêt à la contestation : le débiteur ou le créancier selon les cas[27]. Si c'est le créancier qui a un intérêt à cette

---

[24] P. Cagnoli, Réflexions critiques sur les restrictions jurisprudentielles au pouvoir juridictionnel du juge-commissaire en matière d'admission des créances, RPC 2009, étude 23 ; J. Vallansan, Exception d'incompétence ou fin de non-recevoir pour absence de pouvoir ? Du flou dans la procédure de vérification des créances, RPC 2012, étude 9 ; J. Théron, Réflexions sur la nature et l'autorité des décisions rendues en matière d'admission de créances au sein d'une procédure collective, RTD com. 2010, p. 635 ; J. Théron, Éclaircissement quant aux contours du pouvoir juridictionnel du juge-commissaire statuant en matière d'admission de créance, BJE 2013, n° 1, p. 30.

[25] Cass. com. 27 sept. 2016, n° 14-18.998 ; APC 2016, comm. 233, obs. N. Borga ; D. 2017, p. 1941, obs. P.-M. Le Corre.

[26] C. Com., art. R. 624-5.

[27] Cass. com. 11 mars 2020, n° 18-23.586, Rev. sociétés 2020, p. 381, obs. L. C. Henry ; RTD com. 2020, p. 461, obs. A. Martin-Serf ; APC 2020, comm. 137, obs. J. Théron ; BJE juill. 2020, p. 18, obs. C. De Lajarte- Moukoko ; sous l'empire des textes antérieurs au décret du 30 juin 2014, pour un cas où la charge incombe au

contestation – par exemple, il conteste la bonne exécution d'un chantier et déclare une créance de dommages et intérêts – ce sera à lui de saisir le juge compétent. Faute de le faire, sa créance sera finalement rejetée par le juge-commissaire, resté saisi dès lors que ce juge aura sursis à statuer sur la contestation sérieuse.

Dans une matière où la représentation par avocat est facultative[28], ce système reste difficilement accessible au justiciable. Si on ajoute que le juge-commissaire n'a pas à aider les justiciables en leur précisant quel est le juge qui est compétent pour trancher la contestation sérieuse[29], on se dit qu'il est tout de même singulier de demander aux justiciables d'être plus savant que le juge-commissaire. Ne pourrait-on imaginer, si l'on souhaite conserver l'incompétence du juge-commissaire pour trancher des contestations sérieuses, qu'il procède lui-même à la désignation du juge compétent et que le dossier soit automatiquement transmis à la juridiction désignée ? Il suffirait pour cela de s'inspirer du droit commun de la procédure civile[30]. Pour les parties, et spécialement pour le créancier déclarant, ce serait un piège de moins dans le parcours déjà semé d'embûches qu'il peut rencontrer.

3) L'effacement lié au non-respect des règles de reprise d'instance

Les instances en paiement en cours sont interrompues lorsque le débiteur défendeur fait l'objet d'une procédure collective[31]. L'instance ne reprend que moyennant la formulation d'une déclaration

---

créancier, v. Cass. com., Cass. Com. 13 mai 2014, n° 13-13.284 ; D. 2014. 1093, obs. A. Lienhard, et 2147, obs. P.-M. Le Corre ; Rev. sociétés 2014. 405, obs. L. C. Henry ; APC 2014. Comm. 170, obs. J. Vallansan. Pour un cas où elle incombe au débiteur, v. Com. 23 sept. 2014, n° 13-22.539, D. 2014, p. 1936, obs. A. Lienhard ; RTD civ. 2014. 941, obs. P. Théry ; APC 2014, comm. 301, obs. P. Cagnoli ; JCP E 2014, 1637, n° 8, obs. P. Pétel ; Gaz. Pal. 20 janv. 2015, p. 26, note P.-M. Le Corre.

[28] CPC, art. 853.

[29] L'article R. 624-5 du Code de commerce prévoit que le juge-commissaire « renvoit les parties à mieux se pourvoir », ce qui déroge au droit commun procédural. La seule précision est celle de la Cour de cassation, indiquant que « la juridiction compétente pour trancher la contestation sérieuse dont une créance déclarée au passif fait l'objet n'est pas le tribunal de la procédure collective mais celui que déterminent une clause attributive de compétence ou, à défaut, les règles de droit commun », v. Cass. com. 1er juill. 2020, n° 18-25.522, Rev. sociétés 2020. 513, obs. F. Reille.

[30] CPC, art. 81 et 82.

[31] C. com., art. L. 622-21.

au passif et la mise en cause du mandataire judiciaire ou du liquidateur[32]. La décision qui serait rendue sans que ces formalités de reprise d'instance soient réalisées serait réputée non avenue[33]. Le débiteur n'aurait d'ailleurs nullement besoin de former une voie de recours pour le faire constater[34].

En théorie, dans une telle situation, l'instance en cours n'est pas éteinte. Seuls les actes réalisés après le jugement d'ouverture et la décision de condamnation au paiement sont l'objet de la sanction du « réputé non avenu ». Les actes de procédure accomplis et les décisions rendues antérieurement demeurent valables. Le créancier et le débiteur sont toujours liés par une instance en cours, de sorte que les formalités de reprise d'instance peuvent encore être réalisées. En pratique cependant, très fréquemment, ces formalités ne pourront être accomplies. Pour peu que deux ans se soient écoulés depuis le dernier acte de procédure efficace, c'est la péremption d'instance qui est encourue. C'est alors toute l'instance qui est potentiellement éteinte. Il ne serait alors plus possible d'initier une nouvelle action en paiement, en raison de l'arrêt des poursuites individuelles, et il serait trop tard, le plus souvent, pour envisager une déclaration de créance, avec ou sans relevé de forclusion. Bien souvent donc, la créance du demandeur à l'instance en paiement, ayant ignoré l'évolution de la situation de son débiteur, sera inopposable à la procédure collective de ce dernier.

Un effacement, au sens de disparition de la créance, nous semble donc bien caractérisé dans une telle situation. On peut alors se demander s'il ne serait pas judicieux de réserver cette sanction au seul cas dans lequel le débiteur a fait preuve de transparence. On sait en effet que, depuis l'ordonnance du 12 mars 2014, le débiteur doit informer son adversaire (le créancier agissant en paiement) de l'ouverture de sa procédure collective[35]. Le but est précisément de permettre au créancier de réaliser ces fameuses formalités de reprise d'instance. Simplement, le législateur n'est pas allé au bout de cette logique de transparence. Certes, le chef d'entreprise encourt potentiellement une interdiction de gérer si, volontairement, il n'a pas informé le créancier de l'ouverture de la procédure collective[36]. Mais cette omission n'est pas sanctionnée pour ce qui de l'instance en cours

---

[32] C. com., art. L 622-22 et R. 622-20.
[33] CPC, art. 372.
[34] Cass. com., 9 sept. 2020, 18-25.365, APC 2020, comm. 231, obs. P. Cagnoli.
[35] C. com., art. L. 622-22, al. 2.
[36] C. com., art. L. 653-8, al. 2.

elle-même. On pourrait parfaitement imaginer de subordonner le bénéfice de l'interruption d'instance à la transparence du débiteur. En effet, l'ouverture d'une procédure collective n'empêche pas le débiteur qui en est l'objet de pouvoir s'exprimer, à défaut de pourvoir réaliser des actes juridiques efficaces[37]. Par comparaison, le non-signalement d'un créancier par le débiteur au mandataire judiciaire, en début de procédure, est sanctionné, non seulement par une possible interdiction de gérer lorsque l'omission est volontaire, mais aussi par une cause automatique de relevé de forclusion[38].

B. L'EFFACEMENT LIÉ A LA DÉCISION

Deux risques d'effacement, au sens de disparition, de la créance déclarée méritent d'être mentionnés. Le premier est lié à l'irrégularité de la déclaration. Il appartient sans doute au passé puisqu'il a été traité par le législateur mais il importe de mesurer l'impact des nouveaux textes (1). Le second risque tient à la portée des décisions statuant au fond sur la créance déclarée (2).

1) L'effacement lié au constat de l'irrégularité de la déclaration de créance

Par deux arrêts rendus en 2017 et 2020, la chambre commerciale de la Cour de cassation a considéré que la créance qui était irrégulièrement déclarée – au sens d'un défaut de qualité du déclarant, ou d'une nullité pour vice de fond ou de forme de la déclaration – était considérée comme une décision de rejet. Ce raisonnement avait nécessairement pour conséquence l'extinction de

[37] La Cour de cassation a d'ailleurs refusé d'assimiler le dessaisissement du débiteur, issu de sa liquidation judiciaire, à une incapacité au sens de l'article 531 du Code de procédure civile, v. Cass. com., 18 mai 2016, n° 14-25.997 ; RTD com 2016, p. 857, obs. J.-L. Vallens ; JCP E. 2016, 1465, n°3, obs. P. Pétel ; APC 2016, comm. 149, obs. T. Le Bars. Le texte a depuis été modifié par le décret n° 2017-891 du 6 mai 2017.
[38] C. com., art. L. 622-26.

la créance mal déclarée et, partant, l'extinction des sûretés, réelles[39] ou personnelles[40], qui en étaient l'accessoire.

L'ordonnance du 15 septembre 2021 a opportunément brisé cette jurisprudence. Les textes distinguent maintenant clairement la décision de rejet de la décision d'irrecevabilité de la déclaration. La décision d'irrecevabilité aura donc désormais pour simple conséquence l'inopposabilité de la créance à la procédure collective et non son extinction. Il restera à préciser si cette distinction, faite par le nouvel article L. 624-2 du Code de commerce, vaut également pour les déclarations jugées nulles ; ce serait à notre sens souhaitable mais le texte ne le précise pas. Surtout, il faudra tirer les conséquences de la nouvelle approche retenue. Deux voies semblent envisageables pour le créancier dont la déclaration est jugée irrégulière.

La première voie consiste à former une nouvelle déclaration de créance, par celui qui a qualité ou pouvoir pour le faire. Le fond du droit n'ayant pas été abordé, une nouvelle déclaration de créance, équivalente à une demande en justice, doit logiquement pouvoir être formulée, sous réserve du jeu de la prescription ou de la forclusion, naturellement. De ce point de vue, en l'état actuel de la jurisprudence, les raisonnements ne seront pas les mêmes selon qu'on parle de fin de non-recevoir ou d'exception de nullité. En réalité, la déclaration jugée irrecevable ne pourra pas être refaite et l'inopposabilité de la créance à la procédure collective sera définitive. Certes, la déclaration de créance aura eu un effet interruptif de prescription[41]. De même, elle aura interrompu le délai de forclusion[42] imparti pour procéder à la déclaration. Mais ces effets interruptifs seront réputés non avenus si la déclaration est jugée irrecevable[43] et il sera en pratique trop tard pour effectuer une nouvelle déclaration. A l'inverse, depuis la loi du 17 juin 2008 portant réforme de la prescription, la demande en justice, même entachée d'une cause de nullité, conserve bien son effet interruptif de

[39] Cass. com. 4 mai 2017, n° 15-24.854, D. 2017, p. 975, 1941, obs. P.-M. Le Corre ; RTD com. 2017, p. 704, obs. J.-L. Vallens ; APC 2017, comm. 167, obs. T. Le Bars ; APC 2018, comm. 140, obs. C. Saint-Alary-Houin, F. Macorig-Venier et J. Théron ; JCP E 2017, 1460, n° 6, obs. P. Pétel.

[40] Cass. com. 22 janv. 2020, n° 18-19.526, D. 2020, p. 855, note J.-D. Pellier et p. 1862, obs. P. Cagnoli ; Rev. sociétés 2020, p. 193, obs. F. Reille ; Gaz. Pal. 21 avr. 2020, p. 60, note P.-M. Le Corre ; JCP E 2020, 1204, n° 14, obs. P. Pétel ; RPC 2020, comm. 52, obs. N. Borga.

[41] C. Com., art. L. 622-25-1.

[42] C. civ., art. 2241.

[43] Cass. com., 26 janv. 2016, n° 14-17.952.

prescription et de forclusion[44]. Il en résulte qu'un nouveau délai de déclaration devrait commencer à courir lorsque le créancier sera à nouveau en mesure d'agir, soit à partir de la décision prononçant la nullité de la déclaration. Si cette interprétation est la bonne, cela signifiera que l'inopposabilité à la procédure collective de la créance, portée par une déclaration annulée, ne sera, potentiellement, que provisoire.

Une seconde voie est encore imaginable. Le créancier pourra en effet contester l'ordonnance jugeant sa déclaration irrecevable ou nulle dans le cadre des voies de recours. C'est un appel qui sera le plus souvent possible, à former dans les dix jours de la notification de l'ordonnance faisant droit à la défense procédurale[45]. On peut alors se demander si la cour d'appel peut ou doit statuer au fond sur la créance déclarée, si elle infirme ou annule l'ordonnance du juge-commissaire. Ici également, tout semble dépendre de l'erreur rectifiée par les juges du second degré.

Si la cour d'appel annule ou infirme une ordonnance de juge-commissaire ayant retenu la nullité d'une déclaration de créance, il faut raisonner en termes d'évocation. L'article 568 du Code de procédure civile permet en effet à la cour d'appel d'évoquer les faits non jugés, en cas d'annulation ou d'infirmation d'un jugement statuant sur une exception de procédure et mettant fin à l'instance. Dans notre matière, la cour d'appel pourra donc, après infirmation ou annulation de l'ordonnance du juge-commissaire, prononcer elle-même l'admission ou le rejet de la créance au passif, si elle estime que tel est l'intérêt d'une bonne administration de la justice. Dans le cas inverse, ce sera au juge-commissaire de se prononcer sur cette même question de fond. Tout dépendra finalement de ce que la cour souhaitera privilégier : la célérité de la procédure ou le double degré de juridiction.

Les dispositions de l'article 568 du Code de procédure civile sont en revanche inapplicables lorsqu'une cour d'appel annule ou infirme une décision de première instance ayant accueilli une fin de non-recevoir[46]. Dans cette hypothèse, la Cour de cassation préfère raisonner en termes de dévolution du litige qu'en termes

---

[44] C. civ., art. 2241, al. 2. Peu importe que la nullité soit de forme ou de fond, selon Cass. civ. 2ème, 16 oct. 2014, n° 13-22.088.

[45] C. com., art. R. 624-7 et R. 661-3 ; pour l'éventuel pourvoi en cassation, v. C. com., art. L. 624-4.

[46] Cass. civ. 1re, 16 déc. 2015, n°14-28.296.

d'évocation[47]. Elle en a déduit l'obligation– et non la simple faculté – pour la cour d'appel qui déclare l'action recevable d'aborder le fond du litige[48]. Une telle conclusion semble opportune, spécialement dans notre matière[49]. Toutefois, il n'est pas certain qu'elle soit encore d'actualité[50]. En outre, elle repose sur une approche de l'effet dévolutif et de l'évocation qui n'est peut-être pas indiscutable. C'est en effet une chose de dire dans quels cas l'évocation est permise, ce que fait notamment l'article 648 du Code de procédure civile. C'en est une autre de définir l'évocation et de la distinguer de la dévolution du litige[51]. Par hypothèse, les juges de première instance qui font droit à une fin de non-recevoir n'abordent pas le fond du droit[52]. Qu'une cour d'appel statue au fond après avoir infirmé ou annulé un tel jugement nous semble davantage relever du mécanisme de l'évocation que de celui de l'effet dévolutif de l'appel[53].

---

[47] Cass. civ. 3ème, 22 juin 2011, n° 08-21.804 (pour la fin de non-recevoir tirée de défaut de qualité du demandeur).

[48] Cass. civ. 3ème, 22 juin 2011, préc.

[49] La cour d'appel aurait ainsi l'obligation de se prononcer sur le rejet ou l'admission de la créance au passif après avoir infirmé l'ordonnance du juge-commissaire ayant prononcé l'irrecevabilité de la déclaration de créance, par exemple pour défaut de qualité du déclarant.

[50] La conclusion est logique au regard de l'ancien article 562 du Code de procédure civile, qui prévoyait un effet dévolutif pour le tout en cas d'appel non limité à certains chefs du jugement. Il n'est pas sûr qu'elle puisse être reconduite au regard de ce texte, dans la rédaction que lui a donnée le décret n° 2017-891 du 6 mai 2017. Comme cela a été remarqué, les rédacteurs de ce décret ont eu pour volonté de « restreindre l'effet dévolutif de l'appel en cadrant davantage le champ de la seconde instance, plus étroitement lié à ce qui a été effectivement jugé en première instance » (C. Chainais, F. Ferrand, L. Mayer et S. Guinchard, Procédure civile, Dalloz, 34ème éd, 2018, n° 1347). Le texte prévoit maintenant une dévolution « pour les chefs de jugement expressément critiqués et ceux qui en dépendent ».

[51] La question est ancienne et délicate, v. H. Motulsky, Les rapports entre l'effet dévolutif de l'appel et l'évocation dans jurisprudence de la cour suprême, JCP 1953, I, 1095 ; Nouvelles réflexions sur l'effet dévolutif de l'appel et l'évocation, JCP 1958, I, 1423. Plus près de nous, D. Cohen, Le domaine de l'évocation, *in* Mélanges J. Héron, 2008, LGDJ, p. 173 ; J. Héron, T. Le Bars et K. Salhi, Droit judiciaire privé, LGDJ, Domat, 7ème éd., 2019, n° 754 et s.

[52] CPC, art. 122.

[53] En sens inverse, v. J. Héron, T. Le Bars et K. Salhi, Droit judiciaire privé, LGDJ, Domat, n° 754. Si l'on suit notre analyse, il faut en revanche admettre qu'en l'état actuel des textes, l'évocation n'est pas permise lorsque la cour d'appel infirme le premier jugement en déclarant l'action recevable, ce qui n'est guère opportun. Une retouche de l'actuel article 568 du Code de procédure civile serait alors bienvenue pour la permettre.

2) L'effacement lié à la décision statuant au fond sur la créance

Par le passé, la Cour de cassation a précisé que la créance rejetée était inexistante[54]. Plus récemment, elle retenait son extinction sans faire appel au concept d'inexistence[55]. Dans les deux cas, le créancier dont la créance est rejetée ne perçoit rien dans le cadre de la procédure collective ; il ne reçoit rien non plus lorsque la procédure collective est achevée[56]. Il perd enfin ses garanties, qu'elles soient réelles ou personnelles, dès lors qu'on peut les tenir comme l'accessoire de la créance déclarée.

Cependant, cette extinction de la créance rejetée n'est pas forcément définitive. Pour l'admission comme pour le rejet de la créance, la Cour de cassation précise en effet que l'ordonnance du juge-commissaire, désigné dans le cadre d'une première procédure collective, n'a pas d'autorité de chose jugée dans le cadre d'une seconde procédure collective, ouverte en conséquence de l'échec d'un plan de sauvegarde ou de redressement[57]. Cela permet au créancier qui a été admis dans de mauvaises conditions, ou même au créancier dont la créance a été totalement rejetée, de procéder à une nouvelle déclaration de créance dans la seconde procédure collective[58]. La solution s'explique, selon la Cour de cassation, par la différence de parties : le mandataire judiciaire et, derrière lui la collectivité des créanciers, ne seraient pas les mêmes dans l'une et l'autre des procédures. L'explication n'est pas pleinement convaincante[59] et le résultat serait sans doute plus facile à justifier si l'on retenait, comme

---

[54] Cass. Com., 20 juin 1978, n° 76-15.425 ; Cass. com., 19 oct. 1993, n° 91-11.952.

[55] Cass. com. 4 mai 2017 et 22 janv. 2020, préc.

[56] On vise ici deux hypothèses : celle de la reprise autorisée des poursuites individuelles en cas de clôture pour insuffisance d'actifs et celle d'un plan terminé et correctement exécuté.

[57] Cass. ass. plén., 10 avr. 2009, n° 08-10.154 ; JCP E 2009, 1814, n°9, obs. P. Pétel ; APC 2009, comm. 141, obs. P. Cagnoli ; RTD com. 2010, p.423, obs. A. Martin-serf.

[58] Cass. com. 30 janv. 2019, n° 17-31.060 ; Gaz. Pal. 2019, 9 juil. 2019, p. 68, obs. P.-M. Le Corre ; BJE mai 2019, p. 42, obs. S. Benilsi ; Cass. com., 4 mai 2017, n° 15-15.390 ; Gaz. Pal. 27 juin 2017, p. 58, obs. P.-M. Le Corre ; APC 2017, comm. 168, obs. P. Cagnoli.

[59] J. Théron, Réflexions sur la nature et l'autorité des décisions rendues en matière d'admission de créances au sein d'une procédure collective, RTD com. 2010, p. 635, spéc. n° 20 ; T. Goujon-Béthan, L'autorité de chose jugée en droit des entreprises en difficulté *in* Les grands concepts du droit des entreprises en difficulté, Dalloz, p. 95 spéc. n° 54 s.

cela a pu être proposé[60], que l'admission au passif d'une procédure collective signifie seulement la participation du créancier à cette procédure, tandis que le rejet de la créance implique son inopposabilité à la procédure collective, et non son extinction.

Ces interrogations sur la portée du rejet et de l'admission au passif sont nécessairement renouvelées, compte tenu du nouveau statut que confère aux entrepreneurs individuels la loi du 14 février 2022[61]. Deux situations seront ici distinguées.

La première situation est celle dans laquelle seul le patrimoine professionnel de l'entrepreneur individuel est en difficulté, de sorte que seul ce patrimoine est concerné par la procédure collective ouverte par le tribunal. Dans une telle hypothèse, il est certain qu'une décision de rejet implique au moins la non-participation du créancier à la procédure collective. Doit-t-on aussi y voir une extinction de la créance déclarée, comme le fait actuellement la Cour de cassation de façon générale ? La réponse à cette question doit logiquement dépendre des raisons du rejet. Si ce rejet vient de ce que la créance n'existe pas ou n'existe plus, il est alors cohérent de conclure à l'extinction de cette créance. Mais le rejet peut aussi tenir au fait que le créancier n'a pas de droit de gage sur le patrimoine saisi par la procédure collective. La sanction d'extinction ne peut alors raisonnablement être retenue. Dans cette hypothèse en effet, le rejet ne doit pas préjuger du droit de poursuite du créancier déclarant sur le patrimoine personnel qui n'est pas saisi par la procédure collective. Les nouveaux textes vont en ce sens. Ils précisent que « *sauf*

---

[60] T. Goujon-Béthan, art. préc., n° 59. Sur la cohérence à retrouver, entre une approche large ou étroite des effets des décisions d'admission au passif, v. P. Cagnoli, La portée des décisions en matière d'admission au passif dans la procédure collective et au-delà, RPC 2019, dossier 45.

[61] F. Pérochon, Professionnels indépendants en difficulté : premiers regards sur la loi du 14 février 2022, BJE avr. 2022, p. 4 ; N. Borga, La limitation du risque entrepreneurial : insaisissabilité de la résidence principale, EIRL et réforme de l'entreprenariat individuel, BJE avr. 2022, p. 56 ; P. Rossi, Entrepreneur individuel et procédure collective, à propos de l'article 5 de la loi n° 2022-172 du 14 février 2022 en faveur de l'activité professionnelle indépendante, JCP E 2022, étude 1138 ; O. Buisine, De l'entrepreneur en difficulté, RPC 2022, étude 2 ; M. Diesbecq, Entrepreneur individuel - Le liquidateur gardien des nouveaux gages particuliers ? APC 2022, comm. 127 ; T. Revet, La désubjectivation du patrimoine, Loi n° 2022-172 du 14 février 2022 en faveur de l'activité professionnelle indépendante, D. 2022, p. 469.

dispositions contraires, les dispositions des titres II à IV du présent livre (...) qui intéressent les droits ou obligations des créanciers du débiteur s'appliquent dans les limites du seul patrimoine professionnel » [62]. Il faut donc sans doute en déduire que la décision de rejet n'aura qu'un impact sur la participation à la procédure collective, autrement dit qu'elle n'impliquera pas son extinction. Admettre l'inverse conduirait à sanctionner le créancier pour son erreur d'aiguillage, de façon excessivement sévère, selon nous. Le rejet ne doit pas déborder du cadre de la procédure collective, qui n'appréhende que le patrimoine professionnel[63].

Dans cette même hypothèse où seul le patrimoine professionnel serait concerné par la procédure collective de l'entrepreneur individuel, on peut aussi s'interroger sur la portée des décisions d'admission au passif. Par principe, le créancier d'un entrepreneur individuel a cette qualité soit à raison de l'activité professionnelle de son débiteur, soit à raison de l'activité privée de ce dernier[64]. Sauf exception donc, un créancier n'a un droit de gage que sur l'un ou l'autre des patrimoines du débiteur. L'admission au passif signifie, bien sûr, le droit pour le créancier de participer à la procédure collective concernant le patrimoine professionnel. Traduit-elle aussi une négation de la qualité de créancier à raison de l'activité privée de l'entrepreneur individuel ? L'interrogation vient d'une jurisprudence de la Cour de cassation, selon laquelle un créancier postérieur, qui avait à tort procédé à la déclaration de sa créance et qui avait été admis au passif, n'avait pu ensuite faire valoir ses prérogatives de créancier postérieur privilégié[65]. L'autorité de chose jugée de la décision d'admission interdisait la remise en cause de son statut de créancier antérieur. Transposé à notre problème, un tel raisonnement

---

[62] C. com., art. L. 681-1, II.

[63] Une autre piste consisterait dans cette hypothèse à juger la déclaration de créance irrecevable. La nouvelle version de l'article L. 624-2 du Code de commerce le permet assurément. Le juge-commissaire pourrait en effet retenir l'absence de « qualité de créancier ayant un droit de gage sur le patrimoine professionnel ». Cela ne préjugerait pas du droit de ce même créancier sur le patrimoine non saisi par la procédure collective.

[64] C. com., art. L. 526-22, al. 4 et 6.

[65] Cass. com., 3 mai 2011, n° 10-18.031 ; JCP E. 2011, 1596, n° 11, obs. P. Pétel ; APC 2011-10, n° 148, obs. L. Fin- Langer ; D. 2011, p. 1279, obs. A. Lienhard ; D. 2011, p. 2069, obs. P.-M. Le Corre ; Gaz. Pal. 9 juil. 2011, p. 12, note E. Le Corre-Broly ; Bull. Joly. entr. diff. 2011-4, p. 250, note S. Benilsi ; RPC 2012, comm. 3, obs. P. Cagnoli.

ferait dire que si un créancier est admis au passif de la procédure collective de l'entrepreneur individuel, il ne peut ensuite prétendre à exercer son droit de poursuite sur le patrimoine privé de cet entrepreneur. Cette conclusion, à laquelle conduisent les raisonnements traditionnels, serait évidemment choquante. D'une part en effet, certains créanciers profitent, en vertu de la loi, d'un droit de gage sur les deux patrimoines de l'entrepreneur individuel ; il s'agit du Trésor public et de la sécurité sociale, pour certaines de leurs créances[66], ainsi que des créanciers dont la créance est née avant le 15 mai 2022. D'autre part, certains créanciers ayant traité avec le débiteur à raison de son activité professionnelle profiteront d'une sûreté réelle consentie sur un bien du patrimoine privé[67] ou d'une renonciation de l'entrepreneur individuel à l'étanchéité patrimoniale[68]. Il vaut donc mieux prendre appui sur les dispositions de l'article L. 681-2, II, du Code de commerce, et considérer que l'admission au passif traduira simplement le droit pour le créancier de participer à la procédure, ayant pour objet le patrimoine professionnel de l'entrepreneur individuel saisi par cette procédure, sans préjuger du droit de poursuite du créancier sur le patrimoine privé de son débiteur.

La seconde hypothèse à envisager est celle dans laquelle les deux patrimoines de l'entrepreneur individuel sont en difficulté. Le plus souvent, cela conduira le tribunal de commerce ou le tribunal judiciaire, selon les cas, à ouvrir une procédure régie par les dispositions du livre VI du Code de commerce, applicable aux deux patrimoines dudit entrepreneur[69]. Il en sera ainsi chaque fois que la séparation des patrimoines n'aura pas été strictement observée ou chaque fois qu'il existe des créanciers ayant un droit de gage sur les deux patrimoines[70], situation qui sera extrêmement banale, spécialement dans les premiers temps d'application de la loi. Tous les créanciers seront appelés à déclarer leur créance, qu'ils aient traité avec l'entrepreneur individuel à raison de l'activité professionnelle de ce dernier ou à raison de son activité privée. La procédure devra respecter les droits de gage des différents créanciers déclarant leur créance.

---

[66] C. com., art. L. 526-24.
[67] C. com., art. L. 526-22, al. 4.
[68] C. com., art. L. 526-25.
[69] C. com., art. L. 681-1, III.
[70] C. com., art. L. 681-IV.

L'article L. 681-2, III du Code de commerce dispose, en son troisième alinéa, que « *le tribunal traite, dans un même jugement, des dettes dont l'entrepreneur individuel est redevable sur ses patrimoines professionnel et personnel, en fonction du droit de gage de chaque créancier, sauf dispositions contraires* ». Le texte ne le précise pas mais, à notre sens, c'est au juge-commissaire qu'il appartiendra de statuer sur la créance déclarée et de préciser à quel patrimoine elle se rattache, ce qui constituera un travail nouveau pour lui. Le tribunal n'interviendra, selon nous, que pour préciser le traitement des créances admises par le juge-commissaire au titre des deux patrimoines[71]. Précisément, pour ces créanciers qui peuvent prétendre avoir un droit de gage sur les deux patrimoines de l'entrepreneur individuel, le risque existe de n'être admis que pour l'un d'eux. Un tel créancier sera donc bien inspiré de signaler qu'il déclare sa créance au titre des deux patrimoines de l'entrepreneur individuel. Ne pas le faire l'expose au risque de voir sa créance considérée comme inopposable au regard de l'un des patrimoines du débiteur (celui sur lequel l'admission ne porte pas). Ce serait bien une forme d'effacement, sinon de la créance, du moins du droit de gage du créancier sur l'un des patrimoines du débiteur.

Les risques d'effacement existent donc, dans le processus habituel de vérification du passif. Ils sont évidemment accrus lorsqu'une disposition légale dispense le mandataire judiciaire de vérifier les créances.

II. L'effacement facilité par la dispense de vérification du passif

Les textes autorisent expressément, dans certaines hypothèses, une dispense de vérification du passif. Une telle dispense, officielle, correspond à des situations et des besoins bien identifiés. Cependant, mal utilisée, elle peut générer un effacement des dettes injustifié (A). Un autre cas de dispense de vérification du passif, plus discret parce

[71] Par exemple, pour le Trésor public ayant un droit de gage sur les deux patrimoines, le tribunal pourrait imposer un paiement effectué en priorité sur l'un des patrimoines et subsidiairement sur l'autre. Par exemple encore, il pourrait indiquer qu'un créancier ayant un droit de gage sur les deux patrimoines participe aux répartitions sur le patrimoine professionnel (règles de la liquidation) et au plan sur le patrimoine privé (règles du plan). Les solutions différenciées sont à notre sens possibles en raison de la dualité de patimoines à traiter, et ce malgré la lettre de l'article L. 681-2, I, du Code de commerce, qui vise l'ouverture d'une procédure.

que non présenté comme tel par la loi, doit également être mentionné. Il s'observe actuellement dans la procédure de traitement de sortie de crise. Cette dispense officieuse de vérification du passif peut, là aussi, générer un risque d'effacement des dettes qui mériterait d'être plus solidement encadré qu'il ne l'est (B).

A. LA DISPENSE OFFICIELLE DE VÉRIFICATION DU PASSIF

Indépendamment du rétablissement professionnel, dans lequel aucune vérification du passif n'existe, le législateur permet, en liquidation judiciaire, de ne pas vérifier certaines créances, lorsque l'on sait que ces créances ne seront de toutes façons pas payées, compte tenu des maigres actifs du débiteur. Le premier cas concerne la liquidation judiciaire ordinaire[72] : les créances chirographaires ne sont pas vérifiées s'il apparaît que le produit de la réalisation de l'actif sera entièrement absorbé par les frais de justice et les créances privilégiées, à l'exception du cas où existerait une perspective de condamnation du dirigeant au comblement de l'insuffisance d'actif. Le second cas concerne la liquidation judiciaire simplifiée[73] : seules sont vérifiées les créances venant en rang utile dans les répartitions et les créances résultant d'un contrat de travail. Dans les deux cas, les créances déclarées ne sont donc pas vérifiées, de sorte que les créanciers concernés ne perçoivent rien dans le cadre de la procédure. Si la clôture est bien prononcée pour insuffisance d'actif, ces créanciers subissent le principe de non-reprise des poursuites individuelles, tout comme les créanciers dont les créances ont été vérifiées et admises mais demeurant impayées. Ce n'est que si ce principe est écarté pour une cause ou une autre – fraude, faillite personnelle, etc. – que ces créanciers retrouvent leur droit de poursuite individuelle « *dans les conditions du droit commun* »[74].

Cet effacement des dettes qui résulte le plus souvent de la dispense de vérification du passif ne doit pas susciter d'état d'âme particulier. En effet, il est inutile de procéder à une vérification qui

---

[72] C. com., art. L. 641-4, al. 2 et R. 641-27.

[73] C. com., art. L. 644-3.

[74] C. com., art. L. 643-11, V, al. 2. Si ces créanciers ont un titre exécutoire, ils pourront pratiquer des mesures d'exécution forcée. A défaut, ils agiront en justice pour en obtenir un. Ils auront profité de l'interruption de la prescription, par le jeu de leur déclaration de créance, et ce jusqu'à la clôture de la procédure (C. com., art. L. 622-25-1).

génère des frais de procédure lorsque l'on est certain que les créanciers concernés ne percevront rien. En revanche, la situation mérite réflexion en cas de mauvaise application des textes autorisant la dispense. Il se peut en effet que le tribunal ou son président se trompe sur l'application des règles de la liquidation judiciaire simplifiée, par exemple parce qu'un immeuble du débiteur a échappé à sa vigilance. De même, en liquidation judiciaire ordinaire, le juge-commissaire autorisant une dispense de la vérification du passif chirographaire peut n'avoir pas entrevu les possibilités de sanctions patrimoniales à l'encontre du dirigeant.

Pour le créancier dont la créance n'est pas vérifiée, l'effacement devient alors inacceptable, en tous les cas si on ne lui fournit pas les moyens de revenir sur la dispense de vérification lorsqu'elle est injustifiée. Et c'est là que le bât blesse : les décisions qui conduisent à la dispense de vérification du passif sont traitées, par la loi et par la jurisprudence, comme des mesures d'administration judiciaire. Il n'est donc pas possible de les critiquer dans le cadre des voies de recours[75], notamment dans le cadre d'une tierce opposition. Cette qualification a été retenue par la Cour de cassation, pour ce qui est des ordonnances du juge-commissaire autorisant la dispense de vérification du passif chirographaire en liquidation judiciaire ordinaire[76]. Elle est également retenue par les textes et par la jurisprudence, pour les décisions du tribunal ou de son président optant pour la liquidation judiciaire simplifiée[77]. Certes, les mesures d'administration judiciaire n'ont aucune autorité de chose jugée de sorte que le juge peut revenir sur elles à tout moment. Mais encore faut-il qu'il le veuille bien. C'est toute la différence avec un acte juridictionnel, pour lequel une voie de recours impose un nouvel examen au juge. On peut dès lors s'interroger sur les voies de droit ouvertes au créancier dont la créance n'est pas vérifiée, s'il se dit victime de l'inertie du juge ou du liquidateur.

[75] CPC, art. 537.
[76] Cass. com. 17 sept. 2013, n° 12-30.158 ; RTD com. 2014. 199, obs. J.-L. Vallens ; APC 2013, comm. 242, obs. P. Cagnoli ; BJE nov. 2013, p. 2, obs. J. Théron
[77] Pour le président du tribunal, v. C. com., art. R. 644-1 ; pour le tribunal, v. Cass. Com., 2 juin 2021, n° 19-25.556, APC 2021, comm. 158, obs. B. Rolland ; JCP E 2021, 1424, n° 8, obs. A. Tehrani ; LEDEN, juil. 2021, p. 4, obs. L. Camensuli-Feuillard ; RPC 2022, comm. 4, obs. P. Cagnoli.

Une première piste pourrait consister, pour un tel créancier, à se faire désigner contrôleur[78], ce qui lui permettrait de mener, en cas de carence du liquidateur, certaines actions susceptibles de reconstituer l'actif du débiteur[79] et, partant, de provoquer une vérification du passif. Cette voie semble en réalité assez illusoire car ce sont rarement les créanciers chirographaires ou faiblement privilégiés qui ont les outils pour se faire désigner contrôleurs. En outre, pour certaines actions, telle une action en responsabilité pour insuffisance d'actif, une majorité de créanciers contrôleurs sera nécessaire[80], laquelle fera fréquemment défaut[81].

Une deuxième piste pourrait être de former tierce opposition du jugement de clôture de la liquidation judiciaire. Cette voie de recours est théoriquement possible mais, en pratique, il y a fort à parier que le créancier soit considéré comme représenté à l'instance par le liquidateur, ce qui lui fermerait toute tierce opposition[82]. On peut en effet penser que, le plus souvent, le créancier dont la créance n'a pas été vérifiée n'aura pas de moyen propre à faire valoir, n'ayant pas de position spécialement originale par rapport aux autres créanciers, victimes des rigueurs de la discipline collective.

Une dernière voie peut encore être imaginée. Elle consiste, pour le créancier victime d'une dispense de vérification du passif injustifiée, à demander une reprise de la liquidation judiciaire, prématurément clôturée[83]. Cette reprise est envisageable si des actifs du débiteur n'ont pas été réalisés alors qu'ils auraient dû l'être, ou que des actions dans l'intérêt collectif des créanciers n'ont pas été engagées pendant le cours de la procédure. La Cour de cassation estime que ce n'est pas une nouvelle procédure qui est ouverte mais la même qui reprend, avec rétroactivité[84]. Elle en déduit que la reprise de la

---

[78] C. com., art. L. 621-10, al. 4 et L. 641-1, II, al. 6.

[79] C. com., art. L. 622-20.

[80] C. com., art. L. 651-3, al. 2 et R. 651-4.

[81] La Cour de cassation exige une mise en demeure rédigée conjointement par au moins deux créanciers contrôleurs, v. Cass. com., 24 mai 2018 n° 17-10.005, APC 2018, comm. 177, obs. P. Cagnoli.

[82] En ce sens, dans cet ouvrage, v. O. Faugère, La tierce opposition du créancier, instrument de résistance à l'effacement des dettes, p. 303, spéc. n° 33 et 34.

[83] C. com., art. L. 643-13. Sur ce texte, v. P.-M. Le Corre, La reprise de la procédure de liquidation judiciaire, dix questions-réponses, Gaz. Pal. 27 juin 2017, p. 75.

[84] Cass. Com., 16 mars 2010, n° 08-13.147 ; APC 2010, comm. 122, obs. J. Vallansan ; RPC 2011, comm. 71, obs. M.-P. Dumont-Lefrand ; LEDEN mai 2010, p. 1, obs. F.-X. Lucas ; Gaz. Pal. 3 juil. 2010, p. 13, note L. Antonini-Cochin.

liquidation judiciaire peut être l'occasion de poursuivre la vérification du passif qui n'a pas été effectuée[85].

Prometteuse, cette troisième voie risque cependant de se heurter à plusieurs obstacles pratiques. D'abord, la reprise de la liquidation judiciaire prématurément clôturée n'est pas un droit pour le créancier, de sorte que le tribunal peut la refuser[86]. Ensuite, le créancier sollicitant la reprise devra consigner les fonds nécessaires aux opérations de liquidation, ce qui peut être décourageant. Enfin, certaines actions, qui auraient pu être menées avant la clôture seront prescrites au moment où la procédure pourrait être reprise. Il suffit par exemple de songer au délai de prescription de trois ans de l'action responsabilité pour insuffisance d'actif, lequel court à compter du jugement ayant ouvert ou prononcé la liquidation judiciaire.

Finalement, on en vient à penser qu'il serait plus simple de permettre au créancier de critiquer, en amont, les décisions qui conduisent à la dispense de vérification du passif. Ne serait-il pas souhaitable de revenir sur la qualification de mesure d'administration judiciaire, retenue par les textes et par la jurisprudence ? Certes, les décisions ainsi qualifiées – dispense de vérification du passif chirographaire ; décision ordonnant la liquidation judiciaire simplifiée - touchent à l'organisation de la procédure, ce qui constitue l'un des critères habituels de la qualification de mesure d'administration judiciaire. Mais indéniablement, ces mêmes décisions impactent aussi les droits des créanciers dont les créances ne sont pas vérifiées. On rejoint alors le critère de l'acte juridictionnel[87].

B. LA DISPENSE OFFICIEUSE DE VÉRIFICATION DU PASSIF

Issue d'une loi du 31 mai 2021[88] précisée par deux décrets d'application du 16 octobre 2021[89], la procédure de traitement de

---

[85] Cass. Com. 22 mars 2016, n° 14-18.873, D. 2016. Actu. 702 ; RTD com. 2016. 545, obs. A. Martin-Serf ; APC 2016, comm. 89, obs. P. Cagnoli.

[86] Cass. com., 2 nov. 2005, n° 04-16.738.

[87] Cass. soc., 24 mai 1995, n° 92-10.483 ; en droit des procédures collectives, v. Cass. com., 8 sept. 2015, n° 14-11.393, APC 2015, comm. 262, obs. P. Cagnoli ; Procédures 2015, comm. 332, obs. B. Rolland.

[88] L. n° 2021-689 du 31 mai 2021 ; sur cette loi, v. T. Montéran, Procédure de sortie de crise : une nouvelle étoile est née ! Gaz. Pal. 13 juil. 2021, p. 38 ; P.-M. Le Corre, Une nouvelle procédure collective : la procédure de traitement de sortie de crise, Gaz. Pal. 13 juil. 2021, p. 40 ; F. Petit, Bienvenue à la procédure de traitement de sortie de crise ! APC 2021, comm. 134 ; P. Roussel Galle, La nouvelle procédure de

sortie de crise est une procédure temporaire, puisqu'elle ne pourra plus être sollicitée après le 2 juin 2023[90]. Elle s'adresse aux entreprises de taille modeste qui sont en état de cessation des paiements mais peuvent néanmoins payer leurs salariés. Ces entreprises doivent par ailleurs être dotées d'une comptabilité fiable et être en mesure de présenter un projet de plan dans les trois mois de l'ouverture de la procédure[91]. Le législateur a notamment songé aux prêts garantis par l'Etat, dont le remboursement pourra être étalé dans le temps grâce à cette procédure.

Pour les entreprises éligibles, la procédure de traitement de sortie de crise repose sur un signalement de ses dettes par le débiteur au mandataire de justice désigné. Ce sont ces dettes, signalées par le débiteur en début de procédure[92], qui seront l'objet du plan d'apurement du passif[93]. Certes, certaines dettes ne peuvent être soumises au plan. Il en est ainsi des créances de salaire, des créances alimentaires, des créances inférieures à 500 €[94]. Il en est de même – et c'est plus original - pour les créances postérieures inutiles, les créances délictuelles et les créances antérieures non signalées. Ces créances sont soumises à la discipline collective pendant la période d'observation, mais elles devront être payées dès que le plan aura été adopté.

Si l'on s'intéresse aux créances potentiellement soumises au plan - les créances antérieures autres que celles citées ci-dessus et qui sont signalées par le débiteur -, les choses sont simples pour ce qui est de leur vérification : il n'y en a pas ! A tout le moins, cette vérification est extrêmement sommaire. En effet, la loi précise que les créances sont vérifiées « *selon les modalités prévues par le décret* »[95]. Le décret précise pour sa part que le mandataire désigné a huit jours pour

---

traitement de sortie de crise est arrivée, RPC 2021-4, repère 4 ; M. Douaoui-Chamseddine, À propos du passif et de l'adoption du plan dans la nouvelle procédure de traitement de sortie de crise, BJE juill. 2021, p. 58 ; K. Lemercier et F. Mercier, « Entreprises en difficulté : instauration temporaire d'une procédure judiciaire de traitement de sortie de crise », D. actu. 7 juin 2021.

[89] D. n° 2021-1354 et 2021-1355 du 16 octobre 2021.

[90] L. n° 2021-689, art. 13, VII.

[91] L. n° 2021-689, art. 13, I, A et D. n° 2021-1355, art. 1 à 3.

[92] Dans les 10 jours de l'ouverture de sa procédure, v. L. 2021-689, art. 13, II, B et D. n° 2021-1354, art. 6.

[93] L. n° 2021-689, art. 13, IV, B.

[94] D. n° 2021-1354, art. 26, III.

[95] L. n° 2021-689, art. 13, II, B.

adresser à chaque créancier les informations relatives à sa créance, telle qu'elles sont fournies par le débiteur[96]. C'est dans ce même délai qu'il doit procéder à la vérification de la créance, ce qui est extrêmement bref. Surtout, le décret prévoit un contrôle de conformité de la liste dressée par le débiteur aux documents comptables de l'entreprise[97]. Il s'agit donc d'un contrôle fondé exclusivement sur les éléments produits par le débiteur. On peut d'autant plus s'en étonner que la procédure de traitement de sortie de crise n'est pas réservée aux entreprises ayant recours à un commissaire aux comptes ou à un expert-comptable[98]. Or, même si elle est fiable, la comptabilité ne relate pas nécessairement tout. Elle ne mentionnera pas, par exemple, une dette de responsabilité contractuelle, pourtant concernée par le mécanisme.

En réalité, soit le créancier réagit dans le délai d'un mois suivant le jour où il peut le faire[99], soit il reste inactif pendant cette même période. Ce n'est que dans le premier cas que le juge-commissaire est saisi, pour trancher la contestation du créancier ou procéder à l'actualisation de sa créance ; c'est donc un processus inversé par rapport au droit commun des procédures collectives[100]. Dans le second cas, le juge-commissaire ne sera nullement saisi et la créance sera traitée dans le plan telle qu'elle aura été signalée par le débiteur et ce, même si elle été minorée par ce dernier[101]. C'est là que réside le piège pour le créancier : le traitement de sa créance sera le seul reçu si le plan est correctement exécuté jusqu'à son terme. Il ne sera en effet plus possible, au stade de la consultation des créanciers sur les efforts qu'on leur demande, de revenir sur la créance, telle qu'elle a été signalée. Il n'y aura notamment pas de voies de recours possibles, puisque aucune décision n'aura été rendue. Apparait alors ici une sorte « d'autorité de la chose signalée », du moins dans les

---

[96] D. n° 2021-1354, art. 7, al. 2.

[97] D. n° 2021-1354, art. 6, al. 2.

[98] D. n° 2021-1354, art. 2.

[99] D. n° 2021-1354 art. 7. Le délai d'un mois pour réagir court à compter de la plus tardive des deux dates : la publication du jugement d'ouverture au BODACC ou la communication par le mandataire désigne de l'extrait de liste le concernant.

[100] P.-M. Le Corre, art. préc., p. 41.

[101] Les hypothèses d'une minoration de sa dette par le débiteur sont nombreuses. Ainsi du débiteur qui minore le coût d'une prestation qu'il a reçue ; du débiteur qui reconnaît son manquement contractuel mais qui le sous-évalue ; du débiteur qui minore sa dette parce qu'il entend faire jouer une compensation qui n'a pas lieu d'être.

rapports entre le créancier et son débiteur. La créance sera traitée telle qu'elle aura été signalée par le débiteur, donc éventuellement minorée, avec la possibilité d'imposer des délais de paiement dans le cadre du plan de redressement[102].

Le législateur semble considérer que l'absence de réaction du créancier équivaut à la reconnaissance de la justesse du signalement de sa créance effectué par le débiteur. En réalité, bien d'autres explications sont concevables, ne serait-ce qu'un empêchement du créancier à réagir au signalement qui lui est fait de sa créance, ou encore l'envoi de l'avis du mandataire de justice à une adresse erronée. On peut alors regretter qu'aucun mécanisme de relevé de forclusion n'ait été prévu. De même, aucune augmentation des délais à raison des distances n'est envisagée[103]. On peut aussi noter que l'avis adressé au créancier par le mandataire de justice désigné mentionne simplement la possibilité d'une actualisation ou d'une contestation devant le juge-commissaire, ainsi que le délai d'un mois pour y procéder[104] ; il ne signale pas le risque d'effacement de la dette, en cas d'inaction. L'attention du créancier n'est pas suffisamment attirée, selon nous, sur les conséquences de son inaction.

Tous ces détails accumulés font que, dans certaines hypothèses où aucune faute ne pourra être imputée au créancier, sa créance, mal signalée par le débiteur, fera finalement l'objet d'un effacement partiel, inavoué mais bien présent. Cela n'est guère satisfaisant. Si le système retenu devait être pérennisé, il conviendrait de prévoir certaines garanties procédurales qui font actuellement défaut.

---

102 L. 2021-689, art. 13, IV, A. Le texte renvoie aux dispositions du chapitre VI du titre II du livre VI du Code de commerce, et donc à l'article L. 626-18, al. 4, de ce code. Seul le montant minimal des dividendes fait l'objet d'un aménagement, v. L. 2021-689, art. 13, IV, C.

103 Les mécanismes connus sont à notre sens inapplicables, v. CPC, art. 643 et 645 (délais de comparution les délais des voies de recours) et C. com., art. R. 622-24 (délai de déclaration de créance).

104 D. n° 2021-1354, art. 7 al. 3.

Le Droit des entreprises en difficulté et la décharge de la caution

Florence REILLE

La question de la décharge de la caution envisagée sous l'angle du droit des entreprises en difficulté est d'autant plus intéressante qu'elle paraît se trouver renouvelée par les récentes réformes du 15 septembre 2021, qu'il s'agisse de l'ordonnance n° 2021-1192 portant réforme du droit des sûretés ou celle n° 2021-1193 portant modification du livre VI du code de commerce.

Encore faut-il déterminer la réalité de ce renouvellement et, le cas échéant, sa portée.

C'est ce que nous nous attacherons à faire, en adoptant une distinction classique selon que, en cas de *défaillance* du débiteur principal, la caution est déchargée par voie accessoire (I) ou principale (II)[1].

I. La décharge de la caution par voie accessoire en droit des entreprises en difficulté

La règle de l'accessoire irrigue l'institution du cautionnement. Avant la dernière réforme des sûretés, la loi en rendait compte dans diverses dispositions, et spécialement à l'ancien article 2313 alinéa 1er du code civil aux termes duquel : « *La caution peut opposer au créancier toutes les exceptions qui appartiennent au débiteur principal, et qui sont inhérentes à la dette ...* ».

A cette règle de l'accessoire, étaient cependant reconnues deux exceptions. La première, énoncée par l'alinéa 2 du même article 2313 du code civil, refusait à la caution la possibilité d'opposer au créancier les exceptions purement personnelles au débiteur. Initialement, cette dérogation au principe n'aurait eu pour vocation que d'écarter l'opposabilité par la caution de l'exception tirée de l'incapacité du débiteur à s'engager, comme pouvait le confirmer l'ancien article 2289 du code civil. La seconde exception était fondée sur la finalité du cautionnement destiné à garantir le créancier contre le risque d'impayé ou de paiement tardif du débiteur principal. Dans un contexte de conflit entre la règle de l'accessoire et la finalité de la sûreté, dont les droits des entreprises en difficulté et du

[1] La forme orale de de l'intervention a largement été conservée.

surendettement constituent les terrains de prédilection, il était considéré que la seconde devait prévaloir sur la première. A ce titre était-il largement admis que les aménagements accordés au débiteur dans le cadre des procédures du livre VI du code de commerce ne pouvaient être invoqués par la caution à titre accessoire.

De l'application de ces règles ressortait cependant une certaine confusion.
S'agissant de la première exception énoncée, la jurisprudence en avait dilaté le domaine - et ce faisant, la portée -, l'appliquant bien au-delà de la seule exception tirée de l'incapacité du débiteur principal et d'une manière parfois discutable[2] . Elle créait ainsi une *distinction-socle* entre exceptions inhérentes à la dette opposables par la caution au titre de la règle de l'accessoire et exceptions personnelles au débiteur, non opposables par elle, sans cependant que les critères de cette distinction apparaissent avec évidence.
S'agissant de la seconde exception, l'introduction de dispositions accordant aux cautions certaines des faveurs accordées au débiteur soumis à une procédure collective, contribuait à brouiller les pistes[3].
Les deux exceptions énoncées précédemment comme distinctes ont, enfin, été mêlées l'une à l'autre, ajoutant au trouble déjà existant pour l'appréhension de chacune d'elles. C'est ainsi que, pour déterminer si tel ou tel avantage accordé au débiteur *failli*, pouvait, ou non, être invoqué par la caution, on a eu recours aux qualifications d'exceptions personnelles ou inhérentes à la dette, important dans un contexte de procédure collective les incertitudes relatives à la distinction de ces

---

[2] V. avant projet de réforme du droit des sûretés Capitant, p. 55 : « *La caution devrait donc pouvoir se prévaloir de toutes les causes permettant au débiteur d'échapper à son engagement ou de l'alléger. (...) Telle a bien été la position de la jurisprudence quasi-unanime pendant deux siècles, moyennant quelques artifices et libertés prises avec la lettre des textes. Or, par un arrêt du 8 juin 2007, la Cour de cassation a au contraire affirmé "que la caution ne peut opposer les exceptions qui sont purement personnelles au débiteur principal", en l'espèce une nullité du contrat principal pour dol. De proche en proche, toutes sortes d'autres exceptions ont été jugées inopposables par des cautions, rapprochant de plus en plus la situation de la caution de celle d'un codébiteur principal* ».
[3] Même si cet octroi par des dispositions expresses était également de nature à confirmer qu'à défaut, l'accessoire s'inclinait bien devant la finalité de la sûreté.

deux catégories d'exceptions et aboutissant à ce que les qualifications retenues ne soient pas toujours convaincantes[4].

De cette complexité et des incertitudes engendrées, est née la volonté de simplifier et de clarifier les choses : supprimer la distinction exceptions personnelles/inhérentes à la dette – et ainsi restaurer la plénitude de la règle de l'accessoire – tout en affirmant expressément la primauté de la finalité de la sûreté sur la règle de l'accessoire dans les situations où ces deux aspects entraient en conflit, c'est-à-dire encore une fois, très éssentiellement dans un contexte de surendettement ou de difficultés des entreprises relevant du livre VI du code de commerce[5].

C'est chose faite depuis l'ordonnance n° 20212-1192 du 15 septembre 2021, qui introduit dans le code civil un nouvel article 2298[6] autour duquel doit aujourd'hui être envisagée la décharge de la caution par voie accessoire en droit des entreprises en difficulté (A).
Ne doit-elle ou ne peut-elle l'être qu'à travers cette nouvelle disposition ? La question mérite sans doute d'être se posée (B).

A. LA QUESTION DE LA DÉCHARGE DE LA CAUTION RENOUVELÉE PAR L'ARTICLE 2298 DU CODE CIVIL

Aux termes du nouvel article 2298 du code civil, « *La caution peut opposer au créancier toutes les exceptions, personnelles ou inhérentes à la dette, qui appartiennent au débiteur, sous réserve des dispositions du deuxième alinéa de l'article 2293* (al. 1). *Toutefois la caution ne peut se prévaloir des mesures légales ou judiciaires dont bénéficie le débiteur en conséquence de sa défaillance, sauf disposition spéciale contraire* (al. 2) ».

L'objectif de simplification et/ou de clarification de la situation du point de vue de la décharge de la caution par voie accessoire dans le cadre du droit des entreprises en difficulté est-il atteint par l'introduction de cette nouvelle disposition dans le code civil ?

---

[4] S. Cabrillac et Ph. Pétel (Cabrillac, Mouly, Cabrillac, Pétel), Droit des sûretés, 10è ed., Lexis Nexis, n° 68.
[5] Ouvr. préc., n° 68.
[6] Nouveau dans son contenu, un article portant le numéro 2298 existant déjà dans le code civil sous l'empire du droit antérieur.

On peut être conduit à le penser. La règle de la non reprise des poursuites individuelles dont bénéficie par exemple le débiteur principal, qui, dans les régimes antérieurs, était traitée comme une exception qui lui était personnelle[7], devient ainsi « *une mesure légale ou judiciaire dont bénéficie le débiteur en conséquence de sa défaillance* ». Et comme aucune disposition spéciale ne vient en faire bénéficier la caution, aujourd'hui comme hier, mais sans doute de manière plus claire, la caution est empêchée par l'exception énoncée au second alinéa de l'article 2298 du code civil d'opposer ce moyen au créancier pour soutenir qu'elle se trouve déchargée par voie accessoire.

La réalité de la simplification a cependant d'emblée été mise en doute, certains auteurs relevant très vite de « *grandes difficultés d'application que le texte fait naître* » [8]. Le fait est que les incertitudes liées à sa rédaction ne manquent pas, tout spécialement s'agissant de l'exception énoncée à l'alinéa 2 qui nous intéresse.

Il suffit pour s'en convaincre de s'attarder sur les termes clés de cet alinéa sur lesquels repose la portée de la soumission de la règle de l'accessoire à la finalité de la sûreté, à commencer par la notion de *« défaillance »*, qui constitue le fondement même de l'exception. De quelle « *défaillance »* parle-ton ? Faut-il avoir de la défaillance une approche technique (le débiteur ne peut ou peine à faire face à sa ou ses dettes) ou une approche plus pragmatique (le débiteur rencontre des difficultés de nature à le rendre éligible aux procédures du livre VI du code de commerce) ? Même en privilégiant une approche technique de la notion, beaucoup d'incertitudes demeurent quant à l'appréciation de la défaillance dans le domaine du droit des entreprises en difficulté : s'agit-il de la « *défaillance* » ayant conduit à l'ouverture de la procédure du livre VI ou de celle consécutive à cette ouverture, c'est à dire liée à une interdiction des paiements ? Dans la

---

[7] V. Com. 8 juin 1993, n° 91-12.925, Bull. civ. IV, n° 230 ; Bull. civ. IV, n° 230 ; JCP E 1993, I, 275, obs. Ph. Pétel ; RTD civ. 1994, p. 36, obs. J. Mestre ; JCP G 1993, I, 3717, obs. Ph. Simler - Com. 28 juin 1994, n° 90-12.974, inédit – com. 28 mars 1995, n° 92-11.943, inédit, RPC 1995, p. 329, n° 6, obs. E. Kerckhove - Com., 6 mai 1997, n° 94-17.914, inédit.

[8] Not. L. Andreu, *Le cautionnement et le droit des entreprises en difficulté après les ordonnances de réforme du 15 septembre 2021*, RDBF janv. fev. 2022, doss. 10, spec. n° 10.

première hypothèse, les mesures envisagées dans l'une quelconque des procédures du livre VI pourraient toutes être visées par l'exception ; dans la seconde, seules les mesures prévues dans le cadre des procédures emportant interdiction des paiements (procédures collectives, donc) devraient être concernées. S'agit-il de la « *défaillance* » au sens général du terme (cessation des paiements), ou de la « *défaillance* » relative à la dette garantie ? Du sens retenu dépend le domaine d'application de l'exception évoquée dans un contexte de recours aux procédures du livre VI du code de commerce.

La notion de « mesures », légales ou judiciaires, n'est pas non plus limpide. Nous renverrons sur ce point aux questionnements du professeur Lionel Andreu[9].

Quant aux critères retenus pour identifier les mesures dont la caution ne pourrait se prévaloir, à savoir qu'il doit s'agir d'un « bénéfice » accordé au débiteur « en conséquence » de sa défaillance, c'est eux qui pourraient bien engendrer la plus grande variété d'interprétation. Quelles mesures parmi celles dont le débiteur va tirer profit doivent-elles être considérées comme un « bénéfice » ? Le bénéfice doit-il être défini par un regard porté en amont comme la faveur que l'on a voulu accorder au débiteur ou en aval comme l'avantage que le débiteur en tire quel qu'ait été l'objectif de l'institution de la mesure ? Et à partir de quand ce bénéfice est-il la « conséquence » de la défaillance du débiteur » ? A partir du moment où il s'agit d'aider le débiteur en difficulté à faire face à ses dettes ou à l'en libérer ou, plus largement, à partir de celui où la mesure est instituée par le livre VI du code de commerce, dès lors que celui-ci traite des difficultés des entreprises ?

Ces difficultés peuvent être illustrées à travers deux règles propres au droit des entreprises en difficulté, elles aussi modifiées par l'ordonnance du 15 septembre 2021, mais celle portant le n° 2021-1193 cette fois.

Des questions peuvent se poser s'agissant d'abord de l'inopposabilité de la créance qui n'a pas été déclarée au passif du débiteur principal, dont chacun sait qu'elle commence par être une opposabilité *à la*

---

[9] L. Andreu, art. préc.

procédure collective, lorsque celle-ci, quelle qu'elle soit[10], est en cours, avant de devenir une opposabilité *au débiteur* après que la procédure de sauvegarde ou de redressement a pris fin[11] à savoir, pendant l'exécution du plan et même après cette exécution « *lorsque les engagements énoncés dans le plan ou décidés par le tribunal ont été tenus* »[12].
On le sait, la question de l'impact de l'inopposabilité de la créance sur la caution est quant à elle réglée par les textes dès lors que la caution est une personne physique et que la procédure collective est une sauvegarde ou un redressement judiciaire. Le bénéfice de l'inopposabilité, qui était jusqu'il y a peu accordé à la caution pendant la seule période d'exécution du plan de sauvegarde, a été doublement étendu par l'ordonnance 2021-1193 du 15 sept. 2021 : à la phase d'exécution du plan de redressement et à celle postérieure à l'exécution du plan, qu'il soit de sauvegarde ou de redressement, lorsque ce dernier a été intégralement exécuté[13].

Qu'en est-il dans les autres cas que ceux visés par la loi ? On pourrait choisir de répondre simplement à la question en considérant que le bénéfice accordé à la caution personne physique dans les cas visés par elle, exclue la reconnaissance de ce même bénéfice dans les autres situations[14]. Ce raisonnement *a contrario* demeure cependant fragile[15], ne dispensant en toute hypothèse pas d'observer la situation sous

---

[10] Y compris la liquidation judiciaire : v. com. 3 nov. 2010, n° 09-70.312, Bull. civ. IV, n° 165.

[11] F. Pérochon, Entreprises en difficulté, 10è ed., LGDJ 2014, n° 1558 et s.

[12] C. com., art. L. 622-26, al. 2 et L. 631-14 al. 1er.

[13] Ar. préc.

[14] C'est-à-dire pour toute caution dans le cadre d'une liquidation judiciaire et pour la caution personne morale dans le cadre de la sauvegarde et du redressement

[15] Il nous parait également un peu court de considérer qu'il s'agit là de la mise en œuvre de l'exception faite à l'exception (dernière phrase du 2nd alinéa de 2298), et d'en déduire que la règle de l'accessoire a nécessairement été considérée comme écartée (en application de l'exception prévue à la première phrase de l'alinéa 2 de 2298). Plus largement, n'est pas convaincant le raisonnement qui consiste à proposer de résoudre les difficultés d'application de l'alinéa 2 de 2298 en considération de l'existence d'une disposition spéciale étendant à la caution un bénéfice accordé au débiteur (en partant du principe que cela révèle que l'on se trouve dans le domaine de l'exception à la règle de l'accessoire), dès lors que les cautions ne sont pas seules concernées par ces faveurs, mais les coobligés ou garants autonomes, dont l'engagement n'est pas accessoire, en bénéficiant également.

l'angle du nouvel article 2298 du code civil qui offre l'occasion de porter sur elle un regard nouveau.

Ainsi, hors les cas où la loi prévoit expressément le cas, la règle de l'inopposabilité de la créance non déclarée peut-elle être invoquée par voie accessoire selon le principe de l'article 2298 alinéa 1er ou tombe-t-elle sous le coup de l'exception du second alinéa ? Autrement dit, l'inopposabilité évoquée doit-elle être comptée parmi les « *mesures légales ou judiciaires dont bénéficie le débiteur en conséquence de sa défaillance* » ?
S'agissant de la décharge véritable parce que définitive de la caution, la réponse nous parait devoir être positive : l'inopposabilité définitive de la créance pouvant être rattachée au rebond du débiteur dont le droit interne, comme européen, font désormais une priorité, il semble peu douteux qu'elle puisse être qualifiée de *mesure légale* dont *bénéficie* le débiteur *en conséquence de sa défaillance*, ce que conforterait d'ailleurs l'expression employée d'inopposabilité *au débiteur*. A ce titre, pas plus aujourd'hui qu'hier, la caution personne morale ne devrait pouvoir être déchargée sur ce motif une fois le plan correctement exécuté par le débiteur.
S'agissant des autres aspects de la question[16], susceptible d'entraîner une décharge seulement temporaire de la caution[17], la réponse sonne avec moins d'évidence. Spécialement, doit-on nécessairement considérer que l'inopposabilité de la créance *à la procédure collective* constitue un *bénéfice* accordé au débiteur en conséquence de sa défaillance ? En cours de procédure, la règle de l'inopposabilité a-t-elle pour finalité de soulager le débiteur ou bien celle de faciliter le déroulement de la procédure ou encore de réduire au profit des créanciers, la concurrence qui pourrait s'exercer sur les actifs ? A-t-elle même seulement pour conséquence d'adoucir le sort de ce débiteur alors qu'il bénéficie déjà de la suspension des poursuites, puis, plus définitivement en cas de liquidation judiciaire, de la non reprise de celles-ci après clôture pour insuffisance d'actif ?

D'autres incertitudes liées à l'application de l'article 2298 du code civil surgissent encore lorsqu'il s'agit d'envisager la décharge de la

---

[16] Inopposabilité de la créance en cours d'exécution du plan ou en cours de liquidation judiciaire.
[17] Ce qui n'en fait qu'une *pseudo* décharge.

caution sous l'angle des dispositions de L. 642-12 al. 4 du code de commerce telles que modifiée par l'ordonnance n° 2021-1193 du 15 sept. 2021. L'article visé, rappelons-le, prévoit, dans le cadre d'une cession d'entreprise, ce qu'il est coutume d'appeler le transfert de la charge de la sûreté : dès lors qu'est inclus dans la cession un bien grevé d'une sûreté consentie au bénéfice du financeur de cet actif, les échéances futures du crédit sont transmises au cessionnaire. Alors que jusqu'à présent, le débiteur initial demeurait tenu de la totalité de la dette, ce qui réglait le sort de la caution dans le même sens[18], il est désormais prévu que le débiteur est libéré des échéances transmises. Cette nouvelle libération emporte-t-elle décharge de la caution[19] ?

La question est épineuse comme en atteste l'excellente controverse amicale développée à son sujet par des auteurs coutumiers du fait, Françoise Pérochon et Philippe Roussel Galle[20]. Pour l'un des auteurs, l'application de l'article 2298 du code civil commande de considérer que la caution ne doit pas être déchargée des échéances futures, nonobstant, spécialement, l'effet novatoire que reconnaît l'auteur à la libération du débiteur principal[21] : en ce que la décharge de la caution par novation ne serait qu'une expression de la règle de l'accessoire consacrée par l'alinéa 1er de l'article 2298, il y aurait lieu, dans un contexte de défaillance, d'appliquer l'exception figurant à l'alinéa 2. Et ce premier auteur de considérer que, puisque la libération du débiteur est clairement une *mesure légale dont il bénéficie en conséquence de sa défaillance*, elle ne saurait emporter décharge de la caution[22]. L'affirmation, indéniablement séduisante, ne nous paraît

[18] La dette étant alors intégralement née du chef du débiteur soumis à la procédure collective.

[19] V. F. Pérochon et Ph. Roussel Galle, *Plan de cession et caution : faut-il la libérer ? Controverse amicale !*, *in* Mélanges Martin Serf, à paraître. Comme le relèvent ces auteurs (n° 4), elle le sera nécessairement à la hauteur des paiements effectué par le cessionnaire, mais là n'est pas la question qui se situe sur le point de savoir si la libération du débiteur par le seul du transfert de la charge de la sûreté décharge la caution.

[20] F. Pérochon et Ph. Roussel Galle, *art. préc.*

[21] Et qui n'était logiquement pas reconnu jusque-là : Com. 20 mars 2019, n° 17-29.009, PB, APC 2019, n° 91, P. Cagnoli ; Gaz.pal. 18 juin 2019, p. 34, obs. J.-J. Ansault ; Gaz. pal. 25 juin 2019, p. 29, obs. M.-P. Dumont ; RPC. 2019, n° 69, Ch. Gijsbers ; BJE juill. 2019, p. 29, obs. M. Dols-Magneville ; JCP E 2019, 1375, n° 10, obs. A. Tehrani - Com. 20 juin 1995, n° 93-13802, B. ; D. 1999. Somm. 4, obs. F. Derrida.

[22] F. Pérochon et Ph. Roussel Galle, *art. préc.*, n° 5.

pas échapper à toute discussion[23] : en quoi la libération du débiteur constituerait-elle pour lui un *bénéfice* quand on sait qu'à la suite de la cession d'entreprise, il profite déjà, dans l'hypothèse - de loin la plus fréquente - de sa soumission à une liquidation judiciaire, de la non reprise des poursuites individuelles attachée à la clôture de la procédure pour insuffisance d'actif ? L'objectif de la règle n'est-il pas plutôt d'accélérer la répartition des actifs entre les autres créanciers ? A moins de considérer que le bénéfice visé par l'article 2298 puisse être entendu comme le simple effet bénéfique produit par une règle dont l'objectif n'est pas de favoriser le débiteur.... Et nous voilà ramenée aux incertitudes que suscitent les dispositions de ce nouvel article 2298, qui empêchent, à elles seules, de trancher aujourd'hui et sans débat la question de la décharge de la caution par voie accessoire dans des cas comme celui du transfert de la charge de la sûreté ou de l'inopposabilité de la créance non déclarée....

Au-delà, l'interprétation retenue de l'article 2298 du code civil - spécialement en défaveur de la décharge de la caution comme conséquence de la nouvelle rédaction de de l'article L. 642-12 du code de commerce - ne manque pas de provoquer une certaine gêne quand elle conduit à neutraliser de manière absolue, c'est-à-dire jusque dans ce qui constitue son essence, celle de la décharge de la caution par extinction de l'obligation principale[24], la règle de l'accessoire au profit de la finalité de la sûreté. Si l'on peut approuver la nécessité qu'il y a à faire primer la seconde sur la première chaque fois que l'accessoire mettrait en péril la finalité du cautionnement, peut-on aller jusqu'à admettre que cette finalité ruine purement et simplement la règle de l'accessoire elle-même ? Les nouvelles dispositions de l'article 2298 du code civil doivent-elles renouveler la question de la décharge de la caution dans un contexte de difficultés des entreprises jusqu'à cette extrémité ?

Nous en doutons. Il nous semblerait préférable de considérer que doit être reconnue une part irréductible de l'accessoire commandant de maintenir la décharge de la caution lorsque la dette principale s'éteint, y compris par le jeu d'une règle propre au livre VI, et en dépit de

[23] En premier lieu, preuves en sont les différents arguments invoqués par le second auteur de la controverse.
[24] Effet que produit la novation, dont ne discuterons pas ici la réalité.

l'alinéa 2 de l'article 2298 du code civil dont il conviendrait de considérer qu'il ne peut tout simplement pas embrasser cette hypothèse.

B. LA QUESTION DE LA DÉCHARGE DE LA CAUTION ENVISAGÉE HORS LE CHAMP DE L'ARTICLE 2298 ?

Admettre cette part d'irréductibilité suppose, sur le plan théorique d'abord, de combattre l'idée selon laquelle le domaine d'application de l'alinéa 2 de l'article 2298 destiné à mettre en échec l'accessoire dans un contexte de défaillance ne pourrait connaître aucune limite. Une idée qui fait son lit sur celle que l'alinéa premier du même article ne serait pas seulement une expression de la règle de l'accessoire, mais en constituerait la source, le socle, la consécration, qui ne se déclinerait en droit commun qu'en des applications et manifestations diverses. Sur cette base, il s'agit alors de considérer que « *l'intérêt de l'alinéa 2 de l'article 2298 du Code civil est d'écarter le jeu de l'accessoire consacré par l'alinéa 1er de ce même texte dans des hypothèses où, en droit commun et sans discussion aucune, la caution serait libérée* »[25] et qu'il embrasse toutes les hypothèses dans lesquelles la caution pourrait être libérée dès lors que cette libération interviendrait dans un contexte de défaillance.

Or, ce postulat, ne nous paraît pas indiscutable dans la mesure où, comme le relèvent les professeurs Cabrillac et Pétel, « *le principe de l'extinction par voie accessoire impose son automaticité : lorsque la dette principale est éteinte et quelle qu'en soit la raison, le cautionnement l'est aussi. C'est même le domaine premier de l'accessoire, le plus évident et celui à partir duquel la théorie peut être bâtie* »[26]. C'est donc l'extinction par voie accessoire qui est la source, le socle du principe de l'accessoire, celle sans laquelle l'accessoire disparaît totalement.

L'introduction dans le code civil de l'article 2298, et spécialement de son alinéa 2, est-elle de nature à remettre en cause ce socle en cas de défaillance du débiteur ?

---

[25] F. Pérochon et P. Roussel Galle, préc. n° 6.
[26] S. Cabrillac et Ph. Pétel, ouvr. Préc., n° 299.

On pourrait être tenté de la croire dès lors que, sous l'empire du droit antérieur l'ordonnance du 15 septembre 2021, la reconnaissance de la faculté pour la caution d'opposer au créancier sa décharge par extinction de l'obligation principale passait par la qualification de cette exception d'« *inhérente à la dette* »[27]. Or, le nouvel article 2298 du code civil, on l'a dit, fait référence à cette ancienne distinction pour poser dans son premier alinéa le principe d'opposabilité par la caution de ***tous*** les moyens de défense appartenant au débiteur principal, ceux personnel et ceux inhérents à la dette, sans accorder un sort particulier à celui tiré de l'extinction de la dette principale qui devrait donc, celui-ci comme les autres, tomber sous le coup de l'exception de l'alinéa 2.

Une autre disposition introduite par l'ordonnance du 15 septembre 2021 autorise cependant à raisonner autrement en considérant que la réserve qui doit être faite au jeu de l'article 2298 alinéa 2 tirée de l'extinction de la dette principale existe bien, mais, précisément, hors l'article 2298. La nouvelle rédaction de l'article 2313 du code civil, qui reprend les termes de l'ancien article 2311 et qui indique que « *L'obligation de la caution s'éteint par les mêmes causes que les autres obligations* », ajoute en effet, dans un alinéa 2, la phrase suivante : « *Elle s'éteint aussi par suite de l'extinction de l'obligation principale* ». L'extinction de l'obligation de la caution[28] par extinction de l'obligation principale, qui est ainsi consacrée, n'est pas une simple manifestation de la règle de l'accessoire, ce n'est pas une règle qui en est dérivée et qui ne fait que le décliner, c'est **le** socle de la règle de l'accessoire lui-même ; ce n'est pas une exception (inhérente à la dette) parmi d'autres, opposable, comme toutes les autres et par principe, sur le fondement de 2298 alinéa 1, et ainsi susceptible comme toutes les autres de tomber sous le coup de l'alinéa 2, c'est l'accessoire lui-même sans lequel le cautionnement se trouve dénaturé. Si on l'admet, on doit également reconnaître que l'article 2298, qui ne constitue, comme avant lui l'ancien article 2313 du code civil, que « *la clé procédurale de l'accessoire* »[29] ne puisse en aucun cas anéantir les fondements même de ce principe dont la consécration

[27] Not. Com. 17 juill. 1990, n° 88-15.630, Bull. civ. IV, n° 214 - Com. 17 juill. 1990, n° 89-13.138, Bull. civ. IV, n° 215.
[28] Et donc, évidemment, sa décharge.
[29] S. Cabrillac et Ph. Pétel, ouvr. préc., n° 63.

a été assurée hors de sa lettre, symbolisant qu'elle l'a été hors de son champ.

Admettre la part d'irréductibilité de la règle de l'accessoire suppose cependant encore de vérifier, selon une démarche plus pragmatique, qu'elle ne risque pas de compromettre gravement la prééminence de la finalité de la sûreté, ce qui serait le cas si le droit des entreprises en difficulté prévoyait de nombreuses ou d'importantes causes d'extinction de la dette du débiteur emportant décharge de la caution par voie accessoire. Or, tel ne nous semble pas être le cas.

Au fil du temps, ils sont au contraire devenus rares ou incertains les cas d'extinction véritable de la dette principale propres au droit des entreprises en difficulté dont la caution pourrait prétendre obtenir sa décharge.

N'en sont pas les mécanismes ayant pour seul effet de libérer le débiteur, temporairement ou durablement, sans pour autant que sa dette en soit affectée : arrêt des poursuites individuelles, non reprise de ces poursuites après clôture de la liquidation judiciaire pour insuffisance d'actif, inopposabilité définitive de la créance après exécution du plan[30]. Certaines causes d'extinction ont quant à elles disparu : le défaut de déclaration de créance qui, sous l'empire de la loi de 1985 et jusqu'en 2005 avait pour effet de priver purement et simplement les créanciers « négligents » de leurs droits ; le rejet de la créance pour cause de déclaration irrégulière, que la Cour de cassation jugeait inévitable[31] au regard de la lettre de l'article L. 624-2 du code de commerce, jusqu'à ce que l'ordonnance du 15 septembre 2021 en modifie la rédaction. Quant aux remises de dettes dont le débiteur peut bénéficier dans le cadre d'un plan, la loi prévoit expressément d'en faire bénéficier les cautions personnes physiques qu'il s'agisse, depuis l'ordonnance n° 2021-1193, d'un plan de sauvegarde ou de redressement[32]. Et s'agissant des cautions personnes morales dont on aurait pu craindre qu'en application de l'accessoire précisément, elles puissent prétendre également en obtenir le bénéfice, la chose est

[30] Même si pour celle-ci, d'autres arguments pourraient plaider en faveur de ce que la caution en bénéficie : cf supra.
[31] Com. 4 mai 2017, n° 15-24854, FSPBI, PB - com. 22 janv. 2020, n° 18-19526, PB
[32] C. com., art. L. 626-11 cité infra.

exclue pour la simple raison que la loi prévoit encore expressément de les en priver[33].

A ce jour, il n'existe finalement que deux ou trois mécanismes propres au droit des entreprises en difficulté susceptibles d'emporter extinction de la créance et, si l'on admet d'exclure le jeu de l'article 2298 alinéa 2 en pareil cas, décharge de la caution par voie accessoire. En premier lieu, celui qui nous a conduit à nous interroger, à savoir le jeu de l'article L.642-12 du code de commerce dans sa rédaction issue de l'ordonnance de 2021, pourvu que l'on convienne que la libération du débiteur prévue par la loi, emporte novation, celle-ci entraînant l'extinction de la part de la dette garantie transmise au cessionnaire[34]. Un deuxième mécanisme est celui de l'effacement des dettes du débiteur en cas de rétablissement professionnel, pourvu là encore que l'on admette que cet effacement recèle une extinction de ces dettes, ce qui est probable, mais reste discuté[35]. On peut enfin citer la règle de l'arrêt du cours des intérêts, son effet extinctif demeurant cependant plus incertain encore dans la mesure où elle pourrait être plus sûrement envisagée comme un obstacle érigé à l'accroissement de la créance[36].

Rien à notre avis, qui justifie que l'on écarte cette part irréductible de la règle de l'accessoire, qui devrait commander d'accueillir la décharge de la caution chaque fois que – c'est-à-dire *les quelques fois où* - sera retenue l'extinction de la créance du débiteur principal en application des règles du droit des entreprises en difficulté, nonobstant la nouvelle rédaction de l'article 2298 du code de commerce.

---

[33] C. com., art. L. 626-11 : « *Le jugement qui arrête le plan en rend les dispositions opposables à tous (al. 1).* ***A l'exception des personnes morales****, les coobligés et les personnes ayant consenti une sûreté personnelle ou ayant affecté ou cédé un bien en garantie peuvent s'en prévaloir (al. 2)* ».

[34] CF supra.

[35] Sur la discussion relative à la nature de l'effacement des dettes et l'absence d'évidence de l'extinction, v. not. Caitline KAIGL, *L'effacement des dettes dans le surendettement des particuliers,* p. 259 et s., spéc. p. 265.

[36] S. Cabrillac et Ph. Pétel, ouvr. préc.

II. La décharge de la caution par voie principale en droit des entreprises en difficulté

Les situations de décharge de la caution par voie principale recouvrent à la fois celles conduisant à l'extinction du cautionnement par voie principale et celles emportant privation du créancier de ses droits contre le garant.

Elles sont toutes tirées du *droit commun* car, sauf erreur de notre part, il n'existe aucune cause de décharge de la caution par voie principale qui soit propre au droit des entreprises en difficulté. Aussi la question qui mérite d'être posée est celle de savoir dans quelle mesure le livre VI du code de commerce serait susceptible (ou non) de peser sur ces causes de décharge de la caution dont il ne constitue pas la source.

Nous choisirons de limiter l'exploration de cet impact à travers trois questions choisies en considération du renouvellement, plus ou moins marqué, qui pourrait y être apporté par l'ordonnance n° 2021-1192 du 15 septembre 2021 portant réforme des sûretés en général et du cautionnement en particulier.
La première concerne la décharge de la caution pour défaut de mise en garde, désormais consacrée à l'article 2299 du code civil (A), la deuxième, la décharge en application du nouvel article 2319 du code civil et la troisième, enfin, la décharge du garant en application de l'article 2314 du code civil dans sa nouvelle rédaction (C).

A. DÉCHARGE DE LA CAUTION SUR LE FONDEMENT DU NOUVEL ARTICLE 2299 DU CODE CIVIL

Le défaut de mise en garde du débiteur ou de la caution dont se rend coupable le dispensateur d'un crédit excessif emporte sanction de ce dernier : chacun le sait depuis 15 ans que la jurisprudence a mis au jour cette obligation d'information renforcée - quasi personnalisée - qu'est la mise en garde en cas d'octroi d'un crédit inadapté[37], faisant de ce défaut d'information l'un des aspects majeurs du contentieux actuel de la responsabilité bancaire.

---

[37] Ch. mixte, 29 juin 2007, n° 05-21.104, Bull. ch. mixte, n° 7.

Beaucoup savent aussi que la sanction du défaut de mise en garde présente le mérite non négligeable - au moins s'agissant de la mise en garde de la caution qui seule nous occupe ici - de résister au principe de non-responsabilité énoncé à l'article L. 650-1 du code de commerce[38] aux termes duquel « *Lorsqu'une procédure de sauvegarde, de redressement judiciaire ou de liquidation judiciaire est ouverte, les créanciers ne peuvent être tenus pour responsables des préjudices subis du fait des concours consentis* ».

Cette résistance demeura-t-elle ? La question pourrait se poser au regard du nouvel article 2299 du code civil qui, s'il consacre l'obligation de mise en garde de la caution, en modifie à la fois le domaine d'application et les effets. S'agissant de ces derniers, on se contentera de relever que là où le défaut de mise en garde était sanctionné sur le terrain de la responsabilité civile *pure* du dispensateur de crédit, il l'est désormais par la décharge de la caution, à seule hauteur, cependant, du préjudice subi par la caution ce qui n'éloigne guère la sanction de sa logique initiale. Cette nouvelle cause de déchéance mérite d'être un peu plus longuement observée s'agissant des modifications qu'elle subit quant à ses conditions d'application et spécialement celles relatives à l'appréciation du caractère excessif du crédit octroyé[39]. La jurisprudence considérait en effet jusqu'à présent que la mise en garde de la caution s'imposait dans deux cas marqués du sceau de l'excès : lorsque le crédit consenti était inadapté aux capacités financières du débiteur principal ou lorsqu'il l'était à celles de la caution elle-même. L'article 2299 ne prévoit désormais de mise en garde de la caution que dans le second cas, réservant à la caution, dans la première situation, le soin de se défendre sur le terrain de la disproportion[40]. Or, s'il était logique d'admettre que l'excès apprécié par rapport à la situation de la caution n'entrait pas dans le champ de L. 650-1, le préjudice de la caution

---

[38] com. 12 juil. 2017, n° 16-10.793, F-P+B+I. Rappr. com. 20 juin 2018, n° 16-27.693, Bull. civ. IV, n° 72 (pour un codébiteur).

[39] Parce qu'elle demeure étrangère à la question qui nous occupe dans le cadre de cette intervention, nous nous contenterons de signaler une autre modification affectant le domaine de l'obligation de mise en garde de la caution à savoir qu'elle ne concerne désormais que les cautions personnes physiques, peu importe qu'elles soient ou non averties, là où jusqu'à présent, elle était due à toute caution non avertie, qu'elle soit une personne physique ou morale.

[40] C. civ., art. 2300.

étant moins subi par elle « *du fait des concours consentis* », que *du fait du cautionnement consenti*, dès lors qu'il est apprécié par rapport à la situation du débiteur principal ayant bénéficié du concours, les choses ne s'en trouvent-elles pas modifiées ?

Pour notre part, nous ne le pensons pas. En effet, outre que les décisions affirmant la résistance de la sanction du défaut de mise en garde à l'article L. 650-1 du code de commerce n'aient pas été spécifiquement rendues dans le cadre d'un excès apprécié en considération de la situation de la caution, la solution retenue est de toute façon exprimée en des termes suffisamment large pour englober sous une approche unique les deux situations évoquées[41], y compris, donc, celle dans laquelle l'excès est caractérisé au regard de la situation du débiteur, qui seule prévaut aujourd'hui.

Ainsi la caution trouve-t-elle là un motif de décharge, que la procédure collective du débiteur principal ne saurait a priori pas plus empêcher aujourd'hui qu'hier, en dépit de l'obstacle significatif que constituent les dispositions de l'article L. 650-1 du code de commerce s'agissant de la mise en cause de la responsabilité des dispensateurs de crédit.

B. DÉCHARGE DE LA CAUTION SUR LE FONDEMENT DU NOUVEL ARTICLE 2319 DU CODE CIVIL

Une autre situation spécifique - mais fréquente - donne lieu, depuis peu à un cas particulier de décharge de la caution. Dans le cadre du cautionnement du solde de compte courant ou de dépôt, le nouvel article 2319 du code civil prévoit en effet que « *la caution (...) ne peut plus être poursuivie cinq ans après la fin du cautionnement* ». Comme le précisait le projet d'ordonnance portant réforme du droit des sûretés d'avril 2021, la disposition vise à sécuriser le garant dont l'engagement expire avant la clôture du compte, qui rend la créance de solde du compte exigible, laquelle clôture est susceptible

[41] V. les termes de la solution de Com. 12 juil. 2017 préc. : « *Les dispositions de l'article L. 650-1 du code de commerce ne s'appliquent pas à l'action en responsabilité engagée par une caution contre une banque pour manquement à son devoir de mise en garde, cette action tendant à obtenir, non la réparation d'un préjudice subi du fait du prêt consenti, mais celle d'un préjudice de perte de chance de ne pas souscrire ledit cautionnement* ».

d'intervenir longtemps après la première date, soumettant plus longtemps encore la caution au risque de poursuite après que son engagement a pris fin[42], la prescription ne commençant à courir qu'à compter de l'exigibilité du solde.

S'agissant de ce nouveau motif de décharge de la caution, on peut encore s'interroger sur le point de savoir si sa portée pourrait être affectée par le placement du débiteur principal en procédure collective, question qui suppose de rappeler qu'une telle procédure, si elle emporte arrêté du compte bancaire au jour du jugement qui l'ouvre, n'en rend pas pour autant le solde exigible, faute de clôture véritable[43]. Comme lorsque le titulaire du compte est *in bonis*, la caution subit donc, en cas de procédure collective de ce dernier, l'étirement dans le temps de son obligation de règlement, sa mise en œuvre ne pouvant intervenir qu'à la clôture de celui-ci, la créance de la banque en cas de solde débiteur aurait-elle été déclarée et même admise au passif. Bénéficie-t-elle effectivement dans les deux contextes de la même limitation de cette obligation à la durée de cinq ans, prévue à l'article 2319 du code civil ?

La question se pose dès lors que, personne ne l'ignore, la procédure collective perturbe largement les délais de prescription, non seulement à l'égard du débiteur principal mais encore à l'égard de la caution, que ce soit par interruption, suspension, voire, jusqu'à une période relativement récente, par interversion[44]. Le délai de l'article 2319 du code civil échappe-t-il à la règle ? On peut le croire si l'on admet que soit dénié à ces cinq années la nature de délai de prescription, ce à quoi invitait le projet d'ordonnance d'avril 2021 aux termes duquel « *Il ne s'agit toutefois pas ici de consacrer un nouveau délai de prescription, mais seulement de préciser la durée pendant laquelle la*

---

[42] Sous réserve du mécanisme qui emporte déjà sa libération par extinction progressive de la dette garantie à laquelle conduit le bénéfice qui lui est accordé de l'imputation du montant de toutes les remises subséquentes à la fin de son engagement. Il convient cependant de noter qu'une clause peut prévoir d'écarter cette règle et que c'est pour protéger la caution précisément dans cette hypothèse que l'article 2319 a été introduit dans le code civil : v. rapp. au prés. relatif à l'ord. n° 2021-1192 du 15 septembre 2021 portant réforme du droit des sûretés, p. 5.

[43] R. Bonhomme, *Instruments de crédit et de paiement. Introduction au droit bancaire*, 11è ed. LGDJ, n° 472.

[44] Not, mais spéc. P. CAGNOLI, *Prescription et procédures collectives*, Rev. proc. coll. mai 2011, étude n° 12.

caution reste tenue du solde du compte-courant ». Le doute est cependant permis dès lors que le rapport au président de relatif à l'ordonnance n° 2021-1192 du 15 septembre 2021 portant réforme du droit des sûretés[45], faisant écho au même projet d'ordonnance, précise que le nouvel article 2319 se place « *dans la continuité d'une décision de la Cour de cassation …* » qu'il cite, laquelle décision se fonde, pour libérer la caution ayant mis fin à son engagement avant clôture du compte, sur… les règles de la prescription[46]…

C. DÉCHARGE DE LA CAUTION SUR LE FONDEMENT DE L'ACTUEL ARTICLE 2314 DU CODE CIVIL

On le sait, le droit des entreprises ne fait aucunement obstacle au jeu de l'article 2314 du code civil permettant la décharge[47] de la caution « *lorsque la subrogation aux droits du créancier ne peut plus, par la faute de celui-ci, s'opérer en sa faveur, la caution* »[48]. Les solutions retenues dans des contextes où de sérieuses questions pouvaient se poser[49], ne permettent aucun doute quant à l'accueil de l'exception de subrogation invoqué par la caution, lorsque le débiteur principal se trouve soumis à une procédure collective.

---

[45] Préc.

[46] Com., 5 octobre 1982, pourvoi n° 81-12.595 : « *mais attendu qu'ayant retenu le caractère commercial du cautionnement et constate que l'engagement de la caution n'avait été souscrit que pour une durée déterminée dont la fin avait été fixée au 27 juillet 1964 et que la seule mise en demeure à laquelle avait procède la banque se situait au 20 janvier 1978, la cour d'appel a pu en déduire que l'action de la banque se trouvait prescrite* ».

[47] Qui n'est qu'à la hauteur du préjudice subi par le garant précise l'art. 2314 du code civil dans sa nouvelle rédaction.

[48] C. civ., art. 2314, rédac. Ord. n° 2021-1192 du 15 sept. 2021.

[49] Com., 12 juill. 2011, n° 09-71.113 : Bull. civ., IV, n° 118, Act. proc. coll. 2011, comm. 219, obs. P. Cagnoli JCP E 2012, 1000, n° 7, obs. Ph. Pétel ; Gaz. Pal. 7-8 oct. 2011, p. 15, obs. P.-M. Le Corre ; D. 2011, p. 1894, obs. A. Lienhard ; LPA 22 sept. 2011, p. 20, note M.-P. Dumont-Lefrand ; RTD civ. 2011, p. 782, obs. P. Crocq ; RJ com. 2012, p. 45, obs. F. Macorig-Venier - Com., 19 févr. 2013, n° 11-28.423 : Bull. civ., IV, n° 26 ; D. 2013, p. 565, obs. A. Lienhard ; Act. proc. coll. 2013, comm. 76, obs. C. Alleaume ; JCP G 2013, 585, n° 9, obs. Ph. Simler – Civ. 1ère., 3 juill. 2013, n° 12-21.126 : Bull. civ., IV, n° 144 ; JCP G 2013, 1256, n° 6, obs. Ph. Simler - Com., 16 sept. 2014, n° 13-19.040 : Gaz. Pal. 4 déc. 2014, p. 21, obs. M.-P. Dumont-Lefrand.

Une jurisprudence retiendra particulièrement notre attention, qui concerne la question de l'application de l'article 2314 du code civil et de l'admission de la décharge de la caution dans le cas où le créancier néglige ou refuse d'exercer une simple faculté, en s'abstenant notamment de solliciter l'attribution judiciaire d'un gage. Après débats doctrinaux, et controverse jurisprudentielle, spécialement entre la chambre commerciale et la première chambre civile[50], une chambre mixte a fini par juger que la décharge de la caution doit s'opérer, en dépit du caractère facultatif de l'acte dont le créancier s'est abstenu[51].

La nouvelle rédaction de l'article 2314 du code civil revient clairement sur cette solution[52], son alinéa 3 précisant désormais que « *la caution ne peut reprocher au créancier son choix du mode de réalisation d'une sûreté* ». Le rapport au président relatif à l'ordonnance n° 2021-1192 du 15 septembre 2021 portant réforme du droit des sûretés le confirme lorsqu'il indique que la disposition se place « *en rupture par rapport au droit antérieur* »[53], le bénéfice de la décharge de la caution sur le fondement de l'article 2314 du code civil s'en trouvant nécessairement affecté.

Or, si la réduction des chances pour la caution de se trouver libérée du fait de l'abstention du créancier de choisir un mode de réalisation de sa sûreté - qu'elle aurait jugé préférable - plutôt qu'un autre, existe quelle que soit la situation du débiteur principal, notre avis est qu'elle le sera beaucoup plus significativement en cas de procédure collective du débiteur principal qu'hors ce contexte. Comme nous l'avons déjà

[50] V. pour le cas de l'attribution judiciaire du gage non sollicité dans le cadre de la procédure collective d'un débiteur principal : Com., 13 mai 2003, n° 00-15.404 : Bull. civ. IV, n° 73, JCP G 2003, I, 174, n° 15, obs. M. Cabrillac ; RD bancaire et fin. 2003, p. 293, obs. F.-X. Lucas ; D. 2004, p. 52, obs. P.-M. Le Corre ; LPA 19 févr. 2004, n° 36, p. 4, note E. Mouial-Bassilana - Contra Cass. 1re civ., 8 juill. 2003, n° 01-03.177 : D. 2004, p. 52, obs. P.-M. Le Corre.

[51] Ch. mixte, 17 nov. 2006, n° 04-19.123 : Bull. civ. n° 10 ; BICC 1er févr. 2007, rapp. F. Cachelot, Avis S. Petit ; JCP E 2006, 2775, note D. Houtcieff ; RTD civ. 2007, p. 157, obs. P. Crocq. V. égal. Com., 30 juin 2009, n° 08-17.789 D. 2009, p. 2325, note Y. Picod - Cass. 1re civ., 22 mai 2008, n° 07-14.808 : Act. proc. coll. 2008, comm. 177.

[52] Contra : Ph. Simler, Synthèse Jurisclass Cautionnement-extinction, spéc. n° 39

[53] Rapp., p. 5.

relevé[54], en effet, le motif avancé par les rédacteurs de l'ordonnance du 15 septembre 2021 pour justifier la réforme du droit positif sur ce point, à savoir que « *la solution inverse port[e] (...) une atteinte excessive aux droits du créancier qui peut légitimement ne pas souhaiter devenir propriétaire du bien grevé de sûreté* », peine à convaincre en cas de *défaillance* du débiteur. Effectivement, en s'abstenant de solliciter l'attribution judiciaire du gage ou de réaliser le pacte commissoire dont il bénéficie, le créancier renonce à un paiement hors concours, condamnant dans le même temps la caution subrogée à un (très) hypothétique paiement dans le cadre des répartitions. Et la question de se poser de savoir s'il n'y aurait pas là atteinte excessive aux droits de la caution plus qu'à ceux du créancier.

Où l'on voit que la soumission du débiteur principal à une procédure du livre VI du code de commerce est susceptible de peser sur les causes de décharge de la caution tiré du droit commun du cautionnement dans un sens qui peut clairement ne pas lui être pas favorable.

---

[54] F. Reille, *L'impact de la réforme du cautionnement sur le droit des entreprises en difficulté*, in, colloque Lille 17 nov. 2022 *Regards croisés sur la réforme du droit des entreprises en difficulté*, RPC janv.-Fév. 2022, p. 47.

Partie II

Table ronde des doctorants au colloque du CERDP

L'effacement des dettes

De la prescription à l'effacement de la dette
Réflexion sur les nuances de l'effet extinctif dans le rapport d'obligation

Marie GARNIER-ZAFFAGNINI

1. **Le temps efface les peines, les dettes aussi[1] !** Quels sont ces mécanismes quasiment magiques qui permettraient de se départir d'une obligation pourtant valablement convenue ? Dans un monde où le temps s'accélère, et où les procédures se rallongent, l'adage qui veut que « *le temps c'est de l'argent* » est plus que jamais à l'ordre du jour. C'est sans doute que la substance sans la procédure, le droit sans l'action attachée à celui-ci, n'a pas grande valeur. L'effacement, au même titre que la prescription, aboutirait, en considération de leur sens commun, à une *disparition* de la dette. Mais qu'en est-il réellement ? Pour le savoir, encore faudrait-il en déterminer précisément la nature (*1*), l'objet (*2*) et s'interroger sur la notion même d'effet extinctif (*3*).

1) Deux mécanismes

2. **Des mécanismes d'effacement et de prescription**. La prescription extinctive[2], d'une part, est définie par l'article 2219 du Code civil comme *« un mode d'extinction d'un droit résultant de l'inaction de son titulaire pendant un certain laps de temps ».* Elle représente donc un mécanisme extinctif, imputable au créancier, portant sur un droit. La prescription, qui est souvent analysée sous le prisme unique du droit des obligations, s'applique en réalité à tous les droits : aussi bien l'obligation que l'action en justice ou encore les

---

[1] **MIGNOT M.**, « La proposition de loi portant réforme de la prescription en matière civile : une nouvelle application du droit de ne pas payer ses dettes ? », *LPA* 2008, n° 41, p. 6 ; **BILLIAU M.**, **LOISEAU G.**, « Contrats et obligations, Régime de l'obligation », *JCP G* 2014, n° 40, doctr. 998, spéc n° 4.

[2] Sur la notion de prescription, v. notamment **ROUVIÈRE F.**, « Prescription et forclusion : différence de nature ou de degré ? », *RTD Civ.* 2017, p. 529 ; **CAMENSULI-FEUILLARD L.**, « Le juge de l'exécution n'a pas l'obligation de relever d'office la prescription de la créance », *D. actu*, fév. 2018, à propos de Cass. 2e civ., 11 janvier 2018, F-P+B, n° 15-27.941 ; **BALAT N.**, « Forclusion et prescription », *RTD Civ.* 2016, p. 751 ; **FRICERO N.**, « La prescription extinctive un an après la loi n° 2008-561 du 17 juin 2008 : ce qu'il faut savoir ! », *Procédures* 2009, étude 6.

droits réels – à l'exception du droit de propriété[3] –. Ce dispositif fonctionne à l'image d'un « *couperet qui prive d'action le droit subjectif qu'elle affecte, qui paralyse le droit d'action, le neutralise, le rend inefficace* »[4] : un mécanisme processuel d'extinction d'un droit, en somme. Si sa définition paraît satisfaisante, ses fondements sont plus nébuleux. La prescription reposerait tour à tour sur le droit naturel, sur un motif d'intérêt général – la garantie d'une sécurité et d'une stabilité du patrimoine dans le temps – et sur le droit à l'oubli[5]. En tous cas, elle vise à la fois à faire présumer le paiement au bout d'un certain laps de temps et à sanctionner le créancier qui n'aurait pas agi avec suffisamment de célérité. À ce titre, la prescription vient consacrer en *droit* une situation de *fait*.

La notion d'effacement, d'autre part, a été introduite par l'intermédiaire des procédures de rétablissement professionnel et personnel[6]. Aussi, l'effet essentiel du jugement clôturant la procédure de rétablissement professionnel est d'entrainer l'*« effacement des dettes à l'égard des créanciers dont la créance est née antérieurement au jugement d'ouverture de la procédure (...) »*[7]. De la même façon, au cours d'une procédure de surendettement d'un particulier, la commission peut imposer, par décision spéciale et motivée

---

[3] **Andreu L.**, **Thomassin N.**, *Cours de droit des obligations*, 4ème éd., Gualino, n° 2302 et s.

[4] **Lasserre-Kiesow V.**, « La prescription, les lois et la faux du temps », *JCP NI*, 2004, n° 19, p. 1225.

[5] *Ibid.*

[6] Elle permettait à un débiteur mis en liquidation judiciaire d'obtenir l'effacement de ses dettes lorsque la procédure était close pour insuffisance d'actif. L'effacement a ensuite été étendu, en 1989, au débiteur qui faisait l'objet d'un redressement judiciaire civil dont le logement principal avait été vendu. Enfin, en 1998, la Commission de surendettement a été habilitée à recommander un effacement total ou partiel de certaines créances. La loi de 2003 a ensuite définitivement étendu le droit du débiteur à être libéré de ses dettes, v. notamment : **Schiller S.**, « L'effacement des dettes permet-il un nouveau départ ? Comparaison franco-américaine », *RIDC* 2004, vol. 56, n° 3, pp. 655-674, spéc. p. 1 et s.

[7] C. com. art. L. 645-11 : « *La clôture de la procédure de rétablissement professionnel entraîne effacement des dettes à l'égard des créanciers dont la créance est née antérieurement au jugement d'ouverture de la procédure, a été portée à la connaissance du juge commis par le débiteur et a fait l'objet de l'information prévue à l'article L. 645-8. Ne peuvent être effacées les dettes correspondant aux créances des salariés, aux créances alimentaires et aux créances mentionnées aux 1° à 3° du I et au II de l'article L. 643-11. Les dettes effacées sont mentionnées dans le jugement de clôture* ».

« l'effacement partiel des créances »[8]. Le débiteur peut même obtenir un effacement total des créances à l'aboutissement d'une procédure de rétablissement personnel sans liquidation judiciaire[9]. Toutefois, la mise en place de ces dispositifs a été réalisée sans que le législateur ait pris le soin, au préalable, de le définir ou bien de le rattacher à un mécanisme existant. Dans le langage courant, l'effacement correspond aussi bien à « *l'action d'effacer* » qu'« *au résultat de cette action* »[10]. Il évoque alors le procédé de disparition, de suppression ou encore de réduction de *ce* qui est précisément effacé. L'effacement est défini, dans cette perspective, par le biais d'autres procédés qui lui sont assimilés. L'étude de la synonymie est d'ailleurs particulièrement intéressante : les plus proches synonymes du substantif visé sont la disparition, la suppression, l'anéantissement, l'abrogation ou l'annulation. Or, les derniers termes employés possèdent une résonnance particulière en droit. De l'annulation ou bien de la résolution du contrat résultent, en effet, un anéantissement rétroactif de ce dernier. Simplement, la cause est différente : l'annulation sanctionne le défaut de validité du contrat alors que la résolution en sanctionne l'inexécution. L'abrogation, en revanche, représente « *l'annulation pour l'avenir du caractère exécutoire d'un texte législatif ou réglementaire* »[11]. Il demeure que les notions de prescription et d'effacement peuvent recevoir des applications variées. Il convient, à ce titre, de déterminer précisément l'objet de cette étude.

---

[8] C. conso. Art. L. 733-4 2° : « *L'effacement partiel des créances combiné avec les mesures mentionnées à l'article L. 733-1. Celles de ces créances dont le montant a été payé au lieu et place du débiteur par la caution ou le coobligé, personnes physiques, ne peuvent faire l'objet d'un effacement* ».

[9] C. conso. art. L. 741-2 : « *En l'absence de contestation dans les conditions prévues à l'article L. 741-4, le rétablissement personnel sans liquidation judiciaire entraîne l'effacement de toutes les dettes, professionnelles et non professionnelles, du débiteur, arrêtées à la date de la décision de la commission, à l'exception des dettes mentionnées aux articles L. 711-4 et L. 711-5 et des dettes dont le montant a été payé au lieu et place du débiteur par la caution ou le coobligé, personnes physiques* ».

[10] *CNTRL*, v. « Effacement »

[11] *Dictionnaire juridique*, v. « Abroger ».

2) Un objet dual : la dette

3. **Prescription et effacement d'une dette**. La dette représente un élément passif du patrimoine alors que la créance s'inscrit à son actif. Une dette constitue, en ce sens, une obligation envers un créancier alors que la créance représente le droit du créancier à exiger le paiement de l'obligation par le débiteur. Dette et créance forment donc les deux faces d'un ensemble plus important : l'obligation, qui, elle-même, se dédouble. Selon un rapport dualiste[12], l'obligation représente aussi bien la dette dans sa substance, le *debitum*, que le pouvoir de contrainte, ou l'*obligatio*. Cette dualité de l'obligation rejaillit sur les sous-ensembles qui la composent : la dette, comme la créance, comporte à la fois un droit matériel et un droit de poursuite. Aussi, lorsqu'il est question de l'effacement ou de la prescription de la dette, c'est-à-dire du droit, il est nécessaire de prendre en considération cette dualité qui participe, à notre avis, d'une explication cohérente des mécanismes présentés.

L'hypothèse d'une dualité de la dette implique ainsi de s'interroger sur l'effet des dispositifs présentés sur celle-ci.

3) Un effet ?

4. **L'effet extinctif.** Si la loi vise précisément l'effet attaché à la prescription – *l'extinction du droit* – elle ne détermine pas celui de l'effacement. Dès 2014, la jurisprudence lui avait, pourtant, attribué un effet extinctif[13]. Si l'on en croit ce que suggère l'étude sémantique

[12] La thèse moniste prônait une confusion de ces deux aspects de l'obligation et une conception unitaire de celle-ci. Si cette conception avait pu perdurer avant la réforme du droit des obligations du 10 février 2016, l'abrogation de l'article 1234, qui visait l'extinction des « *obligations* », se pose sans doute en faveur d'un glissement vers la thèse dualiste.

[13] Cass. 2e civ., 27 fevr. 2014, n° 13-10891 ; *LPA* 19 Mai 2014, p. 7, note **STEFANIA M.**, *BJE* 2014/4, p. 1, obs **PEROCHON F.**, obs. **MACORIG-VERNIER F.** ; *Gaz. Pal* 20 mars 2014, n° 79, p. 22, obs. **DUMONT-LEFRAND M.-P.** La chambre commerciale de la Cour de cassation, avait, en ce sens, décidé que l'*extinction* de la créance, « du *fait de l'effacement des dettes* », consécutif à la clôture de rétablissement personnel, n'équivalait pas à un paiement. Certaines cours d'appel avaient également jugé en ce sens, v. notamment : CA Toulouse, 26 sept. 2006, n° 06/01909 ; CA Angers, 5 déc. 2006 : Juris-Data, n° 2006-335276. D'aucuns ont pu considérer que le législateur, en matière de rétablissement professionnel ou personnel, n'ayant pas évoqué, dans la loi, « *l'extinction* », mais plutôt « *l'effacement* », souhaitait exclure la première au profit du second (**VALLANSAN J.**, « Situation du débiteur - De la liquidation

de l'effacement, la suppression ou la disparition évoqueraient bien cette *idée* d'extinction[14]. Il reste que la notion même d'extinction est délicate à appréhender. Elle a été définie comme « *une notion de fait* »[15] désignant « *la fin d'une situation juridique* »[16]. En matière d'obligation, l'extinction vise « *le dénouement d'un lien juridique entre un créancier et un débiteur emportant libération de ce dernier qui résulte soit du paiement de la dette, soit d'un autre mode d'extinction* »[17]. Mais quel mécanisme produit, justement, cet effet extinctif ? Madame Sévely-Fournier avait ainsi établi que la « *production de l'effet extinctif (pouvait) découler d'un simple fait auquel le droit objectif reconnaît cette vertu* » ou bien d'un acte extinctif qui découle de la volonté de son auteur[18].

La prescription représente à ce titre un fait extinctif successif, c'est-à-dire que, contrairement aux mécanismes de forclusion ou de terme extinctif, elle « *se constitue dans la durée* »[19]. Toutefois, la prescription est un fait extinctif original dans la mesure où elle nécessite l'intervention de la volonté du débiteur – *un acte volontaire* – pour produire son effet. La prescription doit être invoquée : elle ne produit pas ses effets par le simple écoulement du temps et ne peut pas non plus être soulevée d'office par le juge[20]. L'effacement, parce qu'il est la conséquence d'une décision judiciaire et qu'il évoque, par son expression, un anéantissement, peut être analysé, de la même

---

judiciaire au rétablissement professionnel – Etude », *Cahiers de droit de l'entreprise* n° 1, Janv. 2015, doss. 4). C'est, selon nous, confondre *cause* et *effet*. Si l'effacement est bien *consécutif* à un acte judiciaire – soit l'aboutissement d'une procédure donnée – tout comme la prescription fait *suite* à l'écoulement du temps – soit l'inaction du créancier pendant un certain laps de temps – il ne s'agit pour autant pas de leur effet respectif. La Cour de cassation ne disait sans doute pas autre chose lorsqu'elle déclarait, dans l'arrêt du 27 février 2014 que « *l'extinction de la créance* » provenait « *du fait de l'effacement des dettes* », lui-même consécutif à la clôture de rétablissement personnel.

[14] V. également en ce sens **Saint-Alary-Houin C.**, *Droit des entreprises en difficulté*, 12e éd. LGDJ, Précis Domat, 2020, p. 939, n° 1419.

[15] **Sévely-Fournié C.**, *Essai sur l'acte juridique extinctif en droit privé*, Dalloz, 2010, p. 11 et s.

[16] *Ibid.*

[17] *Vocabulaire juridique*, Association Capitant, PUF, coll. « quadrige », 3e éd., 2002, v. « extinction », cité *in* **Sévely-Fournié C.**, *th. cit*, Dalloz, 2010, p. 19 n° 11.

[18] **Sévely-Fournié C.**, *th. cit*, Dalloz, 2010, p. 58 n° 34.

[19] **Putman E.**, « Le temps et le droit », *Dr. et patr.* janv. 2000, p. 46.

[20] CPC. Art. 2247 : « *Les juges ne peuvent pas suppléer d'office le moyen résultant de la prescription* ».

manière que la prescription, en un fait extinctif, immédiat et qui produit ses effets sans l'intervention du débiteur[21].

Si l'intérêt du recoupement entre les notions de prescription et d'effacement peut paraître, *a priori*, assez vague, leur mise en perspective constitue une approche salutaire dans la compréhension des mécanismes extinctifs et de leurs rapports avec l'obligation. L'analyse et la comparaison des notions, sous le prisme du rapport d'obligation en général et de la dette en particulier, met effectivement en lumière la relativité de l'effet extinctif et ses nuances. Les interrogations doctrinales concernent d'ailleurs, pour les deux dispositifs, principalement l'étendue et la nature de leur effets[22]. Plus précisément, cette dualité de l'effet extinctif recoupe celle de l'obligation : soit l'effet extinctif atteint la dette dans sa substance et le droit de poursuite, soit il n'atteint que le pouvoir de contrainte.

Aussi, peut-on s'interroger : *les effets extinctifs attachés* à la *prescription et à l'effacement sont-ils identiques* ? *Précisément, que nous enseignent ces dispositifs dans les rapports entre l'extinction et la dette* ? La comparaison de ces deux outils révèle, d'une part, l'existence d'une certaine relativité dans le phénomène extinctif en considération du rapport d'obligation (I), laquelle est confirmée par la finalité même des institutions présentées (II).

I. La relativité de l'extinction au regard du rapport d'obligation

5. **La délimitation matérielle de l'effet extinctif**. La délimitation matérielle de l'effet extinctif est une question majeure dans l'appréhension des mécanismes de prescription et d'effacement. En principe, l'extinction de l'obligation n'éteint pas le rapport

[21] Bien que le débiteur soit à l'origine de la saisine.

[22] v. notamment sur la prescription : **Bandrac M.**, *La nature juridique de la prescription extinctive,* Économica, 1986 ; **Fournier S.**, *Essai sur la notion de prescription en matière civile*, Thèse Grenoble, 1992 ; **Bruschi M.**, La prescription en droit de la responsabilité civile, Économica, 1999 ; **Collin A.**, *Pour une conception renouvelée de la prescription*, Thèse Paris, 2008 ; et sur l'effacement : **Bellis K.**, « Procédure de rétablissement personnel et obligation naturelle », *Rev. proc. coll.* 2021, n° 5, étude 18 ; **Seube J.-B.**, « Extinction de l'obligation : quels effets de l'effacement de la dette ? », Défrénois, 2019, n° 21, p. 37 ; **Billau M.**, **Loiseau G.**, « Contrats et obligations, Régime de l'obligation », *JCP G* 2014, n° 40, doctr. 998, spéc n° 4.

contractuel[23] : la validité du contrat ne prend fin que « *par l'épuisement de ses effets* »[24]. La norme contractuelle ne pourrait donc être atteinte que dans la mesure où l'obligation éteinte constituerait l'unique obligation du contrat ou bien que les autres auraient déjà été exécutées[25]. La problématique ici posée concerne exclusivement la prescription ou l'effacement de la dette. Il n'y a donc lieu de s'interroger que sur la disparition de l'un des éléments du rapport obligationnel.

Madame Sévely-Fournié expliquait cependant qu'il ne pouvait exister d'effet extinctif *partiel* puisque cette expression serait le fruit d'une confusion entre l'*objet* et la *finalité* de l'extinction, notamment en matière de résolution. Il s'agirait donc de ne pas confondre la norme contractuelle et le contenu obligationnel, lui seul étant visé par l'extinction, – laquelle est *totale*[26] –. Il demeure qu'une relativité de l'effet extinctif pourrait tout de même se loger au cœur du contenu obligationnel lui-même. La matérialité de l'effet extinctif peut ainsi porter sur l'ensemble de la dette ou bien sur l'une des deux parties composant le tout : le droit de poursuite ou le droit substantiel. La distinction entre l'action et le droit est alors indispensable à une appréhension de la relativité du mécanisme extinctif. Ainsi, en matière de prescription et d'effacement, la matérialité de l'effet extinctif est-elle toujours étendue au droit de poursuite (A). En revanche, et c'est là que la relativité de l'effet se manifeste, seule la prescription engendre une extinction du droit substantiel (B).

A. LA MATÉRIALITÉ DE L'EFFET EXTINCTIF ÉTENDUE AU DROIT DE POURSUITE

6. **Le droit de poursuite, droit processuel distinct du droit substantiel.** La prescription, cela ne fait aucun doute, atteint l'action, simplement parce que la loi le prévoit, notamment par l'intermédiaire des articles 2241 et suivants du Code civil. Cette spécificité se traduit, en termes procéduraux, par une fin de non-recevoir[27], obligeant le

---

[23] **RIGALLE-DUMETZ C.**, *La résolution partielle du contrat*, thèse, 2001, p. 214, n° 354.
[24] *Ibid.*
[25] **VATINET R.**, « Le mutuus dissensus », *RTD civ.* 1986, p. 259.
[26] **SÉVELY-FOURNIÉ C.**, *th. cit*, Dalloz, 2010, p. 555, n° 454 et s.
[27] CPC Art. 122 : « *Constitue une fin de non-recevoir tout moyen qui tend à faire déclarer l'adversaire irrecevable en sa demande, sans examen au fond, pour défaut*

défendeur à soulever le moyen devant le juge de la mise en état par l'intermédiaire de conclusions distinctes[28].

La détermination de cette matérialité est moins aisée en matière d'effacement puisque son régime n'a pas été légalement prévu. Il demeure que l'effacement de la dette implique, en tout état de cause, que le créancier ne puisse plus solliciter le paiement d'une dette effacée. Seule l'action visant précisément le paiement de la dette effacée est donc éteinte. Autrement dit, l'effacement paralyse le pouvoir de contrainte du créancier, à savoir l'action en exécution forcée[29]. Le dispositif d'effacement a pu être comparé avec les effets du jugement de clôture d'une procédure de liquidation judiciaire pour insuffisance d'actif[30]. L'article L. 643-11, I, du code de commerce dispose en la matière qu'il « *ne fait pas recouvrer aux créanciers l'exercice individuel de leurs actions contre le débiteur* ».

Ainsi, lorsque l'effet extinctif est dédoublé, à l'instar de la dette, l'effacement revêt les caractéristiques d'un fait extinctif immédiat ayant des effets sur le droit de poursuite. *Quid,* en revanche, des effets de la prescription et de l'effacement sur le *debitum* ?

B. LA RELATIVITÉ DE L'EXTENSION DE L'EFFET À LA DETTE SUBSTANTIELLE

7. **Une querelle tenace.** La question la plus épineuse en matière de prescription, comme d'effacement, est celle de savoir si ces mécanismes éteignent le droit dans sa substance[31]. Cette interrogation,

---

de droit d'agir, tel le défaut de qualité, le défaut d'intérêt, la prescription, le délai préfix, la chose jugée ».

[28] CPC. Art. 789 et 791.

[29] Sur ce point, v. également : **François J.**, « Qu'est-ce que l'effacement de la dette d'un débiteur insolvable ? », *D.* 2019, p. 411.

[30] **François J.**, *art. cit.*, *D.* 2019, p. 411 : « *D'une part, la jurisprudence décide que ce texte fait obstacle à la compensation mais pas au jeu de l'exception d'inexécution. D'autre part, la paralysie du droit de poursuite contre le débiteur n'interdit pas au créancier de réclamer le paiement à la caution. L'analogie n'a d'ailleurs pas échappé à la doctrine. Certains auteurs évoquent l'effacement de la dette lorsqu'ils envisagent les conséquences qui s'attachent à la clôture d'une procédure de liquidation judiciaire pour insuffisance d'actif* ».

[31] Une chose est sûre : « *l'effet que produit la prescription est sujet à controverse* » ; **Hontebeyrie A.**, « Prescription extinctive – effet de la prescription », *Rép. civ.*, févr. 2016 (actu fév. 2022), n° 569 et s ; par ailleurs, la LOI n° 2008-561 du 17 juin 2008 « *portant réforme de la prescription en matière* civile » n'a pas tranché la question.

qui pourrait sembler passablement théorique, revêt une importance pratique sérieuse. L'extinction, dans une perspective substantialiste[32], « *ne laisserait rien derrière elle* »[33] : elle provoquerait l'extinction du droit dans son entier, et ce, par confusion[34]. En revanche, selon la thèse processualiste[35], l'action serait atteinte, mais pas le droit. Le créancier pourrait alors se prévaloir d'actions indirectes ne tendant pas au règlement de la dette.

8. **D'une prédominance processualiste à la consécration d'une vision substantialiste.** À l'observation de la jurisprudence, il semble que la Cour de cassation se soit prévalue, ces dernières années, de la thèse minimaliste[36] de la prescription, en considérant, notamment dans un arrêt du 9 juillet 2009[37], que *« la prescription libératoire extinctive prévue par l'article 2277 du Code civil (...) n'éteint pas le droit du créancier, mais lui interdit seulement d'exiger l'exécution de son obligation »*. Dans le même ordre d'idées, à l'occasion d'une décision du 11 décembre 2019[38], relatif à la caution, la Cour avait encore, semble-t-il, privilégié une conception processualiste de la prescription. Les faits étaient courants : un prêt avait été consenti à une consommatrice. Celle-ci pouvait donc se prévaloir de la prescription biennale[39] prévue à l'article L218-2 du Code de la consommation. La question se posait en revanche de savoir si la caution pouvait, à son tour, se prévaloir de l'extinction de la dette prescrite. La Cour avait répondu par la négative, indiquant que cette fin de non-recevoir n'était pas *« inhérente à la dette mais purement personnelle à la débitrice principale »*. Dire que la prescription n'était pas une exception inhérente à la dette, n'était-ce pas entendre que la prescription n'avait

---

[32] Les articles 2219 et 2221, aux termes duquel : « *la prescription est soumise à la loi régissant le droit qu'elle affecte* ».

[33] **Hontebeyrie A.**, *art. cit., Rép. civ.*, févr. 2016 (actu fév. 2022), n° 569 et s.

[34] *Ibid.*

[35] C. civ., art. 2249.

[36] Sur ce point v. également **Mekki M.**, **Fenouillet D.**, **Malinvaud Ph.**, *Droit des obligations*, 14e éd. Lexis Nexis, n° 957.

[37] Cass 2e civ., 9 juill. 2009: *Bull. civ.* 2009, II, n° 194; Cass. 3e civ., 25 avr. 2007: *Bull. civ* 2007. IIII, n° 61; *CCC.* 2007, comm. 197, obs **Leveneur L.** ; **Andreu L.**, « La difficile articulation de la prescription et de la compensation », *D.* 2019, p. 2450.

[38] Cass. civ. 1re, 11 décembre 2019, n° 18-16.147, F-P+B+I.

[39] **Billiau M.**, **Loiseau G.**, « Contrats et obligations, Régime de l'obligation », *JCP G* 2019, n° 27, doctr. 749, spéc n° 4.

pas vraiment d'effet *sur la dette*, mais seulement sur *l'action en paiement* du créancier contre un débiteur déterminé ? Cette approche était, certes, séduisante, mais elle n'a guère résisté à l'épreuve de la loi. La nouvelle disposition prévue par l'article 2298 du Code civil, issue de l'ordonnance du 15 septembre 2021, modifie, en effet, la solution. La caution pourra désormais invoquer la prescription de la dette principale parce qu'il lui est désormais permis d'*« opposer au créancier toutes les exceptions, personnelles ou inhérentes à la dette, qui appartiennent au débiteur »*. Cette consécration législative a, par suite, ouvert la voie à un changement jurisprudentiel radical. Après plus d'une décennie d'errements, la Cour de cassation s'est stabilisée, prenant le parti de la doctrine majoritaire : la prescription éteint à la fois l'action, et le droit. Le 20 avril 2022[40], la Cour a ainsi décidé que la prescription biennale de l'article L. 218-2 du Code de la consommation était une exception *inhérente à la dette* et que donc, la caution pouvait s'en prévaloir. D'aucuns pourraient voir là le strict respect de la règle de l'accessoire, ou bien une volonté de préserver une caution qui ne pourrait se voir appliquer la loi nouvelle. Il nous apparaît, pourtant, que la Cour a, finalement, mis en conformité le régime avec la finalité de l'institution : la prescription éteint tout aussi bien l'action que la dette dans sa substance.

Qu'en est-il, par ailleurs, de l'effacement ? Un raisonnement par analogie constitue ici une voie quasi obligée car, de ce mécanisme, l'on ne sait, en somme, que peu de choses.

9. **L'effacement : un effet extinctif partiel ou la relativité de l'extinction.** À propos, cette fois, de l'effacement, la cour d'appel d'Aix-en-Provence avait considéré que l'adoption d'une mesure de rétablissement professionnel étant une exception purement personnelle au débiteur, la caution ne pouvait s'en prévaloir[41]. L'alinéa 2 du nouvel article 2298 apporte, dans cette perspective, un élément supplémentaire de compréhension puisqu'il dispose que *« la caution ne peut se prévaloir des mesures légales ou judiciaires dont bénéficie le débiteur en conséquence de sa défaillance »*. La solution de la cour perdurera ainsi sous l'empire de la loi nouvelle, par

---

[40] Cass. 1re civ., 20 avr. 2022, n° 20-22.866, B : JurisData n° 2022-006260. ; HOUTCIEFF D., « L'harmonie des solutions est-elle une fin en soi ? », *Gaz. Pal* 2022, n° 16, p. 1.

[41] CA Aix-en-Provence, 27 janv. 2015, n° 13/07291 et CA Aix-en-Provence, 15 oct. 2015, n° 14/12671.

l'intermédiaire d'un autre argument : la caution ne sera pas déchargée puisque l'effacement constitue bien une mesure légale, due à la défaillance du débiteur, matérialisée dans un acte judiciaire – la clôture de la procédure –[42]. Le débiteur n'est alors libéré que de l'action en paiement de la dette effacée. La caution, en revanche, n'est pas libérée : l'effacement ne produit d'effet extinctif que dans le rapport coercitif qui existe entre le créancier et le débiteur et non dans son rapport avec la caution. Par ailleurs, l'effacement qui, comme la prescription, n'équivaut pas à un paiement, laisse pourtant subsister le manquement contractuel de sorte que, contrairement à la prescription, l'extinction de la dette ne fait pas obstacle à la résiliation du bail[43] ou au jeu d'une clause résolutoire déjà acquise[44].

D'ailleurs, si l'on reprend l'analogie de l'effacement avec les effets de la clôture d'une liquidation judiciaire pour insuffisance d'actif, l'on observe que, dans cette situation, le débiteur se trouve libéré de l'obligation de payer ses dettes[45] pour des raisons sociales, notamment, puisqu'il évitera, de la sorte, une forme d'exclusion. Ce principe interdit donc à un créancier antérieur d'obtenir une condamnation contre le débiteur ou d'entreprendre une voie d'exécution. Dans le sillage de cette décision, les caisses d'assurance

---

[42] C'est d'ailleurs le même problème qui se pose en matière de transfert de la charge de la sureté à la suite d'un plan de cession. Si, depuis la réforme de 2021, le débiteur est déchargé du paiement des échéances, la caution reste tenue. Le mécanisme du transfert de la charge de la sûreté est prévu à l'alinéa 4 de l'article L. 642-12. Si l'on peut considérer que la décharge du débiteur est une exception purement personnelle au débiteur que la caution pourrait désormais soulever au titre de la réforme du cautionnement du 15 septembre 2021, l'alinéa 2 de l'article 2298 fait cesser cette possibilité lorsque l'exception résulte d'une mesure judiciaire ou législative. Cela est bien le cas en matière de transfert de la charge de la sureté.

[43] Cass. 2e civ., 18 févr. 2016, n° 14-17782, PB : *D.* 2016, p. 1102, obs. **Damas n.** ; *D.* 2016, p. 1886, chron. **Adida-Canac h.**, **Vasseur t.**, **de Leiris e** ; *AJDI* 2016, p. 690, obs. **Damas n.** ; *Loyers et copr.* 2016, comm. 85, obs. **Vial-Pedroletti b.** ; **Mouial-Bassilana e.**, « L'effacement des dettes n'équivaut pas à un paiement : le locataire n'échappe pas à la résiliation du bail en cas d'effacement de la dette locative », *Gaz. Pal* 2019, n° 16, p. 28.

[44] Cass. 2e civ., 27 fevr. 2014, n° 13-10891 ; *LPA* 19 Mai 2014, p. 7, note **Stefania m.**, *BJE* 2014/4, p. 1, obs **Perochon f.**, obs. **macorig-vernier f.** ; *Gaz. Pal* 20 mars 2014, n° 79, p. 22, obs. **dumont-lefrand m.-p** ; **Houtcieff d.**, « L'effacement de la dette n'est pas un paiement », *Gaz Pal* 2019, n° 14, p. 25.

[45] **Le corre p.-m.**, *Droit et pratiques des procédures collectives*, Dalloz action, 2020, n° 592.511, p. 2007.

maladie, comme de retraites[46], ont donc refusé le règlement intégral des prestations au débiteur-assuré qui n'était pas à jour de ses cotisations[47], et ce, malgré l'interdiction de reprise des poursuites. L'on voit bien ici que la dette n'est nullement supprimée, ou éteinte à titre substantiel. Le manquement contractuel demeure, de sorte que l'assuré n'a qu'une seule solution pour obtenir la totalité de ses droits : payer volontairement une dette pourtant éteinte. Or si la dette avait disparu dans sa substance, l'on comprendrait mal comment les organismes pourraient se prévaloir de la défaillance du débiteur. La Cour semble donc bien faire correspondre manquement contractuel et persistance de la substance de la dette[48]. L'on

---

[46] La même problématique s'est posée en matière de cotisations de retraite puisque le débiteur qui souhaitait bénéficier d'un taux plein était dans l'obligation de payer volontairement ses cotisations (Civ 2e, 17 janv. 2007, n° 04-30.797, P II, n° 6), d'autant que seul le paiement intégral de la cotisation annuelle due au titre de chacun de ces régimes ouvrait droit à l'attribution de points de retraite. Ce régime aboutissait donc à l'exclusion des années durant lesquelles les cotisations n'avaient pas été intégralement réglées. Fort heureusement, ce point a fait l'objet d'un revirement (Civ. 2e, 25 novembre 2021, P, n° 20-17.234, P, FS-B+R), la Cour considérant que « *l'exclusion des années durant lesquelles des cotisations n'ont pas été intégralement payées, sans aucune prise en compte des paiements partiels, si elle contribue à l'équilibre financier de ces régimes, porte une atteinte excessive au droit fondamental garanti en considération du but qu'elle poursuit, et ne ménage pas un juste équilibre entre les intérêts en présence* ».

[47] v. notamment Soc. 8 juin 1995, n° 93-14.157, P V, n° 194 ; *Rev. proc. coll.* 1995, 121, n° 8, obs. **Dureuil B.**

[48] De la même façon, la levée de l'interdiction d'émettre des chèques à la suite de la clôture de la liquidation pour insuffisance d'actif interroge quant à la portée de l'extinction de la dette liée à l'interdiction de reprise des poursuites. Effectivement, avant la loi du 29 juillet 1998 sur l'exclusion, il était admis que si l'interdiction reposait sur l'émission de chèques antérieure au jugement d'ouverture, alors le débiteur se trouvait contraint de régulariser les incidents s'il souhaitait faire lever l'interdiction (Soc. 8 juin 1995, n° 93-14.157 P V, n° 194 ; *Rev. proc. coll.* 1996, 131, n° 8, obs. **Dureuil B.**). Or, l'interdiction de reprise des poursuites individuelles après clôture de la procédure ne valant pas paiement, la levée d'interdiction d'émettre des chèques était donc subordonnée au paiement des incidents antérieurs. La solution est aujourd'hui différente, mais seulement parce que la loi est venue directement attacher à la clôture pour insuffisance d'actif une suspension légale de l'interdiction d'émettre des chèques, sans plus la subordonner à la régularisation des paiements (La solution a été reprise par l'ordonnance du 18 décembre 2008 n° 2008-1345, au visa du V de l'article L. 643-11 du Code de commerce). Ici aussi, la Cour avait assimilé le défaut de paiement à la persistance de la dette, de sorte que le débiteur restait tenu de l'honorer pour recouvrer la faculté d'émettre des chèques.

pourrait encore comparer l'effacement, en considération de son effet, avec le rejet d'une créance déclarée aux organes de la procédure. Ainsi, avant la loi de sauvegarde[49], la sanction du défaut de déclaration de créance se traduisait par l'*extinction* de la créance. Si, aujourd'hui, le défaut de déclaration n'est sanctionné que par l'inopposabilité, en revanche, l'extinction vaut toujours en cas de rejet d'une créance déclarée. Or la Cour a jugé, dans un arrêt récent, que le rejet de la créance dans une première procédure n'avait pas l'autorité de la chose jugée dans une seconde, ouverte à l'égard du même débiteur par suite de la résolution d'un plan[50] de sauvegarde ou de redressement. C'est dire que l'effet extinctif n'est pas perpétuel et qu'il est limité par les règles de la procédure civile. Par ce jeu de temporalité, duquel transparait la renaissance d'une créance pourtant éteinte lors de l'ouverture d'une seconde procédure, la Cour semble bien avoir opté pour une relativité de l'effet extinctif, telle qu'elle existe en matière d'effacement.

10. Une théorie relativiste de l'effet extinctif, couplée avec le dualisme de l'obligation, offre ainsi une explication satisfaisante aux mécanismes de prescription et d'effacement dans leurs rapports avec l'obligation. Cette théorie se justifie par ailleurs en considération des finalités propres aux deux institutions (**II**).

II. La relativité de l'extinction au regard du fondement des institutions

11. **De la libération à l'obligation naturelle.** L'existence d'une relativité dans le phénomène extinctif en considération du rapport d'obligation s'explique également par les fondements propres aux institutions concernées. La prescription conduit ainsi à la décharge du débiteur tandis que l'effacement ne vise que sa libération (A). Il existe à ce titre un degré dans l'extinction. Cette vision paraît toutefois pouvoir être remise en cause par la persistance de la dette prescrite ou effacée, « transformée » en une obligation naturelle. Il s'avère, en réalité, que cette approche témoigne d'une confusion dans les mécanismes appréhendés (B).

---

[49] Loi n° 2005-845 du 26 juillet 2005 de « *sauvegarde des entreprises* ».

[50] Com. 30 janv. 2019, n° 17-31.060, P, n° 68 F_P+B ; Gaz. Pal. 2019, n° 15, 70, note **VOINOT D.**, et n° 25, p. 68, note **LE CORRE P.-M.**

A. DES FONDEMENTS DIVERGENTS : DE LA LIBÉRATION À LA DÉCHARGE

12. **Libération ou décharge.** L'effacement, au même titre que la prescription, modifie le rapport entre les parties : alors qu'en matière d'effacement c'est uniquement le *rapport de contrainte* qui est bouleversé, la prescription éteint aussi le *rapport contributif* – la substance de la dette –. Le premier mécanisme **libère** le débiteur qui ne peut plus être contraint à payer sa dette ; le second, en plus de le libérer, le **décharge**[51], emportant des conséquences manifestes au regard d'autres rapports obligationnels.

Le mécanisme d'effacement, contrairement à celui de la prescription, ne supprime pas l'intégralité du rapport : le *debitum* demeure et les créanciers peuvent par conséquent se prévaloir de sa défaillance par l'intermédiaire d'actions indirectes ne visant pas au règlement de leur créance. Or, la différence radicale de fondements des mécanismes d'effacement et de prescription fournit une explication cohérente à la divergence de leur régime.

13. **Libération subie et décharge imputable**. Les institutions de prescription et d'effacement possèdent des origines dissemblables : alors que la première tient, pour beaucoup, de la nécessité de maintenir des *rapports stables et paisibles*[52], l'autre est le fruit d'une lutte contre l'exclusion économique et sociale, et motivée par un droit au rétablissement et à la seconde chance. Si la prescription fait corps avec la théorie traditionnelle du droit, reposant sur l'idée que « *l'exercice tardif d'un droit troublerait sans raison l'ordre public* »[53], l'effacement des dettes participe d'une mouvance moderne de protection sociale et économique. Ainsi, bien que la prescription soit imposée par la loi, elle reste imputable au créancier inactif, qui, d'ailleurs, pouvait s'en prémunir par l'intermédiaire d'aménagements

---

[51] La charge étant définie, comme ce « *qui pèse sur quelqu'un* », et s'exprime en quantité (quantité d'électricité, quantité de poudre), évoquant donc la substance plus que le droit de poursuite, v. *CNTRL* : « charge ».

[52] Ainsi l'adage *quieta non movere* est-il au fondement du mécanisme de la prescription extinctive.

[53] **Guesmi A.**, « Les effets de la prescription extinctive du point de vue du terme (Le mécanisme d'extinction des créances contractuelles) », *LPA* 2010, n° 58, p. 8.

conventionnels[54]. En revanche, l'effacement est imposé au créancier par une règle d'ordre public alors qu'aucun manquement ne lui était imputable : il s'agit de donner une chance au débiteur de se rétablir, en considération de circonstances particulières, non de le décharger définitivement de sa dette[55]. L'absence de libération de la caution revêt à ce titre un caractère logique : seul le rapport entre le créancier et le débiteur et modifié, il n'entame pas le rapport d'obligations du débiteur envers la caution. Par le biais d'un recours contributif subrogatoire[56] ou personnel[57], la caution pourrait ainsi voir sa dette remboursée par le débiteur qui est, lui, seul tenu définitivement au paiement. Aussi, le débiteur qui a bénéficié de l'effacement de sa dette n'en est-il libéré que temporairement. En revanche, le mécanisme de prescription décharge le débiteur, et, ce faisant, dépasse le strict rapport obligationnel bipartite pour libérer également la caution. La finalité de l'institution est bien protégée : il s'agit de ne plus pouvoir

[54] C. civ. art. 2254 : « *La durée de la prescription peut être abrégée ou allongée par accord des parties. Elle ne peut toutefois être réduite à moins d'un an ni étendue à plus de dix ans. Les parties peuvent également, d'un commun accord, ajouter aux causes de suspension ou d'interruption de la prescription prévues par la loi (...)* ».

[55] Une notion comptable ? Les arrêts récents en matière d'effacement utilisent une terminologie bien particulière. Il est en effet question, tout à tour « *d'effacement de l'endettement* » et « *d'effacement du solde de la dette en fin de plan* » (CA Paris, 10 mars 2022 ; CA Basse-Terre, 14 mars 2022, 21/007871 ; CA Paris 3 mars 2022, 19/002784 ; 21/002374 et 21/002334). Dire que l'on efface « une dette », n'est-ce pas signifier que l'effacement atteint le fond du droit, et qu'il efface le pouvoir de contrainte aussi bien que la substance de l'obligation ? Cette approche ne saurait toutefois résister à l'analyse car il est bien acquis que l'effacement laisse perdurer le manquement contractuel et les actions qui ne tendent pas directement au paiement de la dette. C'est qu'il est question de s'interroger sur la notion même d'effacement, son origine et ses finalités. À la lecture des décisions précitées, la notion d'effacement pourrait bien être entendue comme une notion comptable : mise en perspective avec le « solde », l'on pourrait s'en persuader. Ce dernier, en matière bancaire et comptable représente une balance entre l'actif et le passif du compte. L'effacement du solde d'un compte équivaudrait ainsi, dans les faits, à supprimer une ligne comptable pour lutter contre un endettement excessif. L'effacement aurait, dans cette perspective, un effet extinctif plus circonscrit, plus ciblé que celui de la prescription. Il viserait à rééquilibrer une situation de fait compromise par le biais d'une sorte de « *fait justificatif* », prévu par la loi : une exonération légale (**Stefania T.**, « Le sort des contrats en cours en droit du rétablissement personnel », *D.* 2013, p. 384.) La responsabilité des dettes n'est plus endossable par le débiteur, bien que leur réalité factuelle perdure[55].

[56] C. civ. art. 2309.

[57] C. civ. art. 2308 al. 1.

remettre en cause un *fait* (l'inertie du créancier qui fait notamment présumer le paiement) qui a été consolidé en *droit.*

14. Une limite commune à l'effet extinctif des deux dispositifs, – celle de la permanence d'une obligation naturelle – semble néanmoins participer du relativisme de l'effet extinctif. Pourtant, cette approche témoigne d'une confusion dans la nature des mécanismes extinctifs présentés (B).

B. UNE LIMITATION *A PRIORI* COMMUNE : L'ÉQUIVOCITÉ DE L'OBLIGATION NATURELLE

15. **La question délicate de l'obligation naturelle**[58]. L'article 1302 du Code civil dispose que « *tout paiement suppose une dette ; ce qui a été reçu sans être dû est sujet à restitution* », mais que « *la restitution n'est pas admise à l'égard des obligations naturelles qui ont été volontairement acquittées* ». De façon *a priori* analogue, l'article 2249 indique que « *le paiement effectué pour éteindre une dette ne peut être répété au seul motif que le délai de prescription était expiré* ». Les tenants d'une vision processualiste de la prescription y ont vu là un obstacle dirimant à la consécration d'une vision substantialiste menant à la décharge définitive du débiteur. La dette effacée ou prescrite, demeurant sous la forme d'une obligation naturelle[59], serait le témoignage d'une persistance du *debitum*, soit de la substance de la dette. Or, si cela ne fait guère de doute en matière d'effacement – puisque l'effacement figurerait une libération du débiteur du pouvoir de contrainte du créancier, ne l'empêchant pas, cependant, de payer la dette effacée, selon un « *devoir de conscience* », aujourd'hui consacré à l'article 1100 al. 2 du Code civil –, il ne semble pas, en revanche, que l'article 2249 se fasse l'écho de la permanence d'une quelconque obligation naturelle. Une telle lecture serait, en revanche, le fruit d'une confusion sur la nature de la prescription. Si, comme l'effacement, la prescription est bien un *fait extinctif*, c'est-à-dire qu'elle ne résulte pas de la volonté d'une partie mais de celle du législateur, la seconde nécessite en revanche un acte

---

[58] MACORIG-VENIER F., « L'effacement des dettes dans le droit du surendettement », *Dr. et patr.* 2009, n° 184, p. 54 et 61.

[59] V. notamment : LASSERRE-KIESOW V., « La prescription, les lois et la faux du temps », *JCP NI,* 2004, n° 19, p. 1225.

de volonté pour produire son effet extinctif[60]. La prescription doit donc être invoquée pour que la dette soit éteinte. Si le délai de prescription est dépassé, mais que le débiteur n'en fait pas mention, l'obligation civile n'est pas altérée. L'expiration du délai de prescription ne constitue donc pas, à lui seul, comme l'indique strictement l'article 2249, un motif de répétition : le débiteur vient à payer une dette qui n'a rien perdu de sa vigueur initiale. L'argument de l'obligation naturelle ne suffit donc pas à faire valoir la thèse processualiste puisqu'elle ne saurait en aucun cas constituer un fondement explicatif de l'article visé. En revanche, elle participe bien de la relativité de l'effet extinctif de l'effacement.

***

16. La consécration d'une dualité au cœur de l'appréhension de la dette et de l'effet extinctif lui-même propose une lecture plus nette des mécanismes envisagés. Complexifier en amont revient donc, une fois n'est pas coutume, à simplifier la compréhension en aval. La prescription correspond donc à un *fait extinctif média*, lequel produit un effet extinctif *total*, c'est-à-dire aussi bien du *debitum* que de l'*obligatio*. En revanche, l'effacement, fait *extinctif immédiat*, témoigne d'une relativité du phénomène extinctif : il ne saurait éteindre que partiellement la dette en effaçant le *rapport de contrainte* et non *celui de la contribution.*

En somme, il n'y a guère que le *temps* qui efface véritablement les peines, dont on ne conserve, finalement, que le souvenir de ce qui les a causées.

---

[60] Sur la notion d'obligation naturelle et la critique de son opportunité, v. **Julienne M.**, « Obligation naturelle et obligation civile », *D.* 2009, p. 1709 à 1713.

L'effacement des dettes par le jeu des opérations sur obligations. Quand libérer n'est pas décharger

Jean Baptiste BOTTIN

1. L'effacement des dettes : une question de point de vue ? *« Peut-on éliminer une dette comptablement alors qu'il n'y a pas libération juridique ? »*[1]. La variété des termes contenus dans cette question, formulée à propos de l'opération de désendettement, traduit la difficulté de concilier les approches comptable et juridique. À l'instar du désendettement, l'effacement des dettes n'échappe pas à cette divergence de point de vue. Reformulée, la question se pose donc ainsi : l'effacement d'une dette conduit-il à son élimination comptable ou à la libération juridique du débiteur ?

2. L'interprétation du mécanisme légal d'effacement des dettes. Lorsqu'il a prévu que certaines dettes seraient effacées au terme d'une procédure de rétablissement professionnel *(C. com., art. L.645-11)* ou personnel *(C. conso., art. L742-22)*, le législateur n'a pas pris le soin de définir le concept d'effacement ni de renvoyer vers un mécanisme du droit commun. Ce silence laisse alors le champ libre aux interprétations. Bien que le concept soit formellement tiré du droit spécial, il résonne particulièrement bien en droit des obligations. C'est sous l'angle de cette matière qu'il sera donc étudié. Afin de lui donner son plein potentiel, il faudra avant tout revenir sur les termes qui font le sujet : comment une dette (1) peut-elle être effacée (2) par le jeu des opérations sur obligations (3) ?

1) Un objet : la dette

3. Risque de confusion. Dans un premier temps, il faut pouvoir donner une définition de la dette faisant l'objet de l'effacement et la mettre en perspective avec les notions de créance et d'obligation. Le besoin de les définir se trouve accentué par le risque de confondre l'effacement des dettes avec celui des créances[2]. Face à un tel silence

---

[1] G. BERLIOZ, « Le point de vue du juriste sur l'opération de *defeasance* » : *RD bancaire et bourse*, 1989, p. 55.

[2] Il faut reconnaître que cette différence ne fait pas l'objet d'une grande attention. Effacement des dettes et effacement de la créance sont deux expressions généralement entendues comme synonymes (ex. P-M. LE CORRE, *Droit et pratique*

de la loi, les conceptions doctrinales de l'obligation présentent alors un intérêt particulier.

4. L'inadaptation de la conception unitaire de l'obligation au concept d'effacement des dettes. Classiquement, la dette est considérée comme la face passive de l'obligation, au contraire de la créance qui en est la face active. L'obligation est illustrée comme une pièce ou une médaille dont la dette et la créance représenteraient les deux faces : indissociables de leur support tout en étant distinctes l'une de l'autre[3]. Cette conception est particulièrement sévère lorsqu'il faut toucher aux caractéristiques de l'obligation : l'effacement de la dette devrait nécessairement conduire à celui de la créance. Autrement dit, la dette ne peut pas disparaître alors que la créance subsiste. L'obligation tout entière doit disparaître comme si elle n'avait jamais existé[4].

5. L'utilité de la conception élémentaire de l'obligation dans la définition de l'effacement des dettes. C'est pourquoi la conception élémentaire de l'obligation mérite une attention particulière[5]. Elle conduit à voir dans l'obligation deux éléments de substances différentes, permettant d'identifier avec plus de précision l'objet de l'effacement.

---

des procédures collectives, Dalloz, 2021-2022, 11e éd., n° 594.711, p. 2052 ; Fr. MACORIG-VENIER, « La résistance de la réserve de propriété à l'effacement des dettes » : *BJE* juill. 2014, n° 04, p. 245 ; Th. STEFANIA, « L'effacement des dettes : une cause d'extinction des obligations sans paiement n'opérant aucun transfert de propriété » : *LPA* 19 mai 2014, n° 99, p. 7).

[3] G. FOREST, *Essai sur la notion d'obligation en droit privé*, th. Université François Rabelais, F. Leduc (dir.), Dalloz, 2012, n° 11, p. 10 et n° 243, p. 166.

[4] La sévérité des conséquences de cette conception n'est pas sans rappeler l'obligation romaine primitive. Son aspect procédural faisait obstacle à sa circulation qui ne fût progressivement rendue possible que par des artifices tels que la *procuratio in rem suam*. Le cheminement a été plus rapide pour la circulation de la créance que pour celle de la dette (not. J. ORTOLAN, *Explication historique des Institutes de l'empereur Justinien*, Librairie Plon, 12e éd. par J. E. Labbé, 1883, n° 1669, p. 371 ; R. SALEILLES, *Étude sur la théorie générale de l'obligation d'après le premier projet de code civil pour l'empire allemand*, LGDJ, 3e éd., 1914, n° 74, p. 65 ; E. GAUDEMET, *Théorie générale des obligations*, 1937, rééd. Sirey, 1965, p. 12).

[5] Une théorie de l'obligation dite binaire a été développée par Mr Forest (G. FOREST, *Essai sur la notion d'obligation en droit privé*, th. Université François Rabelais, F. Leduc [dir.], Dalloz, 2012). Soutenue avant la réforme du droit des obligations, elle conduisait notamment à l'incessibilité des dettes (*ibid.*, nos 601 s., p. 438 s.). Compte tenu de la consécration de la cession de dette et de son utilité dans les présents développements, il n'a pas été jugé opportun d'exploiter cette théorie.

Selon le contexte doctrinal dans lequel la conception élémentaire a été développée, ses éléments constitutifs peuvent être nommés *debitum* et *obligatio*[6], *Schuld* et *Haftung*[7], Dette et Responsabilité[8], Devoir et Engagement[9], mais évoquent toujours deux rapports d'une même obligation : la contribution (*debitum, Schuld*, Devoir, Dette) et la coercition (*obligatio*, *Haftung*, Engagement, Responsabilité). Le fondement historique de cette conception a été discuté[10], mais son intérêt pédagogique est salué par de nombreux auteurs et en de nombreuses occasions[11]. Sa force est de rendre possible une dissociation des éléments de l'obligation, ceux-ci pouvant mener des existences indépendantes. En effet, plusieurs combinaisons sont possibles : un rapport de contribution sans coercition (ex. l'obligation naturelle[12]), un rapport de coercition sans contribution (ex. cautionnement[13]) et la coexistence de ces rapports sur une même tête (obligation civile sans garantie).

Le mécanisme d'effacement ne se présente donc plus de la même manière, la dette pouvant aussi bien renvoyer à l'idée d'assujettissement (coercition) que de redevabilité (contribution).

---

[6] Ex. G. CORNIL, « Debitum et Obligatio. Recherches sur la formation de la Notion de l'Obligatio romaine » : *Mélanges P. F. Girard*, t. 1, 1912, p. 199.

[7] Terminologie promue par BRINZ, *Zeitschrift der Grünhut*, 1874, I, *Der Begriff Obligatio* cité par J. MAILLET, *La théorie du Schuld et Haftung en droit romain. Exposé et examen critique*, th. Aix-en-Provence, 1944, p. 2.

[8] Ex. chez E.-A. POPA, *Les notions de « debitum » (schuld) et « obligatio » (haftung) et leur application en droit français moderne*, th. Paris, préf. R. Demogue (dir.), Librairie des Facultés E. Muller, 1935.

[9] Ex. chez F. K. COMPARATO, *Essai d'analyse dualiste de l'obligation en droit privé*, th. Paris, préf. A. Tunc (dir.), Dalloz, 1963.

[10] G. FOREST, *Essai sur la notion d'obligation en droit privé*, th. Université François Rabelais, F. Leduc [dir.], Dalloz, 2012, n° 101 s., p. 64. s. ; J. MACQUERON, *Histoire des obligations : Le droit romain*, Association Auguste Dumas, 2e éd., 1975, p. 8.

[11] Parmi tant d'autres, not. M. JULIENNE, *Le nantissement de créance*, th. Paris I, préf. L. Aynès, Economica, 2012, n° 1 p. 1 et n° 239, p.169 ; M. JULIENNE, « Pour un réexamen du principe de division des dettes conjointes » : *D.* 2012, p. 1201, §19 ; Ant. HONTEBEYRIE, *Le fondement de l'obligation solidaire en droit privé français*, préf. L. Aynès, Economica, 2004, p. 355 ; L. AYNÈS, « Notion d'exception "purement personnelle" au débiteur principal » : *D.* 1990, p. 386 ; F. K. COMPARATO, *Essai d'analyse dualiste de l'obligation en droit privé*, th. Paris, préf. A. Tunc (dir.), Dalloz, 1963, p. III et nos 6 s., p. 11 s.

[12] F. K. COMPARATO, *ibid.*, n° 170, p. 184-185.

[13] F. K. COMPARATO, *ibid.*, nos 194 s., p. 212 s.

2) Un effet : l'effacement

6. Support et nuances de l'effacement. Dans un deuxième temps de la définition du sujet se pose la question de l'effacement, notion légalement consacrée mais sans signification précise[14]. En réalité, cette question présente deux aspects qu'il est facile d'appréhender en prenant l'image d'une ardoise d'écolier. La dette est comme la craie. Or, si l'on sait que la craie est effacée de l'ardoise, on ne sait pas de quoi est effacée la dette. C'est le premier aspect de la définition : le support de l'effacement. De plus, la craie n'est pas effacée de l'ardoise avec les mêmes outils (nettoyage à l'eau laissant des traces) que le feutre effaçable du tableau synthétique (nettoyage à sec sans résidu). C'est là le second aspect de la définition : les nuances de l'effacement.

7. Le support de l'effacement : le passif patrimonial. Évoquer l'existence d'un support à la dette effacée, c'est entrer dans de vives discussions sur la notion d'obligation.

La dette et la créance sont généralement envisagées comme des éléments du patrimoine : la créance s'inscrit à l'actif et la dette au passif. Il est vrai que cette vision comptable du droit des obligations semble prendre le pas sur des considérations plus sociales : contournement de l'incessibilité conventionnelle des obligations[15], titrisation[16], structures de désendettement[17] etc. Il en faudrait peu pour

---

[14] Selon certains auteurs (J. GHESTIN, M. BILLIAU et G. LOISEAU, *Traité de droit civil : le régime des créances et des* dettes, LGDJ, 2005, n° 1294, p. 1311), la notion d'« effacement » a été évoquée pour la première fois en droit français dans la thèse de Mme Morris-Becquet (G. MORRIS-BECQUET, *L'insolvabilité*, th. Lyon 3, préf. H. Croze [dir.], PUAM, 2002, spéc. n°s 354 s., p. 324 s.). ***Adde.*** N. PICOD, *La remise de dette en droit privé*, th. Toulouse I Capitole, préf. C. Saint-Alary Houin (dir.), Dalloz, 2013, n°s 362 s., p. 266 s., spéc. 367, p. 272 (comparant les effets de la remise de dette à ceux de l'effacement lors d'un rétablissement personnel).

[15] L'incessibilité de la créance pourrait être contournée par la cession de son seul émolument (J.-D. PELLIER, « Une figure méconnue : la cession de l'émolument de la créance » : *RTD civ.* 2019, p. 229). Malgré la nature tripartite de la cession de dette légale *(art. 1327)*, il devrait être également possible d'envisager une cession interne de dette ne portant que sur la charge.

[16] La titrisation est une cession de créance peu conforme à celle du droit commun. Le droit de poursuite n'est pas reconnu au fonds commun de titrisation cessionnaire, car dépourvu de la personnalité juridique, et reste entre les mains de l'établissement de crédit cédant, sauf stipulation en faveur du gestionnaire du fonds (ex. Cass. com., 13 déc. 2017, n°s 16-19.681 et 16-24.853). L'emprunteur est loin d'imaginer que les échéances de son emprunt servent à rembourser des

y voir les conséquences d'un capitalisme réificateur inscrivant l'obligation dans un tableau en partie-double[18]. Ou bien une déconnexion entre la théorie de l'obligation et son milieu social[19].

Pourtant, une vision comptable de l'obligation est nécessaire à l'organisation de la vie en société. Concernant l'effacement des dettes à la clôture d'une procédure de rétablissement professionnel, les créanciers dont les dettes ont été effacées peuvent demander un certificat d'irrécouvrabilité *(C. com., art. R. 645-18)*. Il permet au comptable d'inscrire les pertes sans engager sa responsabilité pour manquement à son obligation de diligence dans le recouvrement des créances[20]. La traduction comptable des concepts juridiques n'est donc pas une dérive conceptuelle mais une nécessité pratique. D'ailleurs, il suffit de voir que le droit romain prévoyait déjà l'inscription *(nomina)* des obligations *litteris* dans un *« codex accepti et expensi »*, *« livre domestique que possédaient les citoyens romains, et sur lequel ils portaient leurs recettes et leurs dépenses »*[21]. Lorsque son titulaire se séparait d'un bien ou en acquérait un autre, il procédait à une inscription et son cocontractant faisait de même sur le sien. Si ce livre avait initialement une fonction probatoire, il pouvait être le support juridique d'un changement de débiteur *(transcriptia a persona*

---

bénéficiaires inconnus alors qu'il reste contraint de rembourser son prêteur déjà refinancé.

[17] *Cf. infra* n° 17.

[18] D. VIGUIER, « Aux sources de la réification des créances et des dettes : capitalisme et comptabilité en partie-double » : *RRJ (Droit prospectif)*, PUAM, 2014-2, n° XXXIX-152, p. 865.

[19] Cl. AUBRY DE MAROMONT, « Penser la fonction sociale du transfert d'obligation » : *RRJ (Droit prospectif)*, PUAM, 2020-2, t. XLV-182, p. 817.

[20] Ev. MOUIAL BASSILANA, « Entreprise en difficulté : liquidation judiciaire » : *Rép. dr. com.*, (actu. déc. 2021), n° 212. ***Adde.*** La valeur d'un tel certificat d'irrécouvrabilité, remis à la clôture de la liquidation pour insuffisance d'actifs, a été différemment appréciée par les juges. Par une décision de 2015, le Conseil d'État avait jugé qu'il s'agissait d'un document suffisant pour attester de l'irrécouvrabilité de la créance et écarter l'hypothèse d'un manquement du comptable (CE 27 juill. 2015, n° 370430, *Ministre délégué, chargé du budget*). En 2016, la Cour des comptes a considéré que ce certificat n'a qu'une valeur indicative (Cour des comptes, 15 janv. 2016, n° S 2016-0095), ce que le Conseil d'État a qualifié d'erreur de droit en 2017 (CE 22 févr. 2017, req. n° 397924).

[21] A.-Edm. GIFFARD et R. VILLERS, *Droit romain et ancien droit français : les obligations*, Dalloz 1976, 4e éd., n° 56, p. 43 ; E. PETIT, *Traité élémentaire de droit romain*, 9e éd., Rousseau et Cie, 1925, n° 504, p. 518.

in personam)[22] ou d'objet *(transcriptia a re in personam)*. L'effacement des dettes, dans son sens le plus matériel, ne se faisait pas sans une manipulation comptable.

Le support de l'effacement de la dette est donc bien le passif patrimonial et, s'ils existent, les livres comptables[23]. Malgré son évidence, qu'il a fallu rappeler, cette remarque n'est pas conséquences au regard des nuances de l'effacement.

8. Les nuances de l'effacement : extinction et transmission. La dette est effacée du passif patrimonial. Son effacement suggère avant tout son extinction. C'est la conséquence que l'on prête généralement à la remise de dette ou à la novation. Ayant disparu des comptes, la dette a disparu du passif, du patrimoine, de la vie juridique.

Pourtant, l'effacement n'entraîne pas systématiquement l'extinction. Non seulement l'étymologie du mot autorise une telle interprétation, mais elle voit ses nuances transposées dans le domaine juridique[24]. En effet, à l'occasion d'une cession de dette, la dette est effacée du passif du cédant pour être inscrite à celui du cessionnaire. Bien qu'elle ait été effacée du patrimoine cédant, c'est la même dette que l'on retrouve au passif du cessionnaire. Son effacement n'est donc pas synonyme d'extinction. La conception élémentaire de l'obligation permet d'aller encore plus loin dans l'appréciation de ces effets en donnant une base conceptuelle aux formes libératoire et cumulative de la cession de dette. Elles correspondent toutes deux, chacune à sa

---

[22] Gaïus rapprochait la *transcriptio a persona in personam* de la délégation novatoire (GAÏUS, *Institutes*, IIe siècle, trad. M. L. DOMENGET, Marescq libraire-éditeur, 1866, libr. 3, §130, p. 378). ***Adde.*** J.-Ph. LÉVY, A. CASTALDO, *Histoire du droit civil*, Dalloz, 2e éd. 2010, no 712 ; G. MAY, *Éléments de droit romain*, Recueil Sirey, 15e éd., 1923, no 206, p. 463 s.

[23] Cette évidence est toutefois contestée par Mr Nallet, partisan d'une conception moniste et objective de l'universalité. Dans cette conception, le patrimoine n'est en principe composé que de biens et ne peut pas servir de contenant à un passif, donc aux dettes (Ant. NALLET, *La notion d'universalité : étude de droit civil*, th. Lyon 3, préf. Fr. Zénati [dir.], Dalloz, 2021, nos 482 s., p. 215 s.).

[24] L'étymologie du mot « effacement » est difficile à saisir. Il y a à coup sûr l'idée d'un aspect général (*V° « facies, ei »* : F. GAFFIOT, *Dictionnaire latin français*, version V. M. Komarov, 2016, p. 585) et du résultat de l'action de faire (*V° « facio, feci, factum, ere »*, *ibid.*, p. 586), mais sa composition avec le préfixe *e-* n'est pas évidente. Celui-ci peut signifier la *« privation ou négation du sens simple »* (*V° « ex* ou *e »*, *ibid.*, p. 557, spéc. 558), c'est-à-dire l'idée d'une disparition. Il peut également signifier *« l'action de tirer hors de, d'éloigner, de séparer »* (*id.)*, c'est-à-dire l'idée d'un déplacement. Le terme *effacement* présente donc aussi bien une dimension extinctive que translative.

mesure, à une technique d'effacement des dettes. Aussi, elle permet d'expliquer qu'un débiteur puisse être libéré alors même qu'il n'a pas été déchargé, comme à l'occasion d'une prescription extinctive du droit du créancier.

L'effacement d'une dette peut donc intervenir par la modification du rapport coercitif, ce que l'on appellera libération, ou par celle du rapport contributif, que l'on appellera décharge[25].

3) Des moyens : les opérations sur obligations

9. La notion d'opérations sur obligations. Dans un troisième et dernier temps, il convient de définir ce qu'est une opération sur obligation. Cela appelle deux remarques, l'une portant sur la consécration légale de la notion d'opérations sur obligations et l'autre portant sur leur périmètre.

10. La consécration légale de la notion d'opération sur obligation. La réforme du droit des obligations a introduit dans le Code civil un chapitre intitulé « Les opérations sur obligations » aux articles 1329 et suivants. La principale qualité de ce chapitre, peut-être même l'unique, est de suggérer un lien de parenté conceptuelle entre des opérations jusqu'à lors éparpillés dans les sources du droit.

Pour leur part, la novation et la délégation ont connu deux modifications. La première est de bénéficier d'un corps de règles distincts. Avant la réforme, la délégation était prévue aux anciens articles 1275 et 1276, mais restait imbriquée dans la section relative à la novation. La distinction de ces mécanismes en pâtissait. Désormais, la novation *(art. 1329 s.)* et la délégation *(art. 1336 s.)* bénéficient de leur propre section dans le Code civil. La seconde modification concerne le glissement formel de la novation, qui contenait également la délégation, de l'ancien Chapitre V relatif à l'extinction de l'obligation vers le nouveau Chapitre II relatif aux opérations sur obligations. D'aucuns pourraient y voir le signe d'un affaiblissement de l'effet extinctif de la novation et de la suggestion de son effet translatif[26]. Pour sa part, la cession de créance était connue sous le nom de « transport de créance » et était visée aux anciens

---

[25] **Contra** G. CORNU, *Vocabulaire juridique*, 11e éd., 2016, *V°* « Décharge » (qui assimile la *décharge* à une *libération*).

[26] Ex. M. JULIENNE, « Le transport des créances et des dettes par novation et délégation » : L. ANDREU et V. FORTI (codir.), *Le nouveau régime général des obligations*, Dalloz, 2016, p.111, §4.

articles 1689 et suivants du Code civil, c'est-à-dire au sein des contrats spéciaux et plus précisément de la vente. Enfermée dans un régime contraignant, elle subissait la concurrence des modes simplifiés comme la cession de créances professionnelles, dite aussi cession « Dailly » *(C. mon. fin., art. L. 313-23 s.)*. Quant à elles, contrairement aux précédents mécanismes, la cession de dette échappait à la reconnaissance du législateur. Elle était encore en proie à des doctrines largement divergentes[27] et ne profitait que de rares illustrations jurisprudentielles[28]. Sa consécration aux articles 1327 et suivants n'a pas forcé le consensus.

En définitive, depuis la réforme du droit des obligations, cessions de créance et de dette, novation et délégation sont considérées comme des opérations sur obligations.

11. **L'élargissement du périmètre des opérations sur obligation.** Il y aurait un rapprochement intéressant à faire entre le concept d'opération sur obligation et certains mécanismes conduisant à un effacement de la dette, quelle qu'en soit la forme. En effet, il faut tenir compte du constat sus-évoqué : l'effacement d'une dette peut aussi bien renvoyer à l'idée de libération qu'à celle de décharge du débiteur.

Par exemple, la prescription extinctive est définie comme l'extinction d'un droit sanctionnant l'inaction de son titulaire *(art. 2219)*. La loi ne dit pas que l'obligation est éteinte dans sa totalité, mais seulement l'un de ses éléments. Un autre exemple est celui de la remise de dette, définie comme *« le contrat par lequel le créancier libère le débiteur de son obligation » (art. 1350)*. Il est difficile de se tenir à la lettre de la loi. Puisque la remise de dette est qualifiée de cause d'extinction de l'obligation, il faudrait en déduire que toute l'obligation disparaît. Pourtant, le législateur dit qu'elle libère le débiteur. Une approche élémentaire de l'obligation autoriserait de considérer la remise de dette comme une opération libérant le débiteur de la contrainte du créancier, mais n'empêchant pas ce dernier de ressentir ce *« devoir de conscience envers autrui »*, rapport contributif persistant après la remise et duquel peut naître un

---

[27] Pour un exposé, L. ANDREU, *Du changement de débiteur*, th. Paris 11, Dalloz, préf. D. R. Martin (dir.), 2010, n°s 56 s., p. 75 s.

[28] Le problème le plus souvent identifié était celui de l'absence de consentement du créancier (Cass. com., 10 févr. 1975, nº 73-12.442 ; Cass. civ. 3e, 18 janv. 1983, nº 81-15.516) ou de l'absence de clause (Cass. com., 13 janv. 2009, nº 07-21.380). Néanmoins, un arrêt avait laissé entrevoir l'efficacité entre les débiteurs successifs, malgré l'absence d'accord du créancier (Cass. civ. 1ère, 30 avr. 2009, nº 08-11.093).

nouveau rapport coercitif par le commencement d'exécution ou la promesse d'exécution *(art. 1100 al. 2)*.

Le périmètre des opérations sur obligations peut donc être utilement étendu à d'autres mécanismes qui ne sont pas qualifiés comme tels par le législateur. C'est le cas de la remise de dette et de la prescription.

12. **Libérer n'est pas décharger.** Les termes du sujet sont maintenant posés. Pour sa part, la notion de dette fait aussi bien référence à l'assujettissement d'une personne (coercition) qu'à sa redevabilité (contribution). Quant à elle, celle d'effacement renvoie aussi bien à l'idée d'extinction qu'à celle de transmission. La combinaison de ces possibilités permettra d'identifier deux modes d'effacement des dettes par le jeu des opérations sur obligations : l'un, efficace, par la décharge du débiteur (I) et l'autre, plus fragile, par sa libération (II).

I. Un effacement efficace par la décharge du débiteur

13. La notion de décharge. Assez intuitivement, la charge peut être définie comme *« ce qui pèse (...) et qui incombe par devoir à une personne »*[29]. Dans une conception élémentaire de l'obligation, cette définition renvoie au rapport de contribution (*debitum*, *Schuld*, Dette) représentant l'obligation en ce qu'elle a de plus économique et matériel. C'est le lien unissant celui sur qui doit peser le poids définitif de la dette (redevable) à celui qui profite effectivement du produit de la créance (bénéficiaire). Si, du point de vue du bénéficiaire, la contribution s'exprime comme un produit ou un émolument[30], du point de vue du redevable, elle s'exprime comme une charge non coercitive par nature et pouvant être assimilée à l'obligation à son état naturel[31]. La charge peut donc être définie comme le poids économique définitivement supporté par le redevable, excluant tout recours contributif du débiteur véritablement intéressé à la dette[32]. Sans nécessairement conduire à la libération du débiteur, l'effacement peut donc intervenir par sa seule décharge. Elle n'est généralement admise qu'avec l'implication du créancier (A), bien qu'elle soit en fait possible à son insu (B).

---

[29] G. CORNU, *Vocabulaire juridique*, 11e éd., 2016, *V.* « Charge ». **Comp.** Sur la relation entre les concepts de charge et d'incombance, Mr Forest rapproche la première avec la définition stricte de la seconde en droit suisse, présentée comme *« une formalité imposée à qui veut bénéficier d'un bienfait accordé par le droit, et dont le non-accomplissement ne peut être assimilé à une faute du sujet »*, à l'inverse d'une définition large qui admet l'idée de faute et de sanction (G. FOREST, *Essai sur la notion d'obligation en droit privé*, th. Tours Université François Rabelais, préf. F. Leduc [dir.], Dalloz, 2012, n° 472, p. 343, spéc. n° 493, p. 357). ***Adde.*** X. LABBÉ, « L'incombance : un faux concept ? » : *RRJ (Droit prospectif)*, PUAM, 2005-1, p. 183 ; S. LICARI, « Pour la reconnaissance de la notion d'incombance » : *RRJ (Droit prospectif)*, PUAM, 2002-2, p. 703 ; V. BOUCHARD, « Pour une définition de la notion de charge en droit privé » : *LPA*, 24 juill. 2002, p. 4 (identifiant la bivalence du mot *charge*).

[30] Sur lequel, not. J.-D. PELLIER, « Une figure méconnue : la cession de l'émolument de la créance » : *RTD civ.* 2019, p. 229 ; M. JULIENNE, « Portée de l'effet translatif de la cession de créance à titre de garantie » : *RDC* 1er sept. 2015, n° 03, p. 516, spéc. §19.

[31] A. TARDIF, « La charge » : *RRJ (Droit prospectif)*, PUAM, 2020-2, t. XLV-182, n° 8, p. 890.

[32] En référence à l'article 1318 visant le cas d'une dette qui procèderait de l'affaire d'un seul codébiteur. Sur l'ancien article 1216 traitant de la même hypothèse : M. OURY-BRULÉ, *L'engagement du codébiteur non intéressé à la dette*, th. Évry, Cl. Ferry (dir.), LGDJ, 2002.

A. LA DÉCHARGE NON LIBÉRATOIRE IMPLIQUANT LE CRÉANCIER

14. La prépondérance du créancier. En matière de dette, le temps a permis de dégager certains principes qui ont presque pris la forme d'adages. Le *« droit de ne pas payer ses dettes »*[33] que l'on voudrait reconnaître au débiteur se heurte nécessairement au droit des créanciers de percevoir leur dû. Il en est de même à l'occasion d'un transfert de dette, puisque *« la créance vaut ce que vaut le débiteur »*[34] et *« nul ne peut être contraint de changer de débiteur »*[35]. Substituer un débiteur insolvable à un autre qui était solvable ne devrait pas être possible sans le consentement du créancier, sans quoi son droit de créance serait vidé de sa substance : admis à contraindre son débiteur, ce dernier ne pourrait pas lui donner le produit de sa créance. C'est pourquoi le créancier hésitant à libérer son débiteur dont la dette serait effacée pourrait volontiers se tourner vers deux mécanismes. Le premier est une décharge implicite par la délégation simple incertaine (1). Le second est une décharge plus explicite au moyen d'une cession de dette cumulative (2), également appelée imparfaite. L'une et l'autre permettent de sortir la dette du patrimoine du débiteur, donc de l'effacer, sans pour autant libérer ce dernier à l'égard du créancier.

1) Une décharge implicite par la délégation simple incertaine

15. La délégation : trois fonctions, dont le transfert de dettes. Replacé dans le contexte de la délégation, l'effacement des

---

[33] G. RIPERT, « Le droit de ne pas payer ses dettes » : *D. hebdo.* 1936, p. 57 (à propos de la loi du 20 août 1936 accordant des délais aux producteurs agricoles dans le paiement de certaines dettes). ***Adde*** P. ANCEL, « Droit au recouvrement de sa créance ou droit de ne pas payer ses dettes ? » : *Dr. patr.* mai 1998, n° 60 ; E. PUTMAN, « Retour sur le droit de ne pas payer ses dettes » : *Memoriam Georges Ripert*, *RRJ* 1994-1, p. 109 s. ; M.-A. RAKOTOVAHINY, « Regards critiques sur l'institutionnalisation "du droit de ne pas payer ses dettes" ou la consécration du non-paiement » : *Regards critiques sur quelques (r)évolutions récentes du droit (t.2)*, PUSS Toulouse 1, 2005, p. 491.

[34] H., L. et J. MAZEAUD et Fr. CHABAS, *Leçons de droit civil. Obligations, théorie générale (t. 2)*, 9e éd., 1998, n° 1277, p. 1297.

[35] J. CARBONNIER, *Droit civil. Les obligations (t.4)*, 22e éd. refondue, PUF, 2000, n° 322, p. 570.

dettes implique que le délégant (redevable primitif) obtienne du délégué (redevable substitué) qu'il s'engage envers le délégataire (créancier) qui l'accepte comme débiteur. C'est la définition de la délégation tirée de l'article 1136 du Code civil. Une lecture plus attentive de cet article permet de soulever la question de l'objet de l'obligation nouvellement formée et liant le délégué au délégataire : à quoi s'engage exactement le délégué ?[36] La réponse à cette question doit permettre de vérifier que la dette a bien été effacée du patrimoine du redevable primitif sans avoir disparu de la vie juridique. Le caractère implicite de cette décharge vient donc du fait que seule l'identification de l'objet de l'engagement du délégué envers le délégataire permet de conclure à l'effet translatif de l'opération et à l'effacement de la dette du passif du délégant.

16. **L'objet de l'engagement du délégué envers le délégataire.** L'effacement des dettes par voie de délégation est subordonné à la vérification d'une décharge, ce qui ne peut se faire qu'en observant l'objet de l'engagement du délégué (redevable substitué) envers le délégataire (bénéficiaire).

En effet, si cet objet est identique à celui de l'engagement du délégant envers le délégataire, il y a fort à parier qu'il s'agit d'un transfert de la charge du délégant vers le délégué. Au contraire, si cet objet est nouveau, il vient en plus de celui de l'engagement du délégué et, dans ce cas, ne permet pas de produire l'effet d'un effacement ; au contraire, cet objet vient en supplément. Cette alternative trouve une base théorique confortable dans la distinction des délégations certaine et incertaine, semble-t-il déjà connue du droit romain[37] et toujours utile pour expliquer certaines solutions jurisprudentielles[38]. Lors d'une délégation certaine, l'objet de l'engagement du délégué envers le délégataire est nouveau, tandis que, lors d'une délégation incertaine,

---

[36] En réalité, il faut poser trois questions pour déterminer si la délégation conduit à un transfert de créance, de dette ou une simple garantie (P. GIDE, *Études sur la novation et le transport des créances en droit romain*, L. Larose librairie-éditeur, 1879, p. 424).

[37] La distinction entre ces deux types de délégation reste difficile à trouver chez les juristes romains (ex. absente des *Institutes* de Gaïus) et les romanistes (cependant, E. GAUDEMET, *Étude sur le transport de dettes à titre particulier*, Librairie nouvelle de Droit et de jurisprudence, th. Paris, Fr. Gény [dir.], 1898, p. 101).

[38] Par exemple, à l'occasion d'un arrêt de 2018 (Cass. civ. 3e, 7 juin 2018, no 17-15.981), la doctrine a rappelé l'intérêt de la distinction entre ces deux formes de délégation (ex. M. LATINA, « L'inopposabilité des exceptions en matière de délégation » : *RDC* 12 déc. 2018, no 04, p. 551).

cet engagement fait référence à un autre existant. La délégation certaine n'est pas ici d'un grand intérêt puisque le délégué s'engage à payer une nouvelle dette, distincte de toute autre, ce qui s'oppose à l'idée d'un effacement d'une autre dette. Au contraire, la délégation incertaine implique que le délégué paye une dette tirée d'une autre obligation. C'est la raison de l'« incertitude » qui caractérise l'opération, le paiement de l'obligation de laquelle est tirée la dette du délégué pouvant être accompli par des sujets différents (délégant et délégué). Pour ce qui intéresse l'effacement des dettes, l'obligation servant de référence est donc celle liant le délégant au délégataire[39]. Dans ce cas, le délégué (redevable substitué) paye au délégataire (créancier) ce que le délégant (redevable primitif) devait au délégataire. Si la délégation ne prévoit pas que le délégué *solvens* se rembourse auprès du délégant, comme à l'occasion d'une garantie, elle a pour fonction de transférer la dette du patrimoine du redevable primitif à celui du repreneur.

La délégation incertaine permet donc au délégant de transférer la charge de sa dette au délégué. Cela conduit à son effacement du passif du délégant et à son inscription à celui du délégué.

17. L'exemple du désendettement. Cette première approche théorique peut être utilement illustrée avec l'opération de désendettement, également appelée défaisance[40]. Celle-ci repose sur une délégation incertaine (référence à une autre obligation) et simple (sans libération du délégant), permettant le transfert des dettes et l'effacement de celles-ci d'un patrimoine.

Dans cette opération, une société souhaite alléger son bilan en se séparant de certains passifs particulièrement lourds, comme des

---

[39] Une autre forme de délégation incertaine consiste à calquer l'engagement du délégué envers le délégataire sur celui liant le délégué au délégant. Autrement dit, le délégué paye au délégataire ce qu'il devait au délégant. Ici, le redevable de la dette reste le délégué, mais le bénéficiaire, qui était le délégant, devient le délégataire. La délégation opère ici un transfert de créance.

[40] Pour des définitions de la défaisance, not. Cl. FERRY, « Défaisance économique et fiducie » : *JCP E*, 7 févr. 1991, n° 6, 23, §1 (met en valeur la décharge non libératoire) ; P. BOUTEILLER, « Du fondement juridique au regard du droit français de l'opération de réduction de l'endettement des entreprises par la méthode dite "in substance defeasance" » : *LPA* 17 févr. 1989, n° 21, p. 17 (définition plus opérationnelle).

obligations financières[41], tout en conservant une image comptable rassurante, notamment à l'égard d'un investisseur ou d'une banque[42]. Tout d'abord, d'un point de vue économique, toute la difficulté se trouve dans l'équilibre patrimonial de la société *ad hoc* créée pour recevoir le passif transféré. En effet, son patrimoine ne peut pas être constitué que de dettes. Il faut donc y transférer également l'actif suffisant pour assurer le service de la dette sans appauvrir la société initiatrice. Ainsi, les fruits tirés de ces actifs viendront compenser les échéances de la dette, terme après terme. Ensuite, d'un point de vue comptable, cette opération pose comme condition première l'irrévocabilité du transfert de dette à l'entité *ad hoc*[43]. Cette condition est essentielle dans la distinction de la défaisance de fait *(in-substance defeasance)* et de la défaisance de droit *(legal defeasance)*[44]. Seule la première maintient l'engagement du débiteur, ce qui correspond à un effacement de la dette par une décharge non libératoire. Enfin, d'un point de vue juridique, la difficulté était de trouver une opération sur obligation respectant l'objectif de transfert tout en respectant celui de la protection des intérêts du créancier. C'est pourquoi la doctrine s'est tournée vers la délégation simple et incertaine, opération tripartite et potentiellement translative[45].

---

[41] Cl. FERRY, « Défaisance économique et fiducie » : *JCP E*, 7 févr. 1991, n° 6, 23, nbp. 3 ; J.-M. MOULIN, *Le droit de l'ingénierie financière : le droit du financement du haut de bilan des sociétés*, Gualino, 4e éd., 2013, n° 1094, p. 553.

[42] Ce transfert de risques ne doit pas être confondu avec la titrisation, qui repose sur une cession de créance, bien qu'elle soit également une technique de nettoyage de bilan (J.-M. MOULIN, *ibid.*, nos 1095 et 1096, p. 554 ; A. PÉZARD, « La *defeasance* » : *RD bancaire et bourse*, 1989, n° 12, p. 51).

[43] **Droit français.** Règlement de l'Autorité des normes comptables (ANC) n° 2014-03 relatif au plan comptable général, cons. 1er janv. 2021, art. 223-4 s. (première condition). **Droit américain.** Conseil des normes comptables financières *(FASB — Financial accounting standard board)*, norme n° 76.

[44] B. MONASSIER et S. DUBOULOZ, « La technique de la *defeasance* » : *Dr. et patr.* 1996, n° 34, p. 34.

[45] A. BUTHURIEUX, « Le point de vue du commissaire aux comptes sur l'opération de defeasance » : *RD bancaire et bourse*, 1989, p. 57 (rejetant la stipulation pour autrui compte tenu de sa libre révocabilité avant l'acceptation du bénéficiaire) ; J.-M. MOULIN, *Le droit de l'ingénierie financière : le droit du financement du haut de bilan des sociétés*, Gualino, 4e éd., 2013, n° 1091, p. 552 ; « Recours à la technique de la defeasance » : *Le Lamy Sociétés commerciales*, 4713, fév. 2022 (malgré la mise à jour, la cession de dette n'est pas intégrée aux développements). ***Contra.*** Mr Larroumet rappelle qu'il est difficile d'obtenir le consentement de tous les obligataires, écartant la délégation qui implique le consentement du délégataire (Ch. LARROUMET, « Sur la réalisation d'une "*defeasance*" en droit

La défaisance de fait est donc bien une opération d'effacement des dettes par décharge du débiteur, mais sans libération de celui-ci à l'égard du créancier, reposant sur une délégation simple incertaine.

18. Ainsi, la délégation incertaine simple est un mécanisme implicite d'effacement des dettes. Pour sa part, la cession de dette cumulative poursuit cet objectif de manière plus explicite.

2) Une décharge explicite par la cession de dette cumulative

19. La notion de cession de dette cumulative. La cession de dette est l'une des innovations de la réforme du droit des obligations. L'opération permet explicitement à un débiteur de céder sa dette moyennant l'accord de son créancier *(art. 1327)*. Néanmoins, cet accord ne concerne que la validité de l'opération, mais ne suffit pas à en déterminer la portée. En effet, le sort du cédant dépend d'un autre accord de la part du créancier. Si celui-ci y consent, le cédant est libéré et le cessionnaire reste le seul débiteur (cession libératoire/parfaite) ; à défaut, le cédant reste solidairement tenu au cessionnaire *(art. 1327-2)*. C'est cette seconde forme de cession de dette que l'on qualifie de cumulative, en raison du cumul de débiteurs[46].

20. L'apparence d'un paradoxe[47]. L'article 1327-2 prévoit explicitement que le cédant reste solidairement tenu au paiement de la

---

français » : *Mélanges Breton-Derrida*, Dalloz, 1991, p. 200-201). Cette remarque n'est peut-être pas dirimante si les représentants de la masse arrivent à justifier que l'opération respecte l'intérêt commun des obligataires *(C. com., art. L. 228-53)*, notamment en leur donnant l'exclusivité sur les actifs détenus par l'entité *ad hoc*. **Comp.** L'opération avait été rapprochée de la fiducie (Rapp. n° 3655 du 1er févr. 2007, X. DE ROUX pour l'Assemblée nationale, art. 2011, p. 33 ; Rapp. n° 11 du 11 oct. 2006, H. DE RICHEMONT pour le Sénat, p. 44 et 45). Or, la fiducie est définie comme une opération transférant *« des biens, des droits ou des sûretés »* à un fiduciaire, expression s'accommodant mal de la notion de dette.

[46] Elle aussi appelée cession « imparfaite », mais le terme est inapproprié. La perfection d'une opération s'apprécie au regard de l'objectif qu'elle poursuit. Le maintien du cédant peut en être un (en ce sens, not. A. HONTEBEYRIE, « Banc d'essai pour la reprise de dette » : *RDC* 2018/2, p. 314).

[47] Sur l'emploi du terme : B. FAGES, *Droit des obligations*, LGDJ, 11e éd., 2021-2022, n° 566, p. 484 (*« paradoxe »*) ; J. FRANÇOIS, « Les opérations sur la dette » *in « Réforme du droit des contrats : quelles innovations ? »* : *RDC* hors-série avr. 2016, p. 45, § 20 et 21 (*« aporie »* et *« mariage de la carpe et du lapin »*) ; L. THIBIERGE, « La cession de dette » : G. CHANTEPIE et M. LATINA (codir.), *Blog Réforme du droit des obligations*, 5 mai 2015 (*« monstre juridique »*).

dette. Cette solution peut paraître curieuse dès lors que le cédant avait exprimé la volonté de ne plus être débiteur et de voir sa dette effacée : il devient un codébiteur solidaire non intéressé à la dette. Cette situation est paradoxale dans le système unitaire de l'obligation, puisque l'on ne devrait pas pouvoir être débiteur tout en étant désintéressé de la dette. Seule la conception élémentaire de l'obligation, particulièrement adaptée au régime de la solidarité passive, permet d'élucider le paradoxe. En effet, le régime de la solidarité passive prévoit, dans un premier temps, que le cédant *solvens* détermine sa part contributive *(art. 1317 al. 1)* puis, dans un second temps, qu'il exerce son recours contributif contre le cédant et pour le tout *(art. 1317 al. 2)*. La cession de dette cumulative n'a donc rien de paradoxal si l'on admet que le cédant se décharge de la dette (stade la contribution) sans être libéré de l'obligation, étant tenu au titre de garant (stade de l'obligation).

En conclusion, le paradoxe n'est qu'apparent si l'on recourt à la conception élémentaire de l'obligation. La cession de dette cumulative permet bien un effacement des dettes non libératoire. Toutefois, l'effacement de la dette peut être perturbé dans deux cas.

21. Première perturbation : l'interprétation de l'« affaire » visée à l'article 1318. La première perturbation de l'effacement des dettes au moyen d'une cession cumulative de dette concerne l'articulation du recours contributif du cédant *solvens* avec l'article 1318. Cet article prévoit que *« si la dette procède d'une affaire qui ne concerne que l'un des codébiteurs solidaires, celui-ci est seul tenu de la dette à l'égard des autres »*.

L'interprétation du terme « affaire » n'est pas sans présenter quelques incertitudes. Si l'on considère que l'affaire est le contrat duquel procède la dette, comme la dette de prix d'une vente à terme, alors il faut admettre que le cédant, resté créancier de l'obligation de délivrance du bien vendu, est encore concerné par l'affaire[48]. Ainsi,

[48] En ce sens, not. G. CHANTEPIE et M. LATINA, *Le nouveau droit des obligations. Commentaire théorique et pratique dans l'ordre du Code civil*, 2e éd., Dalloz, 2018, n° 880, p. 798, note 5 ; J. FRANÇOIS, « Les opérations sur la dette » in « *Réforme du droit des contrats : quelles innovations ?* » : *RDC* hors-série avr. 2016, p. 45, §21. ***Contra*** S'exprimant sur l'article 1216, ancienne version de l'article 1318, Mme Oury-Brulé estimait que le désintérêt à la dette peut résulter d'un accord entre codébiteurs relatif à la décharge de l'un d'entre eux. On en déduit que l'existence d'une contrepartie tirée du contrat générateur n'est pas un motif d'intérêt à la dette et donc à l'affaire. Le recours contributif du cédant *solvens* vaudrait pour le tout, même s'il bénéficie d'une contrepartie (M. OURY-BRULÉ, *L'engagement du*

l'article 1318 commanderait au cédant de supporter au moins une partie du poids définitif de la dette, ce qui contrevient clairement aux conséquences translatives de la cession de dette. C'est un premier aspect du paradoxe : le cédant devrait théoriquement rester chargé d'une partie de la dette à titre principal. L'effacement de celle-ci ne serait qu'apparent. Pour autant, compte tenu de l'évidence du report de la charge de la dette sur la tête du cessionnaire par l'effet de la cession, cette hypothèse reste théorique et le désintérêt du cédant justifierait qu'il exerce son recours pour le tout.

L'articulation de cet article avec le recours contributif laisse effectivement la place à l'interprétation, mais la finalité translative de la cession de dette semble prendre le dessus et confirme l'effacement de la dette du patrimoine du cédant.

22. Seconde perturbation : les conditions d'appel du cédant solidairement tenu. La seconde perturbation concerne les conditions d'appel du cédant solidairement tenu. En l'état, les textes peuvent conduire à traiter plus durement le cédant que le cessionnaire, notamment lorsque son appel intervient sans appel préalable du cessionnaire par le créancier.

En effet, la solidarité passive oblige non seulement chaque codébiteur au paiement de l'intégralité de la dette, mais le choix du débiteur poursuivi est à la libre appréciation du créancier *(art. 1313 al. 2)*. Chaque codébiteur est tenu à titre principal. Ainsi, le cédant, codébiteur non intéressé à la dette, peut être poursuivi sans que le cessionnaire ait été poursuivi préalablement, alors qu'il est seul redevable. De plus, si le cédant n'a pas les fonds permettant le désintéressement du créancier, ce dernier est en droit de demander la réalisation des sûretés grevant ses biens, toujours sans avoir à justifier une poursuite préalable du cessionnaire. La différence de traitement a de quoi gêner, car un garant, bien que codébiteur solidaire, se trouve plus durement traité que le débiteur lui-même. Il pourrait être ajouté que même si le cédant *solvens* est en mesure d'exiger un remboursement auprès du cessionnaire, son montant ne viendra jamais rendre la valeur affective ou pratique du bien grevé de la sûreté et vendu pour payer le créancier. L'exemple de la vente d'un bien de famille grevé d'une hypothèque est facile à comprendre, le remboursement en numéraire par le cessionnaire ne pouvant pas

---

codébiteur non intéressé à la dette, th. Évry, Cl. Ferry [dir.], LGDJ, 2002, n° 51, p. 33).

remplacer la valeur affective du bien vendu. Le sentiment d'injustice du cédant serait compréhensible.

En l'état actuel, la loi permet au créancier de traiter plus durement le cédant, codébiteur non intéressé à la dette, que le cessionnaire, seul redevable. L'absence d'effet libératoire lors de cette décharge incite à trouver une solution plus équilibrée.

23. Solution face à la seconde perturbation : la subsidiarité plutôt que la solidarité. Face au risque d'une telle différence de traitement, on ne peut que souhaiter la modification de l'article 1327-1 prévoyant l'instauration d'une solidarité passive entre les débiteurs successifs lors d'une cession de dette cumulative.

La piste à suivre est celle de la subsidiarité plutôt que celle de la solidarité[49]. Certes, cela n'empêchera pas que le cédant supporte définitivement le poids de la dette en cas d'insolvabilité du cessionnaire, quoique la dette persistera à l'état naturel dans le passif du cédant. Cela n'empêchera pas non plus la réalisation de ses sûretés pour satisfaire le créancier. Toutefois, cela en limitera considérablement les occasions, puisque le créancier devra épuiser financièrement le cessionnaire avant de se tourner vers le cédant. De plus, comptablement, le caractère principal de l'obligation solidaire du cédant risque de s'opposer à l'irrévocabilité de l'effacement de sa dette, ce qui conduirait à l'inscription de cet engagement au passif du bilan. Au contraire, la subsidiarité de l'engagement plaiderait en faveur de sa sortie du bilan (engagements hors bilan) et de son rapprochement avec un véritable effacement de la dette[50].

L'article 1327-1 pourrait donc être modifié en faveur de la subsidiarité de l'engagement du cédant. Cette solution permet de concilier la volonté du cédant de ne plus être débiteur avec celle du

---

[49] En ce sens, Cl. AUBRY DE MAROMONT, « Les obligations subsidiaires » : *RTD civ.* 2018, p. 305, §24 ; J. FRANÇOIS, « Les opérations sur la dette » *in* « *Réforme du droit des contrats : quelles innovations ?* » : *RDC* hors-série avr. 2016, p. 45, §20 ; B. EVVA, « Délégation et cession de dette : approche comparative » : *Journ. soc.* sept. 2016, n° 144, p. 37 ; Fr. ROUVIÈRE, « Le caractère subsidiaire du cautionnement » : *RTD com.* 2011, p. 689, §22.

[50] Contrairement aux dettes qui sont inscrites au passif de la société, les engagements de garantie sont inscrits hors bilan. Une provision pour risques financiers peut éventuellement être inscrite au passif. La nature incertaine de ce type de dette montre bien l'absence de redevabilité à titre principal (M. COZIAN et P.-J. GAUDEL, *La comptabilité racontée aux juristes*, LexisNexis, 2006, n°s 540 s., p. 339 s., spéc. n° 545, p. 343).

créancier de conserver une garantie, opérant ainsi un effacement de la dette par une décharge non libératoire.

24. **Conclusion sur la décharge non libératoire impliquant le créancier (A).** La délégation simple ainsi que la cession de dette cumulative sont deux opérations permettant d'arriver à des effets souvent qualifiés de contradictoires. La décharge est le premier de ces effets, l'ancien débiteur ayant l'assurance de ne pas supporter le poids définitif de la dette, exclusion faite de l'hypothèse d'une insolvabilité du nouveau débiteur. Le second est celui du maintien de l'engagement de l'ancien débiteur envers le créancier. Cet engagement subsiste sous la forme d'une garantie. Alors qu'une conception unitaire de l'obligation ne permet pas d'expliquer qu'un débiteur puisse transmettre sa dette tout en étant tenu envers le créancier, une conception élémentaire permet de distinguer la décharge de la libération. En l'occurrence, ces opérations permettent une décharge de l'ancien débiteur, qui peut donc compter sur l'effacement de sa dette dans son patrimoine, mais sans que le créancier accepte sa libération.

25. Pour autant, même si le régime de ces opérations révèle une prépondérance de la volonté du créancier, il ne faut pas en déduire qu'elle est une condition de la décharge du débiteur et donc de l'effacement de sa dette. Les débiteurs successifs sont libres d'organiser leur rapport contributif (décharge) sans l'accord du créancier tant qu'il n'affecte pas le rapport coercitif (sans libération).

B. LA DÉCHARGE NON LIBÉRATOIRE À L'INSU DU CRÉANCIER

26. **L'indifférence de la volonté du créancier.** Changer le débiteur reviendrait à changer la dette. Cette affirmation écarte toute hypothèse de modification passive de l'obligation sans accord du créancier. Pourtant, bien qu'elle soit juste, elle occulte un autre point de vue non moins correct. Une fois encore, tout dépend de la définition de la dette. Si l'on considère que le changement de débiteur ne modifie pas le rapport coercitif, mais seulement le rapport contributif, les droits du créancier ne sont pas réduits. Autrement dit, dans une conception élémentaire de l'obligation, puisque le droit de poursuite du créancier ne peut être exercé qu'à l'encontre de l'assujetti (coercition), le changement de redevable (contribution) est sans incidence pour lui. Ce type de changement de débiteur peut donc se faire à l'insu du créancier. Pour arriver à ce résultat, le juriste aurait le réflexe de se

tourner vers la stipulation pour autrui (1) alors qu'il suffirait de reconnaître la cession de dette interne (2).

1) Le réflexe de la stipulation pour autrui

27. Le recours à la stipulation pour autrui pour transférer les dettes. Considérée pour elle-même, la stipulation pour autrui est l'opération par laquelle une personne (stipulant) obtient d'une autre (promettant) qu'elle accomplisse une prestation envers un bénéficiaire *(art. 1205 al. 2)*. Sans autre précision, un tel schéma ne présume pas d'un quelconque transfert de dette. Pour y arriver, il faut que le stipulant (cédant) obtienne du promettant (cessionnaire) qu'il accomplisse une prestation (payer la dette) envers le bénéficiaire (créancier), sans recours possible. L'avantage sur la délégation ou la cession de dette est que l'accord du créancier n'est pas requis, même si celui-ci pourra forcer l'exécution de la promesse dès qu'il aura accepté l'engagement du promettant. Avant que la réforme du droit des obligations ne consacre la cession de dette, c'était l'une des techniques lui servant de substitut[51]. En 2009, un arrêt[52] particulièrement remarqué avait redonné un souffle aux discussions relatives au transfert de dette. Il avait donné l'occasion de poser à nouveau la question de la possibilité de céder une dette et, le cas échéant, si c'était au moyen d'une stipulation pour autrui ou d'une opération autonome. La doctrine n'est pas parvenue à s'accorder sur l'efficacité d'une telle opération sans l'accord du créancier. Au-delà des arguments classiques tendant à discuter la cessibilité des dettes[53] ou à rappeler l'irrévocabilité unilatérale du contrat[54], il a été proposé de considérer séparément la validité et l'opposabilité de l'opération. C'est donc naturellement que la discussion s'était déplacée sur le terrain de l'admission de la cession de dette interne, valable par le seul

---

[51] Par exemple, après avoir montré les limites de la délégation (première partie) et avant de faire valoir les mérites de la reprise de dette allemande (troisième partie), Eugène Gaudemet avait consacré la deuxième partie de sa thèse au transport de dette par stipulation pour autrui. Même s'il lui reconnaissait certains défauts, il admettait sa fonction translative (E. GAUDEMET, *Étude sur le transport de dettes à titre particulier*, Librairie nouvelle de Droit et de jurisprudence, th. Paris, Fr. Gény [dir.], 1898, p. 373 s.).

[52] Cass. civ. 1ère, 30 avr. 2009, n° 08-11.093.

[53] R. LIBCHABER, « Obligations, protection du consommateur, responsabilité notariale » : *Defrénois*, 2009, n° 12, p. 1289.

[54] D. MAZEAUD, « Cession de dette » : *RDC* 1er oct. 2009, n° 4, p. 1363.

accord des débiteurs successifs, mais inopposable au créancier sans son consentement.

28. En effet, seule la reconnaissance de la cession de dette interne permettrait d'expliquer une décharge non libératoire à l'insu du créancier. C'est ce qu'il faut voir.

2) La reconnaissance de la cession de dette interne

29. Un contrat innommé. Contrairement à toutes les autres opérations qui servent de support à un transfert de dette, la cession de dette interne n'est pas légalement prévue. Il en eût fallu que très peu pour qu'elle soit consacrée à l'occasion de la réforme du droit des obligations, la cession bipartite ayant reçu la faveur du projet dirigé par Mr Terré[55] et du projet d'ordonnance portant réforme du droit des obligations[56]. Désormais, depuis l'introduction d'un mécanisme légal de cession de dette dans le Code civil, la discussion peut paraître close. En effet, l'article 1327 impose le consentement du créancier et exclut, par conséquent, l'hypothèse d'une cession de dette interne sur ce fondement[57].

Pourtant, il est possible de croire à la légalité de cette opération[58]. Son rôle dans l'effacement des dettes deviendrait

---

[55] Art. 142 du projet Terré. Le défaut d'accord du créancier entraînait la solidarité des débiteurs successifs.

[56] Art. 1338 du projet d'ordonnance.

[57] Constatant la *« lourdeur dissuasive »* de la cession de dette du Code civil, notamment lors d'une cession de fonds de commerce, Ant. NALLET, *La notion d'universalité : étude de droit civil*, th. Lyon 3, préf. Fr. Zénati (dir.), Dalloz, 2021, n° 512, p. 230.

[58] En ce sens, entre autres, Fr. DANOS, « La cession de dette » : *Mélanges Neau-Leduc*, LGDJ 2018, p. 310, note 3 ; Fr. TERRÉ, Ph. SIMLER, Y. LEQUETTE, Fr. CHÉNEDÉ, *Droit civil. Les obligations*, Dalloz, 12e éd., 2018, n° 1656, p. 1728 ; A. GAUDEMET, *Les dérivés*, Economica, th. Paris II, préf. H. Synvet (dir.), 2010, p. 34, n° 71 s. ; J.-J. ANSAULT, « Le retour en grâce de la cession de dette ? » : *JCP G* n° 27, 29 juin 2009, p. 73 ; J. CARBONNIER, *Droit civil. Les obligations (t.4)*, 22e éd. refondue, PUF, 2000, n° 322, p. 570 ; « Le 77e Congrès des notaires de France. Suite du compte rendu » : *Defrénois*, actu. not., 1981, p. 149 ; E. GAUDEMET, *Théorie générale des obligations*, 1937, rééd. par H. Desbois et J. Gaudemet, Sirey, 1965, p. 477 ; R. SALEILLES, « De la cession de dettes » : *Annales de droit commercial*, 1890, n° 27, p. 27 (faisant l'état des possibilités intellectuelles). **Comp.** L. ANDREU, « La cession de dette : quel avenir ? » : *D.* 2009, 2400, §1 (*« pas de cession de dette sans l'accord du créancier »*. Toutefois, l'auteur dit plus loin que *« l'opération ne peut déployer ses effets sans l'accord du créancier »* — nous soulignons — ce qui n'est pas exactement la même chose).

beaucoup plus évident qu'à l'occasion d'une délégation ou une stipulation pour autrui. Certes, l'article 1327 est inapplicable, mais cela signifie seulement qu'il faut envisager l'opération comme un contrat innommé dont il faut vérifier la conformité au droit des contrats. De manière générale, la cession de dette interne peut être définie comme le contrat innommé ayant pour effet de transmettre la charge de la dette à un tiers sans l'accord du créancier qui conserve son pouvoir de contrainte contre le cédant. Un tel contrat permettrait facilement l'effacement des dettes en les faisant passer du patrimoine du cédant à celui du repreneur.

Il ne faut donc pas déduire de l'absence de texte prévoyant la cession de dette interne ni de l'existence d'un mécanisme légal à l'article 1327 une prohibition de la cession de dette interne. Bien au contraire, il faut déterminer un régime à ce contrat innommé.

30. Un régime à déterminer. Lorsqu'un contrat est innommé et que l'on cherche à identifier son régime, comme c'est le cas pour la cession de dette interne, ce sont les règles générales du droit des contrats qui servent de cadre *(art. 1105 al. 1)*[59]. En l'occurrence, le consensualisme *(art. 1101)* et la force obligatoire *(art. 1103)* concentrent l'attention[60]. Toute la difficulté réside dans la construction d'un régime qui respecte, d'une part, le consensualisme permettant aux débiteurs successifs de transmettre la charge de la dette et, d'autre part, le respect de la force obligatoire du contrat générateur de la dette par lequel le créancier peut contraindre le débiteur primitif.

31. Contrainte liée au contrat de cession : le consensualisme. Le contrat unissant les débiteurs successifs doit correspondre à un accord de volonté destiné à transmettre une obligation, selon la formule de l'article 1101, ce qu'il convient de voir.

L'un des principaux reproches faits à la cession de dette interne est que la transmission de la dette emporte la modification du droit de créance. C'est là méconnaître l'objectif poursuivi par les cocontractants qui ne souhaitent pas nécessairement lier le cessionnaire au créancier cédé ni libérer le cédant. Par exemple, une société mère accepte de reprendre les dettes de sa filiale, mais ne souhaite pas compliquer sa situation en acceptant la contrainte du

---

[59] Sur les difficultés de concilier les principes directeurs des articles 1101 et suivant : A. GHOZI et Y. LEQUETTE, « La réforme du droit des contrats : brèves observations sur le projet de la chancellerie » : *D.* 2008 p. 2609, §5 s.

[60] Soulevant ce point, ex. L. ANDREU, « La cession de dette : quel avenir ? » : *D.* 2009, 2400, §3.

créancier. Dans le langage courant, l'opération pourrait être qualifiée d'arrangement entre sociétés, comme s'il n'avait aucune valeur juridique[61]. Pourtant, entre les parties, il est l'acte sur lequel peut se fonder un comptable pour inscrire la dette dans les engagements hors bilan ou un juriste pour contester le recours subrogatoire du cessionnaire *solvens* contre le cédant. Il pourrait être avancé que cet effet peut être obtenu au moyen d'une simple stipulation pour autrui. N'étant pas informé de l'existence d'une cession, le créancier cédé se trouverait dans la situation du bénéficiaire non acceptant de l'article 1206 : il bénéficie d'un droit direct à la prestation contre le promettant *(art. 1206 al. 1)*, mais ne peut pas l'y contraindre tant qu'il n'a pas accepté ce droit *(art. 1206 al. 2)*. En réalité, la situation des débiteurs successifs lors d'une cession de dette interne n'est pas comparable à celle des parties à une stipulation pour autrui. Dans cette dernière, le stipulant et le promettant ont l'intention d'accorder un bénéfice au créancier, le bénéficiaire. Au contraire, une telle intention est totalement absente d'une cession de dette interne dans laquelle les débiteurs successifs ont seulement entendu arranger leur rapport contributif. Ni méfait ni bienfait ne retombent sur le créancier cédé. Ce dernier n'a donc rien à accepter. Tout au plus, il peut se joindre à l'opération en accordant au cédant une remise des poursuites et en obtenant du cessionnaire une reconnaissance de dette qui le placerait sous sa contrainte[62]. L'ensemble de ces actes produirait l'effet de la cession de dette libératoire de l'article 1327-2.

Pour conclure, l'accord de volonté entre les débiteurs successifs est suffisant à transmettre la dette sans avoir besoin d'obtenir le consentement du créancier, ce dernier n'en retirant aucun avantage et n'en subissant pas les effets.

32. Contrainte liée au contrat générateur : la force obligatoire. Le respect de la force obligatoire du contrat générateur de la dette liant le créancier cédé au cédant permet d'identifier une seconde contrainte dans l'élaboration du régime de la cession de dette interne : le cédant

---

[61] Ce serait le sens de certains propos, tels que *« le poids de la dette n'est déplacé qu'en fait »* (J.-L. GOUTAL, *Le principe de l'effet relatif du contrat*, th. Paris 2, préf. H. Batiffol [dir.], LGDJ 1981, p. 149).

[62] Puisque la reconnaissance d'une dette naturelle est admise, l'acte *« transformant celle-ci en obligation civile »* (Civ. 1re, 4 janv. 2005, n° 02-18.904 ; A. RISSEL, « Essai sur la nature juridique de la reconnaissance de dette » : *RTD civ.* 2014, n° 02, p. 253, note 54), celle d'une dette transmise par voie de cession interne devrait également l'être.

doit rester tenu au paiement sans en supporter le poids définitif, sans quoi il n'y aurait pas vraiment d'effacement.

C'est là un point majeur de discordance avec la théorie classique de la cession de dette, la doctrine majoritaire faisant de la libération du cédant une condition de la cession de dette[63]. En effet, si l'on ne retient pas cette condition, il faut entrer dans la discussion relative à la nature de l'engagement du cédant qui reste tenu envers le cédé. Certains auteurs avaient envisagé que le cédant devienne une caution, archétype de la sûreté personnelle[64]. Certes, la question du recours contributif en serait éclaircie, la caution bénéficiant des recours subrogatoire *(art. 2309)* et personnel *(art. 2308 al. 1)*.

Toutefois, le cautionnement présente deux limites. La première est qu'il faut probablement renouveler le formalisme, avec les conditions de publicité et d'opposabilité que cela implique[65]. La seconde est que le cautionnement est un engagement subsidiaire, la caution ne devant payer qu'en cas de défaillance du débiteur *(art. 2288)*. Or, le créancier cédé ne connaît pas d'autre débiteur que le cédant lui-même : on ne peut pas lui demander de poursuivre en premier lieu le cessionnaire avant d'exiger le paiement auprès du cédant. Par ailleurs, la solution de la garantie *sui generis* avait également été évoquée, notamment dans l'avant-projet de réforme[66]. Les conditions d'appel restaient malgré tout obscures, car cela ne disait pas si l'engagement du garant serait à titre principal ou non. En définitive, il semblerait que la solution repose uniquement sur un jeu d'opposabilité : la cession de dette interne est valable, mais inopposable au créancier cédé. Aux yeux du créancier, le cédant est le débiteur engagé en vertu du contrat les unissant ; aux yeux du

---

[63] L. ANDREU, *Du changement de débiteur*, th. Paris 11, Dalloz, préf. D. R. Martin (dir.), 2010, n° 75 ; M. PLANIOL et G. RIPERT, *Traité pratique de droit civil français. Obligations (t. 7)*, 1931, n° 1141 (*« libération immédiate »*) ; E. GAUDEMET, *Étude sur le transport de dettes à titre particulier*, Librairie nouvelle de Droit et de jurisprudence, 1898, p. 27.

[64] M. JULIENNE, « La cession de dette : une théorie inachevée » : *Dr. et patr.* juil. 2016, n° 260. ***Adde.*** L. AYNÈS, « La cession de contrat » : *Dr. et patr.* 1er juill. 2015, n° 249, *in fine* (proposition de modification de l'avant-projet).

[65] Faudrait-il que l'acte de cession contienne une clause satisfaisant aux exigences des articles 2288 et suivants, notamment l'apposition par la caution elle-même, c'est-à-dire le cédant et ancien débiteur, de la mention impérative de l'article 2297 ?

[66] Art. 241 de l'avant-projet de réforme du 23 octobre 2013 : *« (...) [al. 2] Le cédant n'est libéré que si le créancier y consent expressément. À défaut, le cédant est simplement garant des dettes du cessionnaire »*.

cessionnaire, le cédant est un codébiteur solidaire non intéressé à la dette, voire un débiteur indiqué en paiement *(art. 1340)* bénéficiant d'un recours subrogatoire légal contre le cessionnaire *(art. 1340)*. Cela rejoint l'une des interprétations de l'arrêt de 2009 susmentionné qui y voyait la reconnaissance de la cession de dette interne[67].

Ainsi, le défaut de libération du cédant ne doit pas être vu comme le témoin d'une impossibilité de la cession de dette. Il signifie seulement que la cession ne concerne que les débiteurs successifs sans avoir d'effet à l'égard du créancier. Seul le rapport contributif est modifié, non le rapport coercitif. La force obligatoire du contrat générateur de la dette cédée n'a donc pas été altérée.

33. **Conclusion sur la décharge non libératoire à l'insu du créancier (B).** L'effacement d'une dette peut intervenir par une décharge non-libératoire du débiteur et sans l'accord du créancier. *Prima facie*, c'est la stipulation pour autrui qui permettrait d'y parvenir. L'opération a longtemps été utilisée comme substitut à la cession de dette. Elle est même devenue un réflexe pratique lorsque ce transfert doit se faire à l'insu du créancier. Las, malgré les faveurs de certains, il reste difficile d'affirmer son efficacité. C'est pourquoi il faudrait se tourner vers la cession de dette dite interne pour la reconnaître en droit français. Bien qu'étant un contrat innommé, il est possible de lui donner une définition et d'en déterminer un régime respectant les principes du droit des contrats. Correctement comprise, cette opération ne se heurte pas aux droits du créancier qui n'y est pourtant pas partie.

* *

*

34. **Conclusion sur l'efficacité d'un effacement par la décharge du débiteur (I).** La conception élémentaire de l'obligation permet de distinguer deux rapports au sein de celle-ci : la contribution et la coercition. Lorsque l'effacement des dettes concerne la contribution, il est appelé décharge. Il a été vu que deux types d'opérations permettent une telle décharge sans modifier le rapport de coercition.
D'un côté se trouvent celles qui impliquent un accord du créancier, accord supposé être la meilleure garantie pour respecter son droit de créance. Ces opérations correspondent à la délégation simple

---

[67] J.-J. ANSAULT, « Le retour en grâce de la cession de dette ? » : *JCP G* nº 27, 29 juin 2009, p. 73 ; A.-S. BARTHEZ, « La relativité du lien obligatoire » : *JCP* 2009, nº 51, p. 574, § 25.

incertaine, pour laquelle la décharge reste un effet implicite du mécanisme, et à la cession de dette cumulative, pour laquelle la décharge est un effet bien plus explicite. Ces deux opérations permettent d'effacer la dette du patrimoine de l'ancien débiteur en la faisant passer dans celui du nouveau débiteur.

Pourtant, il ne fallait pas en déduire qu'un tel effacement n'est possible qu'avec l'accord du créancier. En effet, la stipulation pour autrui permet le transfert de la dette sans que le créancier soit au courant, mais la doctrine peine à s'accorder sur cet effet et la jurisprudence permet de larges interprétations. C'est pourquoi un autre mécanisme gagnerait à être reconnu : la cession de dette interne. Elle est le contrat permettant le transfert de la charge de la dette par le seul accord des débiteurs successifs et sans modifier le pouvoir de contrainte du créancier cédé à l'égard du cédant. Respectant les principes du droit des contrats, la cession de dette interne pourrait devenir le moyen le plus simple de décharger un débiteur, sans altérer le droit de créance, et conduisant ainsi à l'effacement de ses dettes de son patrimoine.

35. La cession interne peut donc servir de support à un effacement de la dette en déchargeant le cédant, alors même qu'elle n'a pas pour effet de le libérer à l'égard du créancier. Décharger n'est pas libérer. Il faut maintenant voir que la libération du débiteur, qu'elle soit ou non accompagnée de sa décharge, peut également conduire à l'effacement de sa dette, bien que présentant davantage de fragilités.

II. Un effacement fragile par la libération du débiteur

36. La notion de libération. Après avoir vu que l'effacement de la dette peut intervenir par la décharge du débiteur, il convient de voir qu'il peut aussi intervenir par sa libération. Selon la terminologie élémentaire (*obligatio*, *Haftung*, Engagement), la notion de libération s'inscrit dans le rapport coercitif de l'obligation. Il est le lien unissant le titulaire du droit de poursuite (factor[68]) à celui qui le

[68] Le mot *factor*, tiré du verbe *facio*, signifie « faiseur » (*V° « factor »* : F. GAFFIOT, *Dictionnaire latin français*, version V. M. Komarov, 2016). Il reflète parfaitement le rôle endossé par ce sujet : il exécute la créance, il « fait », contrairement au bénéficiaire dont le rôle passif implique seulement qu'il attend son bénéfice. Il est évidemment à rapprocher du rôle endossé par la personne chargée du recouvrement des créances lors d'un affacturage (R. BONHOMME et Fl. REILLE, « Affacturage » : *Rép. dr. com.*, actu. juin 2021, n° 2).

subit (assujetti[69]). Par conséquent, la libération est le mécanisme qui prive le factor de son droit de poursuite contre l'assujetti, volontairement ou non, sans préjuger du sort du rapport de contribution liant le redevable au bénéficiaire.

37. **Mise en œuvre de l'effacement.** La libération est un effet que l'on retrouve dans deux types d'opérations. D'une part, lorsqu'elle profite à un débiteur non déchargé, la libération présente une fragilité venant de l'attraction qu'exerce le rapport contributif sur le rapport coercitif[70] : que le débiteur soit libéré ou tenu, l'obligation tend vers son paiement. La persistance du rapport contributif influe donc sur la portée de l'effacement (A). D'autre part, lorsqu'il est déchargé en plus d'être libéré, le débiteur peut dire que sa dette a été totalement effacée de son point de vue. Cependant, bien qu'il soit libéré en qualité de débiteur, il peut rester tenu sous conditions et, si le nouveau débiteur est insolvable, supporter la charge de la dette. Contre toute apparence, le rapport coercitif peut donc également persister et influer sur l'effacement (B).

A. LA PERSISTANCE DU RAPPORT CONTRIBUTIF

38. **Le paiement : entre satisfaction et frustration.** Le Code civil définit le paiement comme *« l'exécution volontaire de la prestation due » (art. 1324 al. 1).* Sa survenance mène à l'extinction de l'obligation par satisfaction pleine et entière du créancier. Cela étant, le Code civil prévoit d'autres modes d'extinction de l'obligation au sein desquels la doctrine distingue généralement ceux procurant une satisfaction au créancier de ceux qui le laissent frustré[71]. La remise de

---

[69] C'est le terme qui résulte le plus directement de la définition de l'*Haftung*, vue comme un *« assujettissement »* (ex. E.-A. POPA, *Les notions de « debitum » (schuld) et « obligatio » (haftung) et leur application en droit français moderne*, th. Paris, préf. R. Demogue [dir.], Librairie des Facultés E. Muller, 1935, n° 14, p. 23).

[70] Mr Comparato dit que *« devoir et engagement sont soudés l'un à l'autre dans l'obligation, selon un ordre de subordination (...) Dans l'obligation moderne, le devoir prime l'engagement »* (F. K. COMPARATO, *Essai d'analyse dualiste de l'obligation en droit privé*, th. Paris, préf. A. Tunc [dir.], Dalloz, 1963, n° 159, p. 173).

[71] Cela ressort du plan de certains ouvrages, ex. Fr. TERRÉ, Ph. SIMLER, Y. LEQUETTE, Fr. CHÉNEDÉ, *Droit civil. Les obligations*, Dalloz, 12e éd., 2018, n° 1754, p. 1824 ; J. FLOUR, J.-L. AUBERT et E. SAVAUX, *Les obligations : Le rapport d'obligation [t.3]*, Sirey, 9e éd., 2015, n° 491 s., p. 477 s. **Comp.** Dégageant la différence entre la frustration objective et la frustration subjective, *cf.* N. PICOD,

dette (1) et la prescription extinctive (2) en font partie, mais il faudra apprécier la portée de cette extinction pour vérifier leur rôle dans l'effacement d'une dette.

1) Une contribution persistante malgré la remise de dette

39. Remise réelle et remise personnelle. La remise de dette est un mécanisme considéré comme une cause d'extinction de l'obligation que le Code civil définit comme *« le contrat par lequel le créancier libère le débiteur de son obligation » (art. 1350).*

En lisant l'article au prisme du dualisme de l'obligation, l'effet de la remise de dette ressort de façon : elle libère le débiteur, donc elle ne le décharge pas. La remise de dette n'affecte pas le rapport contributif, mais seulement le rapport coercitif. Cependant, dans une conception unitaire de l'obligation, la libération du débiteur implique l'extinction de toute l'obligation. Ces deux façons de comprendre la remise de dette ont été depuis longtemps identifiées, puisque Pothier distinguait déjà la remise personnelle, portant sur le droit de poursuite et n'affectant pas l'existence de la dette, de la remise réelle, portant sur toute l'obligation[72]. C'est donc en fonction de l'objet de la remise de dette que peut s'apprécier l'effacement de celle-ci, car le débiteur est déchargé lors d'une remise réelle alors qu'il ne l'est pas dans une remise personnelle. En ce sens, la Cour de cassation s'est prononcée en faveur d'une différence entre la remise de dette et la renonciation aux poursuites[73]. Établir une telle distinction imposait d'en déterminer le critère et celui-ci s'est installé dans la portée de l'effet extinctif : la renonciation aux poursuites *« n'emporte pas extinction de l'obligation »*, selon les juges, contrairement à la remise de dette pour

---

La remise de dette en droit privé, th. Toulouse I Capitole, préf. C. Saint-Alary Houin (dir.), Dalloz, 2013, n° 106, p. 83.

[72] R.-J. POTHIER, *Traité des obligations,* Thomine et Fortic, 1821 (rééd. Dalloz, 2011, préf. J.-L. Halpérin), n°s 616 s., p. 304 s. et n° 380, p. 185 *in fine*. ***Adde.*** N. PICOD, *La remise de dette en droit privé*, th. Toulouse I Capitole, préf. C. Saint-Alary Houin (dir.), Dalloz, 2013, n°s 668 s., p. 486 s. (pour une approche également historique).

[73] Selon la Cour, *« la renonciation par le créancier au droit à agir en paiement contre le débiteur principal n'emporte pas extinction de l'obligation principale ni du recours de la caution contre ce débiteur, de sorte que la clause précitée [de renonciation aux poursuites contre le débiteur] ne fait pas obstacle aux poursuites du créancier contre la caution solidaire »* (Cass. com., 22 mai 2007 : *Bull. civ.* IV, n° 136, n° 06-12.196).

laquelle cette conséquence est explicite. Pour expliquer la décision, la doctrine s'est naturellement tournée vers le dualisme de l'obligation, la renonciation aux poursuites n'affectant que le rapport coercitif *(Haftung)* et non le rapport contributif *(Schuld)*[74].

Las, la distinction entre ces deux formes de remise est une impasse conceptuelle.

40. L'impossibilité d'une remise réelle. À supposer que la remise de dette prévue à l'article 1350 corresponde à la notion de remise réelle, faisant totalement disparaître la dette, l'impasse est inévitable.

Dans ce contexte, la remise efface non seulement la dette du passif du débiteur, mais aussi de toute la vie juridique. Le débiteur ne peut plus être contraint, ne doit plus rien et ne peut plus se décharger, puisqu'il n'y a plus rien (cession impossible). L'effacement est ici synonyme de disparition totale. Pourtant, et c'est là que se révèle l'impasse, une obligation peut *« naître de l'exécution volontaire ou de la promesse d'exécution d'un devoir de conscience envers autrui » (art. 1100)*. Ici, l'« obligation » renvoie à l'idée d'obligation civile, c'est-à-dire assortie d'une qualité coercitive, contrairement au devoir de conscience qu'il convient de rapprocher de l'obligation naturelle[75]. En reprenant le cas d'un débiteur qui s'est vu remettre sa dette, est-il possible d'affirmer qu'il ne conserve pas un devoir de conscience envers son créancier ? Dans la mesure où tout paiement suppose une dette *(art. 1302)*, il devient inconcevable que ce paiement intervienne si la remise a fait disparaître la dette. L'articulation des deux articles est difficile, puisque l'affirmation selon laquelle la remise de dette met fin à son existence substantielle se heurte à celle selon laquelle le débiteur peut avoir un devoir de conscience envers autrui susceptible de monter à la vie civile. Le seul moyen d'admettre la compatibilité de ces deux affirmations serait de considérer que la

---

[74] P. CROCQ, « La renonciation à agir en paiement contre le débiteur ne libère pas la caution » : *RTD civ.* 2008 p. 333 ; O. DESHAYES, « La caution ne peut se prévaloir de la remise des poursuites consentie au débiteur principal » : *D.* 2007, p. 1999 ; N. PICOD, *ibid.*, n° 671, p. 500.

[75] L'assimilation du devoir de conscience de l'article 1100 à une obligation naturelle n'est pas pour autant systématique. En effet, un simple devoir de conscience n'aurait pas la consistance suffisante à justifier l'existence d'une dette, même naturelle (en ce sens, A. SÉRIAUX, « Sous les pavés, la plage » : *RTD civ.* 2021, p. 833). Néanmoins, le devoir de conscience par lequel *Primus* s'en irait payer 100 à *Secundus* après que ce dernier lui remis sa dette de 100 est, selon nous, suffisamment consistant pour être qualifié d'obligation naturelle. Décorréler le devoir de conscience de la dette remise serait dans ce cas une fiction.

substance éteinte et le devoir de conscience soient des objets distincts. La disparition de l'un n'empêcherait pas la naissance de l'autre. Mais cela n'est guère convaincant. Concrètement, c'est la remise de la dette qui conduit le débiteur à se sentir engagé par un devoir de conscience. Par conséquent, une conception réelle de la remise de dette se heurte à la possible évolution de la dette remise en obligation naturelle. La substance n'a pas disparu. L'effacement par la remise de dette n'est qu'une libération temporaire[76], du moins incertaine, et non une disparition de la substance.

Par conséquent, la remise de dette ne peut avoir pour effet que de mettre fin aux poursuites du créancier, sans affecter la substance. Autrement dit, il ne devrait pas y avoir de différence entre une remise de dette et une renonciation aux poursuites.

41. L'effacement des dettes lors d'un rétablissement professionnel est une remise personnelle. Cette idée selon laquelle la remise de dette ne peut pas totalement faire disparaître la dette résonne particulièrement bien lors d'un rétablissement professionnel.

Le législateur prévoit que la clôture de la procédure de rétablissement professionnel entraîne l'effacement des dettes à l'égard des créanciers dont la créance est née antérieurement au jugement d'ouverture *(C. com., art. L. 645-11 al. 1)*. Une remarque s'impose : l'effacement des dettes ne produit ses effets qu'à l'égard des créances antérieures au jugement d'ouverture. Cette précision peut sembler avoir pour seule utilité d'exclure du périmètre de l'effacement les créances nées après le jugement d'ouverture, mais ce n'est pas exactement le cas. En effet, certains créanciers antérieurs au jugement ne seront pas concernés par l'effacement, comme ceux visés au second alinéa de l'article L. 645-11, article qu'il faut combiner au II de l'article L. 643-11. Il en résulte que la créance de remboursement des garants *solvens* contre le débiteur n'entre pas dans la périmètre de l'effacement. Autrement dit, puisque tout recours subrogatoire semble compromis du fait de l'effacement, le garant *solvens* n'a plus d'autre choix que d'utiliser son recours personnel. Celui-ci est né au moment du paiement, c'est-à-dire potentiellement avant le jugement d'ouverture de la procédure de rétablissement. Cela signifie bien que

---

[76] Citant plusieurs anciens arrêts illustrant ce propos (A. SÉRIAUX, « Sous les pavés, la plage » : *RTD civ.* 2021, p. 833, §7, notes 31 et 32). Par exemple, la nullité d'un prêt contracté par le *de cujus* n'est pas un obstacle au paiement de l'obligation naturelle de remboursement par l'héritier (CA Paris, 30 avr. 1958, cité par A. SÉRIAUX, *ibid.*, note 32).

l'effacement des dettes n'est pas un mécanisme faisant disparaître le rapport contributif, puisque le *debitum* persiste malgré l'effacement[77]. En revanche, il affecte le rapport coercitif, c'est-à-dire l'*obligatio* unissant le créancier au débiteur, puisque seul le droit de poursuite du créancier contre le débiteur est concerné par l'effacement[78].
Ainsi, l'effacement des dettes lors d'un rétablissement professionnel présente les mêmes caractéristiques qu'une remise de dette personnelle, c'est-à-dire une remise des poursuites individuelles du créancier ne faisant pas disparaître la dette.

42. La remise de dette n'est pas le seul mécanisme dans lequel la persistance de la contribution exerce une influence sur la libération du débiteur. La prescription extinctive en est un autre.

2) Une contribution persistante malgré la prescription extinctive[79]

43. Conceptions processualiste et substantialiste. Dans la mesure où la prescription et la remise de dette peuvent être le support de la volonté abdicative du créancier, ces mécanismes présentent des difficultés similaires[80].

---

[77] Mme Morris-Becquet est de cet avis lorsqu'elle évoque *« la persistance d'une obligation naturelle malgré l'effacement de la dette de l'insolvable »* (G. MORRIS-BECQUET, *L'insolvabilité*, th. Lyon 3, préf. H. Croze [dir.], PUAM, 2002, n° 394, p. 359). Avec elle, nous pouvons dire que l'obligation effacée *« peut être entrevue, de manière indéniable, comme une obligation sans sanction juridique »* (G. MORRIS-BECQUET, *ibid.*, n° 396, p. 362). **Contra** Mme Delrieu estime au contraire que l'effacement des dettes devrait être *« ajouté aux causes d'extinction des obligations »* et *« analysé comme une cause d'extinction de l'obligation ayant pour effet de libérer le débiteur »* sans satisfaction du créancier (S. DELRIEU, *Le paiement des dettes. Règlementation et contentieux*, coll. « Droit du paiement » dir. C. Saint-Alary-Houin, LGDJ, 2021, n° 830, p. 336). Notons que son propos n'est techniquement pas incompatible avec l'idée d'une simple libération sans décharge, mais que l'esprit qui l'anime conduit vers un effet substantiel de l'effacement, conséquence probable d'une vision unitaire de l'obligation.

[78] En ce sens, la Cour de cassation a pu retenir que les mesures consécutives à l'effacement des dettes *« limitent ou font obstacle au recouvrement* — nous soulignons — *des créances par leurs titulaires »* (Cass. civ. 2e, 19 déc. 2013, QPC n° 13-40.065). Seul le recouvrement est concerné (rapport coercitif), pas le droit de recevoir le paiement (rapport contributif).

[79] Concernant l'effacement des dettes par le jeu de la prescription extinctive, voir dans le présent ouvrage la contribution de Mme Marie Garnier-Zaffagnini.

[80] Mme Picod remarque que l'effet extinctif de la prescription voulu par le législateur peut coïncider avec la volonté abdicative du créancier, rapprochant ainsi le mécanisme avec celui de la remise de dette (N. PICOD, *La remise de dette en droit*

La prescription extinctive est définie comme *« un mode d'extinction d'un droit résultant de l'inaction de son titulaire pendant un certain laps de temps » (art. 2219).* En guise de point de départ de la réflexion, il convient de remarquer que la prescription n'efface pas la dette, mais éteint un droit, en l'occurrence le droit de créance. Dans une conception unitaire de l'obligation, cette définition sonne faux. Tout d'abord, si l'obligation était un tout indissociable, l'extinction du droit de créance devrait avoir pour corollaire l'extinction de la dette sur laquelle il porte. C'est sur la base de ce constat que s'est construite une conception dite substantielle de la prescription. À l'instar de la remise de dette réelle, ses partisans estiment que la prescription fait disparaître l'obligation de la vie juridique[81]. Le droit éteint serait non seulement celui de poursuivre le débiteur, mais aussi celui de recevoir le produit de la créance. L'effacement serait total. Face à la conception substantialiste a été développée une conception dite processualiste. Elle consiste à limiter les effets de prescription au seul droit de poursuite, mais laisserait intacte la substance de l'obligation[82]. C'est un raisonnement équivalent à celui tenu plus haut en matière de remise personnelle. Plus précisément, cela signifie que le créancier perd son droit d'exiger le paiement, mais conserve celui de percevoir le produit de la créance[83]. C'est en ce sens que la répétition n'est pas admise à l'égard des obligations naturelles qui ont été volontairement acquittées *(art. 1302 al. 2)* et que le paiement d'une obligation prescrite ne peut donner lieu à répétition *(art. 2249)*, rappelant là que la prescription n'a pas retiré au créancier sa qualité de bénéficiaire, mais seulement celle de factor.

Tout comme la remise de dette qui connaît une conception réelle et une autre personnelle, la prescription extinctive fait l'objet de deux conceptions : l'une substantialiste et l'autre processualiste. C'est

---

privé, th. Toulouse I Capitole, préf. C. Saint-Alary Houin [dir.], Dalloz, 2013, n° 47, p. 34 et n° 557, p. 423). Néanmoins, elle relève certaines différences principalement liées à sa faveur pour une conception réelle de la remise de dette (*ibid.* n° 69 s., p. 58. s.).

[81] Sur la conception substantialiste, Ant. HONTEBEYRIE, « Prescription extinctive – Effets de la prescription » : *Rép. dr. civ.*, actu. févr. 2022, n° 572.

[82] Sur la conception processualiste, Ant. HONTEBEYRIE, « Prescription extinctive – Effets de la prescription » : *Rép. dr. civ.*, actu. févr. 2022, n° 570.

[83] Évoquant l'hypothèse que l'effacement puisse n'affecter que le droit de poursuite du créancier : J. GHESTIN, M. BILLIAU et G. LOISEAU, *Traité de droit civil : le régime des créances et des* dettes, LGDJ, 2005, n° 1295, p. 1313.

cette dernière qui correspond à un effacement de la dette par une libération sans décharge du débiteur.

44. **Application de la thèse processualiste et du dualisme de l'obligation à la prescription biennale : la voie de l'indépendance des obligations.** La thèse processualiste de la prescription doit être mise en perspective avec la conception élémentaire de l'obligation. L'une et l'autre admettent que l'obligation peut contenir des éléments subissant des sorts différents, le rapport coercitif pouvant être effacé, même partiellement, tandis que le rapport contributif persiste[84]. La prescription biennale du droit de la consommation illustre bien ce propos.

En effet, il faut avant tout dire que la prescription n'affecte que le rapport coercitif de l'obligation. Encore plus précisément, elle atteint seulement l'un des liens du rapport coercitif. Alors que, sauf cas particulier, le délai de prescription de droit commun est de cinq ans *(art. 2224)*, celui des actions des professionnelles pour les biens et services qu'ils fournissent aux consommateurs se prescrit par deux ans *(c. cons., art. L.218-2)*. Autrement dit, il faut tenir compte de la qualité de l'assujetti, c'est-à-dire de celui contre qui est dirigée l'action, pour déterminer le délai de prescription. La position de la Cour de cassation est intéressante sur ce point, car elle a évolué en peu de temps. Dans un premier temps, elle a jugé que la caution ne pouvait pas invoquer la prescription biennale pour échapper aux poursuites du créancier au motif qu'il s'agissait d'une exception purement personnelle au débiteur en sa qualité de consommateur[85]. La prescription de l'obligation principale a été donc jugée indifférente à l'égard de l'obligation de la caution. Conformément à la thèse processualiste et au dualisme de l'obligation, il y a bien plusieurs liens au sein du rapport coercitif, chacun étant différemment frappé par la prescription. La conséquence immédiate de cette solution est que la caution peut-être poursuivie par le créancier, alors que le débiteur est libéré à l'égard de ce dernier. Si la caution paie, elle cherchera à obtenir un remboursement auprès du débiteur. Inutile d'utiliser son recours subrogatoire, car l'action du créancier est prescrite. Il ne lui

---

[84] En ce sens, not. Ph. MOZAS, *La notion de dette en droit privé*, th. Bordeaux 4, P. Le Cannu (dir.), dactyl., 1996, n° 223, p. 227-228 ; E.-A. POPA, *Les notions de « debitum » (schuld) et « obligatio » (haftung) et leur application en droit français moderne*, th. Paris, préf. R. Demogue (dir.), Librairie des Facultés E. Muller, 1935, n°s 186 s., p. 322 s.

[85] Cass. civ. 1ère, 11 déc. 2019, n° 18-16.147.

reste plus que son recours personnel qui se prescrit selon le droit commun.

La thèse processualiste s'articule donc particulièrement bien avec le système élémentaire de l'obligation lorsqu'il s'agit d'expliquer, malgré la prescription de l'obligation principale, que la caution reste tenue envers le créancier. Le rapport coercitif a été partiellement effacé par la prescription.

45. **Application de la thèse processualiste et du dualisme de l'obligation à la prescription biennale : la voie de l'indissociabilité.** Dans un second temps, la même chambre de la Cour de cassation est revenue sur son appréciation pour admettre l'indissociabilité de l'obligation principale avec l'obligation de garantie, l'effacement frappant la première par le jeu de la prescription s'étendant également la seconde.

En effet, par un raisonnement certainement inspiré de la règle de l'accessoire, bien que très implicite, les juges ont retenu que l'acquisition de la prescription biennale *« affecte le droit du créancier, de sorte qu'il s'agit d'une exception inhérente à la dette dont la caution, qui y a intérêt, peut se prévaloir »*[86]. Cet arrêt, rendu en matière de sûreté personnelle, trouve son pendant en matière de sûreté réelle. Par exemple, la prescription biennale frappant l'obligation principale entraîne celle de l'hypothèque la garantissant[87]. Si la solution est parfaitement conforme au nouvel article 2298, offrant à la caution la possibilité d'exciper des mêmes moyens de défense que le débiteur, il n'est pas certain qu'elle soit pérenne et cela pour plusieurs raisons. Tout d'abord, la prescription est définie comme l'extinction d'un droit par l'écoulement du temps *(art. 2219)*. En disant qu'elle est une exception inhérente à la dette, les juges entretiennent la confusion entre les notions de droit et de dette, résultat d'une conception substantialiste de la prescription ainsi que d'une définition unitaire de l'obligation. Ce n'est pas la dette qui est prescrite, mais le droit. Autrement dit, si l'on peut dire que la caution doit payer la même dette que le débiteur principal, mais en vertu d'une obligation

---

[86] Cass. civ. 1ère, 20 avr. 2022, nº 20-22.866.

[87] Pour la Cour, *« la prescription [biennale du Code de la consommation], qu'elle concerne l'obligation principale ou l'action en paiement emporte, par voie de conséquence, l'extinction de l'hypothèque ou du privilège »* (Cass. civ. 3e, 12 mai 2021, nº 19-16.514). Selon les juges, il s'agissait de se conformer à l'intention des rédacteurs du Code civil qui ne souhaitaient pas que l'action hypothécaire ne devienne l'accessoire d'une obligation naturelle.

distincte, on ne peut pas dire que le créancier dispose du même droit à l'encontre de chacun d'eux. Le droit de poursuivre le débiteur trouve sa source dans un acte distinct (contrat principal) de celui dans lequel se trouve celui de poursuivre la caution (cautionnement). Dans ce dernier, le créancier ne fournit aucune prestation à la caution, condition exigée par le droit de la consommation *(C. conso., art. L. 218-2)*, ce qui devrait écarter le jeu de la prescription biennale. Ensuite, assimiler la prescription biennale à une exception inhérente à la dette reviendrait à autoriser une caution professionnelle à s'en prévaloir : n'est-ce pas contrevenir aux objectifs du droit de la consommation que de permettre à un professionnel de bénéficier des mêmes délais qu'un consommateur ? Enfin, il n'y aurait plus que la règle de l'accessoire pour justifier que la caution profite du même délai que le débiteur. Là encore, rien n'est moins certain. Par exemple, d'aucuns argueraient que l'effet translatif de la cession de dette s'étend à ses accessoires ; c'est le principe de la règle de l'accessoire. Pourtant, lorsqu'elle est libératoire, la cession de dette entraîne l'extinction du cautionnement *(art. 1328-1 al. 1)* et non sa transmission. La portée de la règle de l'accessoire dépend largement de son contexte. Elle sert à justifier le maintien des sûretés lors d'une cession de créance au motif que la créance est cédée, alors que le créancier a changé, mais sert à justifier leur extinction lors d'une cession de dette au motif que le débiteur est libéré, alors que la dette a été cédée. L'invocation de la règle de l'accessoire doit donc être plus prudente.

Ces arrêts ont le mérite de montrer l'intérêt d'une conception processualiste de la prescription, soutenue par le dualisme de l'obligation. Plusieurs liens sont possibles au sein du rapport coercitif, chacun obéissant à ses propres règles : l'un est effacé, l'autre non. Sur ce point, l'arrêt de 2019 paraît plus cohérent que ceux de 2021 et 2022.

46. Conclusion sur la persistance du rapport contributif (A). Remarquant qu'une partie de la doctrine considère que la remise de dette et la prescription extinctive sont des modes de paiement non satisfactoire, il était question de voir que la persistance du rapport contributif, source de l'insatisfaction, vient influencer la libération du débiteur et donc l'effacement de sa dette.

D'une part, il est traditionnellement admis que la remise de dette est une opération faisant totalement disparaître la dette, enlevant tout doute quant à son effacement. Pourtant, on peut penser que cette idée conduit à une impasse : si la dette disparaît, comment peut-elle être ultérieurement payée par le débiteur qui se sentirait redevable d'un devoir de conscience envers son créancier ? La remise de dette est donc une renonciation aux seules poursuites, rejoignant là la qualification de remise personnelle avancée par certains auteurs.

D'autre part, il a été rappelé que l'effet extinctif de la prescription extinctive fait également l'objet de discussions, conceptions substantialiste et processualiste se faisant face. Compte tenu de sa proximité avec la conception élémentaire de l'obligation, la thèse processualiste permet mieux d'expliquer l'extinction du droit de créance tout en permettant le paiement volontaire du débiteur de la dette prescrite. Là aussi, en dépit d'un arrêt de 2022 difficilement justifiable, tout conduit à penser que seul le droit de poursuite est éteint, et plus précisément l'un des droits de poursuites en présence de plusieurs assujettis, et non pas le droit de recevoir la prestation. Dans l'une comme dans l'autre de ces opérations, la persistance du rapport contributif exerce donc son influence sur la libération du débiteur et vient fragiliser l'effacement de la dette.

47. La fragilité de l'effacement des dettes par la libération du débiteur n'est pas seulement liée à la persistance d'une contribution. Elle dépend également des conditions de la libération propres à chaque opération, donc d'une éventuelle persistance du rapport coercitif.

B. LA PERSISTANCE DU RAPPORT COERCITIF

48. Qui peut le plus peut le moins. Il a été vu plus haut que la cession de dette cumulative et la délégation simple sont des opérations dont la particularité est de décharger le débiteur tout en maintenant son engagement envers le créancier. L'absence de libération n'était certes pas un obstacle à l'effacement de la dette, mais le principe de l'opération faisait de l'ancien débiteur un garant susceptible de supporter le poids définitif de la dette en cas d'insolvabilité du nouveau débiteur. Ce risque est théoriquement écarté lors d'une opération déchargeant et libérant le débiteur, telle qu'une cession de dette libératoire ou une novation. En principe, l'effacement de la dette est donc plus évident qu'en d'autres occasions. Pourtant, force est de constater que la libération par voie de cession de dette présente des limites temporelles (1) et que la libération par voie de novation présente des limites économiques (2). Ces limites viennent fragiliser l'effet libératoire de ces opérations en risquant de faire peser sur l'ancien débiteur le poids définitif de la dette.

1) Les limites temporelles à la libération par voie de cession de dette

49. Deux limites. Il faut remarquer deux situations dans lesquelles la portée de la cession de dette libératoire *(art. 1327-2)* est remise en cause, atténuant ainsi l'efficacité de l'effacement auquel on s'attendrait au cours d'une telle opération.

50. Première limite : l'inopposabilité temporaire de la cession lors d'un consentement anticipé du créancier. Dans un premier temps se trouve le cas du créancier n'intervenant pas au moment de la conclusion du contrat entre les débiteurs successifs. Dans ce cas, il est censé avoir donné son consentement anticipé, mais le législateur prévoit que la cession ne produira aucun effet à son égard tant qu'il n'a pas été notifié ou qu'il n'en a pas pris acte *(art. 1327-1)*.

Certes, ce consentement anticipé peut être aussi bien donné pour une cession cumulative que pour une cession libératoire, mais les conséquences sont autrement plus importantes lors de cette seconde forme de cession. En effet, il existe une incertitude durant la période qui court à compter de la conclusion du contrat en présence des débiteurs successifs, et avec l'accord anticipé du créancier, et le moment de la notification ou de la prise d'acte. Si la cession avait été cumulative, il eût été de toute manière prévu que le cédant restât solidairement tenu ; la période visée ne présente pas de grandes incertitudes. En revanche, lorsque la cession est censée être libératoire, l'incertitude marquant cette période remet en cause la libération du cédant. Puisque la cession ne produit ses effets qu'à compter de la notification ou de la prise d'acte par le créancier, l'effet libératoire est suspendu jusqu'à cet instant. Le cédant demeure seul tenu envers le créancier durant cette période alors que l'on peut penser qu'il a été déchargé de celle-ci lors de la cession interne conclue avec le cessionnaire.

Bien qu'en principe accentué par l'effet libératoire de la cession, l'effacement de la dette est ici fragilisé. Déchargé par l'effet de la cession interne, mais toujours tenu à défaut de notification du créancier, le débiteur est dans l'incertitude.

51. Seconde limite : date de naissance ou date d'exigibilité des dettes ? D'autre part, lorsque la cession est libératoire, la loi dispose que le cédant est *« libéré pour l'avenir » (art. 1327-2)*. Une lecture rapide permet de comprendre que la cession libératoire produit l'effet attendu : le cédant ne peut plus être poursuivi par le créancier à compter de la cession et pour les dettes qui en sont l'objet.

Néanmoins, la précision introduite par le législateur pourrait prêter à confusion : la libération concerne-t-elle les dettes nées à compter de la cession ou seulement celles exigibles à compter de cette date ?[88] Autrement dit, cette précision pourrait être une interdiction déguisée de la cession de dettes non échues. En effet, dans la mesure où la libération annoncée affecte le rapport coercitif de l'obligation, on pourrait déduire de l'expression que seules les dettes déjà exigibles sont concernées par la libération du débiteur. En revanche, les dettes encore inexigibles devraient faire l'objet d'une nouvelle expression de la volonté du créancier en faveur de la libération. Ce serait une manière détournée de prohiber la cession de dettes non échues et de limiter les conséquences d'un accord anticipé du créancier à la libération du débiteur. Cette prohibition resterait malgré tout très relative, déjà parce qu'elle pourrait être conventionnellement écartée, l'article 1327-2 n'étant pas d'ordre public[89]. Surtout, le droit des entreprises en difficulté connaît déjà un mécanisme de cession de dettes non échues *(c. com., art. L.642-12 al. 4)*. L'ayant appelé « transfert de la charge de la sûreté », la doctrine a d'abord vu dans ce transfert une cession de dette cumulative[90], mais il faut désormais tenir compte des modifications apportées par l'ordonnance de 2021[91] pour retenir sa forme libératoire[92].

La détermination de la date à compter de laquelle le cédant est libéré de ses dettes pourrait présenter quelques difficultés si celles-ci ne sont pas encore exigibles.

---

[88] Soulevant la question : H. HADJ-AÏSSA, « La cession de dette en matière bancaire : quelques rappels et précautions » : *RDBF*, mars 2021, n° 2, doss. 8, §11.

[89] En ce sens, R. EFREMOV, « Le financement et la cession de dette » : *RDBF* mars 2017, n° 2, ét. 7, §2.

[90] K. LAFAURIE, « La caution face à la reprise des échéances futures d'un prêt par le cessionnaire d'un bien grevé de sûreté » : *BJE* 1er mai 2020, n° 03, p. 22 ; D. LANZARA, « La nature juridique du transfert de la charge de la sûreté » : *BJE* 1er nov. 2016, n° 6, p. 448, §11.

[91] Ord. n° 2021-1193 du 15 septembre 2021 portant modification du livre VI du code de commerce.

[92] Le nouvel article L.642-12 al. 4 du Code de commerce prévoit explicitement que *« le débiteur est libéré [des échéances convenues avec le créancier et restant dues] (...) »*.

52. Toujours dans le sens d'une fragilité des opérations censées libérer le débiteur, d'autres limites peuvent être identifiées. Cette fois-ci, elles concernent la novation et sont purement économiques, c'est-à-dire qu'elles tiennent compte d'un paramètre économique.

2) Les limites économiques à la libération par voie de novation

53. Juxtaposition des régimes de la novation et de la délégation novatoire. La novation et la délégation novatoire entretiennent d'étroits rapports.

Pour sa part, la novation est « un contrat qui a pour objet de substituer à une obligation, qu'elle éteint, une obligation nouvelle qu'elle crée » (art. 1329 al. 1) pouvant avoir lieu par changement de débiteur (art. 1329 al. 2). Avant la réforme, elle était visée parmi les causes d'extinction de l'obligation (anc. art. 1271 s.). Depuis celle-ci, elle est prévue au sein du chapitre relatif aux opérations sur obligations (art. 1329 s.). Ce glissement formel témoigne de la prise en compte de l'effet translatif indirect que permettrait la novation[93]. En ce sens, les effets de la novation sont depuis longtemps discutés, puisqu'elle présente l'apparent paradoxe d'être une opération résolument extinctive au regard du Code civil, mais également translative au regard du résultat obtenu[94]. Une nouvelle fois, le dualisme de l'obligation permet d'expliquer l'opération : la novation libère l'ancien débiteur tout en transférant au nouveau la charge de la dette. La libération du débiteur étant alors indépendante de sa décharge, elle peut être assortie de conditions venant l'atténuer.

Quant à elle, la délégation est « une opération par laquelle une personne, le délégant, obtient d'une autre, le délégué, qu'elle s'oblige envers une troisième, le délégataire, qui l'accepte comme débiteur » (art. 1336). Le lien entre ces deux opérations sur obligations résulte de l'article 1337 disposant que « lorsque le délégant est débiteur du délégataire et que la volonté du délégataire de décharger le délégant résulte expressément de l'acte, la délégation opère novation ». Dans ce cas, les règles de la délégation se juxtaposent à

---

[93] En ce sens, M. JULIENNE, « Le transport des créances et des dettes par novation et délégation » : L. ANDREU et V. FORTI (codir.), *Le nouveau régime général des obligations*, Dalloz, 2016, p. 112 (sur le glissement formel) ; E. FRAUD, « La notion de transfert de créance » : *RRJ* 1998-3, n° 104, p. 860 (sur l'effet translatif).

[94] Sur ce point, P. GIDE, *Études sur la novation et le transport des créances en droit romain*, L. Larose librairie-éditeur, 1879, p. 14.

celles de la novation par changement de débiteur. C'est la juxtaposition de ces régimes qui permet à l'ancien débiteur d'aménager les conditions de sa libération, nécessairement dans le sens de la fragilisation.

54. Novation : la réservation des sûretés constituées par l'ancien débiteur. D'une part, concernant les sûretés existant au jour de la novation, la loi prévoit que les garants peuvent consentir à leur maintien en garantie de l'obligation souscrite par le nouveau débiteur *(art. 1334)*.

Pour voir la limite, il faut envisager l'hypothèse dans laquelle un débiteur consent une sûreté réelle sur l'un de ses biens, tels un gage sur stocks, un nantissement de compte-titre ou une hypothèque. En principe, la novation par changement de débiteur devrait avoir pour conséquence de le libérer de son engagement de débiteur mais aussi de celui de garant. Les sûretés seraient toutes éteintes. Néanmoins, en profitant de l'exception de l'article 1334, il les maintient au profit du même créancier, mais en garantie d'une nouvelle obligation souscrite par le nouveau débiteur. À première vue, l'effacement de la dette est acquis à compter de la novation qui a entraîné l'extinction de son propre engagement. Or, en maintenant les sûretés, l'ancien débiteur peut être amené à payer le créancier et, si le nouveau débiteur est insolvable, à en supporter le poids définitif.

Pour correctement apprécier l'effacement de la dette à l'occasion d'une novation, il faut donc vérifier si l'ancien débiteur n'a pas conventionnellement limité l'effet de sa libération en vue d'assurer l'économie de l'opération.

55. Délégation : la garantie pour insolvabilité future ou procédure d'apurement des dettes du nouveau débiteur. Les raisonnements tenus en matière de réservation des sûretés lors d'une novation par changement de débiteur sont similaires à ceux que l'on pourrait tenir lors dans certaines délégations novatoires.

En effet, le régime de la délégation prévoit que l'ancien débiteur (délégant) peut accepter de garantir le créancier contre l'insolvabilité future du nouveau débiteur (délégué) et qu'il est nécessairement tenu d'une telle garantie si ce dernier est soumis à une procédure d'apurement des dettes lors de la délégation *(art. 1337 al. 2)*[95]. La première de ces garanties est

---

[95] Il pourrait être avancé que ces situations ne sont pas des délégations novatoires, car le délégant reste tenu. Pourtant, aucun renvoi n'est fait à la délégation simple ; la

conventionnelle, la seconde est légale. En cas d'insolvabilité du délégant, le délégué peut donc être amené à supporter la charge de la dette alors même qu'il en a été théoriquement déchargé. La portée de l'effacement des dettes s'en trouve réduite, la portée de la libération pouvant être légalement ou conventionnellement modifiée.

Une fois encore, c'est l'économie de l'opération qui impose une limite aux opérations censées effacer la dette par une décharge libératoire du débiteur.

56. Conclusion sur la persistance du rapport coercitif (B). Il était question de voir dans quelle mesure les opérations ayant pour effet de libérer le débiteur pouvaient être fragilisées, notamment par l'éventuelle persistance du rapport coercitif. Il s'avère que même les opérations qualifiées de libératoires, telles que la cession de dette libératoire ou la novation, présentent des limites venant fragiliser l'effacement de la dette.

Les premières concernent la cession de dette libératoire et sont d'ordre temporel : la suspension de la libération du cédant jusqu'à la notification du créancier ayant consenti de manière anticipée ; la possible exigence d'un renouvellement de la volonté du créancier pour la cession de dettes non échues, à défaut duquel le cédant ne serait pas totalement libéré.

Les secondes concernent la novation, ainsi que la délégation novatoire, et sont motivées par des raisons économiques : réservation des sûretés par l'ancien débiteur et stipulation d'une garantie en cas d'insolvabilité ou de procédure d'apurement du passif du délégué.

Toutes ces limites sont liées à la notion de garantie, l'ancien débiteur étant certes déchargé et libéré de son statut de débiteur, mais restant tenu en qualité de garant. Le risque de supporter le poids définitif de la dette en cas d'insolvabilité du nouveau débiteur est patent, ce qui vient fragiliser l'effacement de la dette.

* *
*

57. Conclusion sur la fragilité d'un effacement par la libération du débiteur (II). Pour montrer la fragilité d'un effacement des dettes par

---

qualification ne s'impose donc pas. Il faut prêter attention au fait que ces garanties sont subordonnées à l'insolvabilité du délégué ou son implication dans une procédure d'apurement des dettes. Autrement dit, hors de ces cas, le délégué reste le seul assujetti, ce qui correspond bien à une délégation novatoire.

la libération du débiteur, il a été mis en avant le fait que la persistance des rapports contributif et coercitif exerce une influence sur cet effacement. En effet, la persistance d'un rapport contributif, par exemple à l'occasion d'une remise ou d'une prescription extinctive, autorise le débiteur à effectuer un paiement volontaire alors même que le créancier n'était plus en droit de le poursuivre. Sa dette n'a donc pas disparu. De même, les opérations censées libérer et décharger le débiteur, comme la cession de dette libératoire ou la novation subjective, peuvent aboutir à un assujettissement de l'ancien débiteur au titre de garant, certes différent de celui qui pesait sur lui lorsqu'il était tenu à titre principal, mais venant quand même relativiser l'effacement de sa dette.

---

58. Conclusion sur l'effacement des dettes par le jeu des opérations sur obligations : libérer n'est pas décharger. La présente étude avait commencé par l'évocation d'une différence entre l'élimination comptable de la dette et de la libération juridique du débiteur.

Cette fausse alternative entre le droit et la comptabilité est la conséquence d'une conception unitaire de l'obligation qui n'accepte pas qu'un débiteur puisse être déchargé de sa dette sans être libéré de la contrainte du créancier. Seule une conception élémentaire de l'obligation permet de l'expliquer en distinguant deux rapports : la contribution et la coercition. Le premier lie un redevable, sur qui pèse définitivement le poids de la dette, à un bénéficiaire, qui profite définitivement du produit de la créance. Le second lie un assujetti, qui peut être contraint au paiement, à un factor, sujet chargé du recouvrement de la créance. Si en temps normal ces deux rapports sont confondus de sorte que le redevable soit l'assujetti et le bénéficiaire le factor, il peut arriver qu'ils soient dissociés. C'est dans de tels cas qu'apparaît la différence entre la décharge et la libération.

Certaines opérations conduisent à l'effacement de la dette par la décharge du débiteur. La décharge est l'opération par laquelle le redevable obtient d'un tiers qu'il supporte le poids définitif de la dette, sans préjuger de sa propre libération à l'égard du créancier. Il y a effectivement un malentendu sur ce qu'est la décharge : l'accord des débiteurs successifs relatif au transfert de la charge n'a pas pour effet de libérer le cédant à l'égard du créancier ni de lier le cessionnaire à ce dernier. Seule la charge est concernée. Par conséquent, la cession de dette interne représente l'archétype de ce type d'effacement de la dette, mais elle peine à obtenir la confiance de la doctrine. Quoi qu'il en soit, l'effacement de la dette par la décharge du débiteur reste une opération efficace.

D'autres opérations permettent d'arriver à l'effacement de la dette, mais cette fois-ci par la libération du débiteur. Néanmoins, elles présentent une certaine fragilité. En effet, la libération est soumise à des influences qui vont en réduire la portée : éventualité d'un paiement volontaire postérieur à une remise de dette ou une prescription extinctive, incertitude liée au consentement anticipé du créancier lors d'une cession de dette censée être libératoire, réserve des sûretés lors d'une novation par changement de débiteur, etc. Toutes ces opérations ont bien pour effet de libérer le débiteur de la contrainte qui pesait sur lui en sa qualité de débiteur, mais toutes présentent des limites qui affectent l'effacement lui-même.

59. Pour conclure, il n'y a pas un mécanisme comptable tendant à l'élimination de la dette et un autre juridique tendant à la libération du débiteur. Pour le juriste, l'effacement de la dette intervient aussi bien par la décharge que par la libération du débiteur, ou par la combinaison de ces deux effets.

L'effacement des dettes dans le surendettement des particuliers

Caitline KAIGL

Les mesures relatives au traitement des situations de surendettement sont applicables aux « personnes physiques de bonne foi » dont la situation est « caractérisée par l'impossibilité manifeste de faire face à l'ensemble de leurs dettes… exigibles et à échoir »[96].

Si le texte fondateur du « règlement des situations de surendettement » est une loi du 31 décembre 1989[97], l'« effacement des dettes » est une formule « inventée »[98] par la loi du 29 juillet 1998, dite loi de lutte contre l'exclusion[99] qui a d'ailleurs créé le régime du « rétablissement personnel » réservé aux débiteurs surendettés dont la « situation est irrémédiablement compromise »[100].

Cette formule, présentée par la doctrine[101] comme « la mesure la plus radicale »[102], a ensuite été exportée dans les procédures collectives en 2014 par le biais du rétablissement professionnel en ces termes[103]: « La clôture de la procédure de rétablissement professionnel entraîne effacement des dettes à l'égard des créanciers dont la créance est née antérieurement au jugement d'ouverture de la procédure… ».

Le droit du surendettement des particuliers est donc précurseur en matière d'« effacement des dettes » au point que la doctrine le considère comme en étant le « berceau »[104].

L'effacement des dettes des particuliers figure dans les deux types de rétablissement personnel, à savoir le rétablissement sans liquidation judiciaire[105], et le rétablissement avec liquidation judiciaire[106] mais « l'effacement des dettes » fait également partie de

---

[96] C. conso., art. L. 711-1.
[97] N° 89-1010.
[98] F. Macorig-Venier, L'effacement des dettes dans le droit du surendettement, Droit et patrimoine, 2009, n° 184, p. 54.
[99] N° 98-657.
[100] C. conso., art. L. 741-1 et L. 742-1.
[101] Mme Macorig-Venier.
[102] F. Macorig-Venier, *op . cit., loc. cit.*
[103] Ordonnance n° 2014-326 du 12 mars 2014, art. 85. (C. com., art. L. 645-11).
[104] F. Macorig-Venier, *op. cit., loc. cit.*
[105] C. conso., art. L741-2.
[106] C. conso., art. L742-22.

l'arsenal des mesures que les commissions de surendettement peuvent imposer en dehors de tout rétablissement personnel.

Comme souvent, le législateur a établi un régime sans se soucier de qualifier en droit la notion centrale de ce dernier. La doctrine fait en effet remarquer que « l'expression d'effacement des dettes est dépourvue de sens juridique »[107].

C'est pourquoi il convient d'étudier en premier lieu le régime juridique de l'effacement des dettes (I) afin de tenter d'en déduire, en second lieu, sa nature juridique (II).

I. Le régime juridique de l'effacement des dettes

Le régime juridique de l'effacement repose sur deux axes majeurs, d'une part quelles sont les dettes effaçables (A) et d'autre part quelle est l'étendue de l'effacement (B) ?

A. LES DETTES EFFAÇABLES

Initialement cantonné aux dettes non professionnelles (1), l'effacement a été étendu aux dettes professionnelles (2).

1) Le critère initial des dettes effaçables

Dans sa version d'origine, l'article L. 711-1 al. 2 du code de la consommation limite aux « dettes non professionnelles » le bénéfice de l'effacement.

Toutefois, d'emblée, le législateur formule aussi quelques exceptions dont notamment :

- Les dettes alimentaires ;
- Les dommages et intérêts alloués dans le cadre d'une constitution de partie civile ;
- Les fraudes aux organismes de protection sociale[108] ;
- Les amendes pénales ;
- Les dettes payées par des cautions[109].

---

[107] *eod. loc.*

[108] « Les organismes chargés de la gestion d'un régime obligatoire de sécurité sociale, du recouvrement des cotisations de sécurité sociale ou du service des allocations et prestations mentionnées au présent code, les caisses assurant le service des congés payés, Pôle emploi et les administrations de l'Etat ».

[109] C. conso., art. L. 741-2.

Très tôt, la pratique a été confrontée à la difficulté de distinguer dettes non professionnelles et dettes professionnelles. La solution trouvée par la jurisprudence a consisté à « dégager les critères permettant de qualifier une dette de professionnelle, et donc a contrario de délimiter les dettes non professionnelles »[110].

Cette méthode ne s'est pas révélée aussi simple puisque la Cour de cassation a modifié sa définition des dettes professionnelles.

Tout d'abord, dans une série de trois arrêts de 1992 elle définissait « les dettes professionnelles comme celles nées pour les besoins ou à l'occasion de l'activité professionnelle du débiteur »[111].

Puis, dans un arrêt du 8 avril 2004, la Cour définit désormais « les dettes professionnelles comme des dettes nées pour les besoins ou au titre d'une activité professionnelle »[112].

Cette nouvelle formule vient réduire le champ des dettes professionnelles et donc « élargir celui des dettes non professionnelles »[113].

Mais en 2013 se pose la question de savoir si les dettes de cotisations sociales des travailleurs indépendants constituaient des dettes professionnelles ou des dettes personnelles.

Entre 2013[114] et 2015[115], les juges du fond ont adopté des positions divergentes et il en a d'ailleurs été de même de la doctrine jusqu'au 6 juillet 2016, date d'un avis de la Cour de cassation aux termes duquel : « assises sur le revenu de l'activité professionnelle, ces cotisations revêtent le caractère de dette professionnelle, » et donc non effaçables.

---

110 V. Vigneau, G.-X. Bourin, C. Cardini, Droit du surendettement des particuliers, LexisNexis, 2e éd., n° 148. V. rapport 2009 de la Cour de cassation.

111 Cass. civ.1ère, 31 mars 1992, 3 arrêts, pourvois n° 91-04.011, 91-04.028 et 91-04.032, Bull. I n° 107.

112 Cass. civ.2, 8 avril 2004, n° 03-04.013 ; Bull. II n° 190 ; D. 2004, p. 1383, obs. Rondey ; RDC 2004, p. 953, obs. M. Bruschi ; RTDCom 2004, p. 820, obs. Paisant ; Annonces Seine 26 mai 2005, n° 35, p. 11, note Allo ; Contrats, conc. Conso. avril 2005, chr. 1, p. 12, obs. Gjidara.

113 V. Vigneau, G.-X. Bourin, C. Cardini, op . cit., n° 149.

114 CA Grenoble, 10 déc. 2013, RG n° 13/01590, Caisse RSI c/ Henri B, JurisData n° 2013-030950., CA Rouen, 20 novembre 2014, RG n° 13/04479., CA Caen, 6 février 2014, RG n° 13/01466 : « Il [le débiteur] a déclaré au titre de son passif des cotisations sociales dont il est redevable envers le régime social des indépendant au titre de son activité d'agent commercial (...). Ces cotisations (...) sont (...) indubitablement nées pour les besoins ou au titre de l'activité d'agent commercial de M. X. ».

115 CA Aix-en-Provence 10 juin 2015, RG n° 13/22603.

Cependant cette distinction entre dettes professionnelles et dettes non professionnelles a perdu de son intérêt à la suite de la loi du 17 juin 2020.

2) L'élargissement des dettes effaçables par la réforme du 17 juin 2020

Depuis 2020, sont effaçables toutes les dettes, professionnelles et non professionnelles, du débiteur soumis au régime du surendettement.

Les commentateurs de la réforme de 2020 regrettaient qu'elle n'ait réalisé qu'un demi-progrès puisque, si désormais toutes les dettes des particuliers, qu'elles soient professionnelles ou non professionnelles, sont effaçables, la loi du 17 juin 2020 persistait à définir la situation de surendettement par « l'impossibilité de faire face à l'ensemble des dettes non professionnelles ».

Or, le progrès est désormais complet, puisque depuis la loi du 14 février 2022[116], l'article L 711-1 du code de la consommation est modifié en ces termes : « La situation de surendettement est caractérisée par l'impossibilité manifeste de faire face à l'ensemble de ses dettes, professionnelles et non professionnelles. »

La boucle est ainsi bouclée puisqu'il y a désormais cohérence entre les dettes effaçables et les dettes rendant le débiteur éligible au régime du surendettement.

B. L'ÉTENDUE DE L'EFFACEMENT DES DETTES

Le code de la consommation autorise tantôt l'effacement partiel des dettes (1), tantôt l'effacement total (2).

1) L'effacement partiel des dettes

L'effacement des dettes ne peut être que partiel dans le cadre des mesures susceptibles d'être imposées par la commission de surendettement. En effet, l'article L. 733-1 du code de la consommation autorise d'abord les commissions à imposer les mesures suivantes :

---

[116] Loi n°2022-172.

1° Le rééchelonnement du paiement sur sept ans ;
2° L'imputation des paiements d'abord sur le capital ;
3° L'application d'un intérêt à un taux réduit ;
4°La suspension de l'exigibilité des créances autres qu'alimentaires pour une durée maximale de deux ans.

Ce n'est qu'à l'article L 733-4 du code de la consommation qu'est introduit l'effacement des dettes en ces termes : « La commission peut également imposer par décision spéciale et motivée l'effacement partiel des créances combiné avec les mesures précédemment citées ».

Il convient toutefois de signaler que le texte comporte des lacunes puisqu'il ne précise pas la quote-part susceptible d'être effacée, ni si le taux d'effacement doit être identique ou peut être différent d'une créance à l'autre. Il ne précise pas davantage si la commission peut, dans le même dossier, effacer certaines dettes et préserver certaines créances en appliquant une sorte de méthode globale.

En pratique, les commissions appliquent cette méthode. Ainsi, globalement, l'effacement reste partiel, même si certaines dettes au sein d'un même dossier sont totalement effacées.

En effet, contrairement au droit des procédures collectives, le droit du surendettement n'impose aucun traitement égalitaire des créanciers[117]. Par exemple, la commission de surendettement de la Drôme a retenu en 2021 la créance entière d'un organisme de crédit-consommation (qui avait pourtant « contribué » à la situation de surendettement de la débitrice) tout en effaçant 12,5% de la créance plus ancienne d'un simple particulier résultant d'une décision de justice.

Ainsi, dans le cadre des mesures imposées, l'effacement ne peut être que partiel, réservant l'effacement total et global aux seules procédures de rétablissement personnel.

2) L'effacement total des dettes

L'effacement total des dettes est prévu dans les deux formes de rétablissement personnel, à savoir le rétablissement sans liquidation judiciaire et le rétablissement avec liquidation judiciaire.

---

[117] C. conso., art. L. 711-4 et L. 733-1.

Aux termes de l'art. L 741-2 du code de la consommation, « le rétablissement personnel sans liquidation judiciaire entraîne l'effacement de toutes les dettes, professionnelles et non professionnelles, du débiteur ».

Il en va de même pour le rétablissement personnel avec liquidation judiciaire prévu à l'art. L 742-22 du code de la consommation, avec cette précision que l'effacement de toutes les dettes n'interviendra qu'à la clôture de la liquidation judiciaire pour insuffisance d'actif. Il s'agit donc là du cas dans lequel le débiteur a fait l'objet d'un jugement de rétablissement personnel avec liquidation judiciaire. Ses actifs sont alors vendus et si le produit de la vente n'a pas permis de solder le passif, les dettes subsistantes seront alors effacées.

S'il décrit le régime de l'effacement des dettes, le code de la consommation reste muet sur sa nature juridique.

II. La nature juridique de l'effacement des dettes

L'emploi du mot « effacement » n'est pas ou n'est plus un accident de parcours terminologique puisqu'après avoir « inventé l'expression »[118] dans la loi du 29 juillet 1998, le législateur a réitéré son emploi dans quatre articles du code de la consommation en 2016[119] et l'a même introduit en droit des procédures collectives[120] dans le cadre du rétablissement professionnel.

L'effacement des dettes est donc devenu une véritable notion durable dans le paysage juridique français.

Si la tentation d'assimiler l'effacement de dette à une extinction est évidemment forte[121] (A), il sera démontré que l'effacement des dettes correspond davantage à une cause de disparition du contrat (B).

[118] F. Macorig-Venier, L'effacement des dettes dans le droit du surendettement, Droit et patrimoine, 2009, n° 184, p. 54.

[119] Ordonnance n° 2016-301 du 14 mars 2016 (art. L741-2, L742-22, L742-21, L714-1 C. conso.).

[120] Ordonnance n°2014-326 du 12 mars 2014 - art. 85 (art. L645-11 C. com.).

[121] Encyclopédie Larousse. « action de supprimer, de faire disparaître » ; Dictionnaire Le Robert « action d'effacer, son résultat ».

A. UN MÉCANISME SANS EFFET EXTINCTIF

Le « code de la consommation reste silencieux sur la nature de l'effacement des dettes »[122] au point même d'en faire, selon la doctrine, une expression « sans consistance précise »[123].

De son côté, la jurisprudence n'a pas été sollicitée très tôt puisque les premiers arrêts de cours d'appel ont été rendus en 2006[124]. Selon cette jurisprudence, « l'effacement entraîne une disparition de la créance »[125]. L'emploi du terme générique « disparition » donne bien l'impression que les premiers arrêts n'ont pas franchement voulu prendre position sur la qualification juridique de l'effacement de la dette. Ce qui n'est d'ailleurs pas surprenant puisque l'effacement n'a jamais figuré dans la liste des procédés extinctifs des dettes prévue à l'article 1234 du code civil[126].

C'est la Cour de cassation qui a pris position dans un arrêt du 27 février 2014[127]. En l'espèce, la débitrice bénéficiait d'une procédure de rétablissement personnel pour défaut de paiement d'une

---

122 Th. Stefania, L'effacement des dettes : une cause d'extinction des obligations sans paiement n'opérant aucun transfert de propriété, LPA 19 mai 2014, n° PA201409903, p. 7., Th. Stefania, Le sort des contrats en cours en droit du rétablissement personnel, D. 2013, 384.

123 F. Macorig-Venier, L'effacement des dettes dans le droit du surendettement, Droit et patrimoine, 2009, nº 184, p. 54.

124 Toulouse, 26 sept.2006, n° 06/01909 ; Angers, 5 déc. 2006 : Juris-Data, n° 2006-335276 ; Aix-en-Provence, 28 mai 2008, n° 07/17426 ; Lyon, 16 déc. 2008 : Juris-Data, n°2008-005288, tous cités dans l'article de Th. Stefania, Le sort des contrats en cours en droit du rétablissement personnel, D. 2013, 384.

125 Th. Stefania, Le sort des contrats en cours en droit du rétablissement personnel, D. 2013, 384, n° 26.

126 Dans sa version antérieure à la réforme de 2016 :
« Les obligations s'éteignent :
Par le paiement,
Par la novation,
Par la remise volontaire,
Par la compensation,
Par la confusion,
Par la perte de la chose,
Par la nullité ou la rescision,
Par l'effet de la condition résolutoire, qui a été expliquée au chapitre précédent,
Et par la prescription, qui fera l'objet d'un titre particulier. ».

127 Cass. civ.2, 27 fév. 2014, 13-10.891, Bull. civ. II, n° 59 ; JurisData n° 2014-003260.

dette contractée pour l'acquisition d'un véhicule. Elle soutenait que l'effacement de sa dette devait priver l'organisme de crédit du droit de récupérer le véhicule. Rejetant le pourvoi, la Cour de cassation a jugé que « l'extinction de la créance », du fait de l'effacement des dettes, « n'équivalait pas à son paiement de sorte que le transfert de propriété ne pouvait être intervenu au profit de la débitrice »[128].

De cet arrêt ressortent deux enseignements : Si l'effacement des dettes n'est pas un « paiement »[129] (1), demeure-t-il néanmoins un mode « d'extinction de la créance » (2) ?

1) La tentative d'assimilation de l'effacement de la dette à un paiement

Comme l'expliquait la doctrine, il est plus facile de démontrer « ce que n'est pas l'effacement des dettes » que ce qu'il est[130].

Qu'est-ce qui s'oppose à l'assimilation de l'effacement de la dette à un paiement ?

Selon l'article L133-3 du code monétaire et financier, le paiement est « une action consistant à verser, transférer ou retirer des fonds… »[131]. Selon le code civil, « le paiement est l'exécution volontaire de la prestation due »[132].

Ainsi, aucune de ces deux définitions du paiement n'est compatible avec le mécanisme de l'effacement de la dette. En effet, le code monétaire et financier impose un maniement de fonds, qui, par hypothèse est inexistant en matière de rétablissement personnel sans liquidation judiciaire, lequel exclut aussi « l'exécution de la prestation due » au sens du code civil.

---

128 Th. Stefania, LPA 19 mai 2014 : L'effacement des dettes : une cause d'extinction des obligations sans paiement n'opérant aucun transfert de propriété ; D. 2014, p. 1081, note D. Martin ; RDC 2014, p. 383, note J. Klein ; Banque et droit 2014, p. 38, obs. E. Netter ; RD bancaire et fin. 2014, n° 133, obs. S. Piédelièvre.

129 « n'équivaut pas à un paiement ».

130 Th. Stefania, LPA 19 mai 2014 : L'effacement des dettes : une cause d'extinction des obligations sans paiement n'opérant aucun transfert de propriété.

131 Définition très insuffisante car elle isole le paiement de sa cause.

132 C. civ., art. 1342, al. 1er. V. M. Hoyer, La nature juridique de la mesure d'effacement de la dette, Lamyline, https://www.actualitesdudroit.fr/browse/civil/contrat/20671/la-nature-juridique-de-la-mesure-d-effacement-de-la-dette: « l'effacement de la dette ne constitue effectivement pas un paiement — entendu comme l'exécution volontaire du débiteur ».

Dans un arrêt du 10 janvier 2019[133], la deuxième chambre civile de la Cour de cassation persiste à rappeler que « l'effacement de la dette locative... n'équivaut pas à son paiement » et ne fait pas obstacle à la résiliation du bail d'habitation. En effet, l'effacement « ne fait pas disparaître le manquement contractuel du locataire qui n'a pas réglé le loyer »[134], justifiant ainsi son expulsion[135].

Il convient de remarquer que tout en reprenant la distinction entre effacement et paiement, l'arrêt de 2019 ne confirme pas expressément l'effet extinctif puisqu'il ne mentionne plus la formule « extinction de la créance » employée par la même chambre en 2014.

Donc, non seulement l'effacement des dettes n'est certainement pas un paiement, mais il n'est pas certain non plus qu'il soit un mode d'extinction de la dette.

2) La tentative d'assimilation de l'effacement de la dette à un autre mécanisme extinctif

Selon la doctrine[136], « l'effacement des dettes ne peut être assimilé ni à une nullité, ni à une résolution, ni à une remise conventionnelle ».

Tout d'abord, la nullité est exclue puisqu'elle consiste à sanctionner l'absence de l'une des conditions de validité d'un engagement[137]. Or, sauf circonstances particulières, l'engagement à l'origine de la dette du débiteur surendetté n'encourt généralement pas la nullité.

La résolution est également à exclure puisqu'elle « sanctionne le défaut d'exécution de l'obligation contractuelle »[138]. Certes, par

---

[133] Commenté par E. Mouial-Bassilana, L'effacement des dettes n'équivaut pas à un paiement : le locataire n'échappe pas à la résiliation du bail en cas d'effacement de la dette locative, Gaz. Pal. 23 avril 2019, n° 350r1, p. 28.

[134] Cass. civ.2, 10 janv. 2019, n° 17-21.774.

[135] Cass. civ. 2, 18 févr. 2016, n° 14-17.782 ; Bordeaux, 8 avr. 2013, Rev. loyers 2013. 283 ; Rennes, 26 sept. 2013, n° 10/06459, Loyers et copropr. janv. 2014. Comm. 13, obs. B. Vial-Pedroletti ; Douai, 18 sept. 2014, n°s 14/608 et 12/06854, Loyers et copropr. nov. 2014. Comm. 268, obs. B. Vial-Pedroletti. V. Valérie Avena-Robardet, L'effacement de la dette locative n'empêche pas l'expulsion, Dalloz actualité 03 mars 2016.

[136] Th. Stefania, *op. cit., loc. cit.*

[137] Art. 1178 C. civ. : « un contrat qui ne remplit pas les conditions requises pour sa validité est nul ».

[138] Th. Stefania, *op. cit., loc. cit.*.

hypothèse, le débiteur surendetté est défaillant, mais la résolution est cataloguée comme une « sanction » par l'article 1217 du code civil[139]. Or « l'effacement a pour effet de priver de caractère fautif la défaillance du débiteur »[140]. L'effacement est donc présenté comme une légitimation de l'inexécution de l'engagement et non pas comme une sanction. C'est au contraire le créancier qui pourrait ressentir la mesure comme une sanction à son encontre.

Quant à la remise conventionnelle, elle résulte avant tout d'un accord de volontés, entre créancier et débiteur, alors que l'effacement constitue une mesure judiciaire ou para-judiciaire quand elle émane d'une commission de surendettement. A ce propos, il convient de rappeler qu'en matière de procédures collectives, la Cour de cassation refuse de voir dans les plans de redressement des remises conventionnelles au motif que « ces réductions de créances participent de la nature judiciaire des dispositions du plan arrêté »[141].

D'ailleurs, par analogie, en matière de surendettement, la Cour de cassation a jugé dans le même sens que « malgré leur caractère volontaire, les mesures consenties par les créanciers dans le plan conventionnel de règlement, ne constituent pas une remise de dette »[142].

Le refus d'assimiler l'effacement de la dette à une cause d'extinction est très partagé en doctrine[143]. Un auteur[144] estime

---

[139] « La partie envers laquelle l'engagement n'a pas été exécuté, ou l'a été imparfaitement, peut :
- refuser d'exécuter ou suspendre l'exécution de sa propre obligation ;
- poursuivre l'exécution forcée en nature de l'obligation ;
- obtenir une réduction du prix ;
- provoquer la résolution du contrat ;
- demander réparation des conséquences de l'inexécution.
Les sanctions qui ne sont pas incompatibles peuvent être cumulées ; des dommages et intérêts peuvent toujours s'y ajouter. »

[140] Th. Stefania, *op. cit., loc. cit.*.

[141] Cass. com., 17 novembre 1992, n° 89-14.997. Cette solution a été confirmée par le législateur à l'occasion de la réforme du droit des procédures collectives du 26 juillet 2005. Aux termes de l'article L 631-20 du code de commerce, « par dérogation aux dispositions de l'article L. 626-11, les coobligés et les personnes ayant consenti une sûreté personnelle ou ayant affecté ou cédé un bien en garantie ne peuvent se prévaloir des dispositions du plan ».

[142] Cass. civ. 1ère, 13 novembre 1996, n° 94-12.856.

[143] V. Vigneau, Logement et surendettement, Loyers et copr. 2011, étude 1, n° 60 : « l'effacement de la créance… ne fait pas partie des causes d'extinction des

d'ailleurs que l'effacement de la dette est un procédé simplement comptable se traduisant par la *désinscription* de la dette au passif du débiteur.

Même si la notion d'effacement des dettes paraît résister à toutes les tentatives de qualification juridique, cela n'empêche pas de poursuivre les investigations (B).

B. UN MÉCANISME DE DISPARITION DU CONTRAT

Une chose est certaine : l'effacement des dettes organisé par le droit du surendettement ne correspond pas au choix fait par l'article L. 643-11 du code de commerce[145] qui a retenu une fin de non-recevoir pour priver les créanciers du droit d'agir contre leur débiteur après clôture des opérations de liquidation judiciaire.

Si en droit du surendettement « l'effacement des dettes ne peut être assimilé à une nullité, une résolution, ou une remise conventionnelle »[146], pourquoi la doctrine n'a-t-elle pas étudié la caducité des contrats en la matière ? Pour répondre à cette question, il convient d'analyser cette qualification à la lumière des deux articles relatifs à la caducité : l'article 1186 (1) et 1187 du code civil (2).

1) L'effacement de la dette et l'article 1186 du code civil

Aux termes de cet article, « un contrat valablement formé devient caduc si l'un de ses éléments essentiels disparaît »[147], sous-entendu « par une circonstance postérieure » [148].

---

obligations énumérées à l'article 1234 du Code civil » ; J. François, Qu'est-ce que l'effacement de la dette d'un débiteur insolvable ? Rec. D., 2019, p. 411.

144 J. François (*op. cit., loc. cit.)* en fait même l'intitulé de la seconde partie de son commentaire.

145 « I.-Le jugement de clôture de liquidation judiciaire pour insuffisance d'actif ne fait pas recouvrer aux créanciers l'exercice individuel de leurs actions contre le débiteur… ».

146 Th. Stefania, *op. cit., loc. cit.*.

147 Le projet initial proposait de définir la caducité en ces termes : « Le contrat valablement formé devient caduc par la disparition de l'un de ses éléments constitutifs ou la défaillance d'un élément extrinsèque auquel était subordonnée son efficacité » (cité par M.-Ch. Aubry, Retour sur la caducité en matière contractuelle, RTDciv. 2012, p.625).

148 Y. Desdevises, Caducité, Enc. D. rép. pr. civ. 1978, n° 1.

Il est vrai que la caducité repose sur une « cause accidentelle »[149]. Le surendettement étant un accident de la vie, il paraît donc correspondre à un « fait générateur de la caducité »[150]. En effet, d'après la doctrine, la source de la caducité contractuelle peut même résider dans une circonstance fautive[151] susceptible de correspondre dans certains cas à une situation d'insolvabilité du débiteur. Cependant, cette analyse serait redoutable car elle contiendrait en substance la remise en cause généralisée de la force obligatoire des contrats si les débiteurs se retranchaient systématiquement derrière leurs difficultés financières pour s'abstenir d'honorer leur dette.

Le droit positif étant sensible à la prise en compte des déséquilibres contractuels, la caducité pourrait ainsi être l'instrument de cette tendance [152]. C'est l'avis de la doctrine, pour qui le critère de la caducité serait à la fois le caractère ruineux du contrat pour le débiteur et le refus du créancier d'y remédier[153]. Le lien est ainsi fait entre caducité et surendettement.

Si la caducité permet d'expliquer l'effacement de la dette, permet-elle aussi d'expliquer le sort du contrat qu'avait souscrit le débiteur surendetté ?

2) L'effacement de la dette et l'article 1187 du code civil

Rappelons tout d'abord qu'en vertu de cet article, « la caducité met fin au contrat ». Jugée surprenante par la doctrine, cette formule a le mérite de confirmer à la fois le bien-fondé de l'arrêt de la Cour de cassation du 27 février 2014 qui prive le débiteur surendetté de la propriété du bien qu'il a acquis et le bien-fondé de l'arrêt du 10 janvier 2019 qui autorise le bailleur à expulser son locataire surendetté malgré l'effacement de la dette locative[154].

Cependant, si l'effacement de la dette paraît se fondre dans le moule de la caducité, il faut bien avoir conscience des limites de cette analyse. Etant un mécanisme attaché aux contrats, la caducité ne

---

149 B. Starck, H. Roland, L. Boyer, Introduction au droit, Litec, 4è éd., 1996, n° 97.
150 M.-Ch. Aubry, *op. cit., loc. cit.*.
151 « La caducité fautive peut être admise » (M.-Ch. Aubry, *op. cit., loc. cit.*).
152 V. Wester-Ouisse, « La caducité en matière contractuelle : une notion à réinventer », *JCP G* 2001, I, 290.
153 *eod. loc.*
154 V. *supra.*

permet pas d'expliquer l'effacement lorsque la dette effacée a une nature ou une origine extracontractuelle. Bien qu'il soit vrai que les dettes des débiteurs surendettés sont majoritairement de nature contractuelle[155], il y a également des dettes fiscales et accessoirement des dettes indemnitaires de responsabilité civile.

En conclusion :

Le mécanisme de l'effacement des dettes est en train de devenir le socle du « droit au rebond », droit ayant connu une lente maturation.

L'idée d'un effacement des dettes puise ses racines dans la Grèce antique[156] et dans l'Ancien Testament[157], à l'opposé du droit romain où le débiteur s'exposait à devenir l'esclave de son créancier[158].

---

[155] Engagements souscrits dans le cadre de prêts, loyers et charges locatives fondés sur des baux d'habitation, salaires dus par des particuliers employeurs, primes d'assurance....

[156] Aristote, Constitution des Athéniens, VI, cité par Terré, droit de la faillite du droit, Rev. jur. com., 1991, p. 1, not. p. 22 (V. J.-L. Vallens, L'effacement des dettes du débiteur en liquidation judiciaire, LPA 1997, n° 113, p. 4). Considéré comme le père de la démocratie athénienne, Solon abolit l'esclavage pour dettes, affranchit les débiteurs qui étaient tombés en servitude pour cette raison et imposa une réduction de dettes privées et publiques.

[157] Deutéronome, 15.2, cité par Terré, droit de la faillite du droit, Rev. jur. com., 1991, p. 1, not. p. 22 (V. J.-L. Vallens, L'effacement des dettes du débiteur en liquidation judiciaire, LPA 1997, n° 113, p. 4). « Au bout de sept ans tu feras remise. Voici en quoi consiste la remise. Tout détenteur d'un gage personnel qu'il aura obtenu de son prochain, lui en fera remise ; il n'exploitera pas son prochain ni son frère, quand celui-ci en aura appelé à Yahvé pour remise. Tu pourras exploiter l'étranger, mais tu libéreras ton frère de ton droit sur lui. ».

[158] « En droit romain, la loi des XII Tables permettait au créancier d'enfermer le débiteur condamné par un jugement dans sa prison privée et de le couvrir de chaînes pour le contraindre à payer. Et à défaut de paiement sous quinzaine, le créancier pouvait pendant deux mois promener son débiteur enchaîné sur les marchés. Ce délai permettait éventuellement à la famille ou aux proches du débiteur de payer ses dettes à sa place. Et si au bout de ces deux mois le paiement n'était toujours pas intervenu, le créancier avait le droit de se faire payer sur la personne du débiteur : le débiteur devenait l'esclave de son créancier », L. Fin-Langer et F. Petit, Le droit des entreprises en difficulté : le renouvellement des enjeux - Propos introductifs, Revue des procédures collectives n° 4, Juillet 2017, dossier 1. V. D. Boustani, Les objectifs antagonistes du droit des entreprises en difficulté, Annales de la faculté de droit et science politique de Nice, 2018, éd. L'Harmattan, p. 37 (conférence d'ouverture du 14 juin 2018 organisée par le Centre d'Etudes et de Recherches en droit des procédures, EA n° 1201).

La radicalité de la mesure pose évidemment la question de la légitimité de cet effacement qui crée un véritable « droit de ne pas payer ses dettes »[159], comme disait le Doyen Ripert. La consécration du droit au rebond apparaît comme la dernière étape du processus de déculpabilisation des difficultés financières[160], en rejoignant l'évolution positive de l'image sociale des accidents de la vie.

Cependant l'enjeu attaché au droit au rebond n'est pas seulement individuel. Le rebond est perçu comme « un impératif économique d'intérêt général »[161] alors que « le débiteur a longtemps été vu comme un acteur malfaisant perturbant la vie des affaires qu'il fallait évincer de la scène économique »[162]. « De très nombreux entrepreneurs ont connu l'échec, et leur permettre de rebondir est à la fois humainement justifié et efficace économiquement »[163]. Il faut savoir que le premier pays à avoir consacré le droit au rebond est les États-Unis, dès 1934, dans un arrêt de la Cour suprême[164].

Le droit au rebond acquiert aussi une véritable dimension politique.
W. Churchill disait : « la victoire ne dure pas, l'échec ne tue pas, ce qui compte c'est le courage de continuer ». « L'effacement des dettes du débiteur surendetté apparaît donc comme l'aboutissement de la politique de solidarité sociale tendant à protéger les plus faibles »[165]. Il

---

159 N. Leblond, L'expérience du surendettement des particuliers : Droit et Patrimoine, n° 242, 1er déc. 2014.

160 « Depuis la loi du 13 juillet 1967, les législations et réglementations successives se sont efforcées de ne plus stigmatiser le débiteur malchanceux et honnête », V. Martineau-Bourgninaud, Le rebond du débiteur dans la loi PACTE, Bulletin Joly Entreprises en difficulté, juill. 2019, n° 117c2, p. 50.

161 Justifiant notamment jusqu'à dix-huit mois de période d'observation. V. Martineau-Bourgninaud, Le rebond du débiteur dans la loi PACTE : Bulletin Joly Entreprises en difficulté, juill. 2019, n° 117c2, p. 50.

162 V. Martineau-Bourgninaud, Le rebond du débiteur dans la loi PACTE : Bulletin Joly Entreprises en difficulté, juill. 2019, n° 117c2, p. 50.

163 S. Almaseanu, Le rebond du dirigeant condamné à une faillite personnelle ou une interdiction de gérer : la jurisprudence : LPA 8 juill. 2019, n° 145p3, p. 6.

164 The bankruptcy law « gives to the honest but unfortunate debtor…a new opportunity in life and a clear field for future effort, unhampered by the pressure and discouragement of preexisting debt » (*Local Loan Co. v. Hunt*, 292 U.S. 234, 244, 1934) : la loi sur la faillite « donne au débiteur honnête mais malheureux… une nouvelle opportunité dans la vie et une perspective claire pour les efforts à venir, sans être entravé par la pression et le découragement de la dette préexistante ».

165 S. Piédelièvre, Le droit à l'effacement des dettes : Defrénois 2004, art. 37852.

ouvre donc les idées à des projets ambitieux tels que le revenu universel.

Le droit au rebond a conquis une dimension légale dans le paysage juridique français par la loi PACTE du 22 mai 2019 puisque l'une de ses sections s'intitule : « Faciliter le rebond des entrepreneurs et des entreprises ».

La Convention européenne des droits de l'Homme, quant à elle, ne consacre pas le droit au rebond, mais la Cour de Strasbourg est connue pour avoir créé de nombreux droits fondamentaux sans s'être arrêtée à une lecture *stricto sensu* de la Convention. C'est ainsi qu'elle a consacré un « droit à la dignité » dans son arrêt Goodwin contre Royaume-Uni[166] et qu'elle s'est rapprochée de la reconnaissance du droit au rebond en consacrant le droit à la mendicité dans son arrêt Lacatus c. Suisse du 19 janvier 2021[167].

Ainsi, le droit au rebond deviendra un droit fondamental et à cet égard, le droit du surendettement contribue à l'enrichissement des droits fondamentaux.

---

[166] *CEDH,* 11 juillet 2002, § 90 : « la dignité, comme la liberté, est de l'essence même de la Convention ».

[167] N° 14065/15, « La Cour estime que la notion de la dignité humaine est sous-jacente à l'esprit de la Convention. La Cour estime que la dignité humaine est sérieusement compromise si la personne concernée ne dispose pas de moyens de subsistance suffisants En mendiant, l'intéressé adopte un mode de vie particulier afin de surmonter une situation inhumaine et précaire ».

De l'assiette de la sûreté à une quote-part du prix de cession

Maxence GUASTELLA

1. De prime abord, il peut paraître délicat de déceler le lien entre l'effacement des dettes et le sujet abordé : « De l'assiette de la sûreté à une quote-part du prix de cession ». En droit des entreprises en difficulté, en effet, l'effacement des dettes n'est littéralement prévu qu'en matière de rétablissement professionnel[1]. Or, s'agissant d'une procédure sans liquidation[2], il n'est par définition pas question de réaliser d'éventuels actifs grevés de sûretés afin de désintéresser les créanciers[3]. De sorte que même si en l'absence d'arrêt des poursuites individuelles[4], les titulaires de sûretés sont en droit de les mettre en œuvre – à supposer que cela soit compatible avec la brièveté de la procédure[5] –, celles-ci ne sauraient jouer dans le cadre de cette dernière. Ainsi, l'apparition de prix de vente et, *a fortiori*, de quotes-parts de prix de cession sur lesquelles s'exerceraient les sûretés étant

1. C. com., art. L. 645-11 ; L. 645-12 ; L. 663-1, V ; R. 645-17, al. 1er ; R. 645-18 et R. 645-22.
2. *Ibid.*, art. L. 645-1.
3. V. not. Ph. Roussel Galle, « Le rétablissement professionnel : de l'effacement des dettes au rebond. À propos de l'ordonnance du 12 mars 2014 », *Gaz. Pal.* 8 avr. 2014, p. 32, nos 15 et 18 ; P.-M. Le Corre, *Droit et pratique des procédures collectives 2021/2022*, Dalloz, coll. « Dalloz Action », 11e éd., 2020, no 594.321 ; J. Vallansan, « De la liquidation judiciaire au rétablissement professionnel », *Cah. dr. entr.* 2015, doss. 4.
4. C. com., art. L. 645-6, al. 1er. V. not. F. Reille, « Une nouvelle procédure qui n'en est pas une : le rétablissement professionnel », *Rev. proc. coll.* 2014, doss. 22, no 11 ; M. Sénéchal, « Le rétablissement professionnel par effacement relatif de certaines dettes », *BJE* mai 2014, p. 196 ; Ph. Roussel Galle, art. préc., no 17 ; P.-M. Le Corre, *op. cit.*, nos 594.311 et 594.712 ; J. Vallansan, *loc. cit.* ; L.-C. Henry et M. André, « La nouvelle procédure de rétablissement », *Rev. proc. coll.* 2014, doss. 31, nos 7 et 8 ; Th. Stefania, « La procédure de rétablissement sans liquidation judiciaire en droit des entreprises en difficulté », *JCP E* 2014, 1345, no 8 ; F. Macorig-Venier, « Le rétablissement professionnel », *Dr. et patr.* juill. 2014, p. 52, spéc. p. 58.
5. Dont la durée est de maximum quatre mois : C. com., art. L. 645-4, d. al. Par ailleurs, le juge commis peut reporter le paiement des créanciers poursuivants dans la limite de quatre mois, et ordonner la suspension des mesures d'exécution par eux engagées : *ibid.*, art. L. 645-6, al. 1er. Ce qui, compte tenu de la faiblesse de l'actif en cause (*ibid.*, art. R. 645-1) rendant peu probable l'existence de sûretés (rappr. L.-C. Henry et M. André, art. préc., no 6), annihilerait de toute façon leur éventuelle mise en œuvre par le biais de procédures d'exécution (Th. Stefania, *loc. cit.*).

ipso facto exclue en la matière, un tel mécanisme est-il inconciliable avec celui de l'effacement des dettes.

2. Pourtant, dans les procédures collectives, non seulement un tel lien existe, mais il est en outre assez accusé. Pour le comprendre, il importe de revenir, ne serait-ce que sommairement, sur le concept « *peu juridique* »[6] d'effacement de dettes. Non défini par le législateur[7], et issu du droit du surendettement des particuliers[8], l'effacement évoque la suppression et la disparition[9]. C'est ainsi que la jurisprudence semble l'appréhender, en voyant dans l'effacement de créances une cause d'extinction non équivalente à un paiement[10].

6. P.-M. Le Corre, *op. cit.*, n° 594.712. *Adde* F. Macorig-Venier, « L'effacement des dettes dans le droit du surendettement », *Dr. et patr.* sept. 2009, p. 54.
7. Le concept d'effacement ne semble d'ailleurs figurer dans aucun dictionnaire juridique.
8. C. consom., art. L. 741-2 et L. 742-22.
9. V. not. *Le Robert illustré & son dictionnaire internet*, Le Robert, coll. « Dixel », 2013, *v^is^* « effacement » et « effacer », sens 1 ; *Le grand Larousse illustré*, Larousse, 2014, *v^is^* « effacement », sens 1 et 2, et « effacer », sens 1.
10. Cass. 2e civ., 27 févr. 2014, n° 13-10.891, *Bull. civ.* II, n° 59 ; *BJE* juill. 2014, p. 245, obs. F. Macorig-Venier ; *D.* 2014. 1081, obs. D. R. Martin ; *ibid.* 1722, obs. Th. Vasseur, E. de Leiris et H. Adida-Canac ; *D. actu.* 14 mars 2014, obs. V. Avena-Robardet ; *Dr. et patr.* sept. 2014, p. 105, obs. F. Macorig-Venier ; *ibid.* nov. 2014, p. 108, obs. A. Aynès ; *JCP E* 2014, 1592, n° 19, obs. Ph. Delebecque ; *JCP G* 2014, 998, n° 8, obs. M. Billiau ; *LEDC* avr. 2014, p. 3, obs. G. Pillet ; *LPA* 19 mai 2014, p. 7, note Th. Stefania ; *RD bancaire et fin.* 2014, comm. 113, note S. Piedelièvre ; *RDC* 2014, p. 393, obs. J. Klein ; *Rev. proc. coll.* 2014, comm. 112, note S. Gjidara-Decaix ; *RTD civ.* 2014. 370, obs. H. Barbier ; *JCP E* 2015, 1285, n° 20, obs. Ph. Delebecque ; *adde* F. Pérochon, « Comment en finir avec un canard sans tête ? », *BJE* juill. 2014, p. 217. *Adde* Cass. 2e civ., 10 janv. 2019, n° 17-21.774, *Bull. civ.* I, p. 63 et 245 ; *Act. proc. coll.* 2019, comm. 59, obs. Th. Le Bars ; *AJDI* 2019. 909, obs. N. Damas ; *BJE* mars 2019, p. 42, note K. Lafaurie ; *D.* 2019. 411, note J. François ; *ibid.* 1129, obs. N. Damas ; *D. actu.* 6 févr. 2019, obs. C. Dreveau ; *Defrénois* 23 mai 2019, p. 37, obs. J.-B. Seube ; *Gaz. Pal.* 9 avr. 2019, p. 25, note D. Houtcieff ; *ibid.* 23 avr. 2019, p. 28, note E. Mouial-Bassilana ; *JCP E* 2019, 1401, note Th. Stefania ; *ibid.*, 1426, n° 12, obs. J. Monéger ; *JCP G* 2019, 183, n° 6, obs. P. Grosser ; *ibid.*, 749, n° 9, obs. M. Billiau ; *LEDC* mars 2019, p. 7, obs. G. Cattalano ; *Loyers et copr.* 2019, comm. 49, note B. Vial-Pedroletti ; *RD bancaire et fin.* 2019, comm. 54, note S. Piedelièvre ; *RDC* 2019, p. 63, obs. J. Julien ; *D.* 2020. 624, obs. H. Aubry ; *Procédures* 2020, chron. 3, n° 14, obs. C. Cardini et S. Lemoine – Cass. 2e civ., 4 nov. 2021, n° 16-21.392, NP, § 6 ; *Gaz. Pal.* 8 mars 2022, note E. Mouial-Bassilana ; *Procédures* 2022, chron. 1, n° 10, obs. C. Cardini et S. Lemoine.

Quoique l'effet extinctif soit discuté[11], il est pour ainsi dire certain que l'effacement entraîne une inefficacité non satisfactoire de la créance[12], qui se traduit par une perte, pour son titulaire, du droit d'en poursuivre le recouvrement[13] contre son débiteur[14].

3. Mais l'effacement comprend une autre acception, qui est moins radicale, et donc moins intense, en ce qu'il peut également évoquer le fait d'estomper, de rendre moins saillant, moins proéminent, moins marqué[15]. En traduisant de la sorte l'idée d'un affaiblissement, l'effacement d'une créance pourrait suggérer une simple atténuation, même prononcée, de ses chances de recouvrement, mais sans pour autant correspondre à son extinction. Cette lecture extensive n'est pas nouvelle en droit des procédures collectives. L'interdiction de reprise des poursuites individuelles attachée à la clôture pour insuffisance d'actif[16], qui n'emporte pas extinction des créances[17] concernées[18], a déjà pu être qualifiée d'effacement des

---

11. J. François, note ss Cass. 2e civ., 10 janv. 2019, no 17-21.774, préc., *D.* 2019. 411, nos 4 et s., spéc. 8 ; J.-B. Seube, obs. ss Cass. 2e civ., 10 janv. 2019, no 17-21.774, préc., *Defrénois* 23 mai 2019, p. 37 ; F. Macorig-Venier, art. préc., p. 54 et s., not. p. 61.
12. V. spéc. M. Billiau, obs. ss Cass. 2e civ., 27 févr. 2014, no 13-10.891, préc., *JCP G* 2014, 998, no 8.
13. V., estimant que l'effacement de dettes se réduit à la seule perte du droit de contraindre le débiteur au paiement : J. François, note préc., no 8 ; J.-B. Seube, *loc. cit.*
14. V. Cass. 2e civ., 4 nov. 2021, no 16-21.392, préc., § 7.
15. V. not. *Le Robert illustré & son dictionnaire internet*, *op. cit.*, *vis* « effacement » et « effacer », sens 1, 2 et 3 ; *Le grand Larousse illustré*, *op. cit.*, *vis* « effacement », et « effacer », sens 2 et 3.
16. C. com., art. L. 643-11, I.
17. Cass. com., 15 nov. 2017, no 15-28.959, NP ; *Rev. proc. coll.* 2018, comm. 24, note A. Aynès – Cass. com., 19 nov. 2013, no 12-24.652, NP ; *Act. proc. coll.* 2014, comm. 30, obs. P. Cagnoli ; *BJE* mars 2014, p. 86, obs. F. Macorig-Venier ; *Gaz. Pal.* 14 janv. 2014, p. 26, note D. Voinot ; *ibid.* 20 mars 2014, p. 22, note M.-P. Dumont-Lefrand ; *JCP E* 2014, 1325, no 16, obs. Ph. Delebecque ; *LEDEN* févr. 2014, p. 5, obs. J.-P. Sénéchal – Cass. 2e civ., 7 avr. 2011, no 10-18.443, NP ; *LEDEN* juin 2011, p. 6, obs. H. Barbier. *Adde* Cass. 2e civ., 25 nov. 2021, no 20-17.234, *Bull. civ.* I, p. 136 et 319, § 10 ; *JCP S* 2021, 1329, note Th. Tauran ; *BJT* janv. 2022, p. 44, note M. Keim-Bagot ; *LEDEN* janv. 2022, p. 5, obs. G. Ollu.
18. La mesure ne vise en effet que certaines créances : C. com., art. L. 643-11, I, 1o, 2o et 3o, et II.

dettes[19]. De même, l'effacement a pu être compris comme l'ensemble des mesures d'allègement du passif – ou de désendettement[20] – sans désintéressement, c'est-à-dire comme l'ensemble des mesures rendant au moins provisoirement, sinon impossible, du moins plus difficile, le paiement de certains créanciers[21].

4. Et c'est précisément à cette aune que l'on peut soutenir que le passage de l'assiette d'une sûreté à une quote-part du prix de cession révèle, et entraîne, un certain effacement de dettes. Il faut bien voir que sous l'empire de la législation antérieure à la loi de sauvegarde des entreprises[22], se produisait ce que l'on a appelé le « *massacre* »[23] des sûretés réelles. Il s'agissait, en substance, d'attenter drastiquement à l'efficacité des sûretés spéciales au nom du sauvetage de l'entreprise et de l'apurement[24] de son passif. Ce qui revenait à réduire fortement les chances de recouvrement des créances garanties en rendant presque illusoire le désintéressement de leurs titulaires. En cela, la loi du 25 janvier 1985[25] marquait déjà un certain effacement de leurs créances. Certes cette législation a-t-elle été remplacée par la loi de sauvegarde des entreprises, et les réformes successives ont entrepris un rééquilibrage entre l'objectif de sauvetage de l'entreprise et les intérêts des titulaires de sûretés spéciales[26], en restaurant dans la

---

19. M.-J. Campana, « L'effacement des dettes », *Gaz. Pal.* 27 févr. 2003, p. 44 ; J.-L. Vallens, « L'effacement des dettes du débiteur en liquidation judiciaire », *LPA* 19 sept. 1997, p. 4. *Contra*, D. Voinot, note ss Cass. com., 19 nov. 2013, n° 12-24.652, préc., *Gaz. Pal.* 14 janv. 2014, p. 26.
20. V. Th. Stefania, note ss Cass. 2e civ., 10 janv. 2019, n° 17-21.774, préc., *JCP E* 2019, 1401.
21. M.-H. Monsèrié-Bon, « L'effacement des dettes dans le droit des entreprises en difficulté », *Dr. et patr.* sept. 2009, p. 64 et s.
22. L. n° 2005-845, 26 juill. 2005, de sauvegarde des entreprises, *JO* n° 173, 27 juill. 2005, p. 12187.
23. Ph. Dupichot, « L'efficience économique du droit des sûretés réelles », *LPA* 16 avr. 2010, p. 7, n° 3 ; M. Cabrillac, Ch. Mouly, S. Cabrillac et Ph. Pétel, *Droit des sûretés*, LexisNexis, coll. « Manuel », 10e éd., 2015, n° 7.
24. Qui se distingue du paiement : F. Derrida, P. Godé et J.-P. Sortais, *Redressement et liquidation judiciaires des entreprises. Cinq années d'application de la loi du 25 janvier 1985*, collab. A. Honorat, Dalloz, 3e éd., 1991, n° 502 ; P.-M. Le Corre, *op. cit.*, n° 042.511.
25. L. n° 85-98, 25 janv. 1985, relative au redressement et à la liquidation judiciaire des entreprises, *JO* 26 janv. 1985, p. 1081.
26. V. par ex. ord. n° 2008-1345,18 déc. 2008 portant réforme du droit des entreprises en difficulté, *JO* n° 0295, 19 déc. 2008 et rapp. au Prés. de la Rép. relatif à l'ordonnance n° 2008-1345 du 18 décembre 2008 portant réforme du droit des

mesure du possible les droits de ces derniers. Mais outre le fait que la législation antérieure constitue toujours le socle conceptuel de notre droit positif[27], celui-ci contient divers mécanismes hérités de cette législation. Et parmi ces mécanismes portant atteinte aux droits des bénéficiaires de sûretés, figurent ceux consistant à passer de l'assiette d'une sûreté à une quote-part d'un prix de cession.

5. Le pluriel est effectivement de mise, car il existe, non une, mais bien deux règles de consignation de quotes-parts d'un prix de cession. Toute la question est donc de savoir comment, et en quoi, ces règles opèrent un effacement de certaines dettes privilégiées. *A priori*, dès lors que l'on précise qu'il s'agit par hypothèse de raisonner ici sur des sûretés préférentielles, le simple fait d'évoquer le passage de l'assiette d'une sûreté à une quote-part d'un prix de cession pourrait suffire pour expliquer l'affaiblissement des créances garanties. Pour une telle sûreté, en effet, bien qu'il soit d'usage d'énoncer qu'elle est assise sur un actif, elle porte en réalité sur sa valeur[28], c'est-à-dire, en

---

entreprises en difficulté, *JO* n° 0295, 19 déc. 2008 ; ord. n° 2021-1193, 15 sept. 2021 portant modification du livre VI du code de commerce, *JO* n° 0216, 16 sept. 2021 et rapp. au Prés. de la Rép. relatif à l'ordonnance n° 2021-1193 du 15 septembre 2021 portant modification du livre VI du code de commerce, *JO* n° 0216, 16 sept. 2021.

27. F. Pérochon, *Entreprises en difficulté*, LGDJ - Lextenso, coll. « Manuel », 10e éd., 2014, nos 11 et 22 ; Ph. Pétel, « Entreprises en difficulté – Généralités », *J.-Cl. Proc. coll.*, fasc. 1705, LexisNexis, 2020, n° 15. Rappr. C. Saint-Alary-Houin, *Droit des entreprises en difficulté*, avec le concours de M.-H. Monsèrié-Bon et C. Houin-Bressand, LGDJ - Lextenso, coll. « Précis Domat », 12e éd., 2020, n° 70.

28. M. Cabrillac, Ch. Mouly, S. Cabrillac et Ph. Pétel, *op. cit.*, nos 582 et 995 ; Ph. Simler, « Sûretés réelles – Classification », *J.-Cl. Civil Code*, Art. 2323 à 2326, fasc. unique, LexisNexis, 2015, n° 6 ; J. Carbonnier, *Droit civil*, t. I, *Introduction. Les personnes. La famille, l'enfant, le couple*, PUF, coll. « Quadrige Manuels », 2004, n° 164 ; M. Mignot, *Droit des sûretés*, Montchrestien - Lextenso, coll. « Cours », 2e éd., 2010, n° 1221 ; Ph. Théry, *Sûretés et publicité foncière*, PUF, coll. « Droit fondamental », 2e éd., 1998, n° 117 *bis* ; Ph. Simler et Ph. Delebecque, *Les sûretés. La publicité foncière*, Dalloz, coll. « Précis », 7e éd., 2016, n° 393 ; M. Bourassin et V. Brémond, *Droit des sûretés*, Sirey, coll. « Université », 7e éd., 2020, n° 710 ; Ch. Mouly et F. Jacob, « Hypothèques – Définition. Caractères. Effets », *J.-Cl. Civil Code*, Art. 2393 à 2396, fasc. unique, LexisNexis, 2013, nos 2, 22, 28, 31, 38, 79 et 80 ; L. Aynès et P. Crocq, *Droit des sûretés*, avec le concours de A. Aynès, LGDJ - Lextenso, coll. « Droit civil », 13e éd., 2019, note 23 ss n° 6. *Adde* C. Séjean-Chazal, *La réalisation de la sûreté*, préf. M. Grimaldi, Dalloz, coll. « Nouv. Bibl. Th. », vol. 190, 2019, n° 77. L'analyse vaut même en matière de propriété-sûreté : Ch. Mouly, « Procédures collectives : assainir le régime des sûretés », *in Mél. Roblot*, LGDJ, 1984, p. 529, n° 34.

toute rigueur, sur la valeur des droits que détient sur ce bien[29] la personne du chef de laquelle est née la sûreté[30]. Aussi, dans la mesure où le prix d'un bien représente cette valeur[31], et abstraction faite des modes alternatifs[32] de réalisation des sûretés[33], une sûreté préférentielle a-t-elle normalement et naturellement vocation à s'exercer sur ce prix. Dès lors, décider qu'une sûreté doit jouer, non sur ce prix, mais sur une quote-part de celui-ci, aboutit à réduire l'assiette du droit de préférence de son titulaire.

6. Pour autant, une telle solution ne permet pas, en soi, de provoquer un effacement des créances garanties. Si la quote-part retenue pour l'exercice du droit de préférence suffit à désintéresser son titulaire, aucun effacement ne semble se profiler. Si bien que pour comprendre en quoi les mécanismes de consignation de quotes-parts

---

29. M. Cabrillac, Ch. Mouly, S. Cabrillac et Ph. Pétel, *op. cit.*, n° 582 ; Ph. Simler et Ph. Delebecque, *op. et loc. cit.* ; M. Mignot, *op. et loc. cit.* ; Ch. Mouly et F. Jacob, fasc. préc., n°s 2, 31 et 79 ; Ph. Simler, *loc. cit.*

30. Cette formulation est celle qui permet d'englober toutes les sûretés réelles, qu'elles soient conventionnelles, légales ou judiciaires : M. Grimaldi, « Sûretés et successions », *JCP N* 2017, 1152, n° 7. Rappr. M.-P. Dumont et F. Macorig-Venier, « Le privilège de la sauvegarde et du redressement judiciaire », *BJE* janv. 2021, p. 62, note 9.

31. V. not. S. Vermeille et A. Bézert, « Sortir de l'impasse grâce à l'analyse économique du droit : Comment rendre à la fois le droit des sûretés réelles et le droit des entreprises en difficulté efficaces ? », *RTDF* 2013, n° 4 et 2014, n° 1, p. 161, n° 8.

32. V. not. F. Macorig-Venier, « L'alternative à la cession des biens grevés : l'attribution en propriété », *Rev. proc. coll.* 2015, doss. 30.

33. À savoir le pacte commissoire et l'attribution judiciaire, qui sont de toute façon prohibés en cas de procédure collective du propriétaire du bien grevé (C. com., art. L. 622-7 et L. 641-3 pour le pacte commissoire, et Cass. com., 19 sept. 2018, n° 17-14.964, NP ; *JCP E* 2018, 1657, n° 18, obs. Ph. Delebecque ; *LEDB* nov. 2018, p. 7, obs. M. Mignot – Cass. com., 28 juin 2017, n° 16-10.591, *Bull. civ.* IV, n° 91 ; *Act. proc. coll.* 2017, comm. 236, obs. Ch. Alleaume ; *AJ contrat* 2017. 397, obs. A. Lecourt ; *BJE* nov. 2017, p. 418, note M. Dols-Magneville ; *D.* 2017. 1356, obs. A. Lienhard ; *ibid.* 1941, obs. P.-M. Le Corre ; *ibid.* 1996, obs. P. Crocq ; *D. actu.* 26 juill. 2017, obs. X. Delpech ; *Gaz. Pal.* 10 oct. 2017, p. 51, note D. Boustani ; *ibid.* 19 déc. 2017, p. 43, note J.-J. Ansault ; *JCP E* 2017, 1460, n° 19, obs. Ph. Pétel ; *ibid.*, 1656, note Ch. Lebel ; *ibid.*, 1667, n° 19, obs. Ph. Delebecque ; *LEDB* sept. 2017, p. 7, obs. M. Mignot ; *LEDEN* sept. 2017, p. 2, obs. L. Camensuli-Feuillard ; *Rev. proc. coll.* 2017, comm. 102, note F. Macorig-Venier ; *RTD civ.* 2017. 707, obs. P. Crocq ; *RTD com.* 2017. 993, obs. A. Martin-Serf, pour l'attribution judiciaire), à l'exception, toutefois, de l'attribution judiciaire du gage en cas de liquidation judiciaire : C. com., art. L. 642-20-1, al. 2.

peuvent s'analyser en des mesures d'effacement de dettes, il convient de les étudier spécifiquement, en s'intéressant en premier lieu à la consignation de la quote-part du prix de cession d'un bien grevé de sûreté (I), et en second lieu à la consignation de la quote-part du prix de cession d'entreprise (II).

I. L'effacement par la consignation de la quote-part du prix de cession d'un bien grevé de sûreté

7. Exclusif aux procédures de sauvetage, le mécanisme de consignation d'une quote-part du prix d'un bien grevé de sûretés peut sérieusement préjudicier à leurs titulaires. Sa mise en œuvre pourrait effectivement provoquer un double effacement de dettes. D'abord, en limitant artificiellement l'assiette du droit de préférence des créanciers munis de sûretés, ce mécanisme peut entraîner un effacement arbitraire des dettes garanties par ces dernières (A). Ensuite, eu égard au correctif qui doit l'accompagner en présence d'un plan de sauvegarde ou de redressement, il se pourrait qu'il débouche sur un effacement complémentaire des dettes privilégiées n'ayant été que partiellement réglées grâce à la quote-part (B).

A. UN EFFACEMENT ARBITRAIRE

8. Dans les procédures de sauvetage, l'heure n'est pas à la réalisation des actifs du débiteur afin d'assurer l'apurement de son passif[34], cette fonction appartenant à la liquidation judiciaire[35]. Néanmoins, les textes révèlent que des cessions d'actifs peuvent intervenir dans le cadre d'une telle procédure[36]. S'il s'agit d'un « actif chirographaire »[37], c'est-à-dire d'un bien libre de toute charge, le prix

34. P.-M. Le Corre, *op. cit.*, n° 481.091 ; A. Gaudemet, « La cession des biens meubles corporels grevés de sûretés réelles dans les procédures collectives », *Rev. proc. coll.* 2015, doss. 28, n° 2. Rappr. M. Sénéchal, « La distribution du prix de vente d'un immeuble grevé de sûretés par le commissaire à l'exécution du plan de continuation », *LPA* 12 mai 2004, p. 4, n°s 1 et 5.
35. V. C. com., art. L. 620-1, al. 1er, L. 631-1, al. 1er, et L. 640-1, al. 2nd.
36. V. not. *ibid.*, art. L. 622-7, II, al. 1er, L. 622-8, al. 1er, L 622-15, et L. 626-22, al. 1er.
37. Selon une terminologie usuelle en la matière : F. Pérochon, *op. cit.*, n° 1308 ; F. Legrand, « Pratique des répartitions », *Rev. proc. coll.* 2019, prat. 2, 2.-A.-2°.

dégagé reviendra au débiteur[38], et pourra contribuer au financement de la poursuite d'activité. Si, en revanche, le bien vendu est grevé de sûretés spéciales, l'objectif de sauvetage de l'entreprise doit alors être concilié avec le respect des droits des créanciers inscrits[39]. Ce qui se réalise, *prima facie*, à la faveur du mécanisme de consignation d'une quote-part du prix de cession.

9. Lorsqu'un bien grevé de sûretés spéciales ou d'hypothèques générales est vendu pendant la période d'observation, l'administrateur, ou, à défaut, le mandataire judiciaire[40], doit verser en compte de dépôt à la Caisse des dépôts et consignations la quote-part du prix correspondant aux créances garanties[41]. Les fonds ainsi consignés seront alors indisponibles[42] et insaisissables[43], et leur déconsignation surviendra après l'adoption du plan à la diligence du commissaire à l'exécution plan[44], qui assurera leur répartition[45]. La règle joue également si la vente est accomplie durant l'exécution d'un plan de sauvegarde ou de redressement[46], à condition, toutefois, qu'elle ait été prévue par celui-ci[47]. Là encore, il appartiendra au commissaire à l'exécution du plan de déconsigner les fonds en vue de procéder à leur distribution[48].

---

38. P.-M. Le Corre, *op. cit.*, n° 481.131 ; C. Houin-Bressand et C. Saint-Alary-Houin, « Plan de sauvegarde : exécution », *J.-Cl. Proc. coll.*, fasc. 2610, LexisNexis, 2022, n° 60 ; C. Saint-Alary-Houin, *op. cit.*, n° 601.
39. Rappr. P.-M. Le Corre, « La vente de biens en plan de continuation (regard sur l'article L. 621-80 du Code de commerce) », *RLDA* mai 2003, suppl., p. 13, n° 7 ; A. Gaudemet, art. préc., n°s 3 et 8.
40. C. com., art. R. 622-7, al. 1er, et R. 631-19, al. 1er.
41. *Ibid.*, art. L. 622-8, al. 1er, et L. 631-14, al. 1er.
42. *Ibid.*, art. R. 622-7, al. 1er.
43. *Ibid.*, art. L. 662-1.
44. *Ibid.*, art. L. 622-8, al. 1er.
45. *Ibid.*, art. L. 622-8 et R. 626-36, al. 1er.
46. *Ibid.*, art. L. 626-22, al. 1er, et L. 631-19, I, al. 1er.
47. Cass. com., 21 févr. 2006, n° 04-10.187, *Bull. civ.* IV, n° 46 ; *Act. proc. coll.* 2006, comm. 91, obs. J.-C. Boulay ; *D.* 2006. 719, obs. A. Lienhard ; *ibid.* 2250, obs. F.-X. Lucas ; *D. actu.* 5 mars 2006, obs. A. Lienhard ; *JCP E* 2006, 1569, n° 3, obs. M. Cabrillac ; *LPA* 27 avr. 2006, p. 18, note Ch. Lebel ; *RTD com.* 2006. 482, obs. J.-L. Vallens. *Adde* Cass. com., 12 janv. 2022, n° 20-16.842, NP, § 3 ; *BJE* mars 2022, p. 17, obs. C. Houin-Bressand. Pour les cas dans lesquels la vente sera prévue par le plan : P. Cagnoli, « Le sort des créanciers munis de sûretés réelles », *Rev. proc. coll.* 2015, doss. 39, n° 10.
48. C. com., art. R. 626-36, al. 1er.

10. À ce stade, deux situations peuvent se présenter. Ou bien le montant des créances garanties est supérieur ou égal à celui du prix, et aucune quote-part ne devra être consignée, en ce sens qu'en pareille hypothèse, c'est l'intégralité du prix qui devra l'être. Ou bien le montant de ces créances est inférieur à celui du prix, et la consignation ne portera que sur une quote-part de celui-ci[49], la différence entre le montant total du prix et celui de cette quote-part devant être remise au débiteur[50]. *A priori*, en obligeant à ne consigner que les sommes qui semblent strictement nécessaires au désintéressement des titulaires de sûretés, cette solution est équilibrée. D'un côté, en percevant la différence entre le montant du prix et celui des fonds consignés, le débiteur bénéficie immédiatement de liquidités permettant de financer la poursuite d'activité. D'un autre côté, du fait de l'équivalence entre le montant des créances garanties et celui de la quote-part, les titulaires des premières seraient mécaniquement remplis de leurs droits lors de la répartition de la seconde.

11. Pourtant, cet équilibre est très précaire, pour ne pas dire chimérique[51], car il ne tient que dans la mesure où il n'existe pas de privilèges généraux, et s'effondre dans le cas contraire. L'explication réside dans le fait que ce mécanisme n'emporte pas affectation des fonds au profit des titulaires de sûretés spéciales ou d'hypothèques générales. Certes la jurisprudence considère-t-elle que les sommes consignées se voient affectées aux créanciers[52]. Mais comme elle a pu

---

49. Pour un ex. de détermination de cette quote-part : P.-M. Le Corre, « La vente de biens grevés de sûretés en période d'observation », *Gaz. Pal.* 12 avr. 2016, p. 80, n° 5.

50. *Id.*, *op. cit.*, n° 482.211 et 522.321 ; B. Soinne, *Traité des procédures collectives*, collab. E. Kerchkove, Litec, coll. « Traités », 2e éd., 1995, n° 1322 ; J.-P. Sénéchal, « La vente des immeubles et la distribution de leur prix », *LPA* 28 oct. 1998, p. 36, II.-B. ; Ch. Lebel *in* M. Menjucq, B. Saintourens et B. Soinne (dir.), *Traité des procédures collectives*, LexisNexis, coll. « Traités », 3e éd., 2021, n° 1244 ; M. Sénéchal, art. préc., n° 6 ; P. Le Cannu et D. Robine, *Droit des entreprises en difficulté*, Dalloz, coll. « Précis », 8e éd., 2020, n° 1039 ; A. Jacquemont, N. Borga et Th. Mastrullo, *Droit des entreprises en difficulté*, LexisNexis, coll. « Manuel », 11e éd., 2019, n° 771 ; C. Saint-Alary-Houin, *op. cit.*, n° 601.

51. En ce sens, J.-P. Sénéchal, *loc. cit.* ; C. Saint-Alary-Houin, *op. cit.*, n° 598.

52. Cass. com., 1er févr. 2000, n° 96-18.383, *Bull. civ.* IV, n° 25 ; *D.* 2000. 331, obs. A. Honorat ; *ibid.* 396, obs. S. Piedelièvre ; *JCP G* 2000, I, 259, n° 15, obs. Ph. Delebecque ; *ibid.*, II, 10288, note J.-P. Rémery ; *RDI* 2000. 378, obs. Ph. Théry.

le préciser dans un domaine voisin[53], il s'agit en réalité moins d'une affectation des fonds *aux créanciers* que d'une affectation *à répartition* entre ces derniers[54]. Surtout, cette affectation est légalement imposée[55], et non judiciairement ordonnée. De sorte que l'article 2350 du Code civil, dont la mise en œuvre présuppose une consignation judiciaire à titre de garantie ou à fin conservatoire[56], ne saurait recevoir application[57]. L'affectation spéciale qui en résulte, et qui interdit au dépositaire des fonds de s'en libérer entre les mains d'une personne autre que celle qui sera reconnue comme devant les percevoir[58], ne peut donc jouer au profit des créanciers munis de sûretés. Ces derniers ne pouvant par conséquent faire valoir aucun droit exclusif sur la quote-part, les créanciers investis de privilèges généraux ont vocation à participer à sa distribution en y exerçant leur droit de préférence[59]. Ce qui est clairement confirmé par les textes, qui énoncent que les créanciers titulaires de sûretés ou de privilèges

---

53. Cass. com., 17 nov. 2015, n° 14-19.504, *Bull. civ.* IV, n° 158 ; *Act. proc. coll.* 2016, comm. 1, obs. O. Staes ; *BJS* févr. 2016, p. 112, note N. Pelletier ; *D. actu.* 3 déc. 2015, obs. X. Delpech ; *JCP E* 2016, 1198, n° 3, obs. Ph. Pétel ; *LEDEN* janv. 2016, p. 4, obs. L. Camensuli-Feuillard ; *Rev. proc. coll.* 2016, comm. 32, note P. Cagnoli ; *ibid.*, comm. 49, note G. Berthelot et C. Faure.
54. V. Cass. com., 22 mai 2007, n° 05-21.936, *Bull. civ.* IV, n° 138 ; *D.* 2007. 1665, obs. A. Lienhard ; *Gaz. Pal.* 21 juill. 2007, p. 33, note Ch. Bidan ; *ibid.*, p. 35, note L.-C. Henry ; *RTD com.* 2007. 841, obs. A. Martin-Serf ; *Rev. proc. coll.* 2009, comm. 122, note C. Saint-Alary-Houin – Cass. com., 22 mai 2007, n° 06-10.632, NP ; *Gaz. Pal.* 21 juill. 2007, p. 33, note Ch. Bidan ; *ibid.*, p. 35, note L.-C. Henry.
55. Cass. com., 1er févr. 2000, n° 96-18.383, préc.
56. Sol. impl. Cass. com., 17 sept. 2013, n° 12-16.532, NP ; *BJE* janv. 2014, p. 26, obs. L. Camensuli-Feuillard ; *JCP N* 2014, 1128, note J.-P. Garçon.
57. En ce sens, F. Derrida, P. Godé et J.-P. Sortais, *op. cit.*, note 1542 ss n° 383. *Adde* G. Amlon, « Créanciers antérieurs titulaires de sûretés réelles », *J.-Cl. Proc. coll.*, fasc. 2383, LexisNexis, 2020, n° 35 ; P.-M. Le Corre, art. préc., n° 2 ; *id.*, *op. cit.*, n° 482.211.
58. Cass. com., 12 juill. 2017, n° 16-10.897, NP ; *LEDB* oct. 2017, p. 7, obs. crit. M. Mignot – Cass. com., 8 sept. 2015, n° 14-13.021, NP – Cass. com., 10 juill. 2012, n° 11-21.574, NP ; *Procédures* 2012, comm. 295, obs. B. Rolland ; *RLDC* nov. 2012, p 72, concl. L. Le Mesle. Rappr. Cass. com., 23 sept. 2020, n° 19-15.122, *Bull. civ.* I, p. 407 et 813 ; *BJE* nov. 2020, p. 29, note A. Touzain ; *JCP E* 2020, 1535, n° 3, obs. Ph. Pétel ; *LEDEN* oct. 2020, p. 4, obs. P. Rubellin ; *RD bancaire et fin.* 2020, comm. 140, note C. Houin-Bressand ; *Rev. sociétés* 2020. 712, obs. L.-C. Henry.
59. G. Amlon, fasc. préc., nos 35 et 40 ; C. Saint-Alary-Houin, *op. cit.*, nos 598 et 1014 ; Ch. Lebel *in* M. Menjucq, B. Saintourens et B. Soinne (dir.), *op. cit.*, n° 1247 ; F. Pérochon, *op. cit.*, n° 1022 ; P.-M. Le Corre, art. préc., n° 5 ; *id.*, *op. cit.*, nos 482.311 et 522.331.

généraux sont payés sur la quote-part suivant l'ordre de préférence existant entre eux[60].

12. Sous le bénéfice de ces précisions, observons que non contents d'être nombreux, les privilèges généraux propres aux procédures collectives priment toutes les sûretés spéciales et les hypothèques générales[61]. La conséquence en est qu'à partir du moment où un créancier investi d'un privilège général demeure impayé, il est presque[62] impossible que les créances garanties par les sûretés spéciales ou les hypothèques générales soient intégralement réglées lors de la répartition de la quote-part. En effet, le montant du passif privilégié *lato sensu*[63] est ici mathématiquement supérieur à celui des sommes consignées. Or, en contraignant les créanciers à exercer leur droit de préférence, non sur l'entièreté du prix, mais sur une simple quote-part dont le montant dépend de celui des créances garanties, les textes les privent de sommes sur lesquelles ils auraient nécessairement pu faire valoir leurs droits. Pour le comprendre, il suffit d'imaginer que le montant cumulé des créances privilégiées et de celles couvertes par les sûretés spéciales est équivalent à celui du prix de vente. Si les créanciers exercent leur droit de préférence sur l'intégralité du prix, ils seront tous pleinement désintéressés. Mais si ce droit joue seulement sur une quote-part de ce prix, alors par construction, les créances garanties par les sûretés spéciales resteront pour partie impayées. Ainsi, dans la mesure où ces sûretés ont

---

60. C. com. art., L. 622-8 et L. 626-22.

61. *Ibid.*, art. L. 622-17, II, et L. 631-14, al. 1er. Comp. cep. le classement en liquidation judiciaire : *ibid.*, art. L. 643-8, I.

62. Le paiement total des titulaires de sûretés spéciales pourrait se concevoir si, entre la consignation de la quote-part et sa répartition, une autre distribution est opérée. Il est également concevable si, entre la consignation et la répartition, la procédure est convertie en liquidation judiciaire, alors que les seuls créanciers privilégiés sont des créanciers postérieurs méritants ; en ce cas, leur privilège s'incline devant les hypothèques antérieures : *ibid.*, art. L. 643-8, I.

63. Même si *a priori*, tout créancier titulaire d'une sûreté préférentielle est un créancier privilégié, il convient, en toute rigueur, de distinguer les « créances privilégiées » de celles garantie par une sûreté autre qu'un privilège (Ch. Albiges et M.-P. Dumont, *Droit des sûretés*, Dalloz, coll. « HyperCours », 7e éd., 2019, no 8), la jurisprudence ayant déjà pu décider qu'un créancier hypothécaire irrévocablement admis au passif « à titre privilégié », et non « à titre hypothécaire », ne pourra se prévaloir de son hypothèque lors de la répartition du prix de l'immeuble grevé : Cass. com., 15 juin 1983, no 82-10.955, *Bull. civ.* IV, no 176 ; *JCP E* 1984, II, 14344, obs. H. Synvet.

normalement vocation à s'exercer sur le prix en son entièreté, le mécanisme de consignation d'une quote-part produit-il une réduction artificielle et arbitraire de l'assiette des droits de préférence[64].

13. Dans ces conditions, les bénéficiaires de sûretés spéciales auront épuisé leurs droits lors de la répartition, alors pourtant qu'ils n'ont pas été intégralement désintéressés. Il s'ensuit que pour la fraction de créance impayée, voire pour la créance entière si les privilèges généraux absorbent la totalité de la quote-part, ces créanciers deviennent chirographaires[65]. Or, les chances de recouvrer une créance chirographaire sont bien moindres que celles de recouvrer une créance garantie par une sûreté. Et sous cet angle, en conduisant à transformer tout ou partie d'une dette couverte par une sûreté en une dette chirographaire, la réduction arbitraire de l'assiette des droits de préférence induite par le mécanisme de consignation d'une quote-part entraîne un effacement arbitraire des dettes garanties.

14. Certes, en théorie, un tel effacement devrait-il être relativement neutre pour le créancier, puisque même en tant que chirographaire, il est censé être totalement payé dans le cadre du plan de sauvegarde ou de redressement. Il s'agirait alors moins d'un effacement de dette que de la perte du bénéfice d'un paiement anticipé. Mais chacun sait que la résolution du plan avec ouverture concomitante ou subséquente d'une liquidation judiciaire[66] est loin d'être une hypothèse d'école[67]. Et en ce cas, le créancier affronterait cette procédure en qualité de simple chirographaire. L'effacement de la dette privilégiée découlerait donc ici du fait qu'il a supporté seul la charge des privilèges généraux en amont de la liquidation judiciaire. Surtout, même en supposant que le plan soit parfaitement exécuté, l'effacement résultant du mécanisme de consignation d'une quote-part pourrait ne pas être neutre pour le créancier. Sa mise en œuvre déclenche en effet l'application de l'alinéa 2 de l'article L. 626-22 du

---

64. F. Pérochon, « Les sûretés immobilières classiques dans les procédures collectives », *LPA* 11 févr. 2011, p. 49, n° 7.
65. Rappr. C. com., art. L. 643-6. *Adde* P.-M. Le Corre, *op. cit.*, n°s 591.441 et 591.451.
66. V. C. com., art. L. 626-27, I, al. 3, et III.
67. V. not. Ministère de la justice, *Références Statistiques Justice. Année 2020*, 2022, p. 53.

Code de commerce, qui pourrait être compris comme produisant un effacement complémentaire des dettes privilégiées.

B. UN EFFACEMENT COMPLÉMENTAIRE ?

15. Lorsque le débiteur obtient un plan de sauvegarde ou de redressement, le principe est que ses créanciers ne peuvent être payés autrement que selon les modalités qu'il prévoit[68]. Ce principe connaît divers tempéraments, notamment[69] en cas de vente d'un bien grevé de sûretés et de consignation d'une quote-part du prix. Les fonds consignés devant être répartis entre les créanciers après l'adoption du plan, un paiement anticipé interviendra à leur profit. Ce qui doit être coordonné avec les modalités du plan relatives à l'apurement du passif. Il faut bien voir que c'est le volume des créances inscrites au plan qui dicte le montant des dividendes. En sorte que le versement de la totalité de ces derniers aboutit mécaniquement à l'apurement intégral de ce passif. Mais si des créanciers sont valablement payés selon des modalités autres que celles prévues par le plan, alors le montant des créances restant dues devient inférieur à celui sur la base duquel avaient été calculés les dividendes. Partant, pour éviter que la correcte exécution du plan par le débiteur ne le conduise à verser davantage que ce qu'il doit réellement, le montant des dividendes postérieurs au règlement anticipé doit être diminué.

16. C'est pourquoi il est prévu que les créanciers payés lors de la répartition de la quote-part « *reçoivent les dividendes à échoir d'après le plan, réduits en fonction du paiement anticipé, suivant l'ordre de préférence existant entre eux* »[70]. *A priori* limpide, la règle est en réalité délicate à appréhender. En recourant au pronom personnel « ils » pour désigner le sujet de la proposition, le texte fait nécessairement référence au dernier groupe nominal masculin pluriel évoqué, à savoir « *les créanciers bénéficiaires de* [sûretés spéciales ou d'hypothèques générales] *ou titulaires d'un privilège général* »[71]. Ce faisant, cette disposition viserait tous les créanciers investis d'un droit de préférence sur l'actif mis en distribution, dans la mesure où il n'y a

---

68. *Ibid.*, art. L. 626-10 ; L. 626-11 ; L. 626-21, d. al., et L. 654-8, 2° et 3°.
69. Un autre tempérament est prévu pour permettre la levée d'option d'achat d'un crédit-bail : *ibid.*, art. L. 626-18, d. al.
70. *Ibid.*, art. L. 626-22, al. 2.
71. *Ibid.*, al. 1er.

pas lieu de distinguer là où la loi ne distingue pas[72]. En réalité, elle ne peut concerner les créanciers ayant été pleinement remplis de leurs droits lors de la répartition. Par hypothèse, ils ne sauraient recevoir les dividendes à échoir d'après le plan, à moins d'admettre qu'ils puissent recevoir plus que ce qui leur est dû. De même, le correctif institué ne peut jouer pour les créanciers n'étant pas venus en rang utile. En ce qu'ils ont épuisé leurs droits sans recevoir le moindre paiement anticipé, il ne saurait être question de réduire le montant des portions de dividende qui doivent leur revenir « en fonction » d'un tel paiement. C'est dire, en somme, que la règle n'intéresse que les titulaires de sûretés ayant été partiellement désintéressés.

17. Surtout, le texte soulève une très sérieuse difficulté d'interprétation quant à la réduction des dividendes à échoir[73]. Faut-il comprendre qu'ils doivent être réduits en considération du seul fait qu'un paiement est intervenu par une autre voie, ou que leur réduction doit de surcroît tenir compte du caractère anticipé de ce paiement[74] ? Une partie de la doctrine s'est exprimée en faveur de la seconde branche de l'alternative, en préconisant une réduction proportionnelle de la créance[75], c'est-à-dire sa réactualisation par application d'un taux[76], afin de respecter « *l'équivalence financière délai-remise* »[77]. L'idée, en substance, serait de faire « payer » au créancier ayant été partiellement colloqué son émancipation ponctuelle des délais

72. Cass. soc., 20 sept. 2020, n° 19-12.885, *Bull. civ.* I, p. 572 et 874, § 7 ; *BJT* nov. 2020, p. 16, obs. G. Duchange ; *D. actu.* 20 oct. 2020, obs. C. Couëdel ; *Légipresse* 2020. 687, note E. Derieux.
73. P.-M. Le Corre, *op. cit.*, n° 522.341 ; *id.*, art. préc., *loc. cit.* ; C. Houin-Bressand et C. Saint-Alary-Houin, fasc. préc., n° 64 ; Ch. Lebel *in* M. Menjucq, B. Saintourens et B. Soinne (dir.), *op. cit.*, n° 1247 ; M. Cabrillac, Ch. Mouly, S. Cabrillac et Ph. Pétel, *op. cit.*, n° 1094 ; B. Soinne, *op. cit.*, n° 1613.
74. P.-M. Le Corre, *op. et loc. cit.* ; Ch. Lebel *in* M. Menjucq, B. Saintourens et B. Soinne (dir.), *op. et loc. cit.* ; M. Sénéchal, art. préc., n° 18.
75. M. Sénéchal, *loc. cit.* ; M. Cabrillac, Ch. Mouly, S. Cabrillac et Ph. Pétel, *op. et loc. cit.* ; F. Derrida, P. Godé et J.-P. Sortais, *op. cit.*, n° 553. Rappr. C. Houin-Bressand et C. Saint-Alary-Houin, *loc. cit.* ; A. Jacquemont, N. Borga et Th. Mastrullo, *op. cit.*, n° 788.
76. M. Cabrillac, Ch. Mouly, S. Cabrillac et Ph. Pétel, *op. et loc. cit.* ; F. Pérochon, *op. cit.*, note 1064 ss n° 1022 ; M. Sénéchal, *loc. cit.* ; B. Soinne, *op. et loc. cit.*
77. F. Pérochon, *op. cit.*, n° 1022. *Adde* B. Soinne, *op. et loc. cit.* ; M. Sénéchal, art. préc., note 96 ss n° 18.

uniformes de paiement[78]. Pour ce faire, le montant des futurs dividendes serait recalculé sur la base, non du reliquat de créance tel qu'il apparaît à l'issue de la répartition de la quote-part, mais d'un montant moindre reflétant l'avantage procuré par le gain de temps. D'autres auteurs, en revanche, se prononcent en faveur de la première solution. L'absence de référence explicite à une réduction proportionnelle, d'une part, et de disposition imposant expressément, par la fixation d'un taux, une telle réduction de droits, d'autre part, ferait obstacle à la mise à l'écart du nominalisme monétaire[79] et, partant, à un calcul de réactualisation[80]. Il s'agirait alors de diffuser l'impact de la diminution du montant de la créance résultant du paiement anticipé sur l'ensemble des dividendes à échoir, et non sur une partie seulement[81], de telle manière que chacun d'entre eux est réduit à hauteur du montant de ce paiement divisé par le nombre d'annuités restantes[82].

18. Dans ce second système, la mesure de correction serait neutre pour les bénéficiaires de sûretés, puisqu'en dernière analyse, ils devraient percevoir le montant de créance pour lequel ils sont inscrits au plan. Sans doute, en vertu du mécanisme de consignation d'une quote-part, supportent-ils un effacement arbitraire du fait de la transformation de leurs créances privilégiées en créances chirographaires. Mais il ne se produirait ici aucun effacement complémentaire des dettes. À l'inverse, dans le premier système, les titulaires de sûretés subiraient une réduction du *quantum* de leur créance. En ce qu'ils ne pourraient percevoir *in fine* qu'un montant de créance inférieur à celui pour lequel ils sont inscrits au plan[83], il s'opèrerait un véritable efficacement complémentaire.

19. La question ne semble pas avoir été tranchée par la jurisprudence. Ce qui signifie que si l'on appréhende la difficulté sous

78. M. Cabrillac, Ch. Mouly, S. Cabrillac et Ph. Pétel, *op. et loc. cit.* ; F. Pérochon, *op. cit.*, note 1064 ss n° 1022 ; F. Derrida, P. Godé et J.-P. Sortais, *op. et loc. cit.* ; B. Soinne, *op. et loc. cit.*
79. P.-M. Le Corre, *op. et loc. cit.*
80. *Ibid.* ; F. Vinckel, « Plan de sauvegarde : exécution », *J.-Cl. Proc. coll.*, fasc. 2610, LexisNexis, 2021, n° 72.
81. Comp. B. Soinne, *op. et loc. cit.*
82. Sur le calcul de cette réduction des dividendes, v. spéc. P.-M. Le Corre, art. préc., *loc. cit.* ; M. Sénéchal, art. préc., note 93 ss n° 18.
83. V. A. Jacquemont, N. Borga et Th. Mastrullo, *op. et loc. cit.*

l'angle de l'effacement des dettes, il lui appartiendra de décider si, en sus de l'effacement arbitraire qu'il produit, le mécanisme de consignation d'une quote-part déclenche un effacement complémentaire. Observons alors qu'à l'aune de cette idée d'effacement complémentaire, il ne s'agit pas du seul problème qu'il lui incombera de résoudre. La jurisprudence devra également préciser si, et dans l'affirmative comment, l'effacement arbitraire résultant de la consignation d'une quote-part du prix d'un bien grevé de sûreté doit se combiner avec l'effacement qu'entraîne la consignation d'une quote-part du prix de cession d'entreprise.

II. L'effacement par la consignation de la quote-part du prix de cession d'entreprise

20. L'adoption d'un plan de cession constitue le pire scénario pour les créanciers titulaires de sûretés spéciales portant sur des actifs compris dans le périmètre de la cession[84]. L'explication réside dans le fait qu'à l'image de ce qui vaut en cas de vente d'un bien grevé de sûretés dans le cadre d'une procédure de sauvetage, leur droit de préférence ne s'exercera que sur une quote-part du prix de cession. Ce qui conduit, d'abord, à un effacement nécessaire des dettes garanties (A), et pourrait ensuite donner lieu à un effacement supplémentaire de ces dernières (B), si l'on venait à cumuler ce mécanisme de consignation de quote-part avec celui prévu en matière de procédure de sauvetage lorsque la cession d'entreprise intervient au cours d'une telle procédure.

A. UN EFFACEMENT NÉCESSAIRE

21. Nous l'avons vu, une sûreté réelle porte sur la valeur de l'actif grevé, et a de ce fait vocation à s'exercer sur son prix, qui incarne cette valeur[85]. *A contrario*, elle ne saurait jouer sur la valeur, et donc le prix, d'un autre actif que celui qu'elle grève. Notons alors que même si la cession d'entreprise emporte transfert de propriété de plusieurs biens[86], il s'agit moins de vendre une somme d'actifs, parmi

84. Selon les termes de F.-X. Lucas, *op. cit.*, n° 362.
85. V. *supra* n° 5.
86. Sur ce point : J. Théron, « Les actes de cession et difficultés d'exécution. Analyse juridique », *Rev. proc. coll.* 2015, doss. 59, n°s 5 et s. ; P. Le Cannu et D. Robine, *op. cit.*, n°s 1159 et 1160 ; C. Saint-Alary-Houin, *op. cit.*, n°s 1298 et s. ;

lesquels se trouvent des biens grevés de sûretés, que de céder l'entreprise elle-même[87]. Celle-ci dispose d'une valeur propre[88], distincte de celles des divers actifs transmis[89], que le prix de cession incarne en raison de son caractère global[90] et forfaitaire[91]. Le plan de

---

P.-M. Le Corre, *op. cit.*, n°s 571.211 et 572.511 et s. V. aussi Ph. Pétel, « Le nouveau droit des entreprises en difficulté », *JCP E* 2005, 1509, n° 46.

87. P.-M. Le Corre, *op. cit.*, n°s 571.111 ; J.-J. Fraimout, « Plan de cession – Conception et adoption », *J.-Cl. Proc. coll.*, fasc. 2730, LexisNexis, 2020, n° 5 ; J. Théron, *loc. cit.* ; G. Jazottes *in* M. Menjucq, B. Saintourens et B. Soinne (dir.), *op. cit.*, n° 2869. Rappr. G. Couturier, « Le plan de cession, instrument de restructuration des entreprises défaillantes », *BJS* févr. 2008, p. 142 ; P. Le Cannu et D. Robine, *op. cit.*, n° 1159 ; F. Pérochon, *op. cit.*, n° 1236 ; A. Jacquemont, N. Borga et Th. Mastrullo, *op. cit.*, n° 920. Rappr. et comp. C. Saint-Alary-Houin, *op. cit.*, n°s 1285 et 1302 ; G. Blanc, « Entreprise en difficulté : cession de l'entreprise », *Rép. com.*, Dalloz, 2020, n° 10.

88. C. Saint-Alary-Houin, *op. cit.*, n° 1283. *Adde* J.-J. Fraimout, fasc. préc., n° 31 ; A. Couret, « Le plan de cession, mesure de redressement ou de liquidation ? », *RLDA* mars 2005, suppl., p. 41, n° 29 ; S. Sabathier et Ch. Caviglioli, « La cession dans les différentes procédures : *prepack*, redressement et liquidation judiciaires », *Rev. proc. coll.* 2015, doss. 55, n° 25. Rappr. Ch. Thévenot, « Du film noir et blanc à la 3D couleur ou comment améliorer les processus de cession d'entreprises en redressement judiciaire », *Rev. proc. coll.* 2014, ét. 26, n°s 3 et s. ; P. Le Cannu et D. Robine, *op. cit.*, n° 1174 ; C. De Girval, « Valoriser l'entreprise à travers les réseaux sociaux », *Rev. proc. coll.* 2020, doss. 12, n°s 3 et 5.

89. P. Le Cannu et D. Robine, *op. cit.*, n° 1175. Rappr. A. Jacquemont, N. Borga et Th. Mastrullo, *op. cit.*, n° 921 ; Ch. Thévenot, *loc. cit.*

90. P.-M. Le Corre, « Le créancier titulaire d'une sûreté spéciale victime de l'absence d'affectation d'une quote-part du prix de cession », *Gaz. Pal.* 8 janv. 2011, p. 13 ; F. Pérochon, *op. cit.*, n° 1280 ; F.-X. Lucas, *op. cit.*, n° 363 ; A. Jacquemont, N. Borga et Th. Mastrullo, *op. cit.*, n°s 926 et 927 ; M. Cabrillac, Ch. Mouly, S. Cabrillac et Ph. Pétel, *op. cit.*, n° 1095 ; Ph. Pétel, *Procédures collectives*, Dalloz, coll. « Cours », 10e éd., 2021, n° 403 ; G. Amlon, fasc. préc., n° 45 ; J.-J. Fraimout, fasc. préc., n° 27. *Adde* et rappr. P. Le Cannu et D. Robine, *op. et loc. cit.*

91. A. Jacquemont, N. Borga et Th. Mastrullo, *op. cit.*, n°s 921 et 922 ; P.-M. Le Corre, *loc. cit.* V. affirmant le caractère forfaitaire de l'opération de cession, et par extension, du prix : Cass. com., 12 oct. 1993, n° 91-18.505, *Bull. civ.* IV, n° 331 ; *LPA* 10 nov. 1993, p. 10, note B. Soinne ; *Defrénois* 30 avr. 1994, p. 565, obs. J.-P. Sénéchal ; *ibid.* 15 juin 1994, p. 806, obs. Ph. Delebecque ; *JCP E* 1994, 348, n° 6, obs. M. Cabrillac et Ph. Pétel ; *LPA* 20 juill. 1994, note J.-L. Courtier ; *RTD com.* 1994. 559, obs. J.-Ph. Haehl ; *adde* J.-P. Garçon, « Cessions d'unités de production de l'article 155 de la loi du 25 janvier 1985 (à propos de l'arrêt de la Chambre commerciale de la Cour de cassation du 12 octobre 1993) », *JCP N* 1994, 177 – Cass. com., 22 oct. 1996, n° 94-10.356, NP ; *D.* 1997. 3, note F. Derrida ; *LPA* 8 janv. 1997, p. 14, note *id.* – Cass. com., 26 mai 2009, n° 08-14.486, NP ; *JCP N* 2010, 1310, note J.-P. Garçon.

cession tend ainsi à faire apparaître la valeur de l'entreprise[92], et non l'addition de la valeur des actifs compris dans le périmètre de la reprise[93]. Aussi le prix de cession représente-t-il, non la valeur d'un ou plusieurs biens grevés de sûretés, mais celle de l'entreprise. Par là même, le titulaire d'une sûreté ne pouvant exercer ses droits que sur la valeur de l'actif sur lequel il est inscrit, il ne pourrait pas les faire valoir sur le prix de cession d'entreprise lors de sa répartition[94], faute d'apparition de l'assiette de son droit de préférence.

22. Ainsi apparaît-il qu'en l'absence de correctif, le plan de cession purgerait[95] les sûretés sans qu'elles puissent produire leur effet légal. C'est pourquoi le législateur a justement prévu un tel correctif[96], à travers le mécanisme de ventilation du prix de cession, qui est destiné à adapter la globalité du prix à la spécialité des sûretés en organisant une reconstitution fictive de l'assiette des droits de préférence[97]. Pour permettre l'exercice de ces derniers, le tribunal doit[98] affecter à chaque bien grevé une quote-part du prix de cession, en suivant la proportion donnée par le rapport, calculé sur la base de l'inventaire et de la prisée des actifs, entre la valeur d'un tel bien et la valeur totale des actifs transmis[99]. De la sorte, ces diverses quotes-parts ont pour fonction de représenter artificiellement la valeur, ou, selon une approche civiliste[100], le prix, des biens grevés de sûretés. Ce qui permet à chaque titulaire de sûreté de faire valoir son droit de

---

92. C. Saint-Alary-Houin, *op. et loc. cit. Adde* Ch. Thévenot, art. préc., n°s 3 et s. Rappr. et comp. A. Couret, *loc. cit.*

93. Rappr. P. Le Cannu et D. Robine, *op. cit.*, n° 1174 ; F. Pérochon, *op. cit.*, n° 1236. *Adde* A. Jacquemont, N. Borga et Th. Mastrullo, *op. cit.*, n° 921.

94. P.-M. Le Corre, *op. cit.*, n° 582.311 ; M. Cabrillac, Ch. Mouly, S. Cabrillac et Ph. Pétel, *op. et loc. cit.* ; F.-X. Lucas, *op. et loc. cit.* Rappr. P. Le Cannu et D. Robine, *op. cit.*, n° 1240.

95. C. com., art. L. 642-12, al. 2 et 3.

96. Après tout, « *l'impérialisme ou prétendu tel du droit des procédures collectives n'est jamais allé jusqu'à imposer un traitement égalitaire des créanciers ne tenant pas compte de leurs sûretés et privilèges* » : Ph. Roussel Galle, obs. ss Cass. com., 11 juin 2014, n° 13-12.658, *Bull. civ.* IV, n° 102, *Rev. sociétés* 2014. 532.

97. P.-M. Le Corre, *op. et loc. cit.* ; M. Cabrillac, Ch. Mouly, S. Cabrillac et Ph. Pétel, *op. et loc. cit. Adde* et rappr. F.-X. Lucas, *op. et loc. cit.*

98. Il s'agit d'une obligation pour le tribunal : P.-M. Le Corre, *op. cit.*, n° 582.351 ; F. Pérochon, *op. cit.*, n° 1286.

99. C. com., art. L. 642-12, al. 1er. Pour un ex. de calcul d'une quote-part : F. Pérochon, *op. et loc. cit.*

100. A. Couret, *loc. cit. Adde* C. Saint-Alary-Houin, *op. cit.*, n° 1283.

préférence[101] sur la quote-part correspondant à l'actif grevé à son intention lors de la répartition du prix de cession.

23. Bien qu'il soit conçu pour respecter les droits de préférence, ce mécanisme érode fortement les sûretés spéciales[102]. À l'instar de la consignation d'une quote-part du prix d'un bien grevé de sûreté, la mesure est légalement prescrite, et non judiciairement ordonnée. Si bien que l'affectation spéciale de l'article 2350 du Code civil ne peut se produire au profit des bénéficiaires de sûretés. Il ne s'agit que d'une affectation légale des quotes-parts au désintéressement des créanciers[103]. La conséquence en est que tous les créanciers, et en particulier les titulaires de privilèges généraux, ont vocation à participer à la répartition, non seulement de la fraction libre du prix de cession, mais aussi de chaque quote-part[104]. Or, si l'imputation prioritaire des privilèges généraux sur la fraction libre[105] ne permet pas de les acquitter, alors là encore, les bénéficiaires de sûretés subiront leur précellence. Ce qui peut les conduire à épuiser leurs droits sans recevoir un paiement total. Devenant chirographaires pour le solde de leurs créances, voire pour leur totalité si les privilèges généraux absorbent l'intégralité des quotes-parts, les titulaires de sûretés seraient donc confrontés ici aussi à un effacement de dettes.

---

101. À condition d'avoir été admis au passif à titre privilégié : Cass. com., 7 nov. 2018, n° 17-24.233, NP ; *BJE* mars 2019, p. 44, obs. C. Vincent ; *Gaz. Pal.* 16 avr. 2019, p. 54, note M. Guastella ; *RTD com.* 2019. 502, obs. C. Saint-Alary-Houin.
102. J. Mestre, E. Putman et M. Billiau, *Traité de droit civil,* dir. J. Ghestin, *Droit commun des sûretés réelles*, LGDJ, coll. « Traités », 1996, note 45 ss n° 456. *Adde* P.-M. Le Corre, *op. cit.*, n°s 582.311 et 582.331 ; C. Saint-Alary-Houin, « Rapport de synthèse », *LPA* 20 sept. 2000, p. 40, n° 9 ; F. Macorig-Venier, « Les créanciers et leurs garanties », *Rev. proc. coll.* 2015, doss. 53, n°s 10 et s., spéc. 11 ; P. Cagnoli, art. préc., n°s 19 et s. ; Ph. Pétel, *op. et loc. cit.* ; F. Pérochon, *op. et loc. cit.* ; F.-X. Lucas, *op. cit.*, n°s 362 et 363.
103. V. Cass. com., 16 juin 2004, n° 03-11.167, NP – Cass. 3e civ., 28 janv. 2015, n° 13-24.040, *Bull. civ.* III, n° 14 ; *Gaz. Pal.* 5 mai 2015, p. 31, note Ph. Roussel Galle ; *JCP E* 2015, 1285, n° 11, obs. Ph. Delebecque ; *LEDB* mars 2015, p. 3, obs. M. Mignot ; *RD bancaire et fin.* 2015, comm. 86, note D. Legeais ; *Rev. proc. coll.* 2016, comm. 11, note G. Berthelot.
104. G. Amlon, fasc. préc., n° 40 ; F.-X. Lucas, *op. cit.*, n° 363 ; P.-M. Le Corre, *op. cit.*, n° 582.361. *Adde* C. Saint-Alary-Houin, *op. cit.*, n° 1331.
105. M. Cabrillac, Ch. Mouly, S. Cabrillac et Ph. Pétel, *op. et loc. cit.*

24. Sans doute cet effacement n'est-il plus arbitraire[106], depuis que la détermination des quotes-parts obéit à une pure règle arithmétique et objective[107] reposant sur la valeur des biens grevés. Toutefois, compte tenu de la faiblesse quasi-systématique du prix de cession[108], cet effacement apparaît, non seulement accusé, mais surtout nécessaire, en ce sens qu'il est inéluctable, à telle enseigne que le mécanisme de ventilation du prix de cession est considéré comme « *l'outil absolu d'écrasement du passif* »[109].

25. Il est cependant un créancier pour lequel cet effacement est moins marqué que pour les autres, à savoir celui qui est éligible au transfert de la charge de la sûreté[110]. Non qu'il échappe à la prééminence des privilèges généraux lors de la répartition de la quote-part afférente à l'actif sur lequel il est inscrit. Mais en étant préservé de la purge des inscriptions, et en devant recevoir du repreneur les échéances de crédit non encore exigibles[111] au jour du transfert de

---

106. F. Pérochon, *op. et loc. cit.* ; A. Jacquemont, N. Borga et Th. Mastrullo, *op. cit.*, n° 926 ; P.-M. Le Corre, *op. cit.*, n° 582.332 ; F. Macorig-Venier, *loc. cit.* ; P. Cagnoli, *loc. cit.* ; G. Amlon, fasc. préc., n° 45 ; G. Blanc, rép. préc., n°s 93 et 94. Rappr. J.-J. Fraimout, « Plan de cession – Effets (I) : obligations du cessionnaire », *J.-Cl. Proc. coll.*, fasc. 2750, LexisNexis, 2020, n° 20.
107. F. Macorig-Venier et J. Vallansan, « Les améliorations de la procédure liquidative et des cessions », *Rev. proc. coll.* 2014, doss. 32, n° 24 ; P.-M. Le Corre, *op. et loc. cit.*
108. A. Gaudemet, art. préc., n° 12 ; P. Cagnoli, art. préc., n° 20 ; F. Pérochon, *op. cit.*, n°s 1280 et 1286 ; F. Macorig-Venier et J. Vallansan, *loc. cit.* ; M.-H. Monsèrié-Bon, « *Quid* des sûretés réelles dans le plan de cession ? », *Rev. proc. coll.* 2018, doss. 19, n° 14. *Adde* F.-X. Lucas, *op. cit.*, n° 362 ; A. Jacquemont, N. Borga et Th. Mastrullo, *op. cit.*, n° 927.
109. M. Sénéchal *in* M. Menjucq, M. Sénéchal, G. Sonier et Ch. Thévenot, « Les cent jours de la réforme des procédures collectives : premier bilan », *Rev. proc. coll.* 2009, entretien 1.
110. C. com., art. L. 642-12, al. 4.
111. Cass. com., 20 nov. 2016, n° 15-11.016, *Bull. civ.* IV, n° 147 ; *D.* 2016. 2516, note A. Lienhard ; *D. actu.* 8 déc. 2016, obs. A. Lienhard ; *AJ contrat* 2017. 144, obs. G. Piette ; *Act. proc. coll.* 2017, comm. 11, obs. L. Fin-Langer ; *Gaz. Pal.* 21 févr. 2017, p. 33, note M.-P. Dumont-Lefrand ; *ibid.* 28 mars 2017, p. 60, note D. Voinot ; *JCP E* 2017, 1164, n° 5, obs. Ph. Pétel ; *JCP E* 2017, 1350, n° 23, obs. Ph. Delebecque ; *LEDEN* janv. 2017, p. 5, obs. N. Pelletier ; *Rev. proc. coll.* 2017, comm. 43, note F. Reille ; *RTD com.* 2018. 208, obs. C. Saint-Alary-Houin. *Adde* Cass. com., 20 mars 2019, n° 17-29.009, *Bull. civ.* I, p. 141 et 277 ; *Act. proc. coll.* 2019, comm. 91, obs. P. Cagnoli ; *BJE* juill. 2019, p. 29, note M. Dols-Magneville ; *D. actu.* 9 avr. 2019, obs. X. Delpech ; *Gaz. Pal.* 18 juin 2019, p. 34, note J.-J. Ansault ; *ibid.* 25 juin 2019, p. 29, note M.-P. Dumont ; *ibid.* 9 juill. 2019, p.

propriété du bien grevé, il ne perd pas le bénéfice de sa sûreté pour ces échéances. L'effacement ne peut le concerner que pour les échéances échues impayées, puisqu'il ne participe à la distribution de la quote-part qu'à concurrence de leur montant[112].

26. À cet égard, il a été proposé que seule une partie de la valeur du bien grevé d'une sûreté dont la charge est transmise soit prise en compte pour la détermination de la quote-part y afférente. Ce qui exhorte à s'interroger sur l'existence d'un éventuel effacement supplémentaire des dettes privilégiées, dans la mesure où en réduisant le montant de cette quote-part, une telle solution ajouterait à l'effacement nécessaire que le créancier bénéficiant du transfert de la charge de la sûreté supporte au titre de la fraction échue de sa créance.

B. UN EFFACEMENT SUPPLÉMENTAIRE ?

27. Pour fixer la quote-part correspondant à l'actif grevé dont la transmission déclenche le transfert de la charge de la sûreté, il a été suggéré de ne retenir comme base de calcul que la valeur amortie de ce bien, au motif que le créancier concerné ne participe aux

---

62, note M. Guastella ; *JCP E* 2019, 1311, n° 23, obs. Ph. Delebecque ; *ibid.*, 1312, note D. Legeais ; *ibid.*, 1375, n° 10, obs. A. Tehrani ; *LEDB* mai 2019, p. 6, obs. M. Mignot ; *LEDC* mai 2019, p. 5, obs. N. Leblond ; *LEDEN* mai 2019, p. 5, obs. J. Cavelier ; *RD bancaire et fin.* 2019, comm. 82, note D. Legeais ; *ibid.*, comm. 104, note C. Houin-Bressand ; *Rev. proc. coll.* 2019, comm. 69, note Ch. Gijsbers ; *RTD com.* 2019. 503, obs. C. Saint-Alary-Houin ; *RTD civ.* 2020. 181, obs. Ph. Théry – Cass. com., 8 janv. 2020, n° 18-21.925, NP ; *BJE* mai 2020, p. 22, note K. Lafaurie ; *D.* 2020. 1917, n° 14, obs. Ch. Gijsbers ; *Dr. et patr.* oct. 2020, p. 55, obs. J.-J. Ansault ; *Gaz. Pal.* 18 févr. 2020, p. 38, note M.-P. Dumont ; *ibid.* 9 juin 2020, p. 62, note M. Bourassin ; *JCP E* 2020, 1228, n° 7, obs. Ph. Simler ; *LEDB* mars 2020, p. 7, obs. M. Mignot ; *RD bancaire et fin.* 2020, comm. 41, obs. C. Houin-Bressand ; *RTD com.* 2020. 183 et 719, obs. C. Saint-Alary-Houin.

112. En ce sens, P.-M. Le Corre, « Les créanciers gagistes face au redressement judiciaire et la règle du concours », *Rev. proc. coll.* 1990, p. 21, n° 9 ; *id., op. cit.*, n° 582.412 ; C. Saint-Alary-Houin, « Le transfert de la charge du nantissement », *RJ com.* 1992, n° spéc., p. 152, n° 36 ; *id., op. cit.*, n° 1324 ; M. Cabrillac et Ph. Pétel, « Juin 1994, le printemps des sûretés réelles ? », *D.* 1994. 243, n° 39 ; F. Pérochon, *op. cit.*, n° 1292 ; Ph. Dubois et G. Terrier, « Réflexions sur l'article 93, alinéa 3, de la loi du 25 janvier 1985. Rédaction loi n° 94-475 du 10 juin 1994, article 55 », *in Mél. Jeantin*, Dalloz, 1999, p. 389, n° 26. *Adde* S. Vigreux, « Les difficultés d'application de l'article 93 de la loi du 25 janvier 1985 », *Rev. proc. coll.* 1999, p. 141, spéc. p. 142 et 143 ; G. Jazottes *in* M. Menjucq, B. Saintourens et B. Soinne (dir.), *op. cit.*, n° 2956.

répartitions qu'à hauteur des sommes échues impayées[113]. De son point de vue, cela se traduirait par une réduction du montant de la quote-part destinée à reconstituer l'assiette de son droit de préférence. Subissant la primauté des privilèges généraux lors de la répartition du prix de cession, il supporterait ainsi un effacement supplémentaire. Cette solution permettrait de ne pas exagérer l'avantage dont il dispose par rapport à ses homologues. Elle pourrait aboutir à accroître le montant des quotes-parts représentatives de l'assiette des autres droits de préférence, ou à augmenter celui de la fraction libre du prix de cession. Dans un cas comme dans l'autre, la charge de privilèges généraux serait moins préjudiciable aux autres titulaires de sûretés. Ce qui revient à dire que l'effacement qu'ils subissent serait moins prononcé qu'il ne le devrait.

28. Cette lecture nous semble néanmoins se heurter à deux obstacles de taille. D'une part, le texte relatif aux modalités de calcul des quotes-parts se contente d'indiquer qu'elles sont établies au vu de l'inventaire et de la prisée des actifs en suivant la proportion que la valeur de chaque bien grevé représente dans la valeur totale des actifs compris dans la cession[114]. Il se réfère largement à la valeur du bien grevé, sans autre précision. La règle d'interprétation « *ubi lex non distinguit, nec nos distinguere debemus* »[115] interdit par conséquent de distinguer entre la fraction amortie de la valeur d'un bien et celle qui ne l'est pas. Faute de distinction, c'est sa valeur totale qui devrait être prise en compte. D'autre part, dire que le créancier exerce son droit de préférence sur une quote-part représentant la seule valeur amortie du bien grevé, c'est dire que les échéances de crédit antérieures au transfert de propriété ne sont couvertes que par la fraction amortie de ce bien. Ce qui signifie qu'une partie de la créance ne serait garantie que par une partie du bien. Or, cela contrarie ouvertement le principe d'indivisibilité des sûretés réelles[116], en vertu duquel la totalité d'un

113. J.-J. Fraimout, fasc. préc., n° 40.
114. C. com., art. L. 642-12, al. 1er.
115. Selon laquelle il n'y a pas lieu de distinguer là où la loi ne distingue pas : H. Roland, *Lexique juridique des expressions latines*, LexisNexis, Hors coll., 8e éd., 2021, *v°* « Ubi lex non distinguit, nec nos distinguere debemus » ; S. Guinchard et G. Montagnier, *Locutions latines juridiques*, Dalloz, coll. « À savoir », 2e éd., 2007, *v°* « Ubi lex non distinguit, nec nos distinguere debemus ». *Adde* Cass. soc., 20 sept. 2020, n° 19-12.885, préc.
116. Sur lequel, v. not. J. Souhami, « Retour sur le principe d'indivisibilité des sûretés réelles », *RTD civ.* 2008. 27.

bien, et chaque portion de celui-ci, sont chacune destinées à garantir à la fois l'intégralité de la créance et chaque fraction de celle-ci, de telle manière que chaque portion de la créance est garantie par le bien en son entièreté. Faute de disposition expresse ayant pour objet ou pour effet d'écarter l'indivisibilité des sûretés réelles, il faut donc admettre que le droit de préférence s'exerce sur la valeur intégrale du bien grevé, et, par là même, que la quote-part qui lui est affectée doit être calculée sur la base de sa valeur totale.

29. Ainsi le créancier éligible au transfert de la charge de la sûreté ne devrait-il pas connaître un effacement supplémentaire du fait de l'articulation de ce mécanisme avec celui de la ventilation en quotes-parts du prix de cession. Mais le pourrait-il sous l'effet de la combinaison des deux mécanismes de consignation de quote-part ? Il faut ici supposer qu'un plan de cession soit arrêté dans le cadre d'une procédure de sauvetage, et qu'un bien grevé de sûreté figure dans le périmètre de la cession. En ce cas, le tribunal doit affecter une quote-part du prix de cession à ce bien en tenant compte de sa valeur. Imaginons alors que le montant de cette quote-part soit supérieur à celui des créances garanties par la sûreté portant sur cet actif et pour le paiement desquelles son titulaire est en mesure d'exercer son droit de préférence. La situation, il est vrai, n'est pas propre au créancier bénéficiant du transfert de la charge de la sûreté. Mais il est celui qui semble le plus à même d'être concerné par cette configuration. La quote-part en question étant fixée sur la base de la valeur totale du bien pour permettre son paiement au titre des seules échéances antérieures au transfert de propriété, le montant de créance pour lequel il exerce son droit de préférence peut être assez faible en comparaison du montant de la quote-part, *a fortiori* si au vu du tableau d'amortissement, le débiteur était en début de crédit.

30. En postulant l'absence de conversion en liquidation judiciaire, la question est alors de savoir si en vertu du mécanisme de consignation applicable en procédure de sauvetage, la quote-part du prix de cession doit elle-même être ventilée pour dégager une quote-part correspondant au montant des créances garanties. D'un côté, la solution serait conforme à l'esprit du mécanisme et des procédures de sauvetage. Il s'agit d'abstraire de la valeur d'un bien grevé le montant qui est théoriquement nécessaire au désintéressement des créanciers inscrits, pour permettre au débiteur de disposer immédiatement de l'excédent afin de financer sa poursuite d'activité. De la sorte, la quote-part du prix de cession ayant pour fonction d'incarner la valeur d'un bien grevé, le débiteur percevrait la fraction libre de cette quote-part, cependant que le créancier exercerait son droit de préférence sur la fraction affectée tout en supportant la priorité des privilèges généraux. Devenant chirographaire pour le solde de créance restant dû, il en serait payé dans le cadre du plan de sauvegarde ou de redressement. Mais d'un autre côté, une telle solution serait exponentiellement préjudiciable au créancier. Non seulement il subirait l'effacement nécessaire résultant de la ventilation en quotes-parts du prix de cession. Mais il supporterait par ailleurs un effacement supplémentaire, provoqué par l'effacement arbitraire qui découle de la consignation d'une quote-part du prix d'un bien correspondant au montant des créances garanties. Et sa situation serait plus grave encore si l'interprétation retenue de l'alinéa 2 de l'article L. 626-22 du Code de commerce venait à être celle tendant à un effacement de dettes complémentaire.

31. La réponse paraît clairement ressortir des textes. Il est en effet énoncé qu'en cas de cession partielle, le prix est remis au débiteur sous réserve des dispositions de l'article L. 626-22 du Code de commerce[117]. Il faut en déduire que la fraction libre du prix de cession n'est pas destinée au règlement des créanciers, en particulier des titulaires de privilèges généraux, mais revient au débiteur, et que les créanciers munis de sûretés sont payés sur les quotes-parts dans les conditions de cet article[118]. Or, ce dernier impose la mise en œuvre du mécanisme de consignation d'une quote-part du prix d'un bien grevé de sûretés. Cela signifie que les titulaires de sûretés devront recevoir un paiement anticipé par rapport aux prévisions du plan de continuation, en participant à la répartition des quotes-parts du prix de cession[119]. Mais cela semble également signifier que si le montant des créances garanties par une sûreté assise sur un bien est inférieur à celui de la quote-part afférente à cet actif, celle-ci devrait être ventilée pour faire apparaître une quote-part qui correspond aux créances garanties et qui doit être consignée, ainsi qu'une fraction libre devant être remise au débiteur[120]. À l'effacement nécessaire issue de la

117. C. com., art. L. 626-23 et L. 631-19, I, al. 1er.
118. P.-M. Le Corre, *op. cit.*, n° 582.332.
119. *Ibid.*
120. V. *ibid.*

ventilation en quotes-parts du prix de cession, s'ajouterait donc l'effacement arbitraire résultant de la consignation de la quote-part du prix d'un bien grevé de sûreté.

32. Soulignons néanmoins que la règle ci-dessus décrite, qui vaut pour toutes les procédures de sauvetage, n'est prévue qu'« *En cas de cession partielle* »[121]. De ce fait, que décider lorsqu'une cession totale est arrêtée dans le cadre d'un redressement judiciaire ? *A priori*, la difficulté pourrait être résolue par un pur argument de texte. La consignation d'une quote-part du prix d'un bien correspondant au montant des créances garanties s'applique littéralement « *En cas de vente d'un bien grevé d'une sûreté réelle spéciale ou d'une hypothèque légale* »[122]. *A contrario*, donc, ce mécanisme ne devrait pas pouvoir s'appliquer lorsqu'il n'est pas question de la vente d'un bien grevé. Or, en cas de cession d'entreprise, ce ne sont pas ses actifs qui sont vendus ; c'est l'entreprise, et non ses actifs, qui constitue l'objet de l'opération de cession. En toute rigueur, lorsqu'un bien grevé de sûreté est compris dans le périmètre d'un plan de cession, l'on peut constater son aliénation, certes, mais pas sa vente. Ce d'autant plus que, la vente présupposant le consentement du propriétaire du bien[123], le débiteur ne peut être tenu pour consentant à l'opération de cession d'entreprise et à l'aliénation des actifs compris dans son périmètre[124] – sauf peut-être en procédure de sauvegarde, la cession partielle ne pouvant intervenir qu'à la demande du débiteur[125]. Ce qui exclurait l'applicabilité du mécanisme de consignation d'une quote-part du prix d'un bien grevé en cas de cession totale réalisée dans le cadre d'un redressement judiciaire, et empêcherait par conséquent de contraindre le titulaire de la sûreté à n'exercer son droit de préférence que sur une « quote-part de la quote-part du prix de cession ».

33. Une telle solution n'est pourtant pas certaine. Elle créerait en effet une disparité de régime juridique pour les titulaires de sûretés selon que la cession est totale ou partielle, alors que leur situation est

---

121. C. com., art. L. 626-23.
122. *Ibid.*, art. L. 622-8, al. 1er, et L. 626-22, al. 1er.
123. V. C. civ., art. 1128, 1°, 1582 et 1599. *Adde* spéc. J. Théron, « Liquidation judiciaire et ventes de fonds de commerce », *Rev. proc. coll.* 2008, doss. 13, n° 1, et note 2 ss ce n°.
124. V. spéc. J. Théron, *loc. cit.*
125. C. com., art. L. 622-10, al. 1er.

foncièrement identique. Surtout, refuser l'application des articles L. 622-8 et L. 626-22 reviendrait à priver de fondement, et donc, *a priori*, à empêcher, l'intervention d'un paiement anticipé de ces créanciers à l'aide des quotes-parts du prix de cession. De leur point de vue, la situation s'apparenterait ainsi à un véritable dilemme, aucune des solutions possibles n'étant totalement satisfaisante pour eux. Ce qui tend à montrer qu'à l'aune du passage de l'assiette d'une sûreté à une quote-part du prix de cession et de l'effacement de dettes, le massacre des sûretés réelles, quoique moins prononcé qu'avant, conserve malgré tout une certaine actualité.

La tierce opposition du créancier, instrument de résistance à l'effacement des dettes

Odélia FAUGÈRE

1. La recevabilité de la tierce opposition du créancier est au cœur d'un contentieux récurrent du droit des entreprises en difficulté. Elle présente un intérêt particulier résultant de l'articulation des dispositions de droit commun régissant la tierce opposition et des enjeux économiques imprégnant la matière. D'ailleurs, quelques études doctrinales[1] ont déjà fait état des problématiques liées à l'ouverture de cette voie de recours au créancier. C'est dans ce sillage que nous aimerions humblement inscrire cette contribution, en l'insérant dans la thématique précise de l'étude de l'effacement des dettes.

2. Ainsi, l'esquisse de la tierce opposition du créancier comme instrument de résistance à l'effacement des dettes suppose de déterminer quels jugements sont susceptibles, d'une part, d'emporter un effacement de la dette, et, d'autre part, de tierce opposition de la part du créancier.

3. Le terme d'« effacement » des dettes provient du traitement du surendettement des particuliers[2] en droit de la consommation. Mais il est également présent au sein du Code de commerce depuis l'ordonnance du 12 mars 2014 ayant introduit le rétablissement professionnel[3], dont le jugement de clôture emporte en principe

[1] *V.* not. la contribution du Professeur Natalie FRICERO, présentée lors du colloque organisé par le CRAJEFE en 2008 : N. FRICERO, « Tierce-opposition et procédures collectives », Colloque de Nice, CRAJEFE, 16/17 mai 2008, *LPA* 28 nov. 2008, n° PA200823905, p. 26.

[2] Création de la loi n° 98-657 du 29 juillet 1998 d'orientation relative à la lutte contre les exclusions, JO n° 175, 31 juill. 1998, puis application aux effets de la procédure de rétablissement personnel créé par la loi n° 2003-710 du 1er août 2003 d'orientation et de programmation pour la ville et la rénovation urbaine, JO n° 177, 2 août 2003.

[3] Ord. n° 2014-326, 12 mars 2014, portant réforme de la prévention des difficultés des entreprises et des procédures collectives, JO n° 0062, 14 mars 2014, p. 5249.

l'effacement de certaines dettes[4]. Hors l'hypothèse du rétablissement professionnel, le terme d'effacement des dettes n'apparaît pas dans les textes du Code de commerce. Cela ne signifie pas pour autant que d'autres décisions rendues dans le cadre des procédures collectives ne sont pas susceptibles d'emporter un tel effet.

4. À défaut de définition de l'effacement des dettes par le droit des entreprises en difficulté ou par le droit commun, le langage courant définit l'effacement comme le résultat de l'action d'effacer[5], et ainsi, de faire disparaître. Partant, un tel effacement, au sens de la disparition de la dette, peut également résulter du jugement de clôture de la liquidation judiciaire pour insuffisance d'actif[6], qui purge les dettes du débiteur et à l'issue duquel les créanciers ne recouvrent pas, en principe, leur droit de poursuite individuelle[7].

5. Toutefois, si cette action d'effacer peut impliquer de faire disparaître l'objet de l'effacement[8], elle ne conduit pas nécessairement à sa disparition totale mais, parfois, à sa réduction ou à son affaiblissement[9]. Il est donc possible de définir l'effacement comme la disparition ou l'atténuation d'un élément.

6. Or, l'adoption d'un plan de sauvegarde ou de redressement peut, en pratique, conduire à un effacement de la dette du débiteur dans les deux sens qu'il est possible de lui donner.

7. Au sens premier du terme, l'effacement renvoie donc à la disparition. L'effacement de la dette s'entendrait alors de l'action consistant à la « supprimer ». Or, le plan de continuation de l'entreprise adopté par le tribunal prévoit notamment le règlement du

---

[4] Art. L. 645-11 C. com. Le principe de l'effacement des dettes antérieures du débiteur connaît cependant des exceptions prévues à l'article L. 643-11 du Code de commerce. Ainsi, sont par exemples exclues les dettes alimentaires et salariales.

[5] Dictionnaire Le Robert en ligne, https://dictionnaire.lerobert.com/definition/effacement

[6] Sur ce point, *V.* J.-L. VALLENS, « L'effacement des dettes du débiteur en liquidation judiciaire », *LPA* 19 sept. 1997, n° PA199711301, p. 4.

[7] Art. L. 643-11 C. com., sous réserve des exceptions prévues par le texte.

[8] Dictionnaire Larousse en ligne, https://www.larousse.fr/dictionnaires/francais/effacement/27880

[9] Dictionnaire de l'Académie Française en ligne, https://www.dictionnaire-academie.fr/article/A9E0444

passif par la distribution des dividendes du plan aux créanciers[10]. Ainsi est-il possible d'envisager l'hypothèse d'un créancier qui a effectivement déclaré sa créance, mais dont le règlement n'est pas prévu par le plan adopté. Dans le sens le plus brut du terme, la dette du débiteur est ainsi effacée du plan et le créancier ne peut donc pas en percevoir les dividendes. Cet effacement n'est en théorie que temporaire car, contrairement au créancier qui n'a pas déclaré sa créance[11], il retrouvera son droit de poursuite postérieurement à l'exécution du plan.

8. Au sens second du terme, l'effacement signifie l'affaiblissement, la réduction ou encore la mise en retrait. Vient alors naturellement à l'esprit le créancier qui invoque une atteinte à ses droits causée par les dispositions du plan prévoyant le règlement de sa créance. Dans cette hypothèse, son droit de créance ne disparaît pas du plan, mais le créancier peut estimer son droit amoindri par l'effet des modalités d'apurement du passif, soit que le droit de créance soit atteint par les modalités du règlement de la créance du créancier tiers opposant [12], soit qu'il soit atteint par le traitement privilégié injustifié qui serait

[10] Art. L. 626-2, al. 4 et L. 631-19, al. 1er C. com.

[11] Art. L. 622-26, al. 2 C. com.

[12] Peut être envisagée l'hypothèse d'une modification du plan de continuation imposant au créancier, qui s'y est opposé, une remise de dette : Com., 18 mars 2014, n° 12-28.986, *Bull. civ.* IV, n° 52 ; *Gaz. Pal.* 7 oct. 2014, n° 194g9, p. 36, note C. LEBEL ; *BJE* juill. 2014, n° 111k7, p. 235, note C. DE LAJARTE-MOUKOKO ; *Rev. proc. coll.* 2014, comm. 96, obs. P. CAGNOLI. Il est toutefois à noter que, l'arrêt ayant été rendu sous l'empire du droit antérieur à la loi de sauvegarde des entreprises du 26 juillet 2005, la chambre commerciale a affirmé que le jugement modifiant le plan de continuation n'était pas susceptible de tierce opposition, sauf en cas d'excès de pouvoir.

accordé à une autre créance[13] ou, plus généralement, par une disposition du plan[14].

9. Au bénéfice de ces premiers éléments, le jugement de clôture du rétablissement professionnel, le jugement de clôture de la liquidation judiciaire pour insuffisance d'actif ainsi que le jugement arrêtant le plan de sauvegarde ou de redressement sont donc susceptibles d'emporter un effacement de la créance du créancier. Pour autant, ce dernier peut-il former tierce opposition à ces jugements ?

10. Le Code de procédure civile prévoit, en principe, que tous les jugements peuvent faire l'objet de tierce opposition, mais il réserve l'hypothèse où la loi en disposerait autrement[15]. Dans ce contexte, il n'est donc pas étonnant de constater qu'en certaines hypothèses, le législateur du droit des entreprises en difficulté ait expressément fermé cette voie de recours. Par exemple, les jugements arrêtant, modifiant ou prononçant la résolution d'un plan de cession ne sont pas susceptibles de tierce opposition[16].

11. Toujours est-il que lorsqu'un texte n'interdit pas de former tierce opposition, le recours est en principe possible dès lors qu'une autre voie de droit n'est pas ouverte, aux tiers intéressés, à l'encontre de la

---

[13] Par exemple, une banque créancière avait soulevé une atteinte au principe d'égalité entre les créanciers en ce que le plan de sauvegarde prévoyait le règlement d'une créance conformément aux stipulations du contrat liant le créancier au débiteur, alors que le plan prévoyait un règlement de la créance du créancier tiers opposant en dix annuités progressives : Com. 20 oct. 2021, n° 20-15.299, *NP ; RTD Com.* 2022, p.151, note C. SAINT-ALARY-HOUIN ; *BJE* janv. 2022, n° BJE200l3, note H. POUJADE. Sur le caractère illusoire du principe de l'égalité des créanciers dans le plan de continuation, *V.* N. GHALIMI, « Le traitement différencié des créanciers dans les plans de sauvegarde et de redressement », *LPA,* 19 déc. 2014, n° PA201425304, p. 4.

[14] Par exemple, un créancier peut invoquer l'atteinte à ses droits de créancier gagiste résultant de l'adoption du plan qui prononcerait l'inaliénabilité, pour toute la durée du plan, de titres sur lesquels le créancier est titulaire d'un nantissement et qui ne pourrait donc, pendant l'exécution du plan, réaliser son gage : Com., 3 oct. 2018, n° 17-14.933, *NP* ; *Gaz. Pal.* 15 janv. 2019, n° 339u3, p. 66, note C. LEBEL ; *BJE* janv. 2019, n° 116p3, p. 17, note C. DE LAJARTE-MOUKOKO ; *LEDEN* nov. 2018, n° 111z1, p. 4, note P. URBAIN.

[15] Art. 585 CPC.

[16] Art. L. 661-7, 2° C. com.

décision[17]. Tel est le cas en matière de rétablissement professionnel où le Code de commerce demeure muet quant à la fermeture de la tierce opposition[18]. Ainsi cette dernière est-elle, par principe, ouverte au créancier[19] à l'encontre du jugement de clôture qui efface sa créance. Il en va de même du jugement de clôture de la liquidation judiciaire pour insuffisance d'actif[20] à l'égard duquel la tierce opposition n'est pas fermée par les textes.

12. Dans d'autres cas, en revanche, le droit des entreprises en difficulté ouvre expressément la voie de la tierce opposition. Elle se retrouve notamment à l'encontre des jugements d'ouverture des procédures collectives[21] ainsi qu'à l'encontre du jugement arrêtant le

---

[17] Ainsi, par exemple, l'article L. 624-3-1 du Code de commerce (spécifique à la sauvegarde mais applicable au redressement judiciaire selon l'article L. 631-18, premier alinéa, du Code de commerce ainsi qu'à la liquidation judiciaire selon l'article R. 641-28 du Code de commerce) permet aux tiers intéressés de former une réclamation contre les décisions du juge-commissaire portant sur l'état des créances. En conséquence, le tiers intéressé ne peut contester une telle décision par la voie de la tierce opposition. La Cour de cassation a pu statuer dans ce sens : Com. 6 déc. 2011, n° 10-25.571, *Bull. civ.* IV, n° 203 ; *LEDB* févr. 2012, n° EDBA-812006-81202, p. 4, note M. MIGNOT ; *BJE* mars 2012, n° JBE-2012-0060, p. 88, note S. BRENA. Cette solution est applicable quand bien même la réclamation serait analysée comme une variété de tierce opposition. Sur ce point, *V.* not. P.-M. LE CORRE, *Droit et pratique des procédures collectives,* Dalloz Action, 11e éd., 2021-2022, n° 683.311. Le recours contre les décisions du juge-commissaire statuant sur une réclamation est formé devant la cour d'appel, selon les dispositions de l'article R. 624-10, troisième alinéa du Code de commerce régissant l'admission des créances en matière de sauvegarde, applicable à la procédure de redressement selon l'article R. 631-29, alinéa premier du Code de commerce, ainsi qu'à la liquidation judiciaire selon les dispositions de l'article R. 641-28 du Code de commerce.

[18] Ce que confirme la lettre de l'article R. 661-2 du Code de commerce qui régit la tierce opposition formée à l'encontre notamment des décisions « en matière de rétablissement professionnel ».

[19] Dans ce sens, *V.* P.-M. LE CORRE, *Droit et pratique des procédures collectives,* Dalloz Action, 11e éd., 2021-2022, n° 594.731 ; F. PÉROCHON, *Entreprises en difficulté,* LGDJ, 10e éd., 2014, n° 1428.

[20] *V.* not. Chambéry, ch. civ., 1e section, 22 mai 2018, n° 16/01328. La cour d'appel a, en l'espèce, jugé que l'irrecevabilité de la tierce opposition ne pouvait résulter de la fermeture de la voie de recours à l'égard du jugement de clôture de la liquidation judiciaire pour insuffisance d'actif, dans la mesure où *« aucune (...) disposition légale n'exclut la tierce opposition à l'encontre d'un jugement de clôture de la liquidation judiciaire ».*

[21] Art. L. 661-2 C. com. La législation antérieure à la loi de sauvegarde des entreprises du 26 juillet 2005 le permettait déjà : Anc. art. L. 623-2 C. com. dans sa

plan de sauvegarde ou de redressement[22] depuis la loi de sauvegarde des entreprises de 2005[23].

13. Mais précisons que tous les créanciers n'ont pas vocation à contester l'adoption d'un plan par la voie de la tierce opposition, puisqu'en réalité, tout dépend de la façon dont le plan va être adopté. Lorsque les classes de parties affectées doivent être constituées[24], celles-ci, par leur vote, décideront de l'adoption du plan[25]. Au sein de ce système, il est notamment prévu que les parties affectées peuvent contester, en amont de l'adoption du plan, la composition des classes ainsi que les modalités de calcul des voix[26]. Or, l'article 67 de l'ordonnance du 15 septembre 2021[27] précise qu'il ne peut être exercé de tierce opposition contre les décisions qui statueraient sur ces contestations. Dans la même veine, les parties affectées ayant voté contre l'adoption du projet de plan peuvent notamment critiquer la

---

rédaction issue de l'article 171-1 de la loi de n° 85-98 du 25 janvier 1985 relative au redressement et à la liquidation judiciaires des entreprises modifiée par la loi n° 94-475 relative à la prévention et au traitement des difficultés des entreprises.

[22] Art. L. 661-3 C. com., art. 148 loi n° 2005-845 du 16 juillet 2005 de sauvegarde des entreprises. Il est intéressant de relever que les travaux parlementaires exprimaient déjà le bénéfice que les créanciers pouvaient tirer de cette voie de recours dans la défense de leurs intérêts : Rapp. X. DE ROUX, Assemblée Nationale, n° 2095, projet de loi de sauvegarde des entreprises, p. 99. *Adde* : Com. 5 mai 2015, n° 14-14.014, *NP* ; *RTD com.* 2015, p. 378, obs. J. L. VALLENS.

[23] Art. 148, loi n° 2005-845 du 26 juillet 2005 de sauvegarde des entreprises. Le créancier pouvait déjà, avant la loi de sauvegarde, exercer une tierce opposition-nullité à l'encontre du jugement arrêtant le plan, en cas d'excès de pouvoir : Com., 18 mars 2014, n° 12-28.986, *Bull. civ.* IV, n° 52 ; *Gaz. Pal.* 7 oct. 2014, n° 194g9, p. 36, note C. LEBEL ; *BJE* juill. 2014, n° 111k7, p. 235, note C. DE LAJARTE-MOUKOKO ; *Rev. proc. coll.* 2014, comm. 96, obs. P. CAGNOLI.

[24] Les classes de parties affectées doivent être constituées lorsque les seuils fixés par l'article R. 626-52 du Code de commerce sont atteints. Ces seuils sont fixés à 250 salariés et 20 millions d'euros de chiffre d'affaires ou 40 millions d'euros de chiffre d'affaires « seulement ». Il s'agit, en somme, du seuil de compétence des tribunaux de commerce spécialisés. En outre, elles doivent également être constituées lorsqu'une procédure de sauvegarde accélérée est ouverte, aux termes de l'article L. 628-4 du Code de commerce.

[25] Ord. n° 2021-1193 du 15 sept. 2021 et décr. n° 2021-1218 du 23 sept. 2021. Sur ce fonctionnement général : B. FERRARI, « L'avènement des classes de parties affectées », *Lexbase Affaires*, n° 693, 28 oct. 2021.

[26] Art. L. 626-30 et R.626-58-1 C. com.

[27] Art. 67, ord. n° 2021-1193, 15 sept. 2021 portant modification du livre VI du code de commerce, modifiant l'article L. 661-7 du Code de commerce.

prise en compte, par le plan, du critère du *best interest test*[28] par voie de requête déposée au greffe[29]. Dans ce cas, la décision du tribunal est susceptible d'un recours formé devant la cour d'appel[30]. L'on s'aperçoit donc que lorsque le plan est adopté par le système des classes, soit la tierce opposition est expressément fermée, soit c'est la voie du recours devant la cour d'appel qui est favorisée au détriment de celle de la tierce opposition[31].

14. Ainsi, là où l'on a précédemment affirmé que les jugements de clôture du rétablissement professionnel, les jugements arrêtant le plan de continuation dans l'hypothèse d'une consultation individuelle des créanciers, ainsi que les jugements de clôture de la liquidation judiciaire pour insuffisance d'actif sont susceptibles d'emporter un effacement de la dette du débiteur, il faut, à présent, ajouter qu'ils sont, de plus, susceptibles de tierce opposition.

15. Le recours du créancier est alors soumis au formalisme strict des voies de recours *extraordinaires*. Un tel recours a vocation à permettre une rétractation du jugement par les tiers qui ne disposent pas du droit d'appel et il est donc nécessaire d'éviter les recours dilatoires. De plus, en droit des entreprises en difficulté, le recours du créancier s'inscrit dans le contexte d'une procédure qui doit non seulement prendre en compte des intérêts contradictoires, mais qui doit également réussir l'exploit de concilier ces intérêts rapidement. Le droit des procédures collectives restreint donc inévitablement l'ouverture de la tierce opposition du créancier et renforce notamment le formalisme prévu par le droit commun. La tierce opposition doit, à peine d'irrecevabilité du recours, être formée dans le délai de dix jours à compter du prononcé de la décision[32] ou, le cas échéant, à compter

---

[28] Les articles L. 626-31 et L. 626-32 du Code de commerce imposent au tribunal de vérifier que le plan ne place pas les parties affectées dans une situation moins favorable que celle qu'elles connaîtraient s'il était fait application soit de l'ordre de priorité pour la répartition des actifs en liquidation judiciaire ou du prix de cession de l'entreprise en plan de cession, soit d'une meilleure solution alternative si le plan n'était pas validé.

[29] Art. R. 626-64, I, C. com. Dans un délai de dix jours suivant le vote.

[30] Art. R. 626-64, II, C. com.

[31] Art. L. 661-1, 6° C. com. Le propos vaut également quant au jugement qui modifierait le plan adopté *via* le système des classes : Art. L. 661-1, 7° C. com.

[32] Art. R. 661-2, al. 1e C. com.

de sa publication[33], et doit nécessairement être formée par voie de déclaration au greffe[34] impliquant du créancier qu'il s'y présente physiquement[35].

16. Néanmoins, ce sont surtout les conditions d'ouverture de la tierce opposition qui interrogent quant à l'effectivité du recours du créancier comme instrument de résistance à l'effacement des dettes. La tierce opposition du créancier est soumise aux conditions d'ouverture prévues par l'article 583 du Code de procédure civile. Aux termes du premier alinéa de ce texte, la tierce opposition est ouverte à toute personne qui y a intérêt, à la condition qu'elle n'ait été ni partie ni représentée au jugement qu'elle attaque. Par exception, il est néanmoins précisé au deuxième alinéa que les créanciers et autres ayants cause d'une partie peuvent former tierce opposition au jugement rendu en fraude de leurs droits ou s'ils invoquent des moyens qui leur sont propres. Or, il revient aux juges du fond d'apprécier souverainement si le moyen invoqué par le créancier lui est propre. La notion n'étant pas définie par la loi, la tâche peut s'avérer laborieuse mais le *« flou artistique »*[36] qui la caractérise peut, dans le même temps, offrir à la jurisprudence une certaine liberté d'interprétation. À ce titre, l'observation des décisions récentes de la chambre commerciale témoigne de ce que l'équilibre semble difficile à trouver entre une ouverture modérée de la tierce opposition et une restriction certes pragmatique, mais sévère, de la mise en œuvre de cette voie de recours.

17. Finalement, c'est dire que les conditions de recevabilité de la tierce opposition sont déterminées par celles prescrites par le droit

---

[33] Art. R. 661-2, al. 2 C. com.

[34] Art. R. 661-2, al. 1e C. com.

[35] Com. 17 févr. 2021, n° 19-16.470, *Dalloz actualité,* 5 mars 2021, obs. B. FERRARI ; *Act. Proc. Coll.* 2021, n° 7, comm. 81, note B. ROLLAND ; *Dr. sociétés,* 2021, comm. 85, obs. J.-P. LEGROS ; *Gaz. Pal.,* 13 juill. 2021, n° 42417, p. 50, note T. GOUJON-BÉTHAN. *V.* également, sur l'irrecevabilité de l'opposition formée par voie de conclusions transmises par le RPVA : Com. 10 mars 2021, n° 19-15.497, *Dalloz actualité,* 29 mars 2021, note C. BLÉRY et B. FERRARI ; *Procédures,* 2021/5, comm. 140, note B. ROLLAND ; *Procédures,* 2021/5, comm. 130, note R. LAFFLY ; *Dr. sociétés,* 2021/6, comm. 85, note J.-P. LEGROS ; *LEDEN* mai 2021, n° 200a5, p. 4, note L. CAMENSULI-FEUILLARD.

[36] N. FRICERO, « Tierce-opposition et procédures collectives », Colloque de Nice, CRAJEFE, 16/17 mai 2008, *LPA* 28 nov. 2008, n° PA200823905, p. 26, spéc. n° 3.

commun (I), mais que son efficacité est, quant à elle, limitée par les enjeux du droit des entreprises en difficulté (II).

I. La recevabilité de la tierce opposition déterminée par le droit commun

18. Si les conditions de recevabilité du recours du créancier sont déterminées par le droit commun de la tierce opposition, c'est que son recours est d'abord soumis aux conditions de recevabilité inhérentes à toute action en justice (A) et doit satisfaire, ensuite, aux conditions de recevabilité propres à la tierce opposition (B).

A. DES CONDITIONS INHÉRENTES À TOUTE ACTION EN JUSTICE

19. Comme toute action en justice, la recevabilité de la tierce opposition suppose que celui qui l'exerce ait intérêt et qualité pour agir au sens de l'article 31 du Code de procédure civile. L'intérêt doit être personnel, actuel et légitime.

20. Tout d'abord, l'exigence de justifier d'un intérêt à agir suppose que le créancier doive se prévaloir d'une atteinte portée à ses droits par le jugement qu'il attaque. Ainsi, le créancier est par exemple dépourvu d'intérêt à former tierce opposition au jugement d'ouverture du rétablissement professionnel. En effet, celui-ci n'emporte pas de gel du passif[37] et les créanciers peuvent donc, en principe[38], poursuivre le débiteur après l'ouverture du rétablissement professionnel. Les textes ne fermant pas la voie de la tierce opposition à l'égard des jugements rendus en matière de rétablissement professionnel, il convient d'en déduire que celle-ci est permise, notamment à l'égard du jugement qui ouvre le rétablissement professionnel. Toutefois, le jugement d'ouverture ne portant pas atteinte à ses droits, le créancier est dépourvu d'intérêt à former tierce

[37] Aucune disposition n'interdit aux créanciers de poursuivre le débiteur après l'ouverture du rétablissement professionnel.

[38] Toutefois, l'article L. 645-6 du Code de commerce prévoit la faculté, pour le juge commis, de reporter le paiement des sommes dues dans la limite de quatre mois et ordonner, pour cette même durée, la suspension des procédures d'exécution qui auraient été engagées par le créancier lorsque le débiteur est mis en demeure ou poursuivi par un créancier au cours de la procédure.

opposition à son encontre. Son recours serait, en conséquence, irrecevable.

21. En revanche, le jugement de clôture du rétablissement professionnel emporte effacement de certaines dettes[39]. Le droit de créance du créancier disparaît. Dès lors, à première vue, le créancier dont la créance est effacée pourrait justifier d'un intérêt à former tierce opposition au jugement de clôture.

22. Cela étant, cette hypothèse ne se vérifie pas en toutes circonstances. Il est intéressant de relever que si l'existence de l'intérêt à agir relève de l'appréciation souveraine des juges du fond[40], il semble logique de l'exclure si le créancier a préalablement accepté les effets du jugement ou, à tout le moins, les effets des chefs du jugement qu'il attaque. Or, au regard des enjeux économiques gouvernant les décisions auxquelles peuvent donner lieu le droit des entreprises en difficulté, il apparaît que le créancier a rarement l'occasion de se prononcer sur la prise en compte de ses intérêts dans ces décisions avant qu'elles soient rendues. À titre d'illustrations, il convient de distinguer la situation du créancier dans le contexte de la procédure de rétablissement professionnel de la situation du créancier consulté à l'occasion de l'élaboration du projet de plan de sauvegarde ou de redressement.

23. Le rétablissement professionnel, alternatif à la liquidation judiciaire lorsque les conditions de son ouverture sont réunies[41], a pour objet l'effacement de certaines dettes en vue d'encourager le rebond du débiteur[42]. En conséquence, il ne semble pas que l'accord du créancier soit sollicité sur l'opportunité de l'effacement de sa créance.

---

[39] Art. L. 645-11 C. com.

[40] Soc. 25 mai 2000, n° 98-12.771, *Bull. civ.* V, n° 204 ; Civ. 2e, 6 mai 2010, n° 08-18.936, *NP ;* Civ. 2e, 8 juill. 2010, n° 09-68.717, *NP* ; Civ. 2e, 2 juill. 2020, n°19-13.616 ; *Dalloz actualité,* 27 juill. 2020, note G. SANSONE ; *LEDC* sept. 2020, n° 113h1, p. 5, note G. GUERLIN.

[41] Art. L. 645-1 et L. 645-2 C. com. Le tribunal saisi de l'ouverture d'une procédure de liquidation judiciaire doit d'ailleurs, d'office, vérifier si les conditions d'ouverture du rétablissement professionnel sont réunies aux termes des dispositions de l'article L. 641-1, I, al. 3 C. com.

[42] *V.* not. Ph. ROUSSEL GALLE, « Le rétablissement professionnel : de l'effacement des dettes au rebond », *Gaz. Pal.* 8 avril 2014, n° 174c5.

24. L'ouverture du rétablissement professionnel conduit à la désignation d'un juge commis[43] assisté d'un mandataire judiciaire[44] qui informe les créanciers de l'ouverture de la procédure et les invite à lui communiquer, dans un délai de deux mois, le montant de leur créance avec indication des sommes à échoir et de la date des échéances ainsi que toute information utile relative aux droits patrimoniaux dont ils indiquent être titulaires à l'égard du débiteur[45]. Faut-il en déduire que le créancier qui ne porterait pas le montant de sa créance à la connaissance du mandataire judiciaire a accepté l'effacement de sa créance et est ainsi dépourvu d'intérêt à former tierce opposition au jugement de clôture qui l'effacerait ? Selon nous, une réponse négative doit être apportée à cette question, puisque, d'une part, le défaut de réponse du créancier n'a aucun effet, et d'autre part, l'information délivrée par le mandataire ne requiert pas de réponse de la part du créancier sur le principe de l'effacement de sa créance. Tout au plus, il nous semble que le créancier ait la possibilité d'indiquer au titre des *« informations utiles relatives aux droits patrimoniaux »* que la nature de sa créance fait exception à l'effacement en principe encouru[46]. Mais à défaut de conséquence en cas d'absence d'indication de la part du créancier, il nous semble qu'à ce stade, le créancier n'ait pas l'occasion de formuler de contestation quant à l'effacement de sa créance. Seule la tierce opposition permettra la remise en cause, par le créancier, de cet effet. En conséquence, que le créancier ait ou non porté le montant de sa créance à la connaissance du mandataire judiciaire, il a intérêt à former tierce opposition du jugement de clôture du rétablissement professionnel lorsque celui-ci emporte effacement de sa créance.

---

[43] Art. L. 645-4, al. 1er C. com.

[44] Art. L. 645-4, al. 2 C. com. Le texte dispose néanmoins que le tribunal désigne, pour assigner le juge commis, un mandataire judiciaire ou une personne choisie sur le fondement du premier alinéa du II de l'article L. 812-2 ou sur le fondement du III de ce même article, c'est-à-dire une personne physique justifiant d'une expérience ou qualification particulière, ou un huissier de justice ou commissaire-priseur judiciaire.

[45] Art. L. 645-8 C. com.

[46] Aux termes de l'article L. 645-11 du Code de commerce, *« ne peuvent être effacées les dettes correspondant aux créances des salariés, aux créances alimentaires et aux créances mentionnées aux 1° à 3° du I et au II de l'article L. 643-11 »*. Il s'agit, notamment, des créances attachées à la personne du créancier, ou encore de la créance de la victime d'une infraction pénale.

25. En revanche, plus délicate est la situation du créancier consulté dans le cadre de l'élaboration du plan de sauvegarde ou de redressement de l'entreprise. Lorsqu'il est consulté à titre individuel, à défaut de réponse dans le délai de trente jours à compter de la réception de la lettre du mandataire judiciaire[47], a-t-il intérêt à former tierce opposition au jugement arrêtant le plan ? La réponse à cette question dépend en réalité de l'objet de la tierce opposition.

26. Il faut rappeler que le créancier n'est individuellement consulté que sur les propositions du débiteur relatives au règlement du passif. Ainsi peut-il se voir proposer notamment des délais de paiement ainsi que des remises de dette[48]. S'il accepte ces propositions, il est donc par la suite dépourvu d'intérêt à contester les modalités adoptées par le plan pour le règlement de sa créance. D'ailleurs, en cas de consultation par écrit, lorsqu'il ne répond pas à la consultation, le créancier est alors présumé accepter les propositions formulées[49]. Dans cette hypothèse, il est, tout autant que le créancier acceptant, dépourvu d'intérêt à solliciter la réformation des modalités d'apurement du passif adoptées par le plan par la voie de la tierce opposition. Cela ne signifie pas pour autant que, dans cette situation, le créancier n'a pas d'intérêt à contester le plan lui-même. À ce titre, la Cour de cassation a censuré la décision d'une cour d'appel, lui reprochant de ne pas avoir recherché si le créancier justifiait d'un moyen propre, *« peu important qu'il n'ait pas été invoqué à l'occasion de la consultation »*[50] du créancier sur le projet de plan de sauvegarde. En l'espèce, le créancier ne contestait pas les modalités d'apurement du passif, sur lesquelles il avait été consulté, mais l'incompatibilité des dispositions du plan avec les contrats qu'il avait conclus pour la mise en place de sociétés de défiscalisation. Comme l'a relevé un auteur[51], la contestation antérieure du créancier quant à la compatibilité du plan avec ses engagements aurait été impossible,

---

[47] Art. L. 626-5, al. 2 C. com.

[48] Art. L. 626-5, al. 2 C. com.

[49] Art. L. 626-5, al. 2 C. com.

[50] Com. 15 nov. 2017, n° 16.14-630, *Act. proc. coll.* 2017/20, comm. 314, note J. VALLANSAN ; *BJE* janv. 2018, n° 115n5, p. 43, note H. POUJADE ; *LEDEN* janv. 2018, n° 111e8, p. 3, note L. CAMENSULI-FEUILLARD ; *Gaz. Pal.* 16 janv. 2018, n° 311d2, p. 67, note G.-C. GIORGINI.

[51] J. VALLANSAN, note sous Com. 15 nov. 2017, n° 16.14-630, *Act. proc. coll.* 2017/20, comm. 314.

puisque ce n'est pas ce sur quoi porte la consultation individuelle du créancier. Il a donc, dans cette hypothèse, intérêt à former tierce opposition du jugement arrêtant le plan.

27. Ainsi le créancier doit-il, comme tout demandeur, justifier d'un intérêt à agir. De plus, la recevabilité de la tierce opposition exige, comme toute autre action, d'avoir qualité pour agir. Or, les conditions de cette qualité pour agir sont propres à la tierce opposition.

B. DES CONDITIONS PROPRES À LA TIERCE OPPOSITION

28. La tierce opposition est ouverte aux personnes qui ne sont ni parties ni représentées au jugement attaqué[52]. Lorsqu'il est considéré comme étant représenté, le créancier peut toutefois former tierce opposition au jugement s'il invoque une fraude à ses droits ou un moyen propre. Considérer que le créancier est représenté au jugement qu'il attaque influe donc sur l'ouverture de la tierce opposition.

29. La notion de représentation semble différente de celle habituellement utilisée pour désigner le mécanisme par lequel une personne agit au nom et pour le compte d'une autre[53] en ce sens qu'elle trouve, dans les dispositions de l'article 583 du Code de procédure civile, un champ d'application plus étendu[54], ce qui ne va pas sans soulever plusieurs difficultés.

30. La jurisprudence retient traditionnellement l'existence d'une *« communauté d'intérêts »*[55] entre le débiteur et le créancier justifiant une représentation du second par le premier[56]. Le créancier est donc, par exemple, représenté au jugement d'ouverture de la procédure collective[57]. Toutefois, certains auteurs relèvent que cette *« fiction de*

---

[52] Art. 583, al. 1er CPC.
[53] Art. 1153 s. C. civ.
[54] N. FRICERO, Rép. proc. civ. Dalloz, « Tierce opposition », juin 2012, n° 70.
[55] J. THÉRON, « De la communauté d'intérêts », *RTD civ.* 2009, p. 19.
[56] Req. 8 juill 1850, *DP* 1850, 1, p. 244 ; Req. 21 mars 1904 ; *DP* 1907, 1, p. 5 ; Civ. 2e, 20 oct. 1965, *Bull. civ.* II, n° 765.
[57] *V.* Dans un arrêt récent, l'irrecevabilité du créancier qui n'a pas démontré l'existence d'une fraude et qui n'a pas invoqué, selon la jurisprudence, de moyen propre : Com. 1er juill. 2020, n° 18-23.884, *NP, Gaz. Pal.* 13 oct. 2020, n° 388x3, p. 71, note T. GOUJON-BÉTHAN.

représentation »[58] est inadaptée aux enjeux du droit des entreprises en difficulté, notamment lorsqu'il est question de l'ouverture de la procédure[59]. La fragilité de la « communauté d'intérêts » en droit des entreprises en difficulté conduit parfois la jurisprudence à reconnaître que le droit effectif à l'accès au juge nécessite l'ouverture de la tierce opposition en faveur de celui qui, bien que représenté, n'invoque ni fraude ni moyen propre, à l'instar du créancier étranger formant tierce opposition au jugement d'ouverture de la sauvegarde[60], ou encore, à l'image de la caution formant tierce opposition à la sentence arbitrale déterminant le montant de la dette du débiteur principal à l'égard du créancier[61]. Pour autant, la jurisprudence ne semble pas revenir sur la réalité de la représentation fondée sur une communauté d'intérêts.

---

[58] N. FRICERO, « Tierce-opposition et procédures collectives », Colloque de Nice, CRAJEFE, 16/17 mai 2008, *LPA* 28 nov. 2008, nº PA200823905, p. 26, spéc. nº 14.

[59] P.-M. LE CORRE, *Droit et pratique des procédures collectives,* Dalloz Action, 11e éd., 2021-2022, nº 233.544. *V.* également M. MENJUCQ, « Réflexions critiques sur les arrêts du 29 novembre 2007 de la cour d'appel de Paris dans l'affaire Eurotunnel », *Rev. proc. coll.* 2008/1, ét. 1, spéc. nº 7. L'auteur soulève que la communauté d'intérêts entre le créancier et le débiteur s'apparente, surtout en matière de procédures collectives, à une *« communauté d'intérêts entre le loup et l'agneau (les rôles étant selon les cas interchangeables entre le débiteur et ses créanciers) ».*

[60] Affaire Eurotunnel : Com., 30 juin 2009, nº 08-11.902, *Bull. civ.* IV, nº 88 ; *D.* 2009, p. 1886, note A. LIENHARD ; *D.* 2009, p. 2580, note M.-L. BÉLAVAL ; *D.* 2009, p. 2591, p. S. MOREIL ; *RTD civ.* 2009, p. 776, note Ph. THÉRY ; *RTD com.* 2009, p. 625, note J.-L. VALLENS ; *D.* 2010, p. 169, note N. FRICERO ; *RTD com.* 2010, p. 208, note J.-L. VALLENS ; *Rev. crit. DIP* 2010, p. 179, note D. BUREAU ; *Procédures* 2009/10, comm. 317, note C. NOURISSAT ; *JCP E* 2009, 1974, note B. ROLLAND ; *Rev. proc. coll.* 2009/6, comm. 147, T. MASTRULLO ; *Gaz. Pal.* 28 juill. 2009, p. 7, note N. FRICERO ; *LEDEN* sept. 2009, n° EDED-409100-40905, p. 1, note F.-X. LUCAS ; BJS oct. 2009, n° JBS-2009-179, p. 877, note F. JAULT-SESEKE et D. ROBINE ; *Gaz. Pal.* 3 nov. 2009, p. 6, note F. Reille.

[61] Com. 5 mai 2015, nº 14-16.644, *Bull. civ.* IV, nº 70 ; *D.* 2015, p. 2588, note T. CLAY ; *RTD civ.* 2015, p. 933, note Ph. THÉRY ; *D.* 2015, p. 1810, note P. CROCQ ; *Rev. sociétés* 2016, p. 317, note B. LE BARS ; *RTD civ.* 2015, p. 882, note H. BARBIER ; *RTD com.* 2016, p. 59, note E. LOQUIN ; *RD bancaire et fin.* 2015/4, comm. 122, note A. CERLES et D. LEGEAIS ; *JCP E* 2015, 1362, note J. JOURDAN-MARQUES ; *Procédures* 2015/8, comm. 264, note L. WEILLER ; *LEDC* juin 2015, n° EDCO-115084-11506, p. 2, note N. LEBLOND ; *Gaz. Pal.* 11 juin 2015, n° 226j9, p. 4, note M. MIGNOT ; *BJE* juill. 2015, n° 112g4, p. 238, note N. BORGA ; *BJE* juill. 2015, n° 112g6, p. 234, note R. BONHOMME ; *LEDB* juill. 2015, n° EDBA-815107-81507, p. 1, note M. MIGNOT ; *Gaz. Pal.* 22 sept. 2015, n° 240u2, p. 27, note L. MAYER ; *LPA* 10 déc. 2015, n° PA201524607, p. 10, note S. HAZOUG.

31. D'ailleurs, la solution de la représentation du créancier par le débiteur, fondée sur une communauté d'intérêts, semble également inapplicable au jugement de clôture du rétablissement professionnel, puisque la perspective du rebond du débiteur exclut par principe le paiement du créancier. Il est, plus largement, exclu de considérer que le créancier est représenté par un organe de la procédure au jugement de clôture du rétablissement professionnel. Contrairement à l'ouverture d'une procédure collective, l'ouverture du rétablissement professionnel ne soumet pas le créancier à une discipline collective. En outre, le juge commis désigné est notamment chargé de recueillir tous les renseignements sur la situation patrimoniale du débiteur[62] et le mandataire judiciaire qui l'assiste est chargé d'informer les créanciers de l'ouverture de la procédure[63] et de faire les actes nécessaires à la conservation des biens du débiteur[64]. En d'autres termes, le mandataire judiciaire ne défend en aucun cas l'intérêt des créanciers dans la procédure de rétablissement professionnel. En conséquence, la recevabilité de l'action du créancier ne serait subordonnée qu'à l'existence d'un intérêt à agir, et non, en sus, à l'obligation de démontrer une fraude à ses droits ou d'invoquer un moyen propre puisqu'il a bien la qualité de tiers au jugement.

32. En revanche, l'expression des intérêts du créancier au jugement arrêtant le plan de sauvegarde ou de redressement ne pose pas de difficultés, le mandataire judiciaire étant entré en fonction postérieurement à l'ouverture de la procédure collective. Ayant, seul, qualité pour agir dans l'intérêt collectif des créanciers[65], le mandataire judiciaire n'assure pas une représentation en justice au sens du droit commun, mais agit dans l'intérêt collectif des créanciers. Si le créancier n'est pas à proprement parler « représenté » au jugement attaqué, ses intérêts y sont toutefois, en principe, défendus par le mandataire judiciaire qui est titulaire du droit d'appel à l'encontre du jugement arrêtant le plan[66]. La manifestation des intérêts du créancier au jugement arrêtant le plan de sauvegarde ou de redressement est

---

[62] Art. L. 645-4, al. 1er C. com.
[63] Art. L. 645-8 C. com.
[64] Art. L. 645-7 C. com.
[65] Art. L. 622-20, al. 1er et L. 631-14, al. 1er C. com.
[66] Art. L. 661-1, 6e C. com. ; Concernant le jugement modifiant le plan : Art. L. 661-1, 7e C. com.

donc bien assurée et, en ce sens, il n'est donc pas un tiers au sens du droit commun de la tierce opposition.

33. Il en va d'ailleurs de même du créancier « représenté » au jugement de clôture de la liquidation judiciaire pour insuffisance d'actif. Dans le contexte de la liquidation judiciaire, le liquidateur a seul qualité pour agir dans l'intérêt collectif des créanciers[67]. Le jugement de clôture met, certes, fin à la mission du liquidateur, mais celui-ci était en conséquence encore en fonction lorsque le jugement a été prononcé, de telle sorte qu'il dispose du droit d'appel à son encontre[68]. À ce jugement, le créancier est donc censé être représenté et devra donc, pour que son action soit recevable, soit démontrer l'existence d'une fraude à ses droits, soit invoquer un moyen propre.

34. Toujours est-il que la recevabilité de la tierce opposition, supposant donc de démontrer l'existence d'une fraude ou d'invoquer un moyen propre lorsque le créancier est représenté au jugement qu'il attaque, est loin d'être évidente en pratique. Elle relève en réalité d'un véritable parcours du combattant pour le créancier qui est confronté à une appréciation de la notion de moyen propre particulièrement restrictive. Précisément, c'est en raison de cette appréciation, imprégnée des enjeux du droit des entreprises en difficulté, qu'il nous semble que l'efficacité de la tierce opposition soit limitée.

II. L'efficacité de la tierce opposition limitée par les enjeux du droit des entreprises en difficulté

35. Lorsque le créancier est représenté, l'exercice de la tierce opposition suppose qu'il démontre que le jugement a été rendu en fraude de ses droits ou bien qu'il invoque un moyen propre. Il apparaît donc que la question de l'appréhension, par la jurisprudence, de la

---

[67] Com., 28 janv. 2014, n° 12-27.901, *Bull. civ.* IV, n° 22 ; *Rev. proc. coll.* 2015/3, comm. 44, note F. Reille *; Dr. sociétés* 2014, comm. 118, note J.-P. Legros ; *RD bancaire et fin.,* 2014/4, comm. 128, note F.-J. Crédot et T. Samin ; *Procédures* 2014/4, comm. 116, note B. Rolland ; *Act. proc. coll.,* 2014/5, comm. 83, note C. Regnaut-Moutier ; *LEDEN* avril 2014, n° EDED-414060-41404, p. 5, note P. Rubellin ; *BJS* avril 2014, n° 111r9, p. 261, note I. Parachkévova.

[68] Com. 13 févr. 2007, n° 05-19.182, *Bull. civ.* IV, n° 40 ; *RTD civ.* 2007, p. 384, note R. Perrot ; *RTD com.* 2007, p. 458, note J.-L. Vallens.

notion de moyen propre, est exclue lorsque le créancier n'est pas représenté au jugement, à l'instar du créancier tiers au jugement de clôture du rétablissement professionnel. Dans les hypothèses qui nous intéressent, seule la tierce opposition au jugement arrêtant le plan de continuation et le jugement de clôture de la liquidation judiciaire pour insuffisance d'actif impliquent pour le créancier d'invoquer une fraude ou un moyen propre. Or, au regard du contentieux abondant en la matière, il semble que la recevabilité de la tierce opposition du créancier au jugement arrêtant le plan cristallise majoritairement la controverse. En effet, pour le créancier formant tierce opposition au jugement arrêtant le plan, invoquer un moyen propre différent de celui que les autres créanciers pourraient alléguer paraît délicat au regard de l'appréciation rigoureuse de la notion retenue par la jurisprudence (A). En réalité, il semble que la jurisprudence adopte une appréciation opportuniste du moyen propre, de façon à fermer la voie de la tierce opposition au créancier lorsque les enjeux du droit des entreprises en difficulté le justifient (B).

A. L'APPRÉCIATION RIGOUREUSE DE LA NOTION DE MOYEN PROPRE

36. Lorsque le créancier est représenté au jugement, la recevabilité de sa tierce opposition est subordonnée à la démonstration que le jugement attaqué a été rendu en fraude de ses droits, ou bien à l'invocation d'un moyen propre.

37. Au regard des récents arrêts de la chambre commerciale et surtout des pourvois à l'occasion desquels ces décisions sont rendues, il semble que le moyen propre soit plus souvent invoqué, par le créancier, que la fraude. Ce « phénomène » peut, selon nous, trouver une explication procédurale. L'article 583 du Code de procédure civile dispose que les créanciers et autres ayants cause peuvent former tierce opposition au jugement rendu en fraude de leurs droits. Cela signifie donc que la recevabilité de la tierce opposition n'est pas subordonnée à la seule allégation de la fraude, mais à sa preuve[69]. Or,

---

[69] Com. 16 juin 2021, n° 19-25.153, *NP, Procédures* 2021/10, comm. 265, note B. ROLLAND ; *Rev. proc. coll.*, 2022/2, comm. 26, obs. K. LAFAURIE ; *Gaz. Pal.* 26 oct. 2021, n° 427z5, p. 62, note B. FERRARI ; *BJS* oct. 2021, n° 200l6, p. 44, note L. SAUTONIE-LAGUIONIE ; *BJE* sept. 2021, n° 200g4, p. 31, note C. VINCENT ; *LEDEN* juill. 2021, n° 200d0, p. 1, note F.-X. LUCAS.

la preuve d'une telle fraude relève du fond et il semble que les conditions de recevabilité de la tierce opposition se confondent avec son admission au fond. Cela peut expliquer que les circonstances pouvant caractériser une fraude soient parfois soulevées par le créancier au titre du moyen propre, comme cela a pu être le cas dans la célèbre affaire *Cœur défense*[70], puisque l'article 583 du Code de procédure civile ne conditionne pas, en principe, la recevabilité de l'action à la preuve de l'efficacité du moyen propre. La démonstration de l'atteinte aux droits du créancier, sur laquelle est fondée le moyen propre, a vocation à déterminer le bien-fondé de la tierce opposition. Ainsi, cette atteinte peut résulter d'une fraude.

38. Néanmoins, s'il est souvent mobilisé par les créanciers, le moyen propre ne semble pas, pour autant, être facilement admis par la jurisprudence qui adopte une appréciation rigoureuse de la notion de moyen propre.

39. D'une part, cette rigueur semble légitime au regard des principes qui gouvernent la détermination du droit d'agir du mandataire judiciaire. Selon la Cour de cassation, le moyen propre *« ne peut tendre à la contestation d'un effet inhérent à la procédure, ni être commun à tous les créanciers »*[71]. Le moyen propre est donc différent de celui que pourrait invoquer la collectivité des créanciers et, ainsi, le mandataire judiciaire. Par conséquent, si le plan ne prévoit pas de *« dispositions spécifiques ou dérogatoires »*[72] relatives au remboursement du créancier, sa tierce opposition encourt l'irrecevabilité, peu important que sa créance représente la quasi-totalité du passif déclaré[73].

---

70 Com., 8 mars 2011, nº 10-13.988, *Bull. civ.* IV, nº 33 ; *D.* 2011, p. 919, note P.-M. LE CORRE ; *Rev. sociétés,* 2011, p. 404, note B. GRELON ; *RTD civ.* 2011, p. 351, note B. FAGES ; *Dr. sociétés,* 2011/8, comm. 160, note J.-P. LEGROS ; *Procédures,* 2011/5, comm. 179, note B. ROLLAND ; *RD bancaire et fin.,* 2011/3, comm. 97, note A. CERLES ; *JCP E,* 2011, 1215, note B. DONDERO ; *BJS,* avr. 2011, nº 152, p. 281, obs. F.-X. LUCAS ; *LPA* 20 déc. 2011, n° PA201125205, p. 9, note C. TABOUROT-HYEST, C. BOILLOT et S. MESSAI-BAHRI ; *LPA* 19 juill. 2011, n° PA201114205, p. 7, note N. THOMASSIN ; *LPA* 14 mars 2011, n° PA201105103, p. 6, note G. TEBOUL ; *Gaz. Pal.* 2 avr. 2011, p. 7, note F. REILLE.

71 Com., 8 mars 2011, nº 10-13.988, *Bull. civ.* IV, nº 33 préc. ; Com. 16 juin 2021, nº 19-25.153, *NP,* préc.

72 Com. 16 juin 2021, nº 19-25.153, *NP*, préc.

73 Com. 16 juin 2021, nº 19-25.153, *NP*, préc.

40. À titre d'exemple, n'invoque pas un moyen propre le créancier qui se prévaut du traitement privilégié, par le plan, de la créance d'un autre créancier par rapport aux modalités d'apurement de ses propres créances[74]. Au sein de l'arrêt cité, le créancier soutenait que les dispositions du plan donnaient lieu à une rupture d'égalité entre les créanciers. Pour sa part, la Cour de cassation a retenu, dans cette hypothèse, que les autres créanciers auraient pu soulever le moyen tiré de la rupture d'égalité entre créanciers, et qu'il n'est ainsi pas propre au créancier tiers opposant. Cette décision n'est pas étonnante, puisque par « l'égalité entre les créanciers » s'exprime en réalité la discipline collective à laquelle ils sont soumis : celle qui gouverne l'accès au gage commun[75]. Ainsi, l'action tendant à la contestation des modalités d'apurement d'une créance prévues par le plan tend moins à la préservation d'une égalité effective entre créanciers, fussent-ils chirographaires, qu'à assurer un accès égalitaire des créanciers au gage commun selon leur situation. Il semble donc légitime de considérer que tout créancier aurait pu se prévaloir d'un tel moyen, qui n'est donc pas propre au tiers opposant.

41. Il est toutefois intéressant de relever qu'au sein d'un autre arrêt, la tierce opposition du créancier au jugement arrêtant le plan a été déclarée recevable, au motif que celui-ci invoquait *« non pas une atteinte portée à l'intérêt collectif des créanciers mais un droit propre né de l'attribution immédiate, à son profit, des créances saisies »*[76] au moyen de deux saisies-attributions pratiquées avant l'ouverture du redressement judiciaire, alors que le plan prenait en compte les revenus locatifs saisis. La situation spécifique du créancier bénéficiant d'une saisie-attribution offre ainsi une rare illustration du moyen propre au créancier, différent de celui que les autres créanciers pourraient invoquer[77].

---

[74] Com. 20 oct. 2021, n° 20-15.299, *NP* ; *BJE* janv. 2022, n° BJE200l3, note H. POUJADE.

[75] F. PÉROCHON, « La discipline collective », Colloque de Nice, CRAJEFE et CERDP, 6 avr. 2018, Dalloz, 2018, p. 1.

[76] Com. 7 oct. 2020, n° 19-14.126, *NP, BJE* mars 2021, n° 118k7, p. 44, note C. HUGON ; *Gaz. Pal.* 12 janv. 2021, n° 394m3, p. 75, note G.-C. GIORGINI.

[77] Pour une autre illustration, *V.* Com. 3 oct. 2018, n° 17-14.933, *NP* préc. En l'espèce, un créancier titulaire d'un nantissement sur des titres de participation dans le capital de la société débitrice formait tierce opposition au jugement arrêtant le plan qui prononçait, pour toute la durée du plan, l'inaliénabilité de ces titres. Alors que la Cour d'appel a déclaré sa tierce opposition irrecevable, la Cour de cassation a

42. D'autre part, cette appréciation rigoureuse du moyen propre par la jurisprudence apparaît parfois sévère au regard de la détermination du droit d'agir du créancier. Il a par exemple été jugé que le créancier dont le traitement de la créance, déclarée mais contestée, n'est pas prévu au plan, n'invoque pas de moyen propre[78]. Alors que le créancier se prévalait de l'inobservation de la règle selon laquelle le plan doit prévoir le règlement de toutes les créances, même celles contestées, et affirmait que seuls les créanciers effectivement oubliés avaient vocation à se prévaloir du même préjudice, la chambre commerciale a retenu que le moyen invoqué par le créancier résultait de l'inobservation d'une règle générale et n'était donc pas propre à ce dernier. Or, il nous semble qu'en l'espèce, le créancier était bien dans une situation spécifique ou dérogatoire, dans la mesure où le plan ne prévoyait pas le règlement de sa créance. Toutefois, l'appréciation objective du moyen propre par la jurisprudence semble de nature à écarter systématiquement la recevabilité de la tierce opposition du créancier, puisque la haute juridiction semble détacher le moyen propre du préjudice propre[79]. Pourtant, il faut reconnaître que le préjudice personnel et distinct de celui de la collectivité des créanciers est couramment utilisé par la jurisprudence pour déterminer le droit d'agir du créancier[80]. C'est pourquoi le créancier tiers opposant

---

cassé cet arrêt, reprochant à la Cour d'appel de ne pas avoir recherché si le créancier invoquait un moyen qui lui était propre. Par la suite, la Cour d'appel de renvoi a admis que le moyen du créancier lui était propre : Douai, 2e chambre, 1e section, 13 févr. 2020, n° 19/00712.

[78] Com. 21 oct. 2020, n° 18-23.749 ; *RTD com.* 2021, p. 205, note H. POUJADE ; *Rev. proc. coll.* 2020/6, comm. 145, obs. P. CAGNOLI ; *Gaz. Pal.* 12 janv. 2021, n° 394n4, p. 68, note T. GOUJON-BÉTHAN.

[79] T. GOUJON-BÉTHAN, note sous Com. 21 oct. 2020, n° 18-23.479, *Gaz. Pal.* 12 janv. 2021, n° 394n4, p. 68.

[80] *V.* not. Com. 11 oct. 1994, no 90-16.309, *Bull. civ.* IV, no 281 ; *Rev. huissiers* 1995, 335, note J.-L. COURTIER ; Com. 4 juill. 2000, n° 97-21.216, *NP ;* Soc. 14 nov. 2007, n° 05-21.239, *Bull. civ.* V, n° 188, *BJS* mars 2008, n° 51, p. 223, note B. SAINTOURENS ; *JCP G* 2007, II, 10038, note F. DUMONT. À la suite de l'arrêt rendu par la chambre commerciale le 2 juin 2015, la jurisprudence fait toutefois référence au préjudice non constitutif d'une fraction du préjudice collectif des créanciers : Com. 29 sept. 2015, n° 13-27.587, *Bull. civ.* IV, n° 221 ; *D.* 2015, actu. 2005, note A. LIENHARD ; *Act. proc. coll.* 2015/8, comm. 287, note J.-C. PAGNUCCO, *BJE* 2016, 38, note V. PERRUCHOT-TRIBOULET ; *Gaz. Pal.* 2015, 3861, note J. THÉRON ; *BJS* 2015, 661, note I. PARACHKÉVOVA ; *Rev. proc. coll.* 2016, comm. 15, note F. REILLE ; *Dr. sociétés* 2016, comm. 66, note P. LEGROS ; Com., 2 févr. 2022, n° 20-17.151, *NP.* Pour davantage d'exemples, *V.* la

invoque parfois, au soutien du moyen qu'il soulève, un préjudice personnel et distinct[81]. Si le mandataire judiciaire agit dans l'intérêt collectif des créanciers, quel est le moyen propre que peut invoquer le créancier tiers opposant, si ce n'est celui résultant d'un préjudice qui lui est personnel et distinct de celui que pourrait subir la collectivité des créanciers ?

43. Il pourrait donc être envisagé que lorsqu'un créancier se prévaut d'un préjudice qui lui est personnellement causé par une disposition du plan arrêté, il invoque un moyen propre, peu important que d'autres créanciers subissent également le même préjudice causé par les mêmes prévisions du plan, pourvu que ce préjudice ne soit pas subi par la collectivité des créanciers[82]. D'ailleurs, il semble que la jurisprudence ait déjà pu adopter une telle conception concrète du moyen propre, favorisant la prise en compte de son préjudice propre, et semble ainsi utiliser l'imprécision de la notion pour réguler l'ouverture de la tierce opposition du créancier.

B. L'APPRÉCIATION OPPORTUNISTE DE LA NOTION DE MOYEN PROPRE

44. Sans pour autant reconnaître expressément l'existence d'un *préjudice personnel et distinct*, la haute juridiction semble parfois admettre la recevabilité de la tierce opposition du créancier qui se prévaut d'un tel préjudice propre, ce qui n'est pas sans rappeler l'arrêt *Cœur défense* à l'occasion duquel la Cour de cassation a admis la recevabilité de la tierce opposition[83]. En l'espèce, il était certes question pour le créancier de contester le jugement d'ouverture d'une procédure de sauvegarde et non d'une décision arrêtant le plan, mais la Cour de cassation avait pu admettre le moyen propre tiré de l'instrumentalisation, par la société débitrice, de la sauvegarde afin

---

jurisprudence citée *in* P.-M. LE CORRE, *Droit et pratique des procédures collectives,* Dalloz Action, 11e éd., 2021-2022, nos 661.363 s.

[81] Com. 7 oct. 2020, no 19-14.126, *NP,* préc.

[82] *V.* à propos du moyen propre de l'associé tiers opposant, les auteurs indiquant qu'*« un moyen propre pouvait être commun à plusieurs parties s'il n'était pas commun à tous les créanciers »* : F.-X. LUCAS, note sous Caen, 2e ch. civ., 20 sept. 2018, no 16/4823, *LEDEN* nov. 2018, no DED111y4 ; B. FERRARI, note sous Com. 31 mars 2021, no 19-14.839, *Dalloz Actualité,* 15 avr. 2021.

[83] Com., 8 mars 2011, no 10-13.988, *Bull. civ.* IV, no 33 préc.

d'échapper temporairement au paiement de sa dette ou de contraindre le créancier à négocier son aménagement. Il semble donc bien que le préjudice subi par le créancier lui ouvre parfois la voie de la tierce opposition au gré des circonstances d'une affaire donnée. Pourtant, en l'espèce et de façon abstraite, tout créancier aurait pu invoquer le même moyen tiré d'une règle d'application générale[84] et c'est d'ailleurs dans ce sens que la haute juridiction s'est prononcée dans un arrêt plus récent[85].

45. En réalité, l'appréciation de la notion de moyen propre semble variable selon que les enjeux de la matière commandent l'ouverture, ou au contraire la fermeture de la tierce opposition au créancier. Ainsi, il n'est ainsi pas exclu que la jurisprudence favorise à nouveau, à l'avenir, le droit à l'accès au juge du créancier par une appréciation concrète de la notion de moyen propre.

46. À ce titre, les auteurs relèvent que les tribunaux utilisent avec pragmatisme les incertitudes entourant la notion de représentation pour restreindre le champ de la tierce opposition[86], notamment à l'encontre du jugement d'ouverture de la procédure de sauvegarde ou de redressement judiciaires[87]. À n'en pas douter, les incertitudes qui enserrent la notion de moyen propre laissent place à l'expression du même pragmatisme et la jurisprudence semble parfois adopter

---

[84] Tout créancier aurait pu invoquer que les conditions prévues à l'article L. 620-1 du Code de commerce ne sont pas remplies et que la demande d'ouverture de la procédure de sauvegarde émanant du débiteur ne tend qu'à échapper, ne serait-ce que temporairement, à l'exécution de ses obligations contractuelles.

[85] Com. 1er juill. 2020, nº 18-23.884, *NP, Gaz. Pal.* 13 oct. 2020, nº 388x3, p. 71, note T. GOUJON-BÉTHAN. En l'espèce, la haute juridiction a approuvé une cour d'appel d'avoir déclaré irrecevable la tierce opposition du créancier qui se prévalait de l'instrumentalisation par le débiteur de la procédure de sauvegarde pour échapper aux saisies conservatoires pratiquées par le créancier avant l'ouverture de la procédure. La haute juridiction rappelle, à cette occasion, que les juges du fond ont à juste titre jugé que tous les créanciers subissent l'interdiction des voies d'exécution et auraient donc pu soulever ce moyen, qui n'était en conséquence pas propre au créancier tiers opposant.

[86] N. FRICERO, Rép. proc. civ. Dalloz, « Tierce opposition », juin 2012, nº 70 ; A. LECOURT, J.-Cl. proc. civ., fasc. nº 1000-45, « Tierce opposition », 16 mars 2021, nº 53.

[87] M. MENJUCQ, « Réflexions critiques sur les arrêts du 29 novembre 2007 de la cour d'appel de Paris dans l'affaire Eurotunnel », *Rev. proc. coll.* 2008/1, ét. 1.

volontairement une conception restrictive de la tierce opposition grâce à la malléabilité de la notion.

47. Dans l'hypothèse précise de la tierce opposition du créancier au jugement arrêtant le plan, cette vision restrictive peut s'expliquer par les conséquences de la rétractation du jugement arrêtant le plan de sauvegarde ou de redressement. En effet, alors qu'en principe, la tierce opposition ne remet en question que les points du jugement qu'elle critique, relativement à l'auteur de la tierce opposition[88], les dispositions du jugement arrêtant le plan forment un ensemble indivisible. En conséquence, la tierce opposition du créancier n'emporte pas la rétractation du jugement sur les seuls points qui intéressent le tiers opposant, mais de son ensemble et implique de renvoyer le projet de plan devant le tribunal pour qu'il soit à nouveau statué sur son adoption, tout en prenant en compte les dividendes éventuellement déjà versés[89]. Nous le comprenons, la rétractation du jugement arrêtant le plan lorsque la tierce opposition est admise confine à la modification du plan en cours d'exécution sans que cette exécution soit automatiquement suspendue[90] et la remise en cause du plan adopté est donc nécessairement limitée.

48. En outre, la fermeture de la tierce opposition présentait un intérêt particulier lorsque la contestation du plan adopté émanait d'un créancier dont la créance, régulièrement déclarée mais contestée, n'était pas prévue au plan. La créance du créancier contesté pouvait, à la suite de la rétractation du jugement, ne pas être admise, l'empêchant ainsi de percevoir les dividendes du plan dont il aura contesté les dispositions. Toutefois, rappelons que la tierce opposition lui était en principe ouverte, fondée sur le moyen tiré de l'inobservation de la règle selon laquelle le plan devait prévoir le règlement de toutes les créances, même celles contestées.

49. Lorsque l'impérativité de cette règle a été réaffirmée par la jurisprudence en 2019[91], certains auteurs avaient relevé le risque de

---

[88] Art. 582, al. 2 CPC.

[89] Com. 5 mai 2015, n° 14-14.014, *NP,* préc.

[90] Art. 579 CPC.

[91] Com. 20 mars 2019, n° 17-27.527 ; *Gaz. Pal.* 16 avr. 2019, n° 331b1, p. 47, note P.-M. Le Corre ; *D.* 2019, p. 1903, note F.-X. Lucas ; *JCP E* 2019, 1375, spéc. n° 9, note Ph. Pétel ; *JCP E* 2019, 1242, note S. Zinty.

voir des déclarations *« fantaisistes »* ou du moins *« abusives »* paralyser les chances du débiteur, confronté à un plan inexécutable, de se relever[92] alors que le plan ne doit pas non plus être trop optimiste au regard des créances contestées qui pourraient finalement être admises. C'est ce qui pourrait expliquer que, contrairement à l'appréciation concrète du moyen propre qu'elle retient dans le contexte de l'arrêt *Cœur défense,* la jurisprudence affirme que le moyen invoqué par le créancier contesté et oublié ne lui est pas propre[93]. Le champ de la tierce opposition a ainsi été restreint, devant le risque de rétractation systématique du jugement arrêtant le plan, et dans un contexte où la pratique réserve un *« traitement particulier »*[94] aux créances contestées.

50. D'ailleurs, l'ordonnance n° 2020-596 du 20 mai 2020 portant adaptation des règles relatives aux difficultés des entreprises et des exploitations agricoles aux conséquences de l'épidémie de Covid-19 prévoyait, en son article 4, que *« lorsque les engagements pour le règlement du passif mentionnés à l'article L. 626-10 du code de commerce peuvent être établis sur la base d'une attestation de l'expert-comptable ou du commissaire aux comptes, ils portent sur les créances déclarées admises ou non contestées, ainsi que sur les créances identifiables, notamment celles dont le délai de déclaration n'est pas expiré ».* Cette règle permettait donc de ne prendre en considération que les créances non contestées dans le calcul du passif dont le plan devait prévoir le règlement. La doctrine appelait alors à pérenniser cette disposition[95], ce qui a été réalisé par l'ordonnance n° 2021-1193 du 15 septembre 2021 portant modification du livre IV du Code de commerce[96]. Le passif estimé pour établir le plan de sauvegarde ou de redressement n'est donc plus nécessairement le

---

[92] P.-M. LE CORRE, « contribution jurisprudentielle à l'enterrement des vivants », *Gaz. Pal.* 16 avr. 2019, n° 331b1, p. 47 ; S. ZINTY, note sous Com. 20 mars 2019, n° 17-27.527, *JCP E* 2019, 1242 ; F.-X. LUCAS, *D.* 2019, p. 1903, spéc. VI ; Ph. PÉTEL, note sous Com. 20 mars 2019, n° 17-27.527, *JCP E* 2019, 1375, spéc. n° 9.

[93] T. GOUJON-BÉTHAN, note sous Com. 21 oct. 2020, n° 18-23.479, *Gaz. Pal.* 12 janv. 2021, n° 394n4, p. 68.

[94] F.-X. LUCAS, *D.* 2019, p. 1903, spéc. VI.

[95] P.-M. LE CORRE, *Droit et pratique des procédures collectives,* Dalloz Action, 11e éd., 2021-2022, n° 064.821.

[96] Art. 31 de l'ordonnance n° 2021-1193 du 15 septembre 2021 portant modification du Code de commerce modifiant l'article L. 626-10 du Code de commerce.

passif déclaré, mais admissible selon les prévisions du débiteur et les contestations qu'il entend formuler. La réforme semble ainsi anéantir les chances de voir prospérer le moyen propre du créancier dont le règlement de la créance, déclarée mais contestée, n'est pas prévu par le plan, puisque la règle dont était tiré le seul moyen susceptible d'être soulevé par le créancier ne trouve plus à s'appliquer.

51. Le créancier contesté dispose néanmoins d'un autre instrument pour lutter contre le risque d'effacement de sa créance. S'il est admis au passif[97] en cours d'exécution du plan[98], il peut en percevoir les dividendes[99] et à défaut, la résolution du plan peut être prononcée[100]. La question pourrait également se poser de savoir si le créancier a la possibilité de contester la décision constatant le bon achèvement du plan, qui ne relève pas des mesures d'administration judiciaire[101].

---

[97] Si la vérification des créances est achevée au jour du jugement arrêtant le plan, et que la créance régulièrement déclarée n'a pas été vérifiée et ne figure pas sur l'état des créances, le créancier est alors recevable à saisir le juge-commissaire pour qu'il statue sur l'admission de sa créance : Com. 5 mai 2021, n° 19-19.127, *NP* ; *RTD com.* 2021, p. 921, note A. MARTIN-SERF ; *Rev. prat. rec.* 2021, p. 71, chron. Ph. ROUSSEL GALLE et F. REILLE ; *RD. bancaire et fin.*, 2021/5, comm. 139, note C. HOUIN-BRESSAND ; *Gaz. Pal.* 13 juill. 2021, n° 42411, p. 66, note K. LAFAURIE ; *BJE* juill. 2021, n° 200d6, p. 34, note D. SAHEL.

[98] La créance admise serait alors inscrite par modification substantielle du plan, aux termes des articles L. 626-26 et L. 631-19 du Code de commerce, selon la réponse du créancier apportée lors de sa consultation : P.-M. LE CORRE, *Droit et pratique des procédures collectives,* Dalloz Action, 11e éd., 2021-2022, n° 522.251. À défaut d'acceptation des propositions par le créancier, il sera alors fait application des règles applicables aux créanciers réfractaires prévues par l'article L. 626-18 du Code de commerce.

[99] P.-M. LE CORRE, *Droit et pratique des procédures collectives,* Dalloz Action, 11e éd., 2021-2022, n° 522.251 ; F.-X. LUCAS, « Le plan de sauvegarde apprêté ou le prepackaged plan à la française », Cah. dr. entr. 2009, dossier 28, spéc. I, A. 2 ; Ph. PÉTEL, note sous Com. 6 janv. 1998, n° 95-20.588, *JCP E* 1998, 653.

[100] Com. 6 janv. 1998, n° 95-20.588, *Bull. civ.* IV, n° 8 ; *D.* 1998, IR, p. 39 ; *JCP G* 1998, IV, 13891 ; *D. affaires* 1998, p. 205, obs. V. A-R ; *JCP E* 1998, 654, obs, Ph. PÉTEL ; Com. 20 mars 2019, n° 17-27.527 ; *Dalloz Actualité,* 10 avr. 2019, obs. X. DELPECH ; *JCP E* 2019, 1242, note S. ZINTY ; *LEDEN* juin 2019, n° 112p7, p. 6, obs. E. ANDRÉ ; *JCP E* 2019, p. 1375, n° 9, obs. Ph. PÉTEL ; *Rev. proc. coll.* 2019, comm. 72, note M.-H. MONSÈRIÉ-BON ; *Rev. proc. coll.* 2019, comm. 105, note C. LEBEL ; *Rev. sociétés* 2019, p. 426, obs. Ph. ROUSSEL-GALLE ; *D.* 2019, p. 1903, note F.-X. LUCAS ; *RTD com.* 2019, p. 762, obs. A. MARTIN-SERF.

[101] Com., 8 sept. 2015, n° 14-11.393, *Bull. civ.* IV, n° 835 ; *JCP G* 2015, 1065, note J. THÉRON ; *Act. proc. coll.* 2015/16, comm. 262, note P. CAGNOLI ; *Procédures* 2015/11, comm. 332, note B. ROLLAND ; *Dr. sociétés,* 2015/11,

Dans cette hypothèse, le règlement de la créance du créancier contesté n'étant prévu, la bonne exécution du plan tel qu'il a été adopté ne supposait pas le paiement de la créance contestée. En revanche, même s'il est admis au passif en cours d'exécution du plan, la tierce opposition sera définitivement impossible pour le créancier, puisque le délai de dix jours aura très probablement expiré[102].

52. La tierce opposition a donc été fermée au créancier contesté et oublié, par la jurisprudence retenant une appréciation restrictive de la notion de moyen propre dans un premier temps, puis par le législateur poursuivant l'objectif de la préservation de l'équilibre du plan de continuation dans un second temps. Il s'agit de l'exemple le plus significatif de l'appréciation opportuniste de la notion de moyen propre par la jurisprudence, fermant ainsi la voie de la tierce opposition au créancier lorsque les enjeux de la matière le requièrent.

53. En conclusion, la tierce opposition, telle qu'elle est conçue par le droit commun, est un instrument permettant au créancier de défendre ses intérêts et, ainsi, de lutter contre le risque d'effacement de sa créance. Toutefois, particulièrement en droit des entreprises en difficulté, l'effectivité du recours du créancier est contrariée par la crainte de voir la procédure s'enliser par une remise en cause systématique, car trop facilitée, des décisions rendues. Ainsi, la question de la recevabilité de la tierce opposition du créancier implique d'appréhender les conditions d'ouverture prescrites par le droit commun sous le prisme des enjeux économiques de la matière. Or, il résulte de l'observation de la jurisprudence de la Cour de cassation qu'elle retient une appréciation particulièrement rigoureuse de la notion de moyen propre qui conduit, dans la plupart des hypothèses, à l'irrecevabilité du recours du créancier. La tierce

---

comm. 202, note J.-P. LEGROS ; *Rev. proc. coll.* 2016/2, comm. 38, note P. CAGNOLI ; *LEDEN* oct. 2015, n° EDED-415144-41509, p. 7, note O. STAES ; *Gaz. Pal.* 19 janv. 2016, nº 254q0, p. 63, note C. LEBEL. En l'espèce, la Cour de cassation a seulement affirmé que la voie de la tierce opposition n'était pas fermée à l'encontre de la décision constatant la bonne exécution du plan, celle-ci ne relevant pas des mesures d'administration judiciaires.

[102] Ce délai commence à courir à compter de la publication du jugement d'ouverture au Bulletin officiel des annonces civiles et commerciales, la publication du jugement arrêtant le plan étant obligatoire aux termes des articles L. 626-20, al. 1er et R. 631-35, al. 1er du Code de commerce.

opposition est une aventure bien incertaine pour le créancier luttant contre l'effacement de sa créance !

Table des matières

Liste complète des titres de la collection

La nouvelle justice pénale des mineurs, sous la direction de Pascal Oudot et Laurent Sebag, octobre 2022, 134 pp.
La gestion du risque pénal et de la conformité à 360° : de l'audit à l'audience, David Marais, Préf. J.-P. Raffarin, mars 2022, 168 pp.
La notion de promoteur immobilier, Delphine Pelet, janv. 2022, 720 pp.
Le divorce du XXIe siècle (dir. L. Antonini-Cochin et M.-C. Lasserre), janv. 2022, 102 pp.
JUSTICE ET LITTÉRATURE - Nos gloires littéraires et leurs juges. De Chateaubriand à Zola, Marcel Foulon, déc. 2021, 546 pp.
La responsabilité pénale du chef d'entreprise, Victoria Ligny, oct. 2021, 408 pp.
Émotion et sciences. Interactions (dir. Y. Strickler, J.-S. Bergé et M. Ortolani), oct. 2021, 271 pp.
L'action civile en droit pénal des affaires (dir. C. Ambroise-Castérot), août 2021, 140 pp
Les juridictions au cœur des interactions sociales. Approche franco-russe (dir. X. Latour et A.-S. Siew-Guillemin), avril 2021, 184 pp
Le renouveau du droit des obligations. Perspectives franco-japonaises (dir. G. Chantepie, M. Latina, A. Ohsawa), septembre 2020, 208 pp
Le droit et la science politique à l'épreuve des crises du XXIe siècle (dir. N. Monnerie et C. Ponzo), juillet 2020, 192 pp
Nouvelles procédures civiles, nouvelles pratiques professionnelles ? Bilan et perspectives (dir. N. Fricero et M.-C. Lasserre), juin 2020, 176 pp
Équilibre(s) et déséquilibres(s) en droit : regards croisés Droit et Gestion (dir. Anne-Sophie Siew-Guillemin, Alexandra Baile, Cédric Chapelle, Caroline Fabre), mai 2020, 260 pp
Les difficultés des petites entreprises : regards croisés Droit et Gestion (dir. Gulsen Yildirim et Alain Rivet.), mai 2020, 184 pp
Les sanctions de l'inexécution après la réforme du droit des contrats, Louise Bottin, mai 2020, 152 pp
Presse et procès pénal (dir. Ch. Courtin, F. Ghelfi et C. Porteron), févr. 2020, 280 pp
Université et prétoire, *Mélanges en l'honneur de Monsieur le Professeur Claude LIENHARD* (dir. I. Corpart, C. Lacroix et M.-F. Steinlé-Feuerbach), janvier 2020, 422 pp
Défiance, doute, incertitude : quelle place pour la notion de confiance dans les sociétés modernes ? (dir. Julie Tribolo), août 2019, 90 pp.
L'enfant à l'épreuve de la séparation parentale (dir. L. Antonini-Cochin et M.-C. Lasserre), avril 2019, 126 pp
Les grands principes des répartitions dans les procédures collectives, Maxence Guastella, mars 2019, 300 pp
La cession de dette, Jean-Baptiste Bottin, mars 2019, 148 pp
Déclaration des droits de l'homme et du citoyen. Postérité et actualité (dir. Jimmy Meersman et Rémi Puigventos), février 2019, 238 pp
Médiation et entreprises. Regards croisés Droit et Gestion (dir. G. Yildirim, I. Sauviat et R. Dumas), janvier 2019, 142 pp
La procédure (dir. Joanna Genovese et Giovanna Debernardi), octobre 2018, 138 pp

Techniques de critique d'une décision « définitive ». Imprécision sémantique et pérennité des décisions de justice en procédure civile, Tennessee Caen, juin 2018, 160 pp

Réforme de la prescription pénale (dir Ch. Courtin et J.-R. Demarchi), juin 2018, 154 pp

Droit des sociétés et procédures collectives (dir. Laurence-C. Henry), janv. 2018, 207 pp

Le concept d'arbitrage (dir. Camille Leroy et Loïc Yboud), décembre 2017, 221 pp

Procédure civile et nouvelles technologies, Delphine de Lorgeril, septembre 2017, 164 pp

Mélanges en l'honneur du Doyen Roger Bernardini, « Parcours pénal » (dir. Christine Courtin, Marc Dalloz, Fabienne Ghelfi, Jean-François Renucci), mars 2017, 313 pp

Victor Hugo et les magistrats, Marcel Foulon, octobre 2016, 198 pp

Variations juridiques et sociologiques - Regards experts sur les grandes mutations du droit (dir. Marc Dalloz), septembre 2016, 141 pp

De la mobilisation du fait à la réalisation du droit (dir. M. Lei et L. Yboud), 2016, 225 pp

Les enjeux patrimoniaux de la séparation - Questions récurrentes (dir. Laetitia Antonini-Cochin), juillet 2016, 112 pp

Les aspects procéduraux du dessaisissement, Benjamin Ferrari, février 2016, 192 pp

Le droit et les sentiments (dir. L. Bolleri-Schenique et D. Lanzara), déc. 2015, 219 pages

L'erreur judiciaire : Apprendre à douter pour lutter contre les erreurs judiciaires (dir. Xavier Pin), novembre 2015, 119 pp

Fonctionnaires et droit pénal. Des justiciables comme les autres ? (dir. Marc Dalloz et Christine Courtin), septembre 2015, 226 pp

L'expertise non judiciaire à l'aune des droits fondamentaux, Thibault Goujon-Bethan, janvier 2015, 196 pp

Un art, un droit, une question – Triptyque juridico-artistique (dir. Diane Boustani, Dalida Chabri, Marion Combe, Sarah Farhi, Marie-Cécile Lasserre), octobre 2014, 210 pp

Le paiement (dir. Marc Mignot et Jérôme Lasserre Capdeville), juillet 2014, 298 pp

Le vice de procédure. Réflexions désordonnées d'un artisan du droit sur l'article 2241, alinéa 2 du Code civil, Denys Mas, juin 2014, 137 pp

Le droit de l'exécution des peines. Espoirs ou désillusion ? (dir. F. Ghelfi), 2014, 153 pp

Variations juridiques et politiques. Clés pour la compréhension du monde contemporain (dir. Yves Strickler), novembre 2013, 354 pp

Les infractions de harcèlement, Sylvana Paradiso, octobre 2013, 94 pp

Volonté et biens (dir. Yves Strickler et Fabrice Siiriainen), juillet 2013, 352 pp

La réforme de la garde à vue (dir. Christine Courtin), janvier 2013, 124 pp

L'arbitrage, questions contemporaines (dir. Y. Strickler et J.-B. Racine), juillet 2012, 224 pp

Le prix de la rupture. Au cœur des contentieux familiaux (dir. L. Antonini-Cochin et Ch. Courtin), mars 2012, 112 pp

Structures éditoriales du groupe L'Harmattan

L'Harmattan Italie
Via degli Artisti, 15
10124 Torino
harmattan.italia@gmail.com

L'Harmattan Hongrie
Kossuth l. u. 14-16.
1053 Budapest
harmattan@harmattan.hu

L'Harmattan Sénégal
10 VDN en face Mermoz
BP 45034 Dakar-Fann
senharmattan@gmail.com

L'Harmattan Cameroun
TSINGA/FECAFOOT
BP 11486 Yaoundé
inkoukam@gmail.com

L'Harmattan Burkina Faso
Achille Somé – tengnule@hotmail.fr

L'Harmattan Guinée
Almamya, rue KA 028 OKB Agency
BP 3470 Conakry
harmattanguinee@yahoo.fr

L'Harmattan RDC
185, avenue Nyangwe
Commune de Lingwala – Kinshasa
matangilamusadila@yahoo.fr

L'Harmattan Congo
219, avenue Nelson Mandela
BP 2874 Brazzaville
harmattan.congo@yahoo.fr

L'Harmattan Mali
ACI 2000 - Immeuble Mgr Jean Marie Cisse
Bureau 10
BP 145 Bamako-Mali
mali@harmattan.fr

L'Harmattan Togo
Djidjole – Lomé
Maison Amela
face EPP BATOME
ddamela@aol.com

L'Harmattan Côte d'Ivoire
Résidence Karl – Cité des Arts
Abidjan-Cocody
03 BP 1588 Abidjan
espace_harmattan.ci@hotmail.fr

Nos librairies en France

Librairie internationale
16, rue des Écoles
75005 Paris
librairie.internationale@harmattan.fr
01 40 46 79 11
www.librairieharmattan.com

Librairie des savoirs
21, rue des Écoles
75005 Paris
librairie.sh@harmattan.fr
01 46 34 13 71
www.librairieharmattansh.com

Librairie Le Lucernaire
53, rue Notre-Dame-des-Champs
75006 Paris
librairie@lucernaire.fr
01 42 22 67 13

www.ingramcontent.com/pod-product-compliance
Lightning Source LLC
LaVergne TN
LVHW011444061026
849535LV00004BA/949
9782140314940